ESQUISSE

D'UNE

PHILOSOPHIE DE LA RELIGION

D'APRÈS

LA PSYCHOLOGIE ET L'HISTOIRE

PAR

Auguste SABATIER

PROFESSEUR DE L'UNIVERSITÉ DE PARIS
DOYEN DE LA FACULTÉ DE THÉOLOGIE PROTESTANTE

PARIS
LIBRAIRIE FISCHBACHER
(Société anonyme)
33, RUE DE SEINE, 33

—

1897

Tous droits réservés

ESQUISSE

D'UNE

PHILOSOPHIE DE LA RELIGION

DU MÊME AUTEUR :

Essai sur les sources de la vie de Jésus. Les trois premiers évangiles et le quatrième, in-8°, 1866 .... (Epuisé)

De l'influence des femmes sur la littérature française. — Conférence faite à Strasbourg, Mulhouse, Ste-Marie-aux-Mines, Bischwiller. — 2e édition. In-18, 1873 .... 0 50

Rapport sur les dangers qui menacent l'Eglise réformée, et les moyens de rétablir la paix dans son sein, lu à la conférence de Rouen, le 8 novembre 1876. Publié par les soins de la conférence. — In-8°, 1876.. 0 50

De l'Esprit théologique. — Allocution adressée aux membres de la Société de Théologie formée à Paris près de la Faculté de Théologie. — In-8°, 1878.................................. 0 50

Mémoire sur la notion hébraïque de l'esprit. — In-4°, 1879... 3 fr.

Les origines littéraires et la composition de l'Apocalypse de saint Jean. — In-8°, 1888.................................. 1 fr.

De la vie intime des dogmes et de leur puissance d'évolution. — In-12, 1890 .... 1 fr.

L'Apôtre Paul. Esquisse d'une histoire de sa pensée, 3e édition revue et augmentée, avec une carte des missions de Paul. — Un volume in-8°, 1896 .... 7 50

ESQUISSE

D'UNE

PHILOSOPHIE DE LA RELIGION

D'APRÈS

LA PSYCHOLOGIE ET L'HISTOIRE

PAR

Auguste SABATIER

PROFESSEUR DE L'UNIVERSITÉ DE PARIS
DOYEN DE LA FACULTÉ DE THÉOLOGIE PROTESTANTE

Quid interius Deo?

PARIS
LIBRAIRIE FISCHBACHER
(Société anonyme)
33, RUE DE SEINE, 33

—

1897

Tous droits réservés

PRÉFACE

I

Ce volume comprend trois parties qui se rapportent l'une à l'autre comme les trois étages d'un même édifice. La première traite de la religion et de son origine; la seconde du christianisme et de son essence; la troisième, du dogme et de sa nature.

Allant ainsi du général au particulier, des formes élémentaires de la religion à sa forme la plus haute, passant ensuite des phénomènes religieux aux doctrines religieuses, à leur formation et aux lois qui les régissent, j'ai essayé de développer un ensemble de vues liées et progressives, où je voudrais que l'on vît non pas un système, mais l'application ferme et les premiers résultats de la méthode de stricte observation psychologique et historique que je porte depuis des années dans ce genre d'études. En aucun domaine, l'incohérence des idées n'est plus grande; le conflit des sentiments plus aigu; les données en présence plus contradictoires ou, tout au moins, plus difficiles à concilier. En aucun autre, il ne serait plus urgent de mettre un peu de suite, de clarté et d'harmonie. Notre siècle a eu, depuis sa jeunesse, deux grandes passions qui enflamment et agitent encore ses dernières années. Il a mené de front le double culte de la méthode scientifique et de l'idéal moral ; mais, loin de les pouvoir unir, il les a poussés l'un et l'autre jusqu'au point où ils semblent se contredire et s'exclure. Toute âme sérieuse se sent intérieurement divisée ; elle voudrait concilier ses aspirations les plus généreuses, les deux derniers motifs de vivre et d'agir qui lui restent encore. Cette conciliation nécessaire se trouvera-t-elle ailleurs que dans une conception renouvelée de la religion ?

Personne ne méconnaît plus aujourd'hui l'importance sociale de la question religieuse. Philosophes, moralistes, hommes politiques nous la montrent dominant toutes les autres dont elle peut, en fin de compte, ou empêcher ou décider la solution. Mais, contradiction singulière, autant on rencontre, chez ces mêmes hommes, de zèle et de décision pour régler la question religieuse dans l'ordre social, autant ils montrent d'indifférence ou d'impuissance à la résoudre pour eux-mêmes et dans leur vie intérieure ou dans leur vie de famille. Tandis que leur assurance et leur ardeur à la trancher pour les autres, pour la nation, pour les enfants mineurs, les malades et les soldats, vont jusqu'à l'intolérance et à la tyrannie, leur scepticisme ou leur inertie, en ce qui les concerne personnellement, n'aboutit guère qu'à un aveu d'incompétence et à l'abdication de leur jugement. Cependant il paraît de plus en plus certain que cette question ne sera véritablement résolue dans les faits que lorsqu'elle l'aura été dans les âmes. C'est une grande illusion que d'attendre une réforme à laquelle on n'aurait point travaillé, ou des lumières nouvelles qu'on n'aurait rien fait pour acquérir. Le temps des prophètes est passé ; il est vain de compter sur quelque révélation du ciel qui viendrait mettre fin à nos incertitudes. Il est même probable qu'on ne verra plus, dans l'ordre scientifique, philosophique ou religieux, de ces génies souverains, de ces rois de la pensée qui entraînent à leur suite, par l'effet de leur seule autorité, les générations et les peuples. La démocratie triomphe partout, dans l'ordre moral comme dans l'ordre politique. La raison émancipée a rendu plus jalouse l'indépendance de chacun. Nous voulons être persuadés avant d'obéir. Le progrès général ne résultera plus désormais que de la collaboration de tous à l'œuvre commune. C'est une raison de ne dédaigner aucun effort et d'encourager les tentatives des moindres ouvriers. Personne ne saurait avoir, sans doute, le droit d'imposer une doctrine, ni peut-être même la présomption d'apprendre aux autres à diriger leur pensée; mais un esprit convaincu et sincère a celui de dire comment il a dirigé la sienne, et de proposer, au moins à titre d'expérience et de document, les vues auxquelles il est arrivé. Descartes tenait le plus fier et le plus modeste langage à la fois, le seul qui convienne en ces matières aux esprits les plus éminents et aux travailleurs les plus humbles, quand il introduisait son *Discours de la méthode* par ces paroles : « Ceux qui se mêlent de donner des préceptes se doivent estimer plus habiles que ceux auxquels ils les donnent; et, s'ils manquent en la moindre chose, ils en sont blâmables. Mais, ne proposant cet écrit que comme une histoire, ou, si vous l'aimez mieux, que comme une fable, en laquelle parmi quelques exemples qu'on peut imiter, on en trouvera peut-être aussi plusieurs autres qu'on aura raison de ne pas suivre, j'espère qu'il sera utile à quelques-uns sans être nuisible à personne et que tous me sauront gré de ma franchise. »

La solidarité des esprits est devenue si grande, les courants d'idées, pareils aux vents qui règnent dans l'atmosphère, se répandent avec tant de rapidité et créent, dans les milieux les plus divers et les plus éloignés, des états d'âme si semblables, que plusieurs de ceux qui liront ces études, se trouvant aux prises avec les mêmes difficultés qui ont si longtemps arrêté l'auteur, auront quelque intérêt et quelque profit à voir comment il a réussi à se satisfaire. Ceux-là mêmes qui n'ont jamais réfléchi à ces questions ou qui s'en sont détournés légèrement, les croyant insolubles, ne seront point fâchés d'y être ramenés par quelqu'un qui ne veut pas entreprendre sur leur liberté de penser, mais les stimuler seulement à en faire usage. Qui donc, au terme de ses méditations intérieures, aux confins de son savoir, au bout de ses affections, des joies qu'il a goûtées, des épreuves qu'il a subies, en un mot, de la vie qu'il a vécue, n'a vu se dresser devant lui la question religieuse, je veux dire le problème mystérieux de sa destinée? C'est la question vitale entre toutes. Je comprends qu'on s'en détourne et qu'on essaie de s'en distraire un temps, par impuissance d'y répondre; mais il est impossible qu'on n'y revienne pas. La vie a-t-elle un sens, et vaut-il la peine de la vivre sérieusement? Nos efforts ont-ils un but, et nos œuvres et nos pensées, une valeur durable au regard de l'univers? Ce problème qu'une génération écarte revient avec une génération nouvelle. Chaque recrue du genre humain le ramène nécessairement, car, si la vieillesse s'en désintéresse, ayant à peu près épuisé sa vie et vidé sa coupe, la jeunesse s'en préoccupe avec une passion nouvelle, parce qu'elle veut vivre, que vivre c'est agir, et que toute action implique une foi. Aussi est-ce à la jeunesse que j'ai songé en rédigeant ces pages, et c'est à elle que je les dédie. Il m'a toujours paru que, lorsqu'il s'agit d'un si grave intérêt, les aînés doivent compte de leur expérience aux plus jeunes.

A une génération qui avait cru pouvoir se reposer dans le positivisme en philosophie, l'utilitarisme en morale et le naturalisme en fait d'art et de poésie, succède une génération que tourmente plus que jamais le mystère des choses, que l'idéal attire et qui rêve de fraternité sociale, de renoncement à soi, de dévouement aux petits, aux misérables, aux opprimés, jusqu'à l'héroïsme de l'amour chrétien. De là est venu ce que l'on a appelé la renaissance de l'idéalisme, c'est-à-dire le retour aux idées générales, la foi à l'invisible, le goût et l'intelligence des symboles, et ces velléités, aussi confuses qu'ardentes, de retrouver une religion ou de revenir à celle que les pères avaient dédaignée. Nos jeunes gens, me semble-t-il, poussent bravement devant eux, marchant entre deux hautes murailles : d'un côté, la science moderne et ses méthodes sévères auxquelles il n'est plus possible de renoncer; de l'autre, les dogmes et les habitudes de l'institution religieuse où a été nourrie leur enfance et à laquelle ils voudraient mais ne peuvent sincèrement revenir. Les sages qui les ont menés jusque-là, leur montrent l'impasse où ils sont acculés et les engagent à prendre parti : ou d'être pour la science contre la religion, ou avec la religion contre la science. Ils hésitent avec raison devant cette effrayante alternative. Faut-il donc choisir entre l'ignorance pieuse et le savoir brutal? Devons-nous continuer à vivre d'une morale que dément notre science, ou édifier une théorie des choses que notre conscience condamne? La vallée étroite et sombre où s'avance la jeunesse anxieuse n'a-t-elle point d'issue? — J'ai cru apercevoir, au flanc des roches escarpées, un sentier étroit sans doute et parfois difficile, mais qui mène sur un plateau plus uni et plus ouvert ; je l'ai suivi après quelques autres, et je le signale à mon tour à des pionniers plus vaillants et plus jeunes, qui, en s'y engageant avec décision et courage, en feront peut-être une route plus large et plus sûre où toute la caravane pourra passer.

II

Avant de poser la plume, je dois répondre à quelques objections qui m'ont été déjà faites. Comme elles ne reposent, à mon avis, que sur des malentendus, j'aurai ainsi l'occasion de donner, sur le caractère de ma méthode et le sens général de mes conclusions, des éclaircissements qui ne seront peut être pas entièrement inutiles.

Le premier reproche que l'on m'adresse est contenu dans les mots « d'évolutionisme naturiste », par lesquels on croit définir ma doctrine. On me prête ainsi une conception plus ou moins matérialiste de l'univers, suivant laquelle j'expliquerais toutes choses, à l'instar de Spencer, par la seule loi de l'évolution, et je devrais finir tôt ou tard par ramener les lois du monde moral aux lois du monde physique, puisque je fais des premières une simple transformation des secondes. Ai-je besoin de dire que c'est le contre-pied de ma pensée? Je ne fais directement aucune métaphysique ; mais si l'on veut en découvrir une dans ce volume, je crois que l'on en verra sortir une toute contraire. Il est vrai que j'aime à me servir du mot d'évolution et à considérer tous les phénomènes dans leur succession naturelle. Mais ce n'est point là une doctrine métaphysique ; c'est un procédé d'étude, une méthode qui consiste en ces deux règles essentielles :

observer chaque fait tel qu'il se présente, et l'observer dans l'ordre, c'est-à-dire dans les conditions où il se présente, parce qu'un fait n'a sa vérité et sa valeur que dans cet ordre et cet enchaînement. Sur notre planète, la vie morale naît lentement et douloureusement du sein de la vie organique. Faut-il en conclure qu'il n'y a rien de plus dans l'une que dans l'autre, et qu'elles se valent? Nullement. Il convient de poser ces deux séries de phénomènes dans leurs rapports et liaisons; mais la même méthode qui me les fait connaître ne me donne pas plus le droit de les confondre que de les séparer, de méconnaître leurs différences que d'oublier leurs analogies. Elle me montre, au contraire, qu'il y a marche en avant, progrès *réel* de l'une à l'autre, que la première en date a sa fin dans la seconde, qu'il y a une sorte de création vivante et continue dont chaque degré manifeste des richesses et des gloires nouvelles. C'est là si bien le fond de ma philosophie religieuse, qu'il y aurait plus de fondement ou tout au moins de vraisemblance, à m'accuser de nier la réalité du monde que l'action permanente du Dieu Créateur.

Il est vrai que l'un de ces reproches ne m'a pas sauvé de l'autre, et que l'on a jugé bon de me les adresser tous deux à la fois, sans se mettre autrement en peine de les accorder. L'accusation de panthéisme a suivi celle d'évolutionisme naturiste. On me fait le disciple aveugle et docile d'un idéalisme plus ou moins hegelien, qui anéantirait la réalité des causes secondes, pour se borner à contempler dans l'univers l'écoulement infini et la transformation perpétuelle d'une substance ou cause première, dont on pourrait dire également qu'elle est tout et qu'elle n'est rien. Mais encore ici, on oublie le caractère de la méthode que je suis. Elle me fait découvrir, dans ma conscience, la coexistence mystérieuse et réelle d'une cause particulière qui est moi, et d'une cause universelle qui est Dieu. C'est là, je le répète, un mystère impénétrable à l'analyse, mais indéniable à tout homme qui s'examine et entre dans le fond ultime de sa vie. C'est le mystère même d'où sort la religion avec une invincible nécessité. Or, comme ce mystère est posé par moi au début même de mes recherches, et rigoureusement maintenu jusqu'à la fin, comment pourrait-on légitimement me reprocher de sacrifier l'un à l'autre aucun des deux termes qui le constituent, — ce qui aurait pour première conséquence de le faire évanouir et de rendre du même coup impossible ma théorie de l'origine psychologique de la religion ? « En moi, disait Charles Secrétan, habite quelqu'un de plus grand que moi »; hôte mystérieux dont je pressens l'action universelle et éternelle sous les phénomènes variables de mon activité empirique, et auquel, lorsque je suis bon, confiant, courageux, humble, je rapporte toujours ma bonté, ma foi, mon courage, mon humilité, comme ma vie tout entière.

Je ne puis comprendre la coexistence du fini et de l'infini ; mais cette dualité est partout. J'observe que, dans le monde physique comme dans le monde moral, il y a, dans chaque phénomène, une force latente, une sorte d'énergie potentielle qui le soulève et l'amène à se dépasser. La nature est dans le devenir, c'est-à-dire dans un enfantement perpétuel. Il n'est pas vrai qu'il n'y ait rien de nouveau sous le soleil, et que l'avenir doive répéter simplement le passé. La création de Dieu n'est point achevée. « Mon Père, disait Jésus, travaille jusqu'à maintenant. » Ce que nous serons n'est pas encore manifesté. Mais le peu que j'aperçois de l'œuvre divine me démontre qu'elle est progressive, qu'elle élève et enrichit la vie à chaque degré, et que ce progrès tient précisément aux antinomies essentielles où ma raison se perd et où mon cœur adore. Vouloir tout réduire à l'unité, c'est faire du règne de la vie le domaine immobile de la mort. Depuis longtemps j'ai renoncé, pour ma part, à ce que l'on a appelé justement « la philosophie de l'identité », à cette dialectique abstraite qui, ramenant toutes choses à leur point de départ logique, rend parfaitement incompréhensible et superflu le développement éphémère qu'elles ont dans notre conscience et dans l'histoire. Les contradictions douloureuses, observées par Pascal dans notre vie morale et les antinomies insolubles, dévoilées par Kant dans notre pensée, me semblent toujours aller plus au fond des choses que les déductions ontologiques de Platon, de Spinoza ou de Hegel.

Le troisième reproche que l'on m'adresse, c'est d'innocenter le péché de l'homme, c'est-à-dire de le nier en le faisant apparaître comme nécessaire dans l'évolution de la vie. Ici l'on m'enferme dans un dilemme : ou bien le péché n'est plus le péché, quelque chose d'essentiellement condamnable ; ou bien s'il demeure tel, ma doctrine en fait remonter la responsabilité jusqu'à Dieu dont elle blasphème la sainteté.

En vérité, je m'étonne toujours que cette manière de raisonner puisse encore inspirer quelque confiance à personne. Ceux qui la pratiquent ont sans doute sur l'essence de Dieu et les voies de sa justice éternelle des lumières que je n'ai pas, pour en raisonner avec tant d'assurance. En tout cas, ils se trompent encore ici sur ma méthode et sur le point de départ qu'elle me fournit. Avant toute définition et toute déduction *a priori*, je note ce que me donne, en fait, l'observation psychologique et historique; je recueille avec soin le témoignage de ma conscience et celui des plus grands chrétiens de tous les siècles. Or, le contenu religieux et moral de ce témoignage se réduit à ces trois points que je pose avant tout comme des affirmations premières qui ne dépendent de rien d'autre que d'elles-mêmes, et dont, au contraire, tout le reste dépend.

1° Le péché dont je m'accuse est le fait de ma volonté seule; où il n'y aurait pas de volonté, il ne saurait y avoir de péché. Dès lors le jugement moral que je porte sur mon péché, est un jugement essentiellement subjectif qui ne peut atteindre que le sujet lui-même, mais jamais Dieu ou l'univers.

2° Ce péché, tout en étant réalisé par la volonté, n'en sort pas moins d'une nature ou d'un caractère déterminé soit par la constitution organique de l'être, soit par un effet de l'hérédité. Jamais il ne s'est rencontré dans l'histoire un être qui ne fût pas antérieurement déterminé. Le premier homme l'était plus que tous les autres. Dès lors je constate en moi et dans toute l'humanité une fatalité qui m'asservit au péché.

3° Voici la troisième donnée de ma conscience plus étonnante et non moins certaine : cette fatalité du péché, loin d'alléger ou d'anéantir ma responsabilité, l'aggrave encore. Je sens très clairement que je ne suis pas libre de faire ce qui est bien, et je me condamne d'autant plus douloureusement de faire le mal, en sorte que cette sentence de condamnation porte à la fois sur l'acte et sur l'auteur de l'acte, et m'affirme non seulement que mon péché est mauvais, parce qu'il est la transgression de la loi, mais que moi-même je suis pécheur, et, comme tel, punissable. Sans doute il y a contradiction, apparente tout au moins, entre ce double sentiment de responsabilité et de fatalité ; mais dussiez-vous ne jamais la résoudre, ne la supprimez pas ; car c'est elle seule qui rend la vie morale sérieuse, le repentir possible, la régénération du cœur ou la nouvelle naissance nécessaire, selon la doctrine de Jésus-Christ.

Mes contradicteurs contestent-ils aucun de ces trois points et surtout le dernier ? Ne sont-ils pas de ceux qui confessent publiquement et tous les dimanches, « qu'ils sont nés dans la corruption, incapables de faire le bien, enclins au mal par nature », et cependant ajoutent immédiatement après « qu'ils éprouvent une vive douleur d'avoir péché, et se condamnent eux et leurs vices avec une sérieuse repentance ? » Que font-ils en priant ainsi, sinon proclamer solennellement contre leur propre théorie, que l'esclavage du péché, loin d'absoudre le pécheur, le rend deux fois responsable. Cette contradiction qui scandalise la moralité vulgaire est, en réalité, le principe et la source de la moralité la plus haute, et, par conséquent, glorifie, loin de la compromettre, la sainteté inviolable et mystérieuse de Dieu.

Mais faisons un pas de plus. Si la fatalité du péché, si cette nécessité de nature n'abolit point actuellement en moi le sentiment de la responsabilité, pourquoi l'aurait-elle aboli chez le premier homme après son premier péché ? En quoi la justice ou la sainteté de Dieu serait-elle plus violée ou plus blasphémée dans un cas que dans l'autre ? Pourquoi Adam, après son péché, ne se serait-il pas senti coupable et pécheur, tout en se sentant esclave de sa nature, comme cela m'arrive à moi-même ? Je n'ai jamais rencontré de réponse sérieuse à cette question, et c'est pour cela que j'ai toujours trouvé gratuite et d'aucune valeur, pour sauvegarder la vie morale, l'hypothèse d'un état de perfection ou de liberté absolue, — car les deux choses sont moralement identiques, — d'où le premier homme serait tombé par une chute arbitraire. Chose bizarre, les mêmes gens qui m'accusent de blasphémer la justice divine, parce que je décris simplement le plan divin suivant lequel la vie morale sort par des conflits douloureux de la vie animale, ne font aucune difficulté d'affirmer que, par la loi physiologique de l'hérédité, Dieu a constitué fatalement pécheur tout le genre humain, imputant le péché d'Adam à toute sa race. Il ne sert donc absolument de rien, pour résoudre le mystère de l'origine du mal, de remonter dans un passé qui nous reste inaccessible, et de recourir soit à l'hypothèse purement mythique d'une chute du premier couple humain qui aurait vécu dans une sorte d'âge d'or, soit à l'hypothèse métaphysique d'une chute préexistentielle qui demeure sans fondement dans la psychologie et recule le problème dans l'infini, mais ne le résout pas. Si quelques esprits, cependant, se plaisent encore à ces aventures, qu'ils cessent de se faire illusion sur les avantages qu'ils en retirent, et n'accusent point aussi légèrement de blasphème ceux qui, plus sobres et plus défiants, font effort pour rendre intelligible, dans la mesure de notre ignorance commune, le développement de la vie morale d'après les seules données positives de la psychologie et de l'histoire.

Une dernière observation suffit pour tranquilliser ma conscience à cet endroit. Quand je dis que le péché est tout ensemble volontaire et fatal, je sens très bien que ces deux affirmations contraires ne sont pas formulées dans le même sens et ne portent pas sur le même point. Dans tout acte de péché, il y a deux choses : une forme et une matière. La matière du péché, fournie par les lois et instincts inférieurs de la nature, vient de Dieu, sans doute ; mais elle n'est point mauvaise en soi, bien qu'elle donne occasion et substance au péché de l'homme. Ce péché, en effet, n'est péché que par son côté formel ; or, la forme du péché, c'est la seule volonté humaine. Dans cette volonté, il n'y a pas encore une liberté effective et réelle, parce que celle-ci ne peut être moralement que le fruit de la victoire gagnée et la récompense de la vertu acquise ; mais il y a déjà, par l'intervention de la loi morale, liberté formelle, alternative posée, décision personnelle provoquée chaque fois, — ce qui suffit pratiquement pour donner au péché sa *forme* et son caractère, engager ma responsabilité dans mes actes et dégager en même temps celle de Dieu.

Ces considérations purement analytiques ne sauraient naturellement éclaircir le mystère insondable de la théodicée ; mais elles nous font mesurer la portée de nos jugements et sentir les limites de notre pensée. Notre connaissance imparfaite de Dieu et des voies de sa Providence éternelle doit toujours s'achever dans un acte de prosternement, d'adoration et de confiance. Lorsque, dans la suite que nous fait découvrir l'étude impartiale et attentive de la nature et de l'histoire, nous constatons des choses qui nous étonnent et nous déconcertent, il faut encore, il faut surtout dire avec le Christ : « Cela est ainsi, ô Père, parce que tu l'as trouvé bon, » sans qu'il puisse être jamais permis à notre faiblesse ou à notre ignorance, de douter de sa sagesse ou de mettre en question sa justice. Il faudrait être Dieu pour comprendre tous les secrets de l'action divine. Comment l'esprit fini embrasserait-il la vie de l'esprit infini ? Que signifient dès lors les dilemmes ou les propositions contradictoires que nous tirons de nos idées, toujours imparfaites et courtes par quelque endroit, pour en déduire des conditions ou des règles de conduite valables pour l'Eternel?

Je dois déclarer une fois pour toutes que je n'accorde plus aucune valeur aux raisonnements de cet ordre. Certains théologiens, partant d'une idée de Dieu, de sa justice ou de son intelligence, qu'ils assimilent ingénuement à la nôtre, croient pouvoir en conclure à ce qui doit être ou se passer dans l'histoire et dans la nature. On les entend toujours dire : « Dieu ne peut pas vouloir ceci ; il ne doit pas faire cela ; il ne peut refuser telle chose ou telle autre. » C'est ainsi que l'orthodoxie protestante du XVIIe siècle, partant de l'idée de la révélation, ne pouvait admettre que cette révélation ne fût pas arrêtée et garantie dans une forme authentique, et concluait à l'absence de toute erreur dans l'Ecriture, à l'infaillibilité de la lettre et à l'authenticité de tous les livres. Dans sa dernière encyclique sur l'unité de l'Eglise, le pape Léon XIII ne raisonne pas autrement. De l'idée que l'unité de l'Eglise est nécessaire et que cette unité, pour être visible, réelle et permanente, implique, dans son sein, un pouvoir doctrinal unique et un gouvernement souverain, il déduit sans hésitation l'infaillibilité et la suprématie absolue des évêques de Rome sur la chrétienté tout entière. Heureux ceux qui peuvent encore en toute sincérité mettre leur confiance dans cette vieille méthode de discussion! La pratique un peu rigoureuse de la méthode historique a dissipé pour jamais toutes les illusions que je pouvais encore me faire. Rien de plus vain que ces déductions, soit pour établir un fait que la critique historique dément, comme celui de l'inspiration verbale de la Bible ou de l'infaillibilité papale, soit pour écarter un fait que l'observation scientifique établit, comme le mouvement de la terre, la date postérieure du Pentateuque, l'origine chaldéenne des premières légendes de la Genèse ou les illusions du messianisme juif et de la science apocalyptique qui en est issue. Que le raisonnement *a priori* puisse servir à nous apprendre les possibilités abstraites des choses, nous le voulons bien ; mais, si l'on tient à savoir non plus ce que Dieu peut faire, mais ce que réellement il a fait, il sera toujours plus modeste et plus sûr de le demander à l'observation patiente des phénomènes et de leur succession régulière qu'aux raisonnements *a priori*. La philosophie de la religion ne peut plus avoir que deux sources : la psychologie et l'histoire. Mieux que personne je sens l'imperfection des vues auxquelles je me suis arrêté. Mais je sais aussi qu'elles ne pourront plus être modifiées et corrigées que par la méthode qui les a fait naître. Autant je m'efforce et regarde comme un devoir de tenir mon esprit ouvert aux résultats d'une observation psychologique plus pénétrante, d'une exégèse et d'une critique plus rigoureuses ou mieux informées, autant je trouve inutiles et vaines les déductions abstraites et toute cette dialectique verbale qui, loin de nous faire découvrir la réalité, nous empêchent de la regarder et de la voir.

Je n'ai guère noté ici que des faits constatés en moi et par moi-même. Il est vrai que je suppose que tout lecteur réfléchi est capable de les retrouver et d'en suivre la chaîne dans son expérience personnelle. Ceux qui voudront et pourront, après avoir lu les chapitres de mon livre, refaire cette lecture en eux-mêmes, et vérifier ainsi mes analyses, en tireront peut-être quelque profit. Ceux qui me liront autrement ne perdront pas seulement leur temps et leur peine, ils se méprendront encore à chaque pas sur le sens des phrases et la direction des idées. Sous mes raisonnements ou mes images, ils mettront inévitablement d'autres idées et d'autres intentions que les miennes, et ils pourront ensuite, avec une apparente bonne conscience, en déduire des conséquences effrayantes et instituer à leur guise tous les procès de tendance qu'il leur plaira. Le langage philosophique se prête à tout et permet tout; et le malheur est qu'il serait fort inutile de vouloir prévenir ces querelles. De nouvelles explications ne donneraient lieu qu'à de nouvelles méprises, et ne feraient qu'éterniser une dispute sans intérêt et sans fruit. — Il faut répéter la parole des vieux sages de l'Arabie : *Magna est veritas et prævalebit.*

AUGUSTE SABATIER.

LIVRE PREMIER

LA RELIGION

CHAPITRE PREMIER

DE L'ORIGINE PSYCHOLOGIQUE ET DE LA NATURE DE LA RELIGION

J'entreprends une œuvre pleine de difficultés et même de périls et je doute, en la commençant, si mes forces seront égales à mon dessein. Arrivé presque au soir de la vie, à la fin d'une longue journée de travail, je voudrais essayer de nouer ma gerbe et de recueillir, si toutefois il n'a pas été vain, le fruit de mon labeur. Nos idées ne nous appartiennent pas. Elles naissent et s'enchaînent dans une liaison que l'évidence, à chaque pas, rend impérieusement nécessaire. C'est dans le respect scrupuleux de cette nécessité intérieure que consiste la probité de l'esprit. Pour savoir si je n'y ai point failli, je voudrais me rendre compte à moi-même autant qu'aux autres de la direction que mes études ont prise et discuter avec soin le résultat auquel on verra qu'elles ont abouti.

Personne, moins que moi, n'eut à choisir la tâche de sa vie. De très bonne heure, s'est imposé à mon esprit le problème sur lequel se sont concentrées mes recherches et mes méditations. Héritier d'une tradition religieuse où se trouvent toutes les racines de ma vie morale, disciple des méthodes scientifiques qui donnent à la pensée moderne une si inflexible rigueur, j'ai vécu dans une contradiction intérieure qui a commencé avec l'éveil de ma conscience et qui, depuis lors, est restée l'aiguillon de mon esprit.

Le premier livre qui passionna ma jeunesse, ce fut le livre des *Pensées,* sans nul doute parce qu'il me faisait assister, dans l'âme de Pascal, en la traduisant en paroles de flamme, à cette lutte entre la raison et la foi, entre la conscience et la science dont je commençais moi-même à souffrir. Aucune tragédie ne m'a jamais ému davantage ; dans aucune autre je n'ai rencontré un plus ardent conflit de forces et de passions également naturelles et sacrées. Entre le désir impérieux de savoir et l'invincible besoin de croire et d'espérer, je n'ai pu me résigner à vivre dans l'insouciance ni me résoudre aux solutions exclusives et violentes auxquelles j'ai vu tant d'autres avoir recours. Ceux qui, pour être en paix avec eux-mêmes, sacrifient leur liberté de penser à leur besoin de religion, ou ce besoin à leur liberté de penser, m'ont toujours paru opérer sur eux-mêmes une sorte de mutilation contre nature, qui laisse dans le caractère quelque chose de dur, d'étroit et de fanatique. Il en est d'autres qui réussissent, paraît-il, à établir dans leur vie intérieure une cloison étanche et en font deux compartiments indépendants. D'un côté se déroule leur vie morale, et, de l'autre, leur activité rationnelle, sans que l'une arrive à troubler l'autre. Ils pratiquent une religion d'autorité dont ils n'examinent jamais les bases ; ils professent ou édifient une science positive, sans jamais lui demander ses conclusions.

Je n'ai pu me dédoubler à ce point. Entre les sentiments de mon cœur et les idées de mon cerveau, le dialogue n'a jamais cessé. Peu à peu, cependant, j'ai senti la conciliation se faire et la paix entrer dans mon âme. A force de se rapprocher, de se heurter même, ma piété et ma philosophie ont fini par se pénétrer et s'unir, non sans se transformer profondément l'une l'autre. Aujourd'hui je me sens plus religieux que dans ma jeunesse et voudrais être surtout plus chrétien. Comment s'est résolu le conflit? Je ne puis l'expliquer sans dire comment je suis arrivé à concevoir, après beaucoup d'oscillations, la nature de la religion et l'essence du christianisme. Mais quelle que soit l'ampleur des explications où je vais entrer, je ne ferai jamais ici que ma confession intérieure et personnelle. Je ne pense pas que le problème en question, dont les termes essentiellement subjectifs varient d'un individu à un autre, soit susceptible d'une solution uniforme et dogmatique que personne puisse ou doive recevoir du dehors. Tout au plus, les âmes en quête et en travail pourront-elles trouver dans mes réflexions une méthode pour diriger leur propre recherche et quelque motif de ne pas désespérer du succès. Qui sait si la solution qu'elles attendent ne leur viendra pas, comme une naturelle récompense, de leur courage et de leur fidélité à la poursuivre, je veux dire à garder à la fois l'amour loyal de la vérité et le culte pur du Dieu intérieur qu'on cherche vainement au dehors et qu'on finit par découvrir en soi? En tout cas, c'est l'expérience que j'ai faite et que je vais essayer de raconter.

I

PREMIÈRES RÉFLEXIONS CRITIQUES

Pourquoi suis-je religieux ? Je n'ai jamais remué cette question, sans être amené à y faire à la fin la même réponse : je ne puis autrement ; c'est une nécessité morale de mon être. — Affaire d'hérédité, me dit-on, d'éducation et de tempérament. Je me le suis dit souvent à moi-même. Mais cette explication recule le problème et ne le résout pas.

La nécessité que je constate dans ma vie individuelle, je la retrouve plus invincible encore dans la vie collective de l'humanité. Celle-ci n'est pas moins incurablement religieuse. En vain les cultes qu'elle a épousés et désertés tour à tour, semblent l'avoir toujours déçue ; en vain la critique des philosophes et des savants détruit-elle les mythologies et les dogmes ; en vain la religion a-t-elle laissé dans les annales humaines un horrible sillon de sang et de feu ; elle survit, comme une plante vivace, à tous les états de culture comme à toutes les révolutions. Rasée mille fois près du sol, la vieille racine pousse sans cesse des rejetons nouveaux. — D'où vient cette vitalité indestructible ? Quelle est la cause de l'universalité et de la pérennité de la religion ?

Je ne puis m'en rendre compte qu'en essayant d'éclaircir et de préciser mes idées sur les origines psychologiques et l'essence même du sentiment religieux. Ce sera l'objet de mes premières méditations.

Avant d'y entrer, il faut écarter une cause féconde de malentendus et d'erreurs, surtout chez les peuples d'origine latine. Cette cause se trouve dans le mot même de *religion*. Il désigne fort mal le phénomène psychologique qu'il s'agit d'étudier ; il l'enveloppe d'idées accessoires ou même étrangères, qui égarent et aveuglent les hommes d'une médiocre culture. Ce mot nous vient du peuple le moins religieux de la terre. Il n'a de synonyme ou d'équivalent ni dans la langue des anciens Hébreux, ni dans celle des Grecs, des Germains, des Celtes ou des Hindous, c'est-à-dire des familles humaines qui, dans l'ordre religieux, se sont montrées les plus vraiment originales et créatrices. C'est Rome qui nous l'a imposé avec sa langue, son génie et ses institutions.

Les premiers chrétiens ne le connaissaient pas. Il est absent des livres du Nouveau Testament. Quand il entre, au troisième siècle, dans la langue chrétienne, il subit sans doute une sorte de baptême et semble revêtir un sens plus conforme à l'esprit de l'Evangile. Lactance définit la religion : « le lien qui unit l'homme à Dieu. » Mais, chez les anciens écrivains de Rome, le mot n'eut jamais cette signification mystique et profonde. Au lieu de marquer le côté intérieur et subjectif de la religion et de la signaler comme un phénomène de la vie de l'âme, il la définissait par le dehors, comme une tradition de rites et comme une institution sociale léguée par les ancêtres. Le baptême chrétien par lequel le mot a passé, n'en a point effacé ce vieux fonds romain. Pour le plus grand nombre, encore aujourd'hui, la religion n'est guère qu'un ensemble de rites traditionnels, de croyances surnaturelles, d'institutions politiques ; c'est une église en possession de sacrements divins, constituée par une hiérarchie sacerdotale, pour discipliner et gouverner les âmes. Telle est la forme sous laquelle le génie de Rome a conçu et réalisé le christianisme dans le monde occidental ; et la fascination que cette conception politique et sociale de la religion exerce encore est si grande, que les esprits les plus éclairés ne savent que donner raison à M. Brunetière, lorsque voulant marquer la supériorité religieuse du catholicisme sur le protestantisme, cet écrivain, après Bossuet, se borne à le louer comme un parfait modèle de gouvernement.

Dans les temps et dans les pays où cette conception politique de la religion a prédominé, on a vu apparaître, par une sorte de nécessité logique, une explication analogue de son origine. Il est naturel qu'on lui ait appliqué le vieil adage juridique : *is fecit cui prodest*. La religion sert admirablement à gouverner les peuples, donc elle a été inventée pour cela. Elle fut l'œuvre des prêtres et des chefs d'empire qui voulaient, par ce moyen, affermir et garantir leur autorité. Ainsi raisonnaient les Romains du temps de Cicéron et les philosophes du XVIIIe siècle. Les arguments ne manquent pas aux avocats de cette thèse. Il est certain que la religion a été souvent utilisée par la politique et qu'elle a paru être un admirable instrument de règne ; on trouve des fraudes pieuses dans l'histoire de tous les cultes. Mais que prouvent ces faits en quelque nombre qu'on les accumule ? Ce n'est pas la fraude pieuse qui engendre la religion ; car, sans la religion, il n'y aurait jamais eu de fraudes pieuses. Quand j'entends dire : les prêtres ont fait la religion, je me borne à demander à mon tour, qui donc a fait les prêtres ? Pour créer la prêtrise et pour que cette invention trouvât une complicité générale dans le peuple qui devait la subir, ne fallait-il pas déjà la présence, dans le cœur des hommes, d'un sentiment religieux qui revêtît l'institution d'un caractère sacré ? Il faut renverser les termes : ce n'est pas le sacerdoce qui explique la religion, c'est la religion qui explique le sacerdoce.

La théorie esquissée par le positivisme est plus profonde et plus sérieuse. La religion, qui date des premiers temps du monde, ne serait qu'une première explication des phénomènes extraordinaires qui étonnaient et épouvantaient l'homme ignorant. C'est le commencement et la forme puérile de la science, laquelle naturellement doit faire place, avec le temps, à des formes plus élevées et plus rigoureuses. Les enfants et les sauvages animent d'une vie psychique toutes les choses qui les entourent; ils voient des volontés particulières derrière tous les phénomènes qui excitent chez eux la crainte ou l'espoir. Ainsi, l'imagination des premiers hommes peupla l'univers d'un nombre infini d'esprits bons ou mauvais, dont l'action mystérieuse se faisait sentir à chaque instant de leur destinée. Nous avions tout à l'heure l'explication de la religion par le sacerdoce; nous avons maintenant l'explication de la religion par la mythologie. Mais c'est le même cercle vicieux où tombe une psychologie insuffisante qui prend une fois de plus l'effet pour la cause.

Concevoir la religion comme une espèce de connaissance, ce n'est pas une erreur moins grave que de se la représenter comme une sorte d'institution politique. Sans doute, la foi religieuse est toujours accompagnée d'une part de connaissance, mais cet élément intellectuel, tout indispensable qu'il puisse être, en est si peu la substance et le fond, qu'il varie sans cesse à toutes les époques de l'évolution religieuse. Les formules doctrinales, les liturgies sont des moyens d'expression et d'éducation dont la religion se sert, mais qu'elle peut échanger les unes contre les autres après chaque moment de crise philosophique. Les rites et les croyances s'oblitèrent ou meurent;

la religion jouit d'une puissance de résurrection perpétuelle dont aucune forme extérieure ou idée dogmatique ne saurait épuiser le principe.

On connaît la théorie des trois états que, suivant Auguste Comte et ses disciples, aurait traversés la pensée humaine : l'état théologique des temps primitifs, l'état métaphysique du moyen âge, l'état positif ou scientifique de l'âge moderne. Si la religion était essentiellement une connaissance, on comprendrait très bien le cours logique de cette évolution, une forme inférieure de connaissance étant condamnée à disparaître devant une forme supérieure. La preuve qu'il n'en est rien, c'est que la religion ne cesse de reparaître à toutes les époques et dans les conditions de culture les plus différentes. Les trois états distingués plus haut ne sont pas successifs, mais simultanés; ils ne correspondent pas à trois périodes de l'histoire, mais à trois besoins permanents de l'âme humaine. Vous les trouverez réunis à des degrés variables dans l'antiquité, chez Socrate, Platon et Aristote; dans les temps modernes, chez Descartes, Pascal, Leibniz, Kant, Claude Bernard et Pasteur. Plus la science progresse et se rend compte de sa vraie méthode et de ses limites, plus elle se distingue aussi de la philosophie et de la religion. Autre, en effet, est la recherche scientifique, uniquement vouée à la détermination des phénomènes et de leurs conditions dans l'espace et dans le temps; autre est le besoin philosophique de comprendre l'univers comme un ensemble intelligible et d'expliquer tout ce qui existe par un principe de raison suffisante; autre, enfin, le besoin religieux qui, à le bien prendre, n'est qu'une manifestation, dans l'ordre moral, de l'instinct qu'a tout être de vouloir persévérer dans l'être. Pourquoi ces diverses tendances de l'âme, coexistant toujours et partout, ne se manifesteraient-elles pas simultanément et sur des voies parallèles ?

Faut-il aller chercher ailleurs que chez les positivistes eux-mêmes, des exemples et des preuves de cette persistance du sentiment religieux ?

Auguste Comte, Herbert Spencer et Littré seront nos derniers et nos meilleurs témoins. Le chef du positivisme, qui avait prédit l'extinction fatale de la disposition religieuse dans l'âme humaine, a couronné son système et fini sa carrière en fondant une religion nouvelle, gauchement copiée sur l'organisation sacerdotale et sur les pratiques rituelles du catholicisme romain. Il existe, en effet, une église positiviste avec un culte des saints, avec des reliques et des fêtes anniversaires, avec un catéchisme et un grand prêtre non moins infaillible que celui de Rome. Quelques disciples, scandalisés par cette suprême tentative du maître, ont voulu l'excuser en disant qu'il était devenu fou. C'est une erreur que tout a démenti. La vérité est autre : arrivant à la construction d'une sociologie positive, Comte a compris le rôle du sentiment et de l'instinct religieux dans la vie des peuples, et il n'a pas cru pouvoir cimenter l'édifice de la société future autrement que par la religion. On dit que certains amputés ressentent parfois de vives démangeaisons aux membres qu'ils ont perdus. Auguste Comte et les disciples qui l'ont suivi ont éprouvé quelque chose de semblable. La nature, avec son ironie habituelle, s'est vengée en eux de la violence qu'ils lui avaient faite.

Il ne sera pas nécessaire de parler longuement d'Herbert Spencer ; tout le monde sait ce que l'*Inconnaissable* est devenu, dans son système, je ne sais quelle force indéterminée et inconsciente, échappant à toutes les prises de la pensée, mais n'en étant pas moins la cause qui explique l'évolution et la source profonde d'où tout découle. Sous des noms différents, ne reconnaissons-nous pas la vieille idée de la cause première des philosophes et l'image à demi effacée du Dieu des croyants ? Faut-il nous étonner que le penseur anglais arrive ainsi à proclamer la religion éternelle ? qu'il réduise enfin la vie mentale de l'homme à ces deux activités essentielles et primordiales : l'activité scientifique qui poursuit la connaissance des phénomènes et leur transformation, et l'activité religieuse, se livrant à la contemplation mystique et à l'adoration muette de l'être universel ?

L'exemple de Littré est plus touchant encore. Je me souviens d'avoir lu dans ses œuvres une page sublime où le savant, après avoir parcouru la terre ferme des connaissances positives, arrive au point extrême, s'assied sur un dernier promontoire, et, sur ce cap du Finistère, se voit entouré de toutes parts du mystère de l'incognoscible comme d'un océan infini. Il n'a, pour l'explorer, ni barque, ni voiles, ni boussole ; il s'arrête néanmoins ; il le contemple ; il se recueille devant cet inconnu et s'abandonne à un mouvement d'adoration et de confiance qui renouvelle la force de sa pensée et fait descendre la paix dans son cœur. Qu'est-ce, je le demande, que cette contemplation du grand mystère, sinon une explosion soudaine du sentiment religieux que la science positive, au lieu d'éteindre, n'a fait qu'exaspérer ? Et puisque nous avons ici la religion de l'inconnaissable, ne devient-il pas évident que la religion n'est pas essentiellement une connaissance ?

J'arrive à une troisième explication, qui, plus ancienne que les deux autres, nous mènera plus près du but. « C'est la peur, a dit un poète latin, qui engendra les dieux. » Cette affirmation, entendue d'une certaine manière, est vraie. On ne peut douter que la religion ne se soit d'abord éveillée dans le cœur de l'homme sous l'impression de terreur que lui causaient les forces désordonnées de la nature primitive. Jeté nu et désarmé sur la planète à peine refroidie, marchant en tremblant sur un sol qu'il sentait encore trembler sous ses pas, il connut un état de misère et de détresse qui remplit son cœur d'une épouvante infinie. Mais il faut compléter l'explication. En elle-même et toute seule, la peur n'est pas religieuse ; elle paralyse, elle rend stupide, elle écrase. Pour que la peur devienne religieusement féconde, il faut qu'il s'y mêle, dès l'origine, un sentiment contraire, un élan d'espérance ; il faut que l'homme, en proie à la peur, conçoive d'une manière ou d'une autre la possibilité de la surmonter, c'est-à-dire de trouver au-dessus de lui une aide, un secours pour conjurer les dangers qui le menacent. La peur n'enfante la religion chez l'homme que parce qu'elle éveille l'espérance et fait surgir la prière qui ouvrent une issue à la détresse humaine. Voilà ce qu'il y a de vrai dans l'antique hypothèse. Elle nous rapproche de la source que nous cherchons, parce qu'elle nous place sur le terrain pratique de la vie et non dans la sphère théorique de la science. La question que l'homme se pose dans la religion, n'est jamais qu'une question de salut, et s'il semble parfois y poursuivre l'énigme de l'univers, ce n'est que pour résoudre l'énigme de sa vie. Arrivé à ce point, nous devons serrer de plus près le problème. Il nous faut voir de quelle contradiction fondamentale jaillit le sentiment religieux. Nous y arriverons par une analyse psychologique que chacun pourra suivre, et vérifier d'autant plus aisément qu'il est toujours en état de la refaire, en notant ses propres expériences.

II

CONTRADICTION INITIALE DE LA CONSCIENCE PSYCHOLOGIQUE

Qu'est-ce que l'homme ? Par le dehors il ne diffère pas beaucoup des animaux supérieurs dont son apparition semble avoir clos la série sur notre planète. Son organisme physique est constitué des mêmes éléments, qui se comportent suivant les mêmes lois, et des mêmes organes qui accomplissent des fonctions analogues. C'est par le développement incomparable de sa vie mentale que l'homme se distingue de l'animalité et peu à peu s'en dégage. Ici apparaissent des phénomènes et des lois d'un genre nouveau. La vie mystérieuse de l'esprit, sortant de la vie physique, éclôt peu à peu comme une fleur divine qui donne pour nous à l'univers son sens et sa beauté. La région du vrai, du beau, du bien s'ouvre pour la conscience; le monde moral se constitue comme un ordre supérieur auquel l'homme appartient. Ce sont ces lois morales, capables de dominer les lois physiques et de les plier à des fins supérieures, qui, dans l'animal humain, réalisent et constituent l'humanité. L'homme n'est homme qu'autant qu'il leur obéit, et tel est le point de transition qu'il occupe entre deux mondes, telle est la nécessité de la crise par laquelle il doit se dégager de l'animalité maternelle, que, s'il ne s'élève pas au-dessus de la brute, la perversion de sa vie le fait tomber nécessairement au-dessous.

Dès l'origine, la vie psychique implique un double mouvement : un mouvement qui va du dehors au dedans vers le centre du moi, et un mouvement qui va du dedans au dehors, c'est-à-dire du centre à la périphérie.

Le premier représente l'action des choses extérieures sur le moi par la sensation, —(passivité); le second, la réaction du moi sur les choses par la volonté, — (activité). Ce flux et ce reflux intérieurs, c'est toute la vie mentale. D'ici l'on aperçoit aussitôt la contradiction initiale dans laquelle cette vie se forme et va se développer constamment. Le côté passif et le côté actif de la vie de l'esprit ne sont pas harmoniques. La sensation écrase la volonté. L'activité, l'épanouissement libre du moi, ses velléités de s'étendre et de s'agrandir sont comprimés par le poids de l'univers qui, de toutes parts, retombe sur lui. Jaillissant du centre, le flot de vie vient fatalement se briser, comme une vague impuissante, à l'écueil des choses extérieures. Ce choc perpétuel, cette lutte du moi et du monde, c'est la cause première et l'origine de toute douleur. Ainsi refoulée sur elle-même, l'activité du moi se replie au centre qui s'échauffe comme l'essieu d'une roue en mouvement. Bientôt l'étincelle brille et la vie intérieure du moi s'éclaire. C'est la *conscience*. Ramené par la sensation douloureuse et l'échec répété de ses efforts, du dehors au dedans, le moi se prend pour objet de sa propre réflexion ; il se dédouble et se connaît ; bientôt il se juge ; il se sépare de l'organisme avec lequel il se confondait tout d'abord ; il s'oppose lui-même à lui-même, comme s'il y avait en lui réellement deux *êtres* : un moi idéal et un moi empirique. De là viennent son tourment, ses luttes, ses remords, mais aussi l'élan toujours renouvelé, le progrès indéfini de sa vie spirituelle, dont chaque moment ne semble plus être qu'un degré qui doit l'élever à un degré supérieur.

N'entrevoyons-nous pas ici le rôle divin de la douleur? Sans elle, il ne semble pas que la vie de l'esprit pût surgir de la vie physique. Tous les enfantements sont douloureux. Comme l'enfant, la conscience naît dans les larmes. Fille de la douleur, elle ne se développera que par elle. Où trouvons-nous l'intelligence la plus affinée, la conscience la plus aiguë, la vie intérieure la plus intense, sinon chez les êtres humains, dont une maladie ou une position sociale trop étroite ont comme opprimé l'activité extérieure? Comment s'expliquer autrement les *Pensées* de Pascal, celles de Maine de Biran ou le *Journal* d'Amiel? D'où vient chez de tels hommes l'extraordinaire développement de conscience que nous constatons, sinon de ce fait, qu'ils ont ressenti plus profondément la contradiction radicale qui fait tout ensemble la misère de la destinée humaine et sa grandeur ?

Continuez cette observation; suivez chacune de nos facultés dans leur épanouissement progressif. Partant d'une contradiction sans laquelle elles ne seraient point, vous les voyez toutes aboutir à une contradiction où elles semblent périr, en sorte que ce qui a engendré en nous la conscience de nous-mêmes, semble devoir la tuer. Partout la même désespérante antinomie. L'homme ne se peut connaître, sans se connaître limité. Mais il ne peut sentir ces limites fatales sans les franchir par la pensée et par le désir, en sorte qu'il n'est jamais satisfait de ce qu'il possède, et ne peut être heureux que par ce qu'il ne saurait atteindre. — Je veux connaître; mon intelligence en travail a soif de comprendre et de savoir, et ses premières découvertes l'enchantent. Mais, hélas ! ma pensée vient bientôt se heurter au mystère. Non seulement il y a des choses qu'elle ne connaît pas; mais il y en a qu'elle sait, de science certaine, ne pouvoir jamais connaître. Comment l'homme pourrait-il sauter hors de son ombre ou monter sur ses propres épaules pour regarder par-dessus le mur infranchissable? Je veux bien que tout ce qui nous est intelligible soit réel ; mais tout le réel est-il intelligible pour nous ? Et, dès lors, que devient ma science, sinon le sentiment mélancolique d'une ignorance qui se connaît comme telle ? — Même contradiction dans ma faculté de jouir. Comme, tout à l'heure, mon savoir apparent se changeait en son contraire, ainsi maintenant, je vois tout ce que j'appelle plaisir et bonheur se changer en peine et en douleur. Que les hommes superficiels et vulgaires accusent le sort ou les choses de leurs déceptions et de leur impuissance d'être heureux ; pour moi, je ne puis que dénoncer la constitution intime de mon être. C'est par un effet de cette constitution même que la jouissance porte en elle la cause de son épuisement, que le plaisir se transforme en dégoût, et que l'aiguillon de la douleur sort des voluptés. Le pessimisme a raison ; car il est prouvé, par une trop vieille expérience, que la recherche exclusive du bonheur n'a d'autre résultat que d'augmenter en nous la capacité de souffrir. — Parlerai-je de l'activité morale ? Je veux faire le bien ; mais le mal est attaché à moi. Je ne fais pas ce que j'approuve, et je n'approuve pas ce que je fais : je me sens libre dans mon vouloir, et je suis esclave dans mon action. Plus je fais effort vers une justice idéale, plus cette justice idéale que je n'atteins jamais, me constitue pécheur et fortifie en moi la conscience du péché, en sorte qu'ici encore, ici surtout, le résultat final de ma recherche est le contraire de ce que je cherchais tout d'abord.

D'où me viendra la délivrance ? Comment résoudre cette contradiction de mon être qui me fait tout ensemble vivre et mourir ? Des hommes comptent, pour affranchir l'homme des misères et des limites de sa nature, sur les progrès de la science ou l'amélioration des conditions de sa vie. Mais comment ne pas voir que s'ouvre ici une nouvelle source de désespoir? Comment oublier que la science, en marchant, aggrave et rend mortelle, loin de l'atténuer, la contradiction originelle de la vie? Faire une découverte, expliquer un phénomène nouveau, est-ce faire autre chose que de le sérier dans l'enchaînement causal et nécessaire que la science tisse et étend sur les choses? Mettre de la suite, de l'ordre et de la stabilité dans le monde, n'est-ce pas, pour la science, y mettre et y faire régner souverainement la nécessité? La science, au sens strict du mot, est déterministe. Mais alors, prolongez indéfiniment ce progrès de la science; multipliez-le par dix, par cent, par mille, que faites-vous d'autre que multiplier dans la même proportion le poids du déterminisme universel sous lequel gémit notre âme et succombe son activité intérieure? Alors nous aboutissons à la contradiction, plus tragique encore, de la science et de la conscience, des lois physiques et des lois morales, de la réflexion et de l'action. Plus l'une grandit et triomphe, plus l'autre semble vaine. De là ce dualisme philosophique où aboutit la pensée moderne, d'une science qui ne peut engendrer une morale avouée et d'une morale qui ne saurait être objet de science positive. Nous touchons à la cause de ce mal étrange qu'on pourrait appeler « le mal du siècle, » sorte de consomption intérieure dont tous les esprits cultivés sont plus ou moins atteints. C'est une guerre intestine qui arme le moi humain contre lui-même et tarit les sources de la vie. Plus on réfléchit aux raisons qu'on peut avoir de vivre et d'agir, moins on est capable d'effort et d'action. La clarté aiguë de la pensée est en raison inverse de l'énergie de la volonté. Les pessimistes nous disent qu'un état de conscience pleine et entière abolirait en nous jusqu'au désir d'être, jusqu'au vouloir agir. Et qui donc n'est plus ou moins pessimiste aujourd'hui? Qui ne se plaint du poids de la pensée trop lourd ou de la force de la nature trop faible? Qui n'a constaté cette alliance étrange devenue presque habituelle, de la plus grande frivolité du caractère jointe à la culture la plus raffinée de l'intelligence? Quelle est cette plainte monotone qui s'élève de toutes parts, que nous apportent le **dernier livre de philosophie**, le roman à la mode et la **pièce de théâtre la plus applaudie**, sinon le soupir mélancolique d'une vie qui semble près de s'éteindre et de **tout un vieux monde qui va mourir**? Faut-il donc renoncer à penser pour garder le courage de vivre, ou se **résigner à la mort pour avoir le droit de penser**?

De ce sentiment de détresse, de cette contradiction initiale de la vie intérieure de l'homme, naît la **religion**. C'est la fente dans le rocher d'où sort l'onde **vivifiante**. Non pas que la religion apporte au problème **une solution théorique**. L'issue qu'elle nous ouvre et nous **propose** est avant tout d'ordre pratique. Elle ne nous sauve point par une acquisition de connaissances nouvelles, mais par un retour au principe même d'où notre être **dépend** et par un acte moral de confiance en l'origine et **en la fin de la vie**. Toutefois cet acte sauveur n'est point arbitraire; il se produit par l'effet d'une nécessité. La foi en la vie n'est pas autre chose et n'agit pas autrement dans le monde de l'esprit que l'instinct de conservation dans le monde physique. C'est une forme supérieure de cet instinct. Aveugle et fatal dans les organismes, il s'accompagne de conscience et de volonté réfléchie dans la **vie morale**, et, ainsi transformé, apparaît sous la forme de la **religion**.

Cet élan de la vie ne se produit pas non plus dans le vide et n'est pas sans objet. Il s'appuie, en effet, à **un sentiment inhérent à toute conscience individuelle, au senti-**

ment de dépendance où l'homme se trouve à l'égard de l'être universel. Qui donc peut échapper au sentiment de cette dépendance absolue? Non seulement notre destinée en principe est décidée hors de nous et sans nous, par les lois générales de l'évolution cosmique où nous apparaissons dans un lieu et en un moment, avec un héritage et une somme de forces que nous n'avons ni délibérés ni choisis; mais encore, ne trouvant dans nous-mêmes ni dans aucune série d'êtres individuels, la raison suffisante de notre existence, nous sommes nécessairement obligés de chercher hors de nous, dans l'être universel, la cause première et la fin ultime de notre être et de notre vie. Etre religieux, tout d'abord, c'est reconnaître, c'est accepter avec confiance, avec simplicité et humilité, cette sujétion de notre conscience individuelle; c'est ramener et rattacher celle-ci à son principe éternel; c'est vouloir être dans l'ordre et l'harmonie de la vie. Ce sentiment de notre subordination fournit ainsi la base expérimentale et indestructible de l'idée de Dieu. Celle-ci peut bien rester plus ou moins indéterminée et même ne s'achever jamais dans notre esprit; son objet n'échappe point pour cela à notre conscience. Avant toute réflexion et toute détermination rationnelle, il nous est donné et comme imposé dans le fait même de notre dépendance absolue; on peut établir sans crainte cette équation : le sentiment de notre dépendance est celui de la présence mystérieuse de Dieu en nous. Telle est la source profonde d'où l'idée du divin jaillit irrésistiblement. Mais elle en jaillit en même temps que la religion, et par l'effet de la religion même.

Toutefois, il faut bien voir à quel prix la pensée de l'homme accepte cette subordination à l'égard du principe de la vie universelle. Nous avons vu cette pensée entrer en révolte et en conflit avec les choses extérieures, parce que ces choses sont d'une autre nature qu'elle, et que le propre de la pensée c'est de comprendre, de dominer, de régir les choses, non de se subordonner à elles. Qui ne se souvient ici de la phrase de Pascal : « L'homme n'est qu'un roseau, le plus faible de la nature ; mais c'est un roseau pensant. Quand l'univers l'écraserait, l'homme serait plus noble que ce qui le tue, parce qu'il sait qu'il meurt, et l'avantage que l'univers a sur lui, l'univers n'en sait rien ». Voilà pourquoi l'univers matériel n'est point le principe de souveraineté auquel l'homme puisse se soumettre. La dignité supérieure de l'esprit, au regard de l'ensemble des choses, ne se peut maintenir jusqu'au bout dans notre individualité si précaire, que par un acte de confiance et de communion intime avec l'esprit universel. Ce n'est que d'une puissance spirituelle que ma conscience fait réellement dépendre et moi et l'univers qui dès lors se pourront réconcilier, parce qu'ils ont, dans cet être universel conçu comme esprit, un principe commun et une fin solidaire. Descartes ne s'était pas trompé : la première démarche de la pensée humaine, voulant s'affirmer à elle-même sa valeur et sa dignité, est un acte essentiellement religieux. Le cercle de ma vie mentale, qui s'ouvrait par le conflit de ces deux termes, la conscience du moi et l'expérience du monde, s'achève et se clôt par un troisième terme où s'harmonisent les deux autres : le sentiment de leur commune dépendance de Dieu.

Cette déduction de la genèse de la religion, dans l'âme de l'homme, n'est-elle pas trop philosophique et trop abstraite pour être d'une application universelle? Si elle explique la persistance du sentiment religieux aux époques de haute et savante culture, peut-elle aussi bien nous en faire comprendre l'apparition aux âges préhistoriques de l'humanité? Ceux qui feraient cette objection prouveraient seulement qu'ils n'ont pas bien vu la nature permanente de la contradiction initiale qui constitue, à l'origine comme à la fin, la vie empirique de l'homme, et qui la rend à tous les degrés si précaire et si misérable. Ce n'est pas une contradiction créée par la logique. Pour la constater et pour en souffrir, l'homme n'a pas eu besoin d'attendre d'être devenu philosophe. Elle se manifeste dans les terreurs du sauvage devant les cataclysmes de la nature, au milieu des dangers des forêts primitives, non moins que dans le trouble de notre pensée devant l'énigme de l'univers et de la mort. L'expression et la conscience de la misère humaine sont différentes; le frisson religieux qui secoue l'homme est au fond le même. Pascal, avec tout son savoir, n'éprouvait pas une détresse moindre que l'homme des premiers âges, quand il s'écriait en gémissant : « Le silence éternel des espaces infinis m'effraie. » Le disciple de Kant, s'enfermant avec désespoir dans les limites infranchissables de la connaissance phénoménale, ou celui de Schopenhauer, aboutissant à l'irréductible et mortel conflit de l'intelligence et de la volonté, ne sont-ils pas accablés sous le sentiment d'une impuissance encore plus douloureuse, et, quand ils cessent de raisonner pour se décider à vivre, ne sentent-ils pas, malgré eux, se former dans l'amertume de leur cœur et monter à leurs lèvres, un soupir qui est le commencement d'une prière?

La religion est donc immortelle. Loin de se fermer et de tarir avec le temps, la source d'où elle jaillit au fond de l'âme, s'élargit et se creuse plus profonde et plus riche sous la double action de la réflexion philosophique et des expériences douloureuses de la vie. Ceux qui en prophétisent la fin prochaine, prennent pour la religion ce qui n'en est que l'expression extérieure et transitoire. Les crises périodiques où elle paraît devoir succomber, en renouvellent les traditions et les formes et, loin d'en prouver la faiblesse, en démontrent la fécondité et la faculté de rajeunissement. Jamais, dans l'histoire, on n'a vu l'âme humaine complètement dépouillée. Sur cet arbre où la sève divine monte toujours, les feuilles d'une saison ne tombent, tout à fait desséchées, que sous la poussée des feuilles nouvelles. Les croyances religieuses ne meurent pas ; elles ne font que se transformer. Que les amis de la religion cessent donc de s'alarmer et ses adversaires de se réjouir. Les espérances des uns et les craintes des autres prouvent une égale méconnaissance de ce qui en est l'essence et le principe. S'ils la cherchent en eux-mêmes, ils la trouveront d'autant plus vivante dans leur vie intérieure, qu'au dehors les formes traditionnelles leur semblent plus menacées. Le soupir, l'élan, ou la mélancolie de l'âme en détresse sont plus religieux que la dévotion intéressée ou machinale. Il y a des heures, où l'hérésie qui souffre, qui cherche et qui prie est plus près de la source de vie que l'obstination intellectuelle d'une orthodoxie incapable, semble-t-il, de comprendre les dogmes qu'elle conserve embaumés. Que les hommes qui méprisent la religion apprennent tout d'abord à la connaître ; qu'ils y voient ce qu'elle est : la crise intérieure et heureuse par laquelle la vie humaine se transforme et s'ouvre une issue sur la vie idéale. Tout le développement humain en sort et y aboutit. L'art, la morale, la science elle-même se décolorent et s'étiolent dès que cette inspiration suprême leur manque ; l'âme irréligieuse s'éteint comme perdant le souffle. L'homme n'est pas ; il doit se faire lui-même, et, pour cela, monter des ténèbres et des liens d'en-bas, à la lumière et à la liberté. C'est par la religion que l'humanité commence en lui, et c'est par elle encore qu'elle s'affermit et s'achève.

III

QUE LA RELIGION C'EST LA PRIÈRE DU CŒUR

Nous pouvons maintenant dégager et définir l'essence de la religion. C'est un commerce, un rapport conscient et voulu, dans lequel l'âme en détresse entre avec la puissance mystérieuse dont elle sent qu'elle dépend et que dépend sa destinée. Ce commerce avec Dieu se réalise par la prière. La prière : voilà donc la religion en acte, c'est-à-dire la religion réelle. C'est la prière qui distingue le phénomène religieux de tous ceux qui lui ressemblent ou l'avoisinent, tels que le sentiment moral ou le sentiment esthétique. Si la religion est un besoin pratique, la réponse à ce besoin ne saurait être qu'une action pratique. Aucune théorie ne serait ici suffisante. La religion n'est rien si elle n'est pas l'acte vital par lequel l'esprit tout entier s'efforce de se sauver, en se rattachant à son principe. Cet acte, c'est la prière, par où j'entends, non pas un vain exercice de paroles, non pas la répétition de certaines formules sacrées, mais le mouvement de l'âme se mettant en relation personnelle et en contact avec la puissance mystérieuse dont elle sent la présence, même avant de pouvoir lui donner un nom. Où cette prière intérieure fait défaut, il n'y a pas de religion; au contraire, partout où cette prière surgit et remue l'âme, même dans l'absence de toute forme et de toute doctrine arrêtée, la religion est vivante. A ce point de vue, une histoire de la prière serait peut-être la meilleure histoire du développement religieux de l'humanité. On verrait cette histoire commencer avec la prière la plus grossière et s'achever dans la prière parfaite, qui, sur les lèvres du Christ, n'est plus que soumission et confiance en la volonté du Père.

Cette définition concrète de la religion a l'avantage de corriger, en la complétant, celle de Schleiermacher. Elle concilie les deux éléments antithétiques qui constituent le sentiment religieux : l'élément passif et l'élément actif, le sentiment de dépendance et le mouvement de liberté. La prière, en jaillissant de notre état de misère et d'oppression, nous en délivre. Il y a en elle de la soumission et de la foi. La soumission nous fait reconnaître et accepter notre dépendance, la foi transforme cette dépendance en liberté. Ces deux éléments correspondent aux deux pôles de la vie religieuse ; car, dans toute piété véritable, l'homme se prosterne devant la toute puissance qui l'enveloppe, et il se relève dans un sentiment de délivrance et d'accord avec son Dieu. Schleiermacher avait tort de n'insister que sur le côté de la résignation. Il ne pouvait, dès lors, ni échapper au panthéisme pour arriver à la liberté, ni trouver aucun lien entre la vie religieuse et la vie morale. La religion est donc un acte libre autant qu'un sentiment de dépendance. Et tel est le caractère et la vertu de l'acte de la prière que tout par elle se transforme. Le sentiment écrasant de ma défaite devient le sentiment joyeux et triomphant de ma victoire. Chacun de ces états se change en son contraire, en sorte que l'homme vraiment religieux vit tout ensemble dans une obéissance libre et dans une liberté obéissante. Si la religion a été souvent une puissance oppressive et un instrument de servitude, elle a été pour le moins aussi souvent la mère de toutes les libertés. La force qui m'incline est aussi celle qui me redresse, car elle passe en mon âme. Le Dieu que j'adore me devient à la fin un Dieu intérieur dont la présence m'enlève toute crainte et me met au-dessus de toutes les menaces des choses. La réalisation consciente de cette présence de Dieu dans mon âme : voilà le véritable salut de mon être et de ma vie.

Je comprends maintenant pourquoi la « religion naturelle » n'est pas une religion. Elle prive l'homme de la prière ; elle laisse Dieu et l'homme éloignés l'un de l'autre. Nul commerce intime, nul dialogue intérieur, nul échange entre eux, aucune action de Dieu dans l'homme, aucun retour de l'homme à Dieu. Au fond, cette prétendue religion n'est que de la philosophie. Elle naquit aux époques de rationalisme, de travail critique, de raison impersonnelle et n'a jamais été qu'une abstraction. Les trois dogmes dans lesquels elle se résume, l'existence de Dieu, l'immortalité de l'âme et l'obligation du devoir, ne sont que le résidu inorganique, le *caput mortuum* resté au fond du creuset où se dissolvaient toutes les religions positives. Cette religion prétendue naturelle ne se rencontre pas dans la nature ; c'est dire qu'elle n'est pas plus naturelle que religieuse. Création artificielle et morte, elle ne laisse presque rien apercevoir des caractères propres de la religion. Un moment elle parut avoir l'avantage d'échapper aux coups de la critique scientifique. A l'épreuve, elle s'est trouvée moins résistante qu'aucune autre. La même raison qui l'a construite, la détruit, et ses dogmes sont peut-être encore plus compromis aujourd'hui devant la pensée moderne, que ceux qu'elle prétendait remplacer.

IV

CONCLUSION

Que cherchions-nous, en commençant ces réflexions? Nous voulions nous rendre compte de la nécessité qui fait naître la religion au cœur de l'homme et monter la prière à ses lèvres. Il me semble qu'à cette heure, cette nécessité apparaît à ma conscience plus claire et plus irrésistible. Je sens qu'elle vient de plus loin que moi-même, de plus loin que mon éducation, de plus loin aussi que les habitudes de mes ancêtres. Pour en découvrir l'origine, il a fallu remonter jusqu'à la racine même de la vie mentale, jusqu'à la contradiction essentielle qui la constitue, dans laquelle elle se développe et pourtant ne saurait rester sans mourir. La religion, c'est la prière intime et la délivrance. Elle est à ce point inhérente à l'homme qu'il ne saurait l'arracher de son cœur, sans être condamné à se séparer de lui-même et à tuer ce qui constitue proprement, en lui, l'humanité.

Mais alors, objectera-t-on, pourquoi y a-t-il tant d'hommes irréligieux ou athées? — Ce grand nombre n'est-il pas une illusion? On confond, surtout dans notre pays, et l'on identifie l'hostilité déclarée à une religion extérieure, à un dogme, à une église, à une tradition, avec l'athéisme et l'irréligion. Rien n'est plus faux. Combien d'hommes, parmi ces révoltés, qui ne sont d'aucune religion par religion, qui même ont dû rompre avec les formes de la tradition vulgaire, dès qu'ils ont senti s'éveiller en eux une aspiration religieuse plus haute et plus désintéressée? En causant avec nombre de ces âmes, qu'on dit, et qui parfois se croient elles-mêmes irréligieuses, j'ai toujours trouvé qu'on ne tenait compte que de ce qu'elles nient, sans voir ce qu'elles affirment. Un homme qui se dit athée ne l'est jamais qu'à l'égard du dieu des autres. Il nie le dieu de son curé ou de son pasteur, celui de son enfance ou de ses voisins; mais regardez-y de plus près, il en a un autre, le sien, caché tout au fond de son âme, qu'il adore sous un nom particulier et auquel il s'offre chaque jour lui-même en sacrifice. Quand ce n'est pas un dieu noble, c'est, hélas, quelque idole basse et grossière; tant il est impossible à personne de vivre sans sortir de soi et sans se donner. Surtout rien n'est plus absurde que d'opposer au Dieu caché, toujours présent et toujours actif, la vie supérieure de l'esprit que seule son action mystérieuse et toute-puissante fait épanouir en nous. Justice et Bonté que servent et veulent réaliser toutes les âmes généreuses, Vérité que cherchent les philosophes et les savants, Beauté toujours attirante et toujours fuyante, que poursuivent et qu'adorent les artistes, qu'êtes-vous donc sinon les faces multiples de cet autel intérieur qui se dresse au fond de toute conscience d'homme, et sur lequel chacun vient apporter en offrande, au Dieu inommé, ce qu'il y a de meilleur dans son âme et dans sa vie!

Il n'est qu'un athée et un impie : c'est l'homme frivole, qui se fait, de cette frivolité même, l'arme et le masque tout ensemble d'un vain et brutal égoïsme. Il n'y a de positivement irréligieux que l'état d'âme, aride et brûlant, d'où sort une éternelle ironie, cette école où l'on raille et où l'on méprise tout, et que M. Jules Lemaître, pour la baptiser du seul mot digne d'elle, a nommée : l'école du *je m'en fichisme*. Mais quelle saisissante confirmation de toutes nos réflexions! Il est donc vrai qu'avant de se moquer de Dieu, il faut que l'homme commence par se moquer de soi! Il est donc vrai que, dans la vie égoïste et sensible, il ne saurait trouver aucune raison suffisante de vivre! Il est donc vrai que, pour subsister et ne pas s'éteindre dans la nuit, la conscience du moi doit se doubler, à l'intérieur, de la conscience, je veux dire du sentiment de la présence de Dieu !

S'il en est ainsi, je n'hésite plus. Je ne veux pas m'isoler dans un dilettantisme débarrassé de tout lien et de tout devoir. Une solidarité fraternelle m'a saisi dès avant ma naissance. J'appartiens à la caravane humaine et ne m'en séparerai pas. Je marcherai dans sa voie ; je partagerai ses épreuves et son espérance. Je lui dirai : « Ton Dieu sera mon Dieu, ta foi sera ma foi. » Avec la grande et pauvre voyageuse, je traverserai les déserts, et, dussé-je être la victime des mêmes mirages, je tendrai toujours avec elle vers l'horizon où brille l'étoile mystérieuse qui la guide et l'attire. — Je suis religieux, en un mot, parce que je suis homme et ne peux m'enfuir hors de l'humanité.

Littérature. — Toute discipline sérieuse se constitue par des précédents qui forment chaine et tradition. L'histoire d'une science fait aujourd'hui partie intégrante de cette science, parce qu'une forme de pensée actuelle ne se comprend pleinement et ne se justifie avec quelque autorité, que par sa liaison avec celles qui l'ont précédée et amenée. Aussi, pour jalonner la route de la philosophie de la religion, marquer les étapes qu'elle a franchies, expliquer le point où elle est arrivée et en dégager nettement l'orientation véritable, avons-nous cru utile d'indiquer à la suite de chaque chapitre non seulement les sources où nous avons puisé, mais encore les principaux ouvrages qui font date dans l'évolution de la pensée religieuse. Cette bibliographie ne saurait être complète ; elle n'y vise pas. L'auteur serait satisfait s'il pouvait seulement donner une idée de la richesse de cette matière et fournir aux *etudiants* qui voudraient l'explorer, quelques indications utiles pour guider leurs recherches et leurs lectures. Nous n'avons pas remonté au delà du XVIe siècle, non qu'il n'y ait auparavant des choses précieuses à glaner, mais parce qu'au delà commence le domaine de l'érudition, et que la continuité du mouvement philosophique serait trop difficile à suivre et à établir.

HERBERT DE CHERBURY : De veritate prout distinguitur a revelatione, de religione laici, 1624 (belle étude de Ch. de Rémusat, 1864). HOBBES: Leviathan or the matter, forme and power of a commonwealth ecclesiast. and civil, 1651. LOCKE : The reasonableness of christianity, 1695; Letters for toleration, 1689-92. Œuvres trad. en franç. en 7 vol., 1821-25. COLLINS : A Discourse of free Thinking, 1713. TINDAL, Christianity as old as the world, 1730. HUME : The natural history of religion, etc., 1761.

DESCARTES : Méditations, 1641. SPINOZA : Tractatus theol.-polit., 1670. HUET : Lettre sur l'orig. des romans, 1670 ; Traité philos. de la faiblesse de l'esprit humain (posthume), 1723. P. BAYLE : Dictionnaire hist. et crit., 1697; Commentaire sur « Contrains-les d'entrer », ou de la tolérance universelle, 1686 ; Pensées sur la comète, 1681 ; Réponses aux questions d'un provincial, 1704-6, etc. MONTESQUIEU : La Politique des Rom. dans la relig., dissertation de 1716 ; Esprit des lois, livres XXIV et XXV, 1748. VOLTAIRE : Lettres anglaises, 1735 ; Essai sur les mœurs et l'esprit des nations, 1759 ; Dictionn. philosoph., 1760, etc. ROUSSEAU : Emile : Profession de foi du vic. savoyard, 1762; Lettres de la montagne, 1764; Songe allégorique sur l'orig. des relig. (posthume, publ. par Streckeisen Moultou, 1861). DIDEROT : Lettre sur les aveugles, 1749. D'HOLBACH : Système de la nature, 2e partie, 1770. RAYNAL : Hist. phil. des Indes, 1780. VOLNEY : Les Ruines, 1791.

LEIBNIZ : Théodicée, surtout le Discours de la conformité de la foi avec la raison, 1710 ; Theologia mystica; Systema theolog., etc. LESSING : Die gœttl. Erziehung des menschl. Geschlechts, 1780 (voir Fontanès, Le christianisme moderne, étude sur Lessing, 1867). KANT : Die Relig. innerhalb. der Grenz. der blossen Vernunft, 1793. HERDER : Vom Geiste der hebræischen Poesie, 1782-85 ; Ideen zur Philos. der Geschichte der Menschheit, 1784-87 ; Briefe zur Beförderung der Humanitæt, 1793-97. SCHLEIERMACHER : Ueber die Religion, Reden, 1799. DE WETTE : Vorles. üb. die Relig., 1827. HEGEL : Philos. der Relig., 1832, trad. par Véra, 1878. FEUERBACH : Das Wesen der Relig.; Das Wesen des Christenthums, 1840-45. C. SCHWARZ : Das Wesen der Relig., 1847. OPZOOMER : Die Religion (du hollandais), 1868. D. STRAUSS : Der alte u. der neue Glaube, 1872. PFLEIDERER : Die Relig. ihr. Wesen u. ihre Gesch. 1869 ; Religionsphilos. auf geschichtlicher

Grundlage, 1878. Ed. Zeller : Ursprung u. Wesen der Rel. (in Vortræ gen u. Abhandl. 2º Samm., 1877). W. Bender : Das Wesen der Relig. und der Grundgesetze der Kirchenbildung, 1888. Von Hartmann : die Selbstzersetzung des Christenth. und die Relig. der Zukunft., 1874 ; Das religiöse Bewusstsein der Menschheit, 1881 ; Die Relig. des Geistes, 1882. W. Herrmann : Die Religion im Verhælt. zum Welterkennen, 1879. Kœstlin : Religion, in Herzogs Encyclop. t. XII, 1883. Kaftan : Das Wesen der christl. Religion, 1881. Lipsius : Philos. u. Relig., 1885. Pünjer : Geschichte der christl Relig.-Philosoph., 1880-1883.

J. Stuart Mill : Nature, The utility of Religion and Theism, 1874 ; Autobiography 1873. Mansel : The limits of religious thought, 1852. M. Arnold : Literature and Dogma, 1873 ; God and the Bibel, 1875. Herb. Spencer : The first principles, 1876. J. Caird : Introduction to the philosophy of Religion, 1880. Th. Green : Prolegomena to Ethic., 1882. R. Flint : Antitheistic theories, Theism (art. de l'Encycl. britannique). Fairbairn : Studies on the Philos. of Religion and History, 1876.

Benjamin Constant : De la Religion, 1824 ; du Polythéisme romain, 1838. A. Vinet : Discours sur quelques sujets relig., 1831 ; Mélanges de philosophie morale et de morale relig., 1869. Esprit de Vinet par Astié, 1861. Ed. Quinet : Le génie des Religions, 1842. Aug. Comte : Cours de phil. positive, 1839. Littré : A. Comte et la phil. positive, 1863 ; série d'art. dans la Revue de phil. positive, 1867-1881. J. Matter, Phil. de la Relig. 1857 ; Hist. de la philosophie dans ses rapports avec la Relig., 1854. E. Renan : Etudes d'hist. relig. 1858 ; Nouv. études d'hist. relig., 1884. J. Scholten : Hist. comparée de la philosophie et de la Relig., traduit par A. Réville. Revue de théol. de Strasb., année 1860 et s. Vacherot : La Religion, 1868. A. Réville : Prolégomènes de l'histoire des Relig., 1881. Ch. Secrétan : La raison et le christianisme, 1863 ; Discours laïques, 1877 ; La civilisation et la croyance, 1887. Ernest Naville : Le Père Céleste, 1865 ; Maine de Biran, sa vie et ses pensées, 1857 ; La Physique moderne, 1883. De Pressensé : les Origines, 1883. Ch. Lambert : Le spiritualisme et la Relig., 1877. Abbé de Broglie : la Science et la Relig., 1883 ; Problèmes et conclusions de la Science des Relig., 1885. Guyau : L'Irréligion de l'avenir, 1887. De Molinari : Science et Religion, 1894. A. Porret : Les éléments essent. de la Relig., 1889. R. Réthoré : Science des Religions, 1894. Ollé-Laprune : la philosophie et le temps présent, 1895, Le prix de la vie, 1894. R. Allier : la philosophie d'Ernest Renan, 1895.

CHAPITRE DEUXIÈME

RELIGION ET RÉVÉLATION

I

LE MYSTÈRE DE LA VIE RELIGIEUSE

« Tu ne me chercherais pas, si tu ne m'avais pas déjà trouvé. » Dans cette parole que Pascal entendait, au milieu de sa recherche inquiète, tout le mystère de la piété se découvre. On peut dire, en effet, que si la religion est la prière de l'homme, la révélation est la réponse de Dieu, mais à la condition d'ajouter que cette réponse est toujours, au moins en germe, dans la prière elle-même.

Cette pensée m'a frappé comme un trait de lumière ; c'est la solution d'un problème qui m'avait paru longtemps insoluble. Je n'avais jamais lu qu'avec un certain doute et comme une exagération oratoire, cette promesse faite par Jésus à ses disciples avec une si étrange assurance : « Cherchez et vous trouverez ; demandez et vous recevrez; frappez à la porte et elle s'ouvrira; car celui qui cherche trouve; celui qui demande reçoit, et l'on ouvre à celui qui frappe. » Jésus avait fait l'expérience d'une vérité que je commence seulement d'entrevoir : aucune prière ne reste inexaucée, parce que Dieu à qui elle s'adresse est celui-là même qui déjà l'inspire. La recherche de Dieu ne saurait être vaine ; car, dès le moment que je me mets à le chercher, c'est lui qui me trouve et qui me saisit. Laissez-moi réfléchir un peu plus longtemps à ce mystère. Je crois entendre ces paroles et ces promesses de l'Evangile pour la première fois. Elles résonnent à mes oreilles comme une musique profonde et solennelle, qui, m'apportant l'écho de l'âme religieusement active de Jésus, secoue la mienne plongée dans une sorte de torpeur. La vie religieuse n'est donc pas un état fixe, c'est un mouvement de l'âme, un désir, un besoin. L'amour de la vérité n'est-il pas le principe de la science? Aimer la vérité par-dessus toutes choses, n'est-ce pas en quelque manière être déjà dans la vérité? Le point de départ, le commencement intérieur d'une réelle justice, n'est-ce pas le repentir, c'est-à-dire la douleur de n'être pas juste? Je comprends dès lors pourquoi le Christ a fait de l'humilité et de la confiance les seules conditions d'entrée de son royaume, pourquoi sa parole a fait sortir la richesse de la pauvreté, la guérison de la maladie et le rassasiement de l'intensité même du besoin. Secret de l'Evangile, lois mystérieuses de l'esprit, pure essence morale du règne de Dieu, paradoxes qui déconcertez l'homme enfoncé dans les idées de la vie égoïste et sensible, mais qui renfermez les plus hautes réalités de la vie morale, révélez-vous toujours mieux à ma conscience, puisque, de cette révélation première, dépend pour moi l'intelligence de toutes les autres.

Je reviens à une autre pensée de Pascal. Si la piété « c'est Dieu sensible au cœur », il est évident qu'il y a, dans toute piété, quelque manifestation positive de Dieu. Les idées de religion et de révélation restent donc corrélatives et religieusement inséparables. La religion n'est rien d'autre que la révélation subjective de Dieu dans l'homme, et la révélation c'est la religion objective en Dieu. C'est le rapport de la forme et de l'objet, de l'effet et de la cause organiquement unis; c'est un seul et même phénomène psychologique, lequel ne peut subsister ni se produire que par leur rencontre. Il est aussi impossible de les isoler que de les confondre.

Je conçois donc que la révélation soit aussi universelle que la religion elle-même, qu'elle descende aussi bas, aille aussi loin, monte aussi haut et l'accompagne toujours. Aucune forme de piété n'est vide; aucune religion n'est absolument fausse; aucune prière n'est vaine. Encore une fois, la révélation est dans la prière et progresse avec la prière. D'une révélation obtenue dans une première prière, naît une prière plus pure, et de celle-ci une révélation plus haute. Ainsi la lumière grandit avec la vie, la vérité avec la piété. Cela fait que je puis entrer en communion et en sympathie avec toutes les âmes sincèrement religieuses, quelles que soient les formes naïves ou grossières de leur culte et de leur foi; mais, si je puis les comprendre, je ne puis toujours parler leur langage ni partager leurs idées. Toutes les religions ne sont pas également bonnes, ni toutes les prières acceptables à ma conscience. Revenir aux superstitions dissipées ou aux croyances reconnues illusoires est une impossibilité morale aussi grande que le serait, pour un homme mûr, de revenir aux naïvetés de son enfance. La révélation n'est donc point une communication une fois faite de doctrines immuables et qu'il n'y aurait qu'à retenir. L'objet de la révélation de Dieu ne peut être que Dieu lui-même, et, si l'on en réclame une définition, il faudra dire qu'elle consiste dans la création, l'épuration et la clarté progressive de la conscience de Dieu dans l'homme individuel et dans l'humanité.

De ce point, je comprends encore très clairement que la révélation de Dieu n'a jamais besoin d'être prouvée à personne. L'entreprise serait aussi contradictoire qu'elle est superflue. Deux choses sont également impossibles : qu'un homme irréligieux découvre jamais une révélation divine dans une foi qu'il ne partage point, ou qu'un homme vraiment pieux n'en trouve pas une dans la religion qu'il a épousée et qui vit dans son cœur. Avec quoi d'ailleurs et comment prouverait-on que la lumière éclaire, sinon en forçant ceux qui dorment de se réveiller et d'ouvrir les yeux? Toute apologétique sérieuse doit poser, comme point de départ, le réveil de l'âme et sa conversion.

Ayant toujours été religieuse, l'humanité n'a jamais été destituée de révélation, c'est-à-dire de témoignages plus ou moins obscurs, plus ou moins bien interprétés de la présence et de l'action de Dieu en elle. Mais, si les hommes ont toujours entretenu quelque rapport et commerce avec la divinité, ils ne se sont pas toujours représenté de la même manière le mode des communications qu'ils en recevaient. La notion de la révélation a progressé avec les lumières de l'esprit et la nature de la piété. Il est donc indispensable d'en faire la critique et de voir ce qu'elle est devenue pour nous aujourd'hui. C'est à cet examen que je consacrerai cette seconde méditation. L'idée de révélation a traversé trois phases dans l'histoire : la phase mythologique, la phase dogmatique, et la phase critique.

Ceux qui voudront m'accompagner dans cette étude, comprendront peut-être, à la fin, pourquoi il est impossible, quand une fois on a descendu ce fleuve, de le remonter jamais.

II

NOTION MYTHOLOGIQUE DE LA RÉVÉLATION

Entre les facultés de l'homme, la première qui s'éveille dans la vie mentale de l'enfant et du sauvage, c'est l'imagination. Toutes les littératures débutent par des chants, toutes les histoires par des légendes et toutes les religions par des mythes ou des symboles. La poésie apparaît toujours avant la prose. On ne peut voir que l'effet d'un rationalisme invétéré, dans notre promptitude à nous scandaliser, si l'on nous montre, dans la Bible ou autour du berceau du christianisme, des légendes et des mythes servant d'enveloppes sacrées aux plus pures et aux plus sublimes révélations religieuses, comme si l'Esprit divin ne pouvait se servir, pour se faire comprendre des ignorants et des simples, aussi bien des fictions de la poésie que des raisonnements logiques, des chants des bergers et des anges de Bethléem, aussi bien que de l'exégèse et des argumentations rabbiniques de l'apôtre Paul. Le mythe n'est mensonger qu'en apparence. Quand le cœur a été pur et sincère, les voiles de la fable laissent toujours transparaître le visage de la vérité. Le dédain nous convient-il d'ailleurs? L'enfance ne se continue-t-elle pas dans notre âge mûr et jusque dans la vieillesse? Nos idées les plus abstraites sont-elles jamais autre chose que des métaphores primitives qu'ont usées et amincies l'usage et la réflexion ?

Il n'en est pas moins vrai, comme le dit l'apôtre Paul, qu'en avançant en âge nous avons laissé derrière nous le parler et le penser de l'enfant. Les premiers hommes ne savaient point distinguer entre le fond et la forme de leurs croyances. Cette distinction nous est devenue facile. Les esprits les plus conservateurs ne peuvent plus lire les vieux récits ou les monuments des religions anciennes, sans les critiquer et sans les traduire.

Les hommes d'autrefois, craintifs et naïfs comme des enfants, voyaient partout des signes matériels par lesquels ils croyaient que se manifestait la volonté des dieux. Il se forma de bonne heure un art essentiellement religieux, celui de la *divination*. On le trouve chez tous les peuples. Les anciens Hébreux ne font pas exception. Ils croyaient entendre dans le tonnerre la voix de Jahveh. Ils le consultaient par l'Urim et le Thummim et par l'éphod sacré. Ils ne doutaient pas plus que les Grecs de l'origine divine ni du sens prophétique des songes. Ailleurs on évoquait les morts, on interrogeait le vol des oiseaux, on étudiait les palpitations et les figures qui se dessinaient sur les entrailles des victimes; on écoutait le bruit du vent dans le feuillage des chênes, ou celui des eaux dans les antres sonores. Il y avait là une conception extérieure et en quelque sorte physique de la révélation divine dont les peuples modernes ont fini par se défaire, mais par laquelle tous ont commencé.

Dans les plus anciennes traditions de l'hébraïsme, Dieu parle à Adam, à Noé, à Abraham, à Moïse, comme un homme parle à un autre homme, en sons articulés et perçus par l'oreille. La formule sacrée, *Ainsi a dit l'Éternel*, sert d'introduction uniforme aux lois civiles, politiques, rituelles aussi bien qu'aux lois morales et religieuses. La religion embrassait alors et réglait toute la vie. Les grands empires de l'antiquité se donnaient tous une origine divine. On connaît le mot de Tite-Live dans la préface de son histoire de Rome : *Datur hæc venia antiquitati, ut, miscendo humana divinis, primordia urbium augustiora faciat* (1). Quant aux législations anciennes, il n'en est pas une qui ne soit venue du ciel. Les Egyptiens rapportaient la leur au dieu Thot ou Hermès; Minos, en Crète, passait pour avoir reçu ses lois de Jupiter; Lycurgue, à Sparte, d'Apollon; Zoroastre, en Perse, d'Aura-Mazda; Numa Pompilius, à Rome, de la nymphe Egérie. Moïse n'est donc pas isolé. Naturellement, nous ne comparons pas ici la valeur des choses; nous signalons seulement l'identité des représentations.

Et ce n'étaient pas seulement les institutions religieuses et politiques, c'étaient encore toute espèce de décisions et d'entreprises qu'on rapportait quotidiennement à la volonté des dieux : déclarations de guerre, razzias à entreprendre, ordre de bataille, extermination des vaincus, partage du butin, conditions de la paix, expiations à accomplir; tout était fait en obéissance à des ordres surnaturels, dont la naïveté populaire ne discutait point l'authenticité. De même une inspiration divine expliquait le don de prédire l'avenir, la puissance de parole des grands orateurs, la sagesse des hommes politiques, le génie des grands capitaines, la verve des poètes et jusqu'à l'habileté de mains des artisans les plus renommés. Ce sont là des légendes, dira-t-on; sans aucun doute;

---

(1) « Il faut pardonner à l'antiquité cette intervention des dieux dans les choses humaines, qui imprime à la naissance des cités un caractère plus auguste. »

mais ces légendes sont universelles. On parle partout le même langage, parce qu'on pense partout de même façon.

Cependant, un grand progrès s'accomplit en Israël. La notion de révélation devient peu à peu intérieure et morale. Chez les prophètes, la révélation est conçue comme l'action de l'esprit de Jahveh entrant et agissant dans l'esprit de l'homme. Il est vrai que la conception mythique persiste encore, et se reconnaît en ceci que cette inspiration divine est représentée comme l'invasion d'un être étranger dans l'être humain, comme une sorte d'aliénation mentale et de possession. L'Esprit divin est une force qui vient du dehors, un vent d'en-haut auquel personne ne résiste et dont les élus sont autant les victimes que les organes. Son action se mesure au trouble des inspirés, au désordre de leurs facultés, à l'incohérence de leurs gestes et de leurs discours. Le délire de l'homme devient le signe de la présence du dieu. Les fous, les malades bizarres, les épileptiques passaient presque partout pour des favoris du ciel. Dans leurs paroles ou leurs actes étranges, on croyait entendre des oracles divins qu'ils rendaient à leur insu et contre leur gré.

Cette violente opposition entre l'action surnaturelle de l'Esprit divin et l'exercice normal des facultés rationnelles va s'atténuant d'un siècle à l'autre. Il est facile de constater que chez les grands prophètes d'Israël dont nous possédons les écrits, la formule, toujours fréquente encore, *Ainsi a dit l'Eternel*, tout en exprimant la même certitude subjective d'inspiration, est devenue une simple forme de rhétorique. Dieu parle désormais à son peuple par leur éloquence, par leur foi, par leur génie. « L'Esprit de l'Eternel est sur moi, s'écrie le second Esaïe; c'est pourquoi il m'a oint pour prêcher aux pauvres une bonne nouvelle, pour annoncer aux captifs la délivrance, aux aveugles la guérison et publier l'année de grâce du Seigneur. » (Esaïe LXI, 1).

Cette évolution paraît achevée dans l'âme du Christ. Ici l'inspiration cesse d'être miraculeuse, sans cesser d'être surnaturelle. Elle ne se produit plus par accès ni par intermittence. Un vieil évangile marquait admirablement ce changement. Au moment du baptême de Jésus, l'Esprit saint lui disait : *Mi fili, te exspectabam in omnibus prophetis, ut venires et requiescerem in te. Tu enim es requies mea* (1).

Etant continue, l'inspiration devient normale. L'ancien conflit de l'Esprit divin et de l'esprit humain s'évanouit. L'action immanente et constante de l'un se manifeste dans l'activité régulière et féconde de l'autre. Dieu vit et travaille dans l'homme, l'homme vit et travaille en Dieu. La religion et la nature, la voix divine et celle de la conscience, le sujet et l'objet de la révélation se pénètrent et ne font plus qu'un. La révélation suprême de Dieu éclate dans la plus haute des consciences et dans la plus belle des vies humaines.

Ce progrès n'est-il pas admirable ? Ne doit-il pas d'autant plus frapper l'attention qu'au lieu d'être l'effet de la critique rationnelle, elle est, dans le christianisme, l'œuvre exclusive de la piété? Celle-ci, devenue plus profonde, a vaincu les anciennes antithèses créées par l'ignorance des premiers âges. Se dépouillant de plus en plus des éléments étrangers et inférieurs, l'idée de révélation s'est trouvée d'autant plus humaine qu'elle est apparue plus intérieure, plus constante, plus strictement morale et religieuse. Le

---

(1) « Mon fils, dans tous les prophètes, j'attendais ta venue pour me reposer en toi. » *Evang. des Hébreux.*

Christ n'a point donné de théorie critique de la révélation ;
il a mieux fait ; il nous a donné la réalité même d'une
révélation parfaite et permanente ; il nous présente Dieu
et l'homme si intimement unis dans tous les actes et dans
tous les moments de sa vie intérieure, qu'ils deviennent
inséparables. Le Père agit dans son Fils et le Fils révèle
le Père à tous ceux qui le veulent connaître.

Bien qu'il retienne encore maints lambeaux de la vieille
notion mythologique (visions, songes, extases, délire des
glossolales), l'apôtre Paul a saisi avec énergie le caractère
propre de la révélation chrétienne et en a fait la théorie
avec une sainte hardiesse. Cette théorie consiste, dans
l'effusion et l'habitation du Saint-Esprit dans l'âme de tous
les chrétiens, qui deviennent à leur tour des « Fils de Dieu »
et jouissent, par cet Esprit, du même commerce direct et
permanent avec le Père. Cet Esprit n'est plus un hôte
étranger ou une force perturbatrice ; il devient en nous
une seconde nature. Voilà pourquoi le chrétien est
affranchi de toutes les vieilles tutelles ; il juge tout et
n'est jugé par rien ; il a sa loi en lui-même, en sorte
que, de cette inspiration, naissent son autonomie et sa
liberté.

Mais ni cette piété spirituelle ni la haute conception
qui en découlaient ne pouvaient longtemps se soutenir.
Préoccupée de fonder son autorité et ne pouvant y réussir
qu'en revenant à l'idée d'une révélation extérieure, l'église
catholique la fit consister surtout en règles et en dogmes,
et, par ce changement, transforma naturellement la notion
mythologique de la révélation, en une notion dogmatique
qui n'en est pas essentiellement différente.

III

NOTION DOGMATIQUE

« Les Grecs, disait Paul, cherchent la philosophie; les Juifs demandent des miracles. » De l'alliage de ces deux tendances, du rationalisme grec et du surnaturalisme hébraïque, naquit la notion nouvelle, qu'on peut ainsi résumer et définir : une doctrine divine légitimée par des signes divins ou miracles.

Ces deux éléments de la théorie s'appellent l'un l'autre et forment un tout indivisible. Donnée à l'homme par voie surnaturelle, la doctrine dépasse la portée de l'entendement humain et, dès lors, elle ne saurait s'imposer à lui par son évidence ou être contrôlée par la raison naturelle. Le surnaturel de la doctrine exige le surnaturel de la preuve. Cette preuve ne saurait se trouver que dans les miracles qui l'ont accompagnée depuis sa naissance. Ainsi les mystères, incompréhensibles dans l'ordre de la raison, seront établis nécessairement par des événements inexplicables dans l'ordre de la nature.

La théorie devient ainsi cohérente, mais elle n'est pas complète. Il y faut ajouter un troisième terme. La doctrine divine doit être enfermée dans une forme précise qui la distingue de toutes les autres, et placée sous une autorité qui la garantisse. Pour le protestantisme, la forme et l'autorité de la révélation, c'est la Bible; pour le catholicisme, c'est la Bible interprétée souverainement par l'église. Ainsi s'achève la notion scolastique de la révélation, où les docteurs nous apprennent à distinguer trois choses : l'objet qui est le dogme, la forme qui est l'Ecriture, la preuve ou le critère qui est le miracle. Cette construction paraît fortement liée ainsi dans toutes ses parties ; mais, en réalité, elle est si légère et si artificielle, qu'elle s'écroule dès qu'on y touche.

Faire du dogme, c'est-à-dire d'une donnée intellectuelle, l'objet de la révélation, c'est tout d'abord lui enlever son caractère religieux en la séparant de la piété, et c'est ensuite la mettre en un conflit irréductible avec la raison qui progresse toujours. En vain paraît-on déduire de l'Ecriture Sainte cette théorie scolastique ; elle n'est qu'une traduction infidèle de la notion biblique. On arrache au sol de la vie religieuse la révélation de Dieu, pour la constituer en un corps de vérités surnaturelles, subsistant par lui-même, et auquel on se fait une obligation et un mérite d'adhérer, en faisant taire, s'il le faut, son jugement et sa conscience. La foi qui, dans la Bible, était un acte de confiance et de consécration à Dieu, devient une adhésion intellectuelle à un témoignage historique ou à une formule doctrinale. Un dualisme mortel éclate dans la religion. On admet que l'orthodoxie peut exister en dehors de la piété, qu'on peut obtenir et posséder l'objet de la foi, en dehors des conditions que la foi suppose, et même, à la rigueur, servir la vérité divine, en étant intérieurement un impie. Combien d'âmes se rassurent se croyant ainsi fidèles quant à la doctrine, sauf, un moment ou l'autre, d'y ranger leur cœur et leur vie ! Perdez cette illusion, hommes frivoles et irréligieux. Quelles que soient vos autorités dans le ciel ou sur la terre, vous n'êtes point dans la vérité, puisque vous n'êtes pas dans la piété. Dieu ne vous a rien dit. Sans doute il a parlé aux prophètes, au Christ, aux apôtres, aux saints des temps passés ; mais il vous est resté étranger et inconnu. Sa révélation n'a pas été pour vous une lumière, puisque vous marchez dans les ténèbres. Vous êtes comme ces

Juifs, qui honoraient de fastueux hommages leurs prophètes des âges passés. Si vous aviez vécu du temps des hommes de Dieu, vous auriez été les plus prompts à les lapider !

Au fond, cette idée de la révélation est toute païenne. Sur le terrain du christianisme authentique, on ne saurait séparer l'acte révélateur de Dieu de son action rédemptrice et sanctifiante. Dieu n'éclaire pas, il aveugle au contraire ceux qu'il ne sauve pas ou ne sanctifie pas. Concluons donc hardiment, contre toutes les orthodoxies traditionnelles, que l'objet de la révélation de Dieu ne saurait être que Dieu lui-même, c'est-à-dire le sentiment de sa présence en nous, éveillant notre âme à la vie de la justice et de l'amour. Quand elle ne nous donne point la vie, la parole de Dieu ne nous donne rien. Il est vrai que cette présence et cette action de l'Esprit divin dans nos cœurs y devient une lumière dont le rayonnement éclaire toutes les facultés de l'âme. Mais n'espérez pas jouir de cette lumière indépendamment du foyer d'où elle jaillit. Il en est d'elle comme des rayons du soleil, qui nous laissent dans la nuit dès que l'astre nous a quittés.

La notion scolastique n'est pas seulement irréligieuse ; elle est encore antipsychologique. En entrant dans l'entendement humain, ces connaissances surnaturelles y introduisent un dualisme irréductible. Les sciences sacrées se dressent à côté des sciences profanes, sans qu'il soit possible de les organiser ensemble en un corps cohérent et harmonique, car elles n'ont pas la même nature, ne procèdent pas de la même méthode et n'acceptent pas le même contrôle. Vous avez ainsi une cosmologie sacrée et une cosmologie profane, une histoire sainte des origines de l'humanité et une histoire toute humaine de ses commencements et de ses premières aventures, une métaphysique divine et une autre purement rationnelle. Comment les faire vivre ensemble et les unir? Si, par une théologie subtile, vous réussissez à rationaliser le dogme, ne voyez-vous pas que vous le détruisez dans son essence même? Si vous démontrez qu'il est essentiellement irrationnel, ne sentez-vous pas que vous instituez une guerre sans fin entre l'autorité du dogme et celle de la raison? On connaît la tentative généreuse de la scolastique du Moyen-Age, reprise au dix-septième siècle par les théologiens protestants et l'on n'a pas oublié quelle en fut par deux fois la fatale issue. Il faudrait n'avoir aucune notion des lois qui régissent la pensée humaine pour s'en étonner. Le nominalisme, au quinzième siècle, et le rationalisme, au dix-huitième, ont été les deux héritiers naturels de l'orthodoxie.

L'intervention du miracle, à titre de *critère* ou de preuve de la doctrine, ne lève pas les difficultés de la théorie; elle les multiplie et les aggrave. Par l'effet de l'éloignement des temps, de l'incertitude des documents et des exigences de la pensée moderne, le miracle qui, jadis, établissait la vérité de la religion, est devenu beaucoup plus difficile à démontrer que la religion elle-même. Le rapport entre les deux se trouve renversé. Le fondement sur lequel reposait l'édifice est devenu plus ruineux que tout le reste. Veut-on des exemples? Considérez, d'un côté, le Décalogue et, de l'autre, les tonnerres et les éclairs du Sinaï. Il se peut que le fracas de la foudre ait servi à convaincre les Hébreux que la loi de Moïse venait de l'Eternel ; car la foudre, à leurs yeux, décelait la présence, en quelque sorte matérielle et locale, de leur Dieu. Mais qui ne voit aujourd'hui qu'il est bien plus facile de prouver l'excellence et la vérité des *Dix Paroles* de la Loi que le caractère divin des plus formidables orages? Faites l'expérience contraire : vous connaissez les livres de Josué, des Juges et des Rois. Vous y avez lu ces ordres d'extermination totale prononcés par Jahveh sur des populations dont le crime était de défendre leur pays contre les envahisseurs. Les prodiges y abondent : les murs de Jéricho croulent au son des trompettes ; le Jourdain arrête ses eaux pour laisser passer l'arche de Dieu ; le soleil s'arrête sur Gabaon pour donner aux Israélites le temps de tuer leurs ennemis jusqu'au dernier ; ailleurs, c'est l'ombre qui rétrograde sur le cadran d'Achaz. Ces événements suffisent-ils à vous faire admettre l'affirmation de l'historien hébreu que ces ordres féroces, ces représailles épouvantables, ces crimes et ces violences, qui étaient alors dans les mœurs de toutes les tribus sémitiques, ont été ordonnés soit par le Père céleste de Jésus-Christ, soit par le Dieu impartial de l'univers ? Notre conscience résiste et proteste, parce que les prodiges les plus éclatants ne sauraient lui faire violence, ni courber la loi de justice et d'amour sous une manifestation quelconque de force brutale. Allons plus loin ; venons-en aux miracles du Christ. Interrogeons les meilleurs chrétiens de notre temps ; interrogeons-nous nous-mêmes. Sont-ce les guérisons de Jésus qui nous font croire aujourd'hui à la vérité divine de sa parole, et fondent l'autorité du Sermon de la montagne, ou la vertu puissante de sa passion et de sa mort ? N'est-ce pas plutôt l'Evangile qui nous aide à croire aux miracles, en nous persuadant qu'un homme qui parlait comme cet homme, n'a pas pu ne pas faire des choses et des œuvres aussi belles et aussi extraordinaires que ses discours ? Les apologètes de l'école traditionnelle les plus conservateurs confessent, aujourd'hui, que le miracle a perdu sa force probante ; il pouvait émouvoir ceux qui en furent les témoins, mais son action et son prestige vont nécessairement diminuant de jour en jour pour les générations venues depuis lors.

Que serait-ce si nous pressions l'idée même du miracle, laquelle est en train de s'évanouir à mesure que se transforme l'idée de la nature ? Qu'est-ce que la nature ? Qui donc en connaît les secrets et les bornes ? La théorie de l'évolution des choses et des êtres ne nous la montre-t-elle pas en travail et comme dans un enfantement perpétuel de merveilles ? Et si cette énergie créatrice, qui est en elle, ne peut se rapporter religieusement qu'à l'activité constante de Dieu dans l'univers et dans l'histoire, comment pourrions-nous encore opposer les lois de la nature à la volonté de Dieu ? Aussi, rien n'est-il aujourd'hui plus indéterminé, plus impossible à définir que la notion du miracle ; elle flotte sans pouvoir se fixer jamais, de l'idée d'une dérogation absolue aux lois de la nature qui n'est plus observée nulle part, à celle toute relative d'un événement extraordinaire qui, pouvant se rencontrer partout, ne prouve plus rien.

Enfin, si, de l'*objet* et du *critère* de la révélation, nous en venons à la *forme* qui la conserve et la garantit, c'est-à-dire à la Bible, les questions deviennent encore plus nombreuses et plus insolubles. Au XVIIe siècle, la notion de la Bible et celle de la révélation coïncidaient et se couvraient exactement. Mais cette identification dépendait de deux dogmes fort entamés aujourd'hui. L'un, c'était l'origine divine des deux canons bibliques, c'est-à-dire des recueils de l'Ancien et du Nouveau Testament ; l'autre, l'inspiration verbale de toute l'Ecriture sainte, considérée comme la dictée même de Dieu.

L'histoire et l'exégèse ont dissipé les illusions et l'ignorance sur lesquelles reposaient ces deux affirmations étranges. La Bible nous est apparue comme l'œuvre, lentement et laborieusement construite, de l'ancienne synagogue juive et de la première église chrétienne. Il a fallu plus de quatre siècles pour établir et délimiter le recueil du Nouveau Testament. Les livres qui le composent étaient encore, du temps d'Eusèbe, divisés en deux classes : livres admis partout et livres contestés. Dès lors, pourquoi n'aurions-nous pas la même liberté qu'Origène, de douter de l'authenticité de la seconde épître de Pierre, ou, avec Denis d'Alexandrie, de discuter l'origine apostolique de l'Apocalypse de Jean ? Quant à la théorie de l'inspiration verbale, qui faisait des écrivains sacrés de simples « porte-plumes de Dieu », aucun savant, aujourd'hui, ne peut la défendre, tant les études bibliques ont mis en relief l'originalité personnelle de chacun d'eux, comme les mérites ou les imperfections de leurs ouvrages. Aussi, doit-on considérer comme une conquête inaliénable de la théologie moderne, la distinction nettement faite, dans toutes les écoles, entre les écrits sacrés et la révélation. Il n'est personne de nos jours, qui ne confesse cette vérité, laquelle aurait paru intolérable à nos pères, à savoir que la parole de Dieu est dans la Bible, mais que toute la Bible n'est point parole de Dieu.

S'il en est ainsi, on voit les nouvelles questions qui surgissent et attendent une solution. Quel est le rapport de la parole de Dieu à la Bible ? A quel signe peut-on reconnaître la première et la distinguer de la seconde ? De plus, s'il y a quelque parole de Dieu hors de la Bible, s'il y a eu quelque révélation divine au-delà des limites du peuple hébreu et du christianisme primitif, — et comment le nier sans nier en même temps la valeur de la religion ? — quel rapport établir, et quelle synthèse faire entre la révélation biblique et les autres révélations propres aux diverses familles humaines? Quelle place enfin occupe la religion de Jésus dans l'évolution religieuse de l'humanité? La théologie moderne paraît sourde à ces questions. Désespérant de les résoudre, elle hésite encore à les aborder. Il faudra bien cependant y répondre. La philosophie contemporaine les pose avec insistance à la conscience des chrétiens. Mais il est clair que la théorie scolastique ne saurait apporter aucune solution à ces nouveaux problèmes. Dès que la distinction s'est faite dans notre conscience, entre la parole de Dieu et la lettre de l'Ecriture sainte, la première devient indépendante de toute forme humaine et de toute garantie extérieure. Il en va d'elle comme de la lumière du soleil. On ne la reconnaît qu'à la clarté dont elle nous inonde. Mais prenez-y garde : introduire ce critère de l'évidence religieuse et morale dans la théorie scolastique, c'est y déposer une cartouche explosive qui la fait aussitôt voler en éclats. Si l'évidence force l'esprit à se rendre là où elle se produit, elle le laisse libre et même rebelle où elle ne se produit pas. Toute l'œuvre doctrinale que l'orthodoxie représente, est à reviser et à refaire.

Il reste une dernière question, non la moins grave. De la connaissance et de l'acceptation de la révélation chrétienne, on fait dépendre, dans l'apologétique traditionnelle, le salut ou la damnation des âmes. Hors de cette révélation, point de salut. Et cela est d'une logique parfaite. Pour démontrer la réalité de la révélation de Dieu en Jésus-Christ, on établit que cette manifestation surnaturelle était nécessaire, car, sans elle, les hommes ne pouvaient être sauvés. De l'amour de Dieu, qui doit s'exercer puisqu'il est une force active, découle donc la nécessité métaphysique et historique de la révélation. Mais voyez aussitôt la conséquence : si vous concevez cette dernière comme un ensemble de doctrines ou de faits historiques à recevoir et à croire, que feront les hommes qui l'ont ignorée? Que deviendront les païens qui ont vécu et sont morts avant la venue du Sauveur? Réalisez cette pensée par l'arithmétique. Savez-vous qu'il y a sur notre planète, après dix-huit siècles, à peine 400 millions d'hommes qui portent le nom de chrétiens, et qu'il y en a près d'un milliard qui rejettent le christianisme ou ne le connaissent pas? Qu'en fait-on? Les premiers Pères de l'Eglise résolvaient ce tragique problème par la descente du Christ aux enfers et sa prédication aux âmes des trépassés enfermées dans le *scheol*. Ils croyaient, d'ailleurs, que le monde allait finir, que le nombre des générations humaines était compté et devait bientôt s'éteindre. Nous n'avons plus cette double et si précieuse ressource. Nous ne croyons plus au mythe de la descente de Jésus aux enfers; le *scheol* s'est évanoui pour notre pensée, et le monde dure toujours. Les docteurs qui ont le plus profondément compris et le plus énergiquement développé les deux dogmes de l'amour divin et de la corruption foncière de l'homme, Augustin, Luther, Mélanchthon, Calvin, ont été les plus rigoureux et ont tiré les dernières conséquences des prémisses de la théorie. Le premier n'hésitait pas à prononcer sur toute l'antiquité païenne une sentence absolue de condamnation. En vain lui objectait-on les grandes vertus de certains païens. Ces vertus n'étaient qu'apparentes (*splendida vitia*), parce qu'elles procédaient non de l'amour de Dieu mais de l'égoïsme ou de l'orgueil humains. Toute la différence qu'il y aura, au jugement dernier, entre un Catilina et un Fabricius, c'est que le second sera puni moins sévèrement que le premier : non parce qu'il fut meilleur, mais parce qu'il fut moins mauvais (1). Cette condamnation des non-chrétiens n'est pas seulement catholique; elle a passé aussi dans la doctrine protestante (2). Mais elle cause aujourd'hui un tel embarras aux théologiens de l'une et l'autre confession, que, des deux parts, on y cherche les échappatoires les plus illogiques. On en appelle, en définitive, aux ressources infinies de l'amour et de la justice de Dieu. A la bonne heure! Mais, si c'est une solution religieuse, ce n'est pas une solution théologique. Loin de sauver la théorie dogmatique de la révélation, elle est l'aveu que cette théorie, devenue intenable, ne se peut même achever, puisqu'elle est amenée, au dernier moment, soit à renverser ses propres bases, soit à contredire le sentiment le plus élémentaire de justice et d'humanité.

Laissons à d'autres le soin d'en restaurer ou d'en masquer les ruines. Une tâche plus urgente et plus féconde appelle tous les ouvriers de bonne volonté. Il s'agit d'édifier, sur un principe nouveau, une nouvelle théorie de la révélation, qui résiste aux épreuves de la critique et donne satisfaction à la piété.

IV

NOTION PSYCHOLOGIQUE

Revenons à la psychologie. Il y a dans toute piété quelque manifestation positive de Dieu. Autrement, il faudrait nier la valeur même du phénomène religieux.

---

(1) AUGUSTIN : contra Julianum, IV, 3. EUGÈNE IV, d'après Strauss. Gl. lehre, I, page 99. LÉON XIII, de unitate eccles. 1895.

(2) LUTHER : Catech. major., P. II, art. 3. CALVIN : Inst. ch. III, 14, 3 et 4. MÉLANCHTHON : Loci theol., de peccato.

De là découlent trois conséquences. La révélation de Dieu sera évidente, intérieure et progressive.

Elle sera intérieure, parce que Dieu, n'ayant pas d'existence phénoménale, ne se peut révéler qu'à l'esprit et dans la piété que lui-même inspire.

Si des révélateurs et des prophètes ont cru entendre la voix de Dieu hors d'eux-mêmes, comme un son ébranlant l'air et frappant leurs oreilles, ils étaient les victimes d'une illusion psychologique que l'analyse discerne et dissipe aisément. Le vieux théologien avait raison qui disait en deux vers latins :

> *Nulla fides si non primum Deus ipse loquitur ;*
> *Nulla que verba Dei nisi quæ in penetralibus audit*
> *Ipsa fides* (1).

Sans aucun doute cette révélation intérieure ne se produit que sous le choc extérieur d'un événement de la nature ou de l'histoire. Si l'étonnement est le commencement de la philosophie, il est aussi le commencement de la piété. L'émotion religieuse ne naît pas au hasard et sans condition. Mais les signes extérieurs ne sont révélateurs que pour celui qui sait les comprendre et peut les interpréter dans un sens religieux. Voilà pourquoi la distinction que l'on fait quelquefois entre la **manifestation** de Dieu dans les choses et *l'inspiration* divine dans la conscience, entre le signe ou miracle extérieur et la parole intérieure, est de peu de portée et n'a que la valeur d'un moyen pédagogique. La manifestation de Dieu, dans la

---

(1) Il n'y a de foi que dans le cœur où Dieu, d'abord, s'est fait entendre, et il n'y a de paroles divines que celles que la foi même entend dans l'intimité de l'âme.

nature ou dans l'histoire, est toujours une affaire de foi. C'est assez dire qu'elle n'apparaît telle qu'à la lumière du foyer de la conscience. Eteignez cette lumière intérieure ; tout rentre aussitôt dans l'obscurité : « Si l'œil qui est en toi est ténébreux, disait Jésus, il n'y aura que ténèbres autour de toi. » Pour l'homme sourd, l'univers est muet. Le spectacle du ciel étoilé, qui inclinait devant la majesté de Dieu les fronts pensifs de Newton et de Kant, ne disait rien à Laplace. Toute illuminée à l'intérieur, l'âme du Christ voyait partout des signes de Dieu. Caïphe n'en découvrait aucun. Dans la croix de Jésus où l'apôtre Paul signalait la manifestation d'une divine sagesse et d'une suprême puissance, les Pharisiens avaient trouvé la preuve éclatante que ce Messie n'était qu'un imposteur.

En second lieu, cette révélation intérieure sera toujours évidente. Le contraire impliquerait contradiction. Qui dit révélation, dit voile tiré et lumière venue. Il est vrai que le mot *mystère* revient souvent dans la bouche de Jésus et sous la plume des écrivains du Nouveau Testament ; mais il n'a jamais, pour autant qu'il s'applique à l'essence de l'Evangile, le sens qu'il a revêtu plus tard dans la langue de la théologie. Le mystère dont parlent Jésus, Paul et les apôtres, est un mystère révélé, c'est-à-dire devenu évident aux cœurs purs et aux âmes religieuses par la prédication publique qui en a été faite. L'Evangile n'est pas l'obscurité ; c'est la lumière du jour, et c'est un parfait non-sens que de demander un critère de la révélation évangélique autre qu'elle-même, c'est-à-dire que l'éclat lumineux de sa vérité, de sa beauté et de son efficacité.

Enfin cette révélation sera progressive. C'est dire qu'elle se développera avec le progrès de la vie morale et religieuse que Dieu a fait naître et croître au sein de l'humanité. La parole de Dieu n'est pas celle d'un pauvre instituteur humain qui formule en des mots abstraits des idées qui ne sont que les ombres pâles des choses. Elle est essentiellement créatrice. Elle porte avec elle toute la substance de l'être et toute la force de la vie. Elle réalise ce qu'elle proclame, et ne se manifeste jamais que par ses œuvres. Quand Dieu voulut donner le Décalogue à Israël, il ne l'écrivit pas du bout de son doigt sur des tables de pierre ; mais il suscita Moïse, et, de la conscience de Moïse, le Décalogue est sorti. Pour nous faire lire l'épître aux Romains, il n'a pas eu besoin de la dicter à l'apôtre ; mais il créa la puissante individualité de Paul de Tarse, sachant bien qu'une fois l'arbre vivant, le fruit ne manquerait pas. Et de même, pour l'Évangile : il ne l'a pas laissé tomber du ciel ; il ne l'a pas envoyé par l'intermédiaire d'un ange ; il a fait naître Jésus des flancs mêmes de la race humaine, et Jésus nous a donné l'Évangile éclos au fond de son cœur. Ainsi Dieu se révèle dans les grandes consciences que son Esprit fait surgir l'une après l'autre, qu'il emplit et qu'il illumine ; elles forment une théorie sainte à travers les âges de l'histoire et y tracent un sillon lumineux.

Cette lumière naît et grandit comme la lumière du jour. D'abord, c'est la nuit avec quelques étoiles éparses et tremblantes ; puis, c'est le crépuscule où les ombres et les clartés se mêlent et luttent indécises ; ensuite, l'aube matinale se lève, le soleil surgit à l'horizon et inonde de ses clartés le ciel et la terre.

Ici se pose un nouveau et plus grave problème. Cette révélation, qui se fait au fond de l'âme humaine, reste individuelle et subjective. Comment deviendra-t-elle objective et concrète? Comment sera-t-elle une puissance d'éducation et de salut? Ce problème serait insoluble, si Leibniz avait raison, si les âmes humaines étaient des monades indépendantes, fermées et impénétrables les unes aux autres, s'il fallait, en un mot, les considérer comme des entités absolues, posées dès l'origine par le Créateur. Mais il n'en est rien. La philosophie sociale a suffisamment démontré que nul individu n'existe ni par lui-même, ni pour lui seul. En chaque homme, c'est l'humanité qui se réalise, c'est-à-dire une vie morale commune à tous. Les biens moraux sont d'essence universelle. Ils n'existent pas, sans doute, hors de la conscience de l'individu; mais nulle conscience ne les acquiert sans les acquérir, au moins en principe, pour toutes les autres.

D'où vient cette parenté religieuse des âmes, cette facilité de communier entre elles, cette réciprocité et ces prolongements infinis d'une même inspiration, sinon de la présence, en chacune, du même Dieu intérieur. Les hommes ne sont divisés que par leurs idoles extérieures. A mesure qu'ils approfondissent leur être et descendent dans l'intimité de leur nature spirituelle, ils découvrent le même autel, récitent la même prière, aspirent à la même fin. C'est pour cette raison profonde que les révélations individuelles deviennent universelles. Il n'y a de prophètes élus de Dieu, que parce qu'il y a une vocation et une élection générale de tous les hommes. Si l'humanité n'était pas, en puissance et dans quelque mesure, un Emmanuel (Dieu avec nous), jamais ne serait sorti de son sein, Celui qui a porté et révélé ce nom béni. L'expérience religieuse qu'il a faite, a été faite pour nous; la victoire qu'il a remportée est à notre profit et se répète indéfiniment dans toute âme de bonne volonté qui s'unit à lui pour vivre de sa vie. Ainsi la révélation de Dieu, faite sur un point et dans une conscience, se prolonge et rayonne infailliblement. L'ébranlement donné à une âme retentit dans toutes les âmes sœurs qui se mettent à vibrer et à rendre le même son. Une conscience illuminée devient illuminatrice à son tour. Il y a des filiations religieuses comme il y a des généalogies historiques. Ainsi la révélation intérieure devient consistante et objective dans l'histoire; elle forme chaîne, tradition continue, et, s'incarnant dans chaque génération humaine, reste non seulement le plus riche des héritages, mais la puissance historique la plus féconde.

Faisons un pas de plus. Suivons cette incarnation historique de la tradition religieuse jusque dans sa forme la plus matérielle. Les expériences intimes des hommes de Dieu et les témoignages qu'ils en donnent au monde, s'expriment naturellement par la parole, et celle-ci se transforme à son tour et devient écriture. C'est ainsi que, dans toutes les religions civilisées, la révélation divine se présente à l'homme sous la forme d'une écriture sainte ; partout il s'est formé des recueils de livres sacrés que l'on a nommés les Bibles de l'humanité. Bien que toutes ces écritures saintes soient nées suivant les mêmes lois psychologiques et historiques, il ne suit pas qu'elles aient la même valeur ni qu'un syncrétisme inintelligent ait le droit d'en mêler arbitrairement les éléments divers, pour en faire une Bible commune et sans caractère. Non, chacune d'elles se place naturellement sur un degré de l'échelle des révélations divines, et c'est à cette place qu'il la faut laisser. La plus haute sera toujours celle qui renferme l'expression de la religion intérieure la plus profonde et la plus pure, et, par conséquent, offre à l'humanité le trésor le plus précieux. Le rang de la Bible des

Hébreux et des Chrétiens se trouve ainsi logiquement déterminé par la valeur morale de la religion hébraïque et de la religion chrétienne. Mais, en laissant la critique historique et l'expérience religieuse faire ici la démonstration nécessaire, et la rendre chaque jour plus évidente, il faut rappeler une fois de plus les conditions toujours humaines de ces rédactions écrites, aussi bien au plus haut degré de l'échelle qu'au plus bas, conditions qui doivent empêcher d'identifier jamais, la lettre et l'esprit, l'inspiration divine et la forme particulière qu'elle a dû revêtir.

Dieu, voulant nous parler, n'a jamais choisi que des hommes pour organes. De quelque inspiration qu'il les ait doués, cette inspiration a donc toujours traversé la subjectivité humaine; elle n'a jamais pu s'exprimer ni se traduire que dans la langue et la forme d'esprit d'un individu et d'un temps déterminés. Or une forme individuelle et historique ne saurait être absolue. Si la liqueur est divine, le vase est toujours d'argile. Ce qui sert d'organe à la révélation de Dieu, lui impose nécessairement des limites. Il faut qu'elle s'accommode à celles de la réceptivité humaine. Comment pourrait-elle entrer et se mêler aux ondes changeantes de la vie intellectuelle et morale de l'humanité, sans couler dans le lit du fleuve et entre ses rives?

Quelque incontestable que soit cette complexité historique de l'élément divin et de l'élément humain, dans la religion, on ne voit partout que des gens incapables de la comprendre et de l'accepter franchement. Hommes de peu de foi, nous nous sentons perdus, dès que l'on nous arrache l'illusion d'avoir jamais, devant nous et hors de nous, la révélation divine sous une forme objective et pure de tout alliage, dès qu'à côté de l'autorité de la tradition, on fait une place à la liberté et à l'interprétation de la conscience. Y a-t-il donc une chimie qui permette de séparer ainsi ce que Dieu a joint d'une manière indissoluble ? A-t-on jamais aperçu la vie hors des êtres vivants et la lumière sans les vibrations lumineuses ? Pourquoi ne pas faire effort et voir que la sagesse de Dieu est infiniment plus grande que la nôtre, et que ce qu'il nous a donné est meilleur que ce que nous rêvions. La vie et la lumière, pour n'être jamais absolues, se propagent-elles avec moins de force ? L'estomac ne sait-il pas utiliser naturellement la partie nutritive des aliments inégaux et mélangés qui lui sont offerts en éliminant le reste ? La conscience active que Dieu a mise en nous n'agit-elle pas de la même manière avec les traditions religieuses dont elle dépend et se nourrit ? Objectera-t-on les risques d'empoisonnement ? Mais pourquoi Dieu a-t-il voulu que l'homme, dans les deux cas, se développât à travers tant de dangers, et exerçât l'apprentissage de son hygiène morale et physique, sinon pour en faire, dans la solidarité de sa race, un être responsable et libre ?

Enfin, demandez-vous à quel critère vous reconnaîtrez, dans les livres que vous lisez et dans les choses qu'on vous enseigne, une révélation authentique de Dieu ? Ecoutez ; un seul critère est infaillible et suffisant : toute révélation divine, toute expérience religieuse vraiment bonne pour nourrir et sustenter votre âme, doit pouvoir se répéter et se continuer comme révélation actuelle et expérience individuelle dans votre propre conscience. Ce qui ne peut entrer ainsi à titre permanent et constitutif, dans la trame de votre vie intérieure, pour l'enrichir, l'affranchir et la transformer en une vie plus haute, ne saurait être pour vous une lumière, ni, par suite, une révélation divine. L'Esprit de vie n'est pas là. Ne crois pas, ô mon frère, que les prophètes et les initiateurs t'aient transmis leurs expériences pour te dispenser de faire les tiennes, ou que leur révélation te soit apportée dans un livre pour que tu n'aies à la recevoir que passivement et comme une chose étrangère. La vérité religieuse ne s'emprunte jamais comme une somme d'argent, ou bien, s'il arrive que tu l'empruntes ainsi, tu n'en seras pas plus riche. Les révélations du passé ne se démontrent efficaces et réelles, que si elles te rendent capable de recevoir la révélation personnelle que Dieu te réserve. Souviens-toi de ce que les Samaritains, gagnés par Jésus, dirent à la femme qui les avait d'abord attirés par son témoignage : « Ce n'est plus à cause de ta parole que nous croyons en lui, nous l'avons entendu lui-même et savons maintenant qu'il est le Sauveur du monde. » Ainsi la révélation divine qui ne se réalise pas en nous et n'y devient pas immédiate, n'existe point pour nous. Et j'admire le conseil de Dieu qui, voulant élever l'homme à la liberté, ne lui a pas donné une forme de révélation objective qui serait devenue pour lui un joug d'esclavage. Tout se concilie dans cette pédagogie divine. La tradition a sa fin dans la liberté, et la liberté revient avec amour à la tradition, dès qu'au lieu d'y rencontrer une servitude, elle n'y trouve plus qu'un secours, un aliment et une lumière.

V

CONCLUSION

Telle est, dans son principe et avec toutes ses conséquences, l'idée nouvelle de la révélation qui résulte pour nous de la psychologie et de l'histoire. Dès que l'on y est parvenu, l'on voit s'évanouir les antithèses et les conflits insolubles que soulevaient les distinctions établies par la scolastique entre la révélation surnaturelle et la révélation naturelle, entre celle que les théologiens appelaient immédiate et celle qu'ils disaient médiate, entre une révélation universelle et une révélation spéciale. La synthèse est faite, et la paix, rétablie.

Il n'y a pas, il ne saurait y avoir deux révélations différentes de nature et opposées l'une à l'autre. La révélation est une, avec des formes différentes et des degrés divers. Elle est toujours surnaturelle et naturelle à la fois : surnaturelle par la cause qui l'engendre dans les âmes et qui, restant toujours invisible et transcendante, ne s'épuise et ne s'emprisonne jamais dans les phénomènes qu'elle produit; naturelle par ses effets, parceque, se réalisant dans l'histoire, ils y apparaissent toujours conditionnés par le milieu historique et par les lois communes qui régissent l'esprit humain.

De même, cette révélation est immédiate pour tous les hommes, aussi bien pour les plus petits dans le royaume des cieux que pour les plus grands prophètes, car Dieu veut les admettre tous dans une communion directe et personnelle avec lui; et elle est médiate également pour tous ; car elle n'arrive à personne, pas plus aux révélateurs qu'à leurs disciples, sans condition et sans préparation antérieure.

Enfin, il n'est pas moins inutile et faux d'opposer la révélation universelle à telle ou telle révélation particulière comme deux quantités extérieures l'une à l'autre. Les révélations particulières rentrent dans la révélation générale comme les variétés dans l'espèce. Toute révélation spéciale, si elle est vraiment de Dieu, est humaine et tend à devenir universelle; toute révélation générale s'est trouvée individuelle une fois, car elle n'a pu se faire que dans une individualité. Entre les hommes et les peuples que Dieu s'est choisis pour organes, il y a inégalité de dons mais solidarité dans l'œuvre commune. Il n'est pas plus permis de méconnaître l'une que l'autre. La vocation religieuse de l'humanité n'exclut point, elle prépare et appuie au contraire la vocation particulière d'Israël. Dans cette vocation nationale, il y a place pour celle des prophètes, et parmi les prophètes, place pour la vocation de Celui qui fut leur héritier et en qui s'est achevée la révélation de Dieu, parce que, dans sa conscience, s'est parfaitement réalisée l'idée même de la piété.

Est-ce à dire que tout est expliqué dans la religion et qu'il n'y reste rien d'obscur? Bien loin de là! Il reste le fond d'où émerge la vie consciente et morale de l'âme humaine; il reste ce mystère initial du rapport, dans notre conscience, entre l'élément individuel et l'élément universel, entre le fini et l'infini, entre Dieu et l'homme. Comment comprendre leur coexistence et leur union, et comment en douter? Quel est donc l'homme aujourd'hui qui n'a point percé, par un peu de réflexion, la mince écorce de sa vie quotidienne, et, derrière, entrevu ces eaux obscures et profondes sur lesquelles flotte notre conscience? Qui n'a pressenti en soi-même une force présente et voilée plus grande que la sienne? Quel ouvrier d'une grande cause, dans son activité personnelle, n'a aperçu et salué avec un sentiment de vénération, l'activité mystérieuse d'une puissance universelle et éternelle? *In Deo vivimus, movemur et sumus.* Il n'y a peut-être pas d'autre mystère dans la religion, ou, du moins, tous les autres ne sont que des formes particulières de celui-là. Mais ce mystère ne saurait être dissipé, car, sans lui, la religion même ne serait plus.

Littérature. — Luther : Vorreden zum N. T., 1523 ; Comment. sur l'ép. aux Galates, 1519 ; Die christliche Freiheit, 1520 ; Comment. sur les Psaumes, 1520. Zwingli : De vera et falsa religione, 1525. Calvin : Le premier livre de l'Inst. chrét., édit. de 1559. Duplessis-Mornay : La vérité de la relig. chrét., 1581. Amyraut : Traité des religions contre ceux qui les tiennent pour indifférentes, 1632. Abbadie : Traité de la vérité de la religion chrétienne, 1684.

Pascal : Pensées (1670), édit. modernes, depuis 1847. Bossuet : Discours sur l'hist. univ., 2e partie, 1675 ; Traité de la connaissance de Dieu et de soi-même, 1676 ; Élévations sur les Mystères, 1690 ; Défense de la Trad. et des S. Pères, 1704. Fénelon : De l'existence de Dieu, 1713. Malebranche : De la recherche de la vérité, 1674 ; Entretiens sur la métaphysique et la religion, 1688.

Hase : Hutterus redivivus, §§ 29-34, édit. de 1883 ; Luthardt : Compendium der Dogmatik, §§ 22-26, édit. de 1889. Euler : Rettung der Offenbarung, 1747. Wegscheider : Institut. theologicæ, 1815. Schleiermacher : Der christl. Glaube, 2te Ausg., 1830. Nitzsch : System der christl. Lehre, 1829. Twesten : Vorles. üb. die Dogmatik der evang. luth. Kirche, 1826. F. Strauss : Die christl. Gl.-Lehre, 1842 ; Der alte u. der neue Glaube, 1872. Bunsen : Gott in der Geschichte, 1857. Vilmar : Dogmatik, 1874-76. Philippi : Kirchliche Glaubenslehre, 1854-57. v. Hofmann : Der Schriftbeweis, 1852-53. Kahnis : Lutherische Dogmatik, 1861. Frank : System der christl. Gewissheit, 1870-73 ; System der christl. Wahrheit, 1878-80 (Voy. une étude de M H. Bois sur le système de Frank : De la certitude chrétienne, 1887). Voigt, Fundamentale Dogmatik, 1894. Dorner : System der christl. Glaubenslehre, 1879-86. Auberlen : Die gœttliche Offenbg., 1861-64. F. A. B. Nitzsch : Lehrbuch der evang. Dogm., 1892. Rothe : Zur Dogmatik, 1869 ; Theol. Ethik, 1867-71. Weisse : Philosoph. Dogmatik, 1855-62. A. Schweizer : Christl. Glaub. Lehre, 1863-73. Biedermann : Christl. Dogmatik, 1885. H. Lang : Ein Gang durch die christl. Welt, 1870. Ritschl : Christl. Lehre von der Rechtfertigung u. Versœhnung (3es Band), 1870-83. E. Bertrand : Une nouv. Conception de la Rédemption ou la doctrine de la Justification et de la Réconciliation dans le système de Ritschl, 1890. Lipsius : Lehrbuch der evang. prot. Dogmatik, 1876. W. Herrmann : Begriff der Offenbg., 1887. Martineau : A study of Religion, 1888 ; The seat of authority in Religion, 1890. Anonyme : Supernatural Religion, an Inquiry into the reality of divine revelation, 1874-79.

Colani : De la foi et de la Révélation (Revue de théol. de Strasbourg, année 1852). Scherer : La crise de la foi (Ibid.); Ce que c'est que la Bible (Ibid., année 1854). Grotz : De la notion de Révélation (Ibid., année 1854). Astié : Article Religion, dans l'Encycl. des sc. relig., vol. XI, 1881. A. Matter : Trois essais de théologie, 1888; Etude sur la doctrine chrétienne, 1890. H. Appia : La Théolog. naturelle et le néo-kantisme théologique, 1886. Th. Rivier : Étude sur la Révélat. chrét., 1892. E. Arnaud : Manuel de dogmat., 1890. Gretillat : Exp. de théolog., systém., tome II. Apologétique. 1892. J. Bovon : Dogmatique chrét., tom. I, 1895.

Notion catholique de la Révélation. — Thomas d'Aquin : Summa theol. J. Perrone : Prælect. theolog., vol. I, 1881. Klee : Kathol. Dogm., 1835. F. v. Baader : Vorles. ub. die specul. Dogmatik, 1828-38. Mœhler : Symbolik, 1832. H. Newman : Essay on the developp. of christ. Doctrin., 1845. Avec ces deux théologiens, l'idée moderne d'une évolution du dogme entre dans la dogmatique du catholicisme.

CHAPITRE TROISIÈME

DU MIRACLE ET DE L'INSPIRATION

En parlant de la révélation, nous avons déjà touché les doctrines de l'inspiration et du miracle qui en sont des dépendances et comme les parties constitutives. Mais ces deux notions sont encore si mal éclaircies dans l'esprit public et donnent lieu à de si vives et si fréquentes controverses, qu'il est bon d'y revenir et de les étudier en elles-mêmes avec quelque détail.

Il y a, dans cette matière, deux causes de dispute et de malentendu. La première est que chacun croit devoir commencer par donner sa définition personnelle et arbitraire du miracle et expliquer ensuite par déduction, pourquoi il y croit ou n'y croit pas. Le débat tourne ainsi en une question de terminologie, c'est-à-dire en une logomachie stérile et vaine. La seconde cause est que les défenseurs du miracle se tiennent toujours dans l'abstraction au lieu de suivre leurs contradicteurs sur le terrain de la critique des récits miraculeux et de se mettre en présence des faits qui seuls font la matière de la discussion. Ils croient avoir tout gagné, quand ils ont prouvé que Dieu, suivant la définition même de l'idée que nous en avons, peut tout faire, — ce que personne ne nie, — alors que le problème consiste non pas à savoir ce que Dieu peut faire *in abstracto*, mais ce qu'il fait *in concreto*, dans la nature et dans l'histoire. Or, de savoir ce qu'il fait ainsi réellement et s'il se produit ou s'est produit jamais des phénomènes qu'il faille rapporter à l'intervention immédiate et à une volonté particulière de Dieu, indépendamment du concours naturel des causes secondes, c'est évidemment une chose que l'observation critique des faits passés ou présents peut seule nous apprendre. Toute autre méthode de recherche et de discussion est illusoire.

Fidèle à la nôtre, nous nous placerons encore ici au point de vue historique. Convaincu que les idées ont une histoire, et se définissent le plus sûrement par leur évolution même, nous nous bornerons à suivre cette dernière et à la décrire. Nous chercherons d'abord à dégager la notion du miracle qui fut courante dans l'antiquité ; nous verrons ensuite ce qu'elle devint dans la théologie du moyen âge, et, enfin, nous montrerons en quels éléments elle finit par se résoudre dans les temps modernes, tant au point de vue de la science qu'à celui de la piété. Comme l'inspiration religieuse n'est, à la bien prendre, qu'un miracle particulier, un miracle d'ordre psychologique, la solution, valable pour l'un, se trouvera également rendre compte de l'autre, et il sera facile de la lui appliquer en peu de mots.

I

LA NOTION DU MIRACLE DANS L'ANTIQUITÉ

On peut partir du sens étymologique du mot miracle, à la condition de ne pas le laisser dans une généralité abstraite et vague, mais de le définir et de le préciser par la conception animiste de la nature qui fut la conception primitive. Dans tout phénomène *étonnant*, extraordinaire, les hommes d'autrefois voyaient l'action d'esprits semblables à eux, dont leur imagination religieuse peuplait le ciel, la terre et les eaux. Ils vivaient donc, comme on l'a dit, dans le miracle. Il serait plus facile et plus court d'énumérer ce qui, pour eux, dans la nature n'était pas miraculeux que ce qui l'était. Ce mot de nature, qui nous est devenu si familier et si indispensable pour désigner le cours régulier des choses, n'existe pas dans les langues primitives. On ne le rencontre même pas dans celle de l'Ancien Testament. C'est que la conception qu'il représente n'est venue que plus tard et par une formation lente et laborieuse dans la philosophie des Grecs. Le cosmos ordonné, harmonieux et fixe est la sublime création de la raison hellénique. Ailleurs, sans doute, avec l'expérience de la vie et le retour des phénomènes quotidiens, un certain ordre, effet de la coutume, se fit autour de l'homme et s'établit dans son esprit. Il apprit à distinguer plus sérieusement entre le cours habituel des choses et les prodiges qui lui causaient de l'étonnement, de l'effroi ou de l'espérance, et dans lesquels il voyait toujours soit l'effet de la faveur, soit l'éclat de la colère d'un dieu ou d'un démon. Son imagination, à qui l'ignorance laissait tout son essor, et sa crédulité, que la terreur religieuse tenait ouverte à toutes les impressions, à tous les récits et à toutes les légendes, enveloppaient sa vie d'un merveilleux doux ou terrible, mais incessant. Les éclipses, les coups de tonnerre, les tremblements de terre, l'arc-en-ciel, les déluges, les accidents imprévus, les maladies mystérieuses, les fléaux apparaissant et disparaissant sans cause apparente, recevaient des figurations et des interprétations dramatiques ; c'étaient les faits et gestes arbitraires d'acteurs particuliers, personnels, passionnés comme l'homme, cachés derrière le rideau de la scène. Ajoutez à ces phénomènes, mal interprétés et mal connus, tout ce qu'inventaient de bizarre, d'anormal, de fantastique, les sorciers et les prêtres, tout ce qu'imaginaient et colportaient les bardes errants et menteurs, tout ce qu'il naissait de contes, de sornettes, de légendes mythologiques, ou de belles fables historiques, sous la tente du nomade, au foyer de l'agriculteur, dans la barque du marin, ou l'échoppe de l'artisan ; transportez-vous, par un effort de pensée, dans cette effervescence première des facultés humaines, dans cette ivresse d'adolescence, dans la poésie créatrice et la floraison luxuriante de ce monde naissant, et vous pourrez avoir quelque idée de ce que fut, pendant des siècles, l'état d'esprit, la mentalité, comme disent nos psychologistes, de cette première humanité historique. Telle est, d'autre part, l'étroitesse et la pauvreté relative des conceptions humaines, toujours limitées, même dans les créations de la pure fantaisie, par les données de l'expérience, que lorsque l'on essaie de cataloguer ce merveilleux et d'en faire un tableau synoptique, on le voit se réduire à un petit nombre de miracles qui reviennent toujours et partout les mêmes, dans toutes les religions et chez tous les peuples. La similitude va jusqu'à la monotonie, et la faible diversité qu'on y remarque tient encore non pas à celle des événements, mais au tour d'imagination et au génie propre de chaque race ou famille d'hommes. Ce sont partout des interventions soudaines de bons et de mauvais génies, des apparitions de revenants ou d'êtres surnaturels, des signes ou présages dans les airs ou sur la terre, interprétés par des augures ou des prophètes, des aventures et des exploits de héros divins ou favorisés par un dieu, des bœufs, des chevaux ou des ânes parlants, des statues animées, des morts ressuscités, des malades guéris, des tempêtes apaisées, des prédictions accomplies, des histoires d'ancêtres embellies ou transfigurées par la piété de leurs descendants. Le cercle est riche, surchargé, mais étroit.

De tous ces faits, il se dégage une notion du miracle, très simple, très claire, partout la même dans l'antiquité : c'est la croyance que les choses et leur ordre naturel, pour autant qu'il est connu, plient sans effort devant une puissance supérieure et obéissent docilement aux volontés particulières des dieux, absolument comme obéissent à l'homme lui-même les choses et les êtres placés sous sa dépendance. Le dieu ou l'homme qui lui sert d'organe, ordonne à la mer de se soulever, et elle se met en fureur; de se calmer, et elle s'apaise; à la maladie de venir, et elle arrive; de s'en aller, et elle disparaît. Remarquez qu'il n'y a pas de limite à ce pouvoir, du moins pas d'autres limites que celles de la force même du dieu. Il y a, en effet, des inégalités parmi les dieux comme parmi les hommes. Jupiter fait des choses que tous les autres immortels ensemble ne pourraient accomplir. Jahveh est plus puissant que Baal ou Dagon; le Dieu qu'invoquent Moïse et Aaron devant le Pharaon obstiné, fait des prodiges, par leur entremise, que ne peuvent égaler les dieux qui assistent, de leur côté, les magiciens et les prêtres d'Egypte. Mais cette diversité admise, il n'y a aucune résistance véritable dans les choses elles-mêmes à ces coups divins d'autorité. A un moment donné, l'augure romain, sous l'ordre de son dieu, coupe un gros caillou avec un rasoir, aussi facilement qu'il diviserait une motte de beurre. Josué, d'un mot, arrête le soleil et la lune dans leur course, pour se donner le temps d'achever sa victoire et d'exterminer les vaincus. Jonas est vomi, après trois jours, sain et sauf, par la baleine qui l'avait avalé, et, bien qu'il nous semble incompréhensible que l'ombre d'un corps n'aille pas dans la direction opposée à celle d'où vient la lumière, on vit cette ombre marcher en sens contraire sur le cadran d'Achaz. La question, pour le moment, n'est pas de savoir si ces faits sont réels ou non; la question est de savoir comment les hommes qui nous les ont transmis se les représentaient. Or, il n'y a point de doute possible à cet égard. Ce n'étaient point, pour eux, des faits simplement étonnants ou extraordinaires, mais pouvant trouver ou recevoir une explication naturelle. Les théologiens modernes et les savants qui leur cherchent et leur trouvent des explications de ce genre ne s'aperçoivent pas qu'ils font une œuvre contradictoire et qu'expliquer ainsi le miracle, c'est le détruire. Non; ce qui, pour les contemporains des Tarquin à Rome, de Josué ou d'Ezéchias en Palestine, et pour tout le peuple de l'antiquité, comme pour le peuple de nos jours, fait que ces événements sont miraculeux, c'est qu'ils sont uniquement amenés, contre le cours naturel des choses, par l'intervention d'une volonté divine particulière. C'est là proprement la marque et le caractère du miracle antique. Dès qu'on l'efface pour une raison ou pour une autre, le miracle disparaît. Ce qui le rend possible, c'est l'ignorance où l'on était de la nature et de ses lois ; ce qui le supporte, c'est la croyance religieuse en l'existence de ces volontés surnaturelles et à leur invasion imprévue dans la succession des choses accoutumées. « Sans cette croyance, dit spirituellement M. Ménégoz, la naissance d'un mythe, d'une légende ne s'expliquerait pas. Saint Denis, décapité, n'aurait pu emporter sa tête. (1) » Les miracles, en effet, qu'on trouve dans les légendes apocryphes, sont exactement de même nature que ceux que l'on rencontre dans les récits tenus pour plus historiques.

Il est nécessaire d'ajouter que cette notion du miracle est absolument la même dans la littérature biblique que dans la littérature profane. Sans aucun doute et d'une façon générale, le surnaturel, dans l'histoire d'Israël et dans les premiers temps du christianisme, est d'un caractère plus sobre, plus profondément moral et religieux que partout ailleurs. Ce que je veux simplement mettre en lumière, c'est que les écrivains sacrés ne se représentent pas les miracles d'une autre manière. Eux aussi, sans exception, le conçoivent comme une violation, par une volonté particulière de Dieu, du cours ordinaire des choses. C'est cette volonté, ce franc et tout-puissant arbitre divin, se manifestant à des moments donnés, entrant comme cause phénoménale dans la série des causes secondes, et remplaçant ces dernières dont Dieu n'a nul besoin après tout; c'est cette intervention, disons-nous, qui fait le caractère et comme la substance du miracle. Cette conception était, sans contestation possible, celle des écrivains qui nous ont raconté l'histoire du déluge, d'Abraham, de Moïse, du passage de la mer Rouge, de la source d'eau jaillissant du rocher, de

---

(1) MÉNÉGOZ, La notion biblique du miracle. (Leçon d'ouverture) 1894.

la manne tombant du ciel, des murs de Jéricho croulant au son des trompettes. C'était celle d'Elie, parlant en souverain aux éléments, à la pluie, aux nuages, multipliant l'huile dans la fiole et la farine dans la cruche de la veuve, ressuscitant son fils, et, à la fin, montant au ciel dans un ouragan de feu. C'était la conception des auteurs des livres de Samuel, des Rois, des Chroniques, de Tobit, d'Esther ; c'était celle des évangélistes, des apôtres et du Christ lui-même, parce qu'elle était celle de la science populaire de leur temps, qu'ils n'étaient pas sur ce point en dissonance avec elle, et qu'ils partageaient à cet égard les opinions de leurs contemporains. On voit combien l'on est loin de compte, lorsqu'on veut faire de cette notion biblique du miracle une révélation particulière que nous apporterait la Bible, alors qu'il n'y a rien de plus ancien ni de plus universel dans l'antiquité, et que la Bible la professe avec tout le reste de la terre.

Loin d'être ou plus éclatants ou plus nombreux, les miracles et prodiges sont, dans la Bible, plus rares que partout ailleurs, plus clairs, moins gouvernés par la fantaisie, davantage par les lois de la conscience morale et du sens commun. L'adoration d'un Dieu unique, invisible, spirituel, en qui se concentrait tout l'idéal de sagesse, de raison et de justice conçu par les prophètes, jointe au caractère peu imaginatif de la race des Hébreux, devait débarrasser la Bible de la végétation touffue des mythologies ou théogonies orientales, comme du merveilleux de la poésie grecque. Rien ne purifie l'esprit comme une grande idée morale autour de laquelle tout le reste vient s'organiser. Il est très remarquable que les grands prophètes, un Esaïe, un Amos, un Michée, un Jérémie, un Jean-Baptiste, ne font pas ou presque pas de miracles. Si le prodige a pénétré dans la vie de Jésus sur deux ou trois points : changement de l'eau en vin, multiplication matérielle des pains et des poissons, malédiction du figuier stérile, la raison en est dans les méprises ou les altérations légendaires dont ses biographes sont seuls responsables et qu'une critique un peu attentive élague sans violence. En réalité, le prodige proprement dit reste étranger à la conduite toute morale de sa vie et à la conception strictement religieuse de son œuvre. Il n'a point fondé sa religion sur le miracle mais sur la lumière, la consolation, le pardon et la joie que son évangile, sortant de son cœur aimant et saint, apportait aux âmes affligées, meurtries et repentantes. Ses œuvres ne procèdent que de sa charité. Loin de vouloir imposer la croyance en ses miracles, il défend le plus souvent qu'on les divulgue. C'est à la foi des malades qu'il rapporte leur guérison. Il se dérobe aux invitations séductrices du messianisme prodigieux, comme aux défis ou à la curiosité d'une sagesse incrédule. A ceux qui lui demandent un prodige indubitable, venu du ciel, il répond qu'il ne leur sera accordé d'autre signe que la prédication de repentence du prophète Jonas. Toute la tentation qu'il soutient au désert contre le diable n'est, en réalité, qu'une victoire de la conscience morale sur la religion du prodige physique. Sa piété filiale à l'égard du Père, l'élève au-dessus du miracle lui-même et du dualisme que le miracle suppose dans la nature et dans l'action divine. Il découvre, en tout, les signes de la présence, de la volonté et de l'affection de son Père. Il les accepte, s'y soumet, et les célèbre sans se préoccuper du mode ordinaire ou extraordinaire qu'elles peuvent revêtir. Cette piété absolue, absolument pure et confiante, arrive à réaliser l'unité du monde et de l'action universelle et constante de Dieu, tout aussi bien que la dialectique d'un

Scot Erigène, d'un Spinoza ou d'un Hegel; car elle supprime encore plus radicalement la vieille et mortelle antithèse du naturel et du surnaturel. La nature, en son épanouissement est-elle autre chose que l'expression même de la volonté du Père, et peut-on imaginer qu'il puisse jamais y avoir conflit entre l'ordre qui y règne, et l'action souveraine de Celui par qui cet ordre se maintient chaque jour et à chaque minute?

Si la pensée de Jésus restait donc enfermée dans la notion antique du miracle, il faut dire que sa piété n'en restait pas prisonnière et allait bien au delà. N'étant pas venu au monde pour faire de la science, il s'est servi des opinions qu'il avait héritées avec tout son peuple, et qui constituaient la science de la nature de son petit milieu populaire, sans se préoccuper si ces opinions étaient erronées ou exactes. Le miracle n'était point alors chose essentiellement religieuse comme aujourd'hui. La croyance aux miracles n'était pas un signe de piété. Tout le monde la partageait, les hommes du siècle comme les hommes de Dieu. Hérode n'y croyait pas moins que les apôtres de Jésus. Les pharisiens n'en doutaient pas : ils ne nient pas les miracles que fait Jésus ; ils les attribuent à Beelzebuth. Le Christ, pas plus qu'eux, ne doute que Satan et les démons n'en fassent autant et peut-être plus que les messagers de Dieu. Il ne veut pas que l'on juge de la vérité de la doctrine par le prodige, mais celui-ci par la sainteté de celle-là. On voit qu'on était loin alors du dualisme de nos jours, et du conflit, créé par la scolastique, entre la science et la piété (1).

Quand on analyse cette notion antique du miracle, surtout dans l'expression supérieure qu'elle a trouvée dans

---

(1) Voy. Ménégoz, *Ibid.*

la Bible, on y découvre deux choses : elle est constituée de deux jugements d'ordre très différent : d'un jugement intellectuel et scientifique, décelant ce qui existait alors en effet, une naïve et parfaite ignorance de la nature des choses et de leurs lois, et d'un jugement d'ordre religieux, impliquant une confiance absolue en Dieu tout bon et tout-puissant pour répondre à la prière de ses enfants et les délivrer. Ces deux jugements sont si bien amalgamés dans la notion biblique du miracle, que théologiens orthodoxes et philosophes irréligieux s'accordent pour les déclarer inséparables, et nous veulent contraindre à choisir entre une piété hostile aux résultats élémentaires de la science et une science radicalement hostile à la piété. Le dilemme est spécieux, mais faux. Il suffit, pour le voir se détendre, de songer que les deux jugements qui constituent cette vieille notion du miracle, n'étant pas de même nature, ne sauraient être éternellement solidaires. La solution du conflit où se débat depuis trois siècles la pensée chrétienne, consistera précisément à les séparer. Mais, avant d'y arriver, il nous faut encore traverser le Moyen Age, et voir la forme nouvelle que la scolastique donna à la notion du miracle.

II

LA NOTION DU MIRACLE AU MOYEN AGE

Le génie grec, en fondant la science et la philosophie rationnelle, unifiait le monde, et faisait sortir peu à peu de l'antique chaos créé par l'arbitraire des puissances divines, une nature ordonnée et constante. Il ouvrait ainsi un horizon de lumière et de paix à l'humanité fatiguée d'une trop longue et trop anxieuse enfance. Sans doute le miracle ne disparaissait point de la nature; mais il était circonscrit; il devenait exceptionnel et ne devait pas tarder à paraître en contradiction avec elle. Il suffit de rappeler les noms de Lucrèce, de Cicéron, de Celse, de Lucien, qui signalent pour nous les commencements d'un scepticisme incurable à l'endroit du miracle, et d'une polémique qui ne cessera plus désormais. Dans ce conflit entre le miracle et la science qui éclate alors et va toujours s'aggravant, le miracle sera nécessairement vaincu, puisque son domaine se retrécit et diminue chaque jour, à mesure que s'enrichit et s'étend l'ordre magnifique et souverain du Cosmos. Les hommes d'une piété profonde et d'une puissance spéculative étendue, comme Augustin ou Scot Erigène, essaieront de prévenir cette défaite fatale en transformant radicalement l'idée du miracle, et en le réduisant à un phénomène qui ne nous étonne qu'à cause de notre ignorance. « J'appelle miracle, dit saint Augustin, tout ce qui dépasse soit la prévision soit les facultés de celui qui en est le témoin étonné... Nous disons bien que les prodiges sont contraires à la nature, mais ils ne le sont pas en réalité. Le miracle n'est pas contre la nature en soi, mais seulement contre la nature que nous connaissons. Comment, en effet, ce qui arrive par la volonté de Dieu serait-il contre la nature, lorsque cette volonté constitue précisément la nature même de chaque chose créée par elle? (1) » Cette conception religieuse et philosophique à la fois, des rapports de Dieu et du monde, prévenait le conflit, en faisant rentrer le miracle dans la nature; mais il est bien clair qu'elle détruisait ainsi la notion populaire qui devait encore longtemps prévaloir.

(1) Augustin, de utilitate credendi, 16; Civit. Dei, xxi, 8. Scot Erigène, de divis. nat. iv, 9; v, 23.

Quand même la scolastique eût été capable de suivre et de développer la pensée de saint Augustin, elle n'avait pas la liberté de le faire. Une apologétique s'était constituée dans l'église, à laquelle il n'était plus temps de renoncer. Depuis Justin Martyr, les Pères avaient trouvé commode d'établir la **vérité de la révélation biblique et l'autorité de l'église chrétienne, par les miracles qui avaient accompagné l'une et l'autre.** L'idée de révélation divine se trouvait ainsi indissolublement jointe à l'idée antique du miracle. « Nous avons, disait Origène à Celse, en commentant de la façon la plus grossière deux mots mal compris de saint Paul, **une démonstration de l'Evangile plus divine que la méthode dialectique des Grecs, une démonstration d'esprit et de puissance. La démonstration par l'esprit, c'est la preuve tirée des prophéties et de leur accomplissement; la démonstration de puissance, c'est la preuve tirée des miracles.** » Il est vrai qu'ailleurs le même Origène semble plutôt embarrassé que fort des miracles physiques de l'Evangile; il se hâte de les transformer en allégories des œuvres morales de conversion, d'instruction et de sanctification que la parole du Christ accomplit chaque jour (1). Tertullien disait également : *Idoneum testimonium divinitatis est veritas divinationis.* « Le fait de deviner juste est preuve de divinité (2) ». Augustin essayait bien de mettre les catholiques en garde contre la preuve tirée des miracles. « Sans doute, disait-il, il faut approuver ces prodiges, parce qu'ils se produisent dans l'église catholique; mais celle-ci n'est pas démontrée catholique, par le fait qu'ils s'y produisent (3). » Pourquoi? Parce qu'il s'en produit ailleurs.

(1) Origène, Cont. Cels. I, 2, et II, 48.
(2) Tertullien, Apol. 20.
(3) Augustin, de unit. eccles. 19.

Mais, à mesure que les temps s'obscurcissaient et que les raisonnements, accessibles au peuple, devenaient plus courts et plus simples, l'apologie de la religion chrétienne par le prodige s'enracinait de plus en plus. Une belle légende de saint ou de martyr était plus efficace sur l'imagination du Franc encore inculte et idolâtre, que des considérations philosophiques ou morales. L'Eglise s'imposait aux peuples barbares comme une institution surnaturelle. Le miracle était la pierre angulaire de ses assises. Il fallait en légitimer l'emploi dans l'argumentation de ses ministres, en transformer la notion ancienne, et en déduire une notion dogmatique, c'est-à dire montrer avec précision et rigueur en quoi le miracle, en tant que prodige, était preuve de révélation divine et preuve de vérité. Donner cette définition nouvelle fut l'œuvre de la philosophie du Moyen Age et surtout de Thomas d'Aquin. C'est la théorie du *miraculum rigorosum*, c'est-à dire du miracle vrai et probant.

« Une chose est dite miracle, au sens propre, qui arrive contre l'ordre de la nature. Mais il ne suffit pas qu'elle arrive en dehors de l'ordre d'une nature particulière. Autrement, jeter une pierre en l'air, ce serait faire un miracle, puisque cela n'est pas dans la nature de la pierre. Un miracle est donc ce qui est au-dessus et va au delà de l'ordre de toute la nature créée. Or, cela, Dieu seul le peut faire (1). » Suivant ce même théologien, le miracle vrai excède la nature entière à un triple point de vue : 1° en ce qui regarde la substance du fait, comme, par exemple, arrêter ou faire rétrograder le soleil ; 2° en ce qui regarde le lieu ou le moment, comme la résurrection

---

(1) Thomas d'Aqu. Summa theol. Pars I, Quæst. 105, art. 6, 8, et Quæst. 110, art. 4.

d'un mort, car la nature peut bien donner la vie, et la donne tous les jours, mais non la rendre à un cadavre après la mort; 3° en ce qui regarde le mode et l'ordre, comme la guérison subite de la fièvre par la parole.

Il était impossible de pousser plus loin la précision des termes et la rigueur de l'analyse. Aussi bien, les scolastiques protestants du xviie siècle n'ont-ils fait que reprendre la définition en la complétant. On en vint à ranger les miracles en trois classes : les miracles absolus ou créateurs, qui relèvent uniquement du Dieu tout-puissant, les actes miraculeux et admirables des hommes de Dieu qui ont reçu d'en haut quelque don extraordinaire, et enfin les prestiges du diable, des démons et des hommes méchants qui singent, autant qu'ils le peuvent, les œuvres divines (1).

Ces prestiges du diable qui, parfois, apparaissent au faible regard de l'homme comme de vrais miracles, ouvraient dans la théorie scolastique une fissure légère qui en révélait l'insuffisance et la fragilité. S'il est admis que le diable peut faire des prodiges, s'il y en a eu en très grand nombre dans toutes les religions et dans toutes les sectes, si les guérisons, au moins apparentes, n'étaient pas moins nombreuses dans les temples d'Esculape qu'à Lourdes et à la Salette, si les fakirs de l'Inde font des miracles qui déconcertent le pouvoir et le savoir des missionnaires chrétiens, si les protestants n'en sont pas plus destitués que les catholiques, ni les jansénistes plus que les jésuites, ni la tradition des Mahométans plus que celle des Juifs ou des Chrétiens, alors il faut avouer que le caractère prodigieux d'un événement ne suffit pas pour en prouver l'origine divine, et que, pour discerner

---

(1) Quenstedt, Theol. did. polem. I.

les vrais miracles des faux, il est besoin d'user d'un autre critère. C'est ce qu'avait vu le génie dialectique de Calvin. Sans dédaigner l'argument tiré des miracles ou des prophéties, il le jugeait néanmoins insuffisant de soi, et déclarait que tous les témoignages externes sont vains, tant qu'ils font autre chose que suivre le témoignage principal et intérieur du Saint-Esprit, seul fondement de la certitude des Ecritures (1). Comment des théologiens protestants, faisant de la Bible leur règle souveraine, pouvaient-ils oublier que la Bible, en maint endroit de l'Ancien et du Nouveau Testament, nous met en garde contre les prédictions et les miracles des fauteurs de l'idolâtrie et des mauvaises doctrines (2). Aussi ne l'oublient-ils pas ; on les voit conclure leur théorie du miracle par cette règle dernière, qu'il faut juger non pas la doctrine par le miracle, mais le miracle d'après la doctrine. « Si les miracles, disait J. Gerhard, n'ont pas la vérité de la doctrine conjointe avec eux, ils ne prouvent rien. » La règle est excellente sans doute, mais elle renverse la théorie de fond en comble ; car elle la réduit à un cercle vicieux. Comment les miracles prouveraient-ils la doctrine, si la doctrine doit d'abord approuver les miracles ? C'est bien pour cette raison que chaque parti religieux reste si profondément indifférent aux récits des miracles survenus dans le parti adverse. Les prodiges les plus merveilleux ne font hésiter la conviction de personne, tant il est vrai qu'au fond, le miracle repose sur la foi, et non la foi sur le miracle (3).

(1) Calvin, Inst. chr., I, 8, 5 et 12.
(2) Deutér. XIII, 2; Exod. VII et VIII; Matth. XXIV, 24 ; XII, 27; Act. d. ap. VIII, 11 ; XVI, 16 ; 2 Thess. II, 9. Apocal. XIII, 12 ; XVI, 13; XIX, 20.
(3) J. Gerhard. Loci communes T. XII, p. 107 : *Miracula si non*

D'un autre côté, les miracles absolus, les seuls qui prouveraient, selon la théorie, une manifestation positive de Dieu, non seulement deviennent toujours plus rares, à mesure que l'on s'avance vers l'âge moderne, mais ils cessent complètement. A quoi donc tient cette cessation des miracles qu'on nous dit être les seuls vrais et les seuls probants ? Avec le xviie siècle, commence une période scientifique qui devait les faire évanouir dans le présent et les rendre plus que problématiques dans le passé. Le miracle n'a plus aucune base dans la philosophie moderne. La méthode inaugurée par Galilée, Bacon et Descartes, a donné à notre pensée un tour qui nécessairement l'exclut. Il n'a évidemment aucune place dans la conception mécanique du monde de l'auteur du *Discours de la méthode*. Il n'en a pas davantage dans le système de Leibniz, malgré les apparences, car dire que les miracles sont *préformés* dans le plan primitif de la création, c'est en détruire le caractère. La discussion à laquelle Spinoza a soumis la notion du miracle n'a rien perdu de son irréfragable évidence. « Le miracle, dit-il, ne peut rien signifier d'autre, qu'une chose dont nous ne pouvons pas expliquer la cause naturelle par l'exemple d'une autre chose accoutumée. La puissance de la nature n'est rien de plus que la puissance de Dieu, laquelle nous ne pouvons comprendre, tant que nous ignorons les causes naturelles... Qu'il me soit permis de vous demander si nous, pauvres hommes, avons de la nature une telle connaissance, que nous puissions déterminer jusqu'où vont sa force et son pouvoir, et quelle chose les peut surpasser. Comme personne, sans

---

habeant doctrinæ veritatem conjunctam, nihil probant. Comp. QUENSTEDT, I, p. 472.

arrogance, ne pourrait élever cette prétention, il ne reste plus que d'essayer, sans orgueil aucun, d'expliquer les événements prodigieux par des causes naturelles, autant que faire se peut, et, pour ce que nous ne pouvons expliquer ou démontrer être absurde, ce sera assez de suspendre notre jugement et d'édifier la religion sur la seule doctrine de la sagesse (1). » Remarquez que cette conclusion du sage d'Amsterdam n'est pas différente de celle de Jean Gerhard. C'est à la doctrine qu'il en faut toujours revenir. Une autre remarque profonde de Spinoza, c'est qu'aucun témoignage historique, recueilli dans le passé, ne pourrait jamais avoir assez d'autorité, s'il n'est qu'un témoignage d'homme, pour qu'il ne fût pas permis à un savant scrupuleux de douter plutôt du dire des témoins et des historiens que de la constance des lois du monde. Bayle, Hume, Voltaire, Rousseau, Fontenelle et mille autres popularisèrent une argumentation qui devenait sous leur plume d'une extrême simplicité. Ainsi se créa une nouvelle forme de pensée qui s'imposa, avec une force invincible, aux apologistes eux-mêmes. Obligés de se placer au point de vue philosophique, ils rationalisèrent tellement le miracle, qu'en l'expliquant, pour le faire admettre, ils n'aboutissaient qu'à le nier (2).

Les anciennes positions étaient changées. Dans l'antiquité et jusqu'à la fin du Moyen Age, la possibilité du miracle allait de soi. De nos jours, la théologie surnaturaliste s'épuise à la démontrer et n'y réussit que par des moyens qui annulent le miracle lui-même. On n'a rien gagné à prouver que le miracle est possible, si l'on n'en montre pas de réels. Or, tous les avocats du miracle ten-

---

(1) Spinoza, Tract., theol. polit. VI, de miraculis.
(2) Ch. Bonnet, Recherches philosoph. sur les preuves du christianisme, 1770.

dent, semble-t-il, à une fin contraire. L'un, par exemple, croyant établir l'historicité des miracles bibliques, entonne un chant de victoire, lorsque les progrès de la science moderne démontrent la possibilité de guérir, par suggestion impérative ou autrement, une maladie considérée comme incurable. Les guérisons racontées dans l'Ecriture vont apparaître plus réelles, nous le voulons bien; mais du même coup, n'apparaissent-elles pas moins miraculeuses? Un autre explique longuement que le miracle n'est pas une violation des lois de la nature ni une dérogation à ces lois, mais un phénomène que nous ne comprenons pas encore, qui relève de lois inconnues et rentre par conséquent, sans les troubler en rien, dans le plan et l'harmonie de la création. Mais n'est-ce pas la théorie même de Leibniz ou celle de Spinoza? Le miracle ainsi conçu devient plus rationnel, je le concède; mais ne cesse-t-il pas du même coup d'être miraculeux? D'autres enfin affectent d'assimiler le miracle à un acte de liberté humaine, et nous disent que, puisque l'homme peut librement intervenir dans la nature sans la bouleverser, Dieu le peut également. Mais Dieu est-il un homme? voilà la question. L'homme, avec toutes ses facultés, n'est, après tout, qu'une cause seconde, engrenée dans la série des autres causes secondes sur lesquelles il agit et qui agissent sur lui, le tout le plus normalement du monde. Mais Dieu est-il une cause phénoménale et particulière, dont on peut signaler la présence à un moment précis de la chaîne des êtres et des choses plutôt qu'à un autre? N'est-il pas présent dans toutes les causes secondes, comme leur cause efficace, et ne devons-nous pas nous faire de son activité créatrice et éternelle — ce que n'est jamais la nôtre, — une idée infiniment plus haute et plus large que de celle de la créature?

La vérité, c'est qu'à l'heure présente, la régularité grandiose et souveraine des lois de la nature et de l'harmonie de l'univers a pénétré tous les esprits, que notre piété, dans ses heures de lumière, ne se révolte pas contre ces lois, mais nous fait considérer, comme essentiellement religieux, l'acte de les contempler, de les célébrer et de nous y soumettre. Ceux qui prennent une attitude contraire, deviennent rares, et, quand ils ouvrent la bouche, ne font entendre que des arguments contradictoires. L'histoire du miracle, dans l'Eglise même, rappelle cette peau de chagrin qui se rétrécissait à mesure que son possesseur avançait en âge. La théorie scolastique est morte dans l'esprit des théologiens qui la voudraient encore retenir. Il ne nous reste plus qu'à voir en quels éléments elle se résout devant la science moderne et devant la piété.

III

LA NOTION DU MIRACLE DEVANT LA SCIENCE ET DEVANT LA PIÉTÉ

La vieille notion du miracle, en se dissolvant, laisse apparaître, entre la piété et la science, une antinomie profonde dont il faut préciser les termes et mesurer la portée.

La science moderne n'affirme point le miracle ; elle ne le nie point ; elle l'ignore nécessairement. Il est, pour elle, comme s'il n'était pas.

Les personnes religieuses qui, souvent regardent à la science pour savoir ce que leur foi peut en espérer ou doit en craindre, n'en considèrent que les résultats, et, comme ceux-ci ne sont jamais définitifs, mais toujours variables, toujours en train d'être revisés, élargis, enrichis, elles nourrissent secrètement l'espoir qu'un moment peut venir où la science, qui n'a pas encore accueilli le miracle, l'accueillera ; que tel fait, entouré de tels témoignages, finira par vaincre ses résistances et obtenir une place dans le cadre ou le catalogue des faits scientifiques. Elles perdraient vite cette illusion, si leur réflexion, se détachant des résultats bruts de la science, se portait sur la nature de son procédé et de ses méthodes d'investigation. Qu'est-ce, pour la science, que connaître un phénomène ? C'est le placer dans un lien nécessaire de succession, de concomitance et de causalité, avec d'autres phénomènes qui l'expliquent par analogie. Supposez un phénomène mystérieux, sans analogie et sans lien avec aucun autre ; les savants, mis en sa présence, se déclareront simplement dans un état d'ignorance. Ils diront qu'ils n'en découvrent pas la cause, qu'ils ne se l'expliquent point, et ils en reprendront l'étude mille et mille fois s'il le faut et par tous les côtés, comme on fait le siège d'une forteresse fermée, jusqu'à ce qu'ils aient pénétré dans la place et en aient forcé le mystère. Ou bien ils réussiront ; ou bien, sur ce point, il n'y aura jamais science faite ni explication établie.

Certes, les savants sont les premiers à reconnaître et à proclamer, dans tous les domaines, les bornes de leur savoir. Les plus avancés sont aussi les plus modestes. Tous ont le sentiment que leurs découvertes ne sont qu'un commencement, et que la partie de la nature qu'ils ont explorée n'est presque rien au prix de ce qu'ils en ignorent. Ils se tiennent prêts à modifier les lois qu'ils ont établies, à élargir leurs hypothèses, à en faire de nouvelles, à enregistrer tous les faits authentiques que l'observation peut fournir. Qu'il y en ait, parmi ces derniers, qui les étonnent et les déconcertent, nous le voyons tous les jours. Mais observez l'attitude du vrai savant en face de ces phénomènes nouveaux. Doute-t-il un seul instant qu'ils n'obéissent à des lois, inconnues peut-être, mais certaines? Désespère-t-il de les y ramener et d'enrichir ainsi le domaine de la science? Ses victoires passées lui sont un gage de ses succès futurs, et il poursuit ses investigations sans fièvre, parce qu'il ne connaît pas le découragement. Et la science n'a-t-elle pas eu raison de procéder avec cette rigueur patiente? N'a-t-elle pas réduit à des lois naturelles, ou vu s'évanouir, tous les phénomènes miraculeux dont se berçait l'imagination populaire, héritière de celle des Anciens? Si, dans les livres d'autrefois, il se rencontre des récits de miracles plus ou moins étonnants, elle attendra de même que la critique historique et l'exégèse sévère aient fixé la valeur des textes, mesuré le poids exact des témoignages, sans se mettre davantage en souci de quelques faits particuliers, qui resteront toujours, dans la meilleure des hypothèses, isolés et stériles au point de vue scientifique, puisqu'il ne peut y avoir science que de ce qui est général et constant.

Il est donc absolument chimérique d'attendre, de la science, la constatation d'un miracle quelconque. Elle ne pourrait jamais que conclure à un *aveu d'ignorance* qui laisserait la porte ouverte à toutes les hypothèses et à toutes les explications éventuelles. Mais n'espérez pas que ce jugement négatif, ou, si vous aimez mieux, ce jugement provisoirement suspendu, puisse jamais se changer en un jugement affirmatif. Le miracle, selon votre propre définition, c'est une intervention positive de Dieu dans l'ordre phénoménal et sur un point particulier. Or, la science ne connaît que les causes secondes. Comment pourrait-elle jamais saisir, dans la trame de ces causes, l'action immédiate de la cause première? Dieu est-il un phénomène que l'œil de l'homme puisse jamais apercevoir dans aucune série phénoménale? Et n'est-ce pas pour la même raison que la science désespère de jamais prouver scientifiquement l'existence de Dieu? Elle se reconnaît impuissante à sortir du relatif, à rien statuer hors de l'espace et du temps, et elle a mis hors de son domaine toutes les questions d'origine et de fin, parce qu'elle n'a aucun moyen de les atteindre.

Percevoir Dieu et l'action de Dieu dans l'âme humaine et dans le cours des choses, c'est l'affaire du cœur pieux. L'affirmation de la piété est essentiellement différente de l'explication scientifique. Elle nous place dans l'ordre de la vie subjective et morale, qui ne relève pas plus de l'ordre de la science que l'ordre scientifique ne relève de la piété. Il ne peut pas y avoir conflit entre ces deux ordres, parce qu'ils se déroulent sur deux plans différents et ne se rencontrent jamais. La science, qui connaît ses limites, ne saurait empêcher l'acte de confiance et d'adoration de la piété. La piété, à son tour, qui prend conscience de sa propre nature, n'empiète pas sur la science ; ses affirmations ne peuvent ni enrichir, ni appauvrir, ni gêner en rien cette dernière, parce qu'elles portent sur un tout autre point et servent à une autre fin. Prenons un exemple : j'ai mon enfant gravement malade ; j'use, pour le guérir, du secours des meilleurs médecins et des meilleurs remèdes ; confiant, d'autre part, dans la miséricorde de Dieu, je lui demande de me laisser mon enfant, et, en tout cas, de me donner la force d'accepter sa volonté. L'enfant guérit. Quel savant m'empêchera de remercier le Père du ciel d'avoir eu pitié du père terrestre ? Est-ce que ma prière d'actions de grâces sera la négation de ce qu'aura fait la science du médecin ? En aucune manière, car ma reconnaissance envers Dieu embrassera et le fait que le médecin ait été là, et le choix du remède que son savoir lui a inspiré, et tous les soins dont le malade a été entouré, c'est-à-dire toute la série des causes secondes dont le déroulement a abouti à la guérison finale. N'était-ce point la piété de Jésus, quand il nous enseignait à dire : « Notre Père qui es aux cieux, que ta volonté soit faite, donne-nous notre pain quotidien. » Jésus ignorait-il plus que nous-mêmes que, pour avoir du pain, il faut semer du blé ? Non ; il n'en demandait pas moins son pain à Dieu, parce qu'il savait aussi que c'est Dieu, en définitive, dont la volonté fait la substance et l'ordre des choses, que c'est lui qui habille les lys des champs, nourrit les corbeaux de l'air, fait luire son soleil sur les bons et sur les méchants, et envoie, sur la terre du laboureur, les pluies de la première et de la dernière saison.

Réduit à sa signification purement religieuse et morale, le miracle, pour Jésus, c'était « *l'exaucement de la prière* », comme M. Ménégoz l'a montré avec une lumineuse évidence, abstraction faite du mode phénoménal suivant lequel cet exaucement s'est produit (1). Dieu ne se manifeste dans les événements extraordinaires que pour nous apprendre à le reconnaître dans les plus ordinaires. L'enfant demande; le père accorde, sans que l'enfant ait à se préoccuper des moyens par lesquels le père a réalisé son désir. L'homme pieux adore les voies qu'il ne saurait comprendre. Cette confiance en l'amour et en la justice de Dieu pouvait être accompagnée, dans l'esprit des apôtres et de Jésus lui-

---

(1) Ménégoz, ibid. pag. 19-29.

même, d'idées scientifiques imparfaites ou erronées, sur le mode d'après lequel l'action divine s'exerce dans la nature. Mais elle n'en est pas solidaire, et peut s'en dégager aisément pour se mettre en harmonie avec les vues de notre science actuelle, comme elle était, dans l'esprit de Jésus et des apôtres, en harmonie avec la science de leurs contemporains. Les lois de la nature, qui nous sont apparues, depuis lors, dans leur constance souveraine, deviennent immédiatement, pour la piété, l'expression de la volonté de Dieu. Le chrétien s'y soumet d'instinct, en disant à Dieu : « Que ta volonté soit faite ». Qu'est-ce à dire, sinon que ces lois elles-mêmes, dont on parle parfois avec une sorte de crainte et d'horreur comme d'un fatum brutal, deviennent religieuses et se consacrent d'une autorité divine aux yeux de la piété. Pourquoi donc celle-ci ne ferait-elle pas à la science et à ses révélations sur la nature, l'accueil franc, ouvert et joyeux que lui font les hommes de science eux-mêmes ? L'opposition, établie par la scolastique entre la foi et la science, n'est-elle pas aussi irréligieuse qu'irrationnelle, et l'une des plus grandes causes de la mort de la théologie dans l'église, et du triomphe de l'incrédulité dans le siècle ?

En se développant sur deux voies parallèles, la science et la foi peuvent-elles rester isolées ? L'homme est un, et son activité scientifique, comme son activité religieuse, tendent également à une synthèse. La synthèse se trouvera dans la considération téléologique de l'univers. Cette téléologie universelle, la foi la prophétise et la science travaille à la réaliser. Elle ne peut s'établir, en tout cas, que par ce double concours. Sans la foi, l'intelligence de l'univers est impossible ; sans la science phénoménale, toute interprétation de l'univers devient illusoire. Il faut donc que la foi devienne toujours plus un acte pur de confiance en Dieu, et que l'étude scientifique des phénomènes devienne toujours plus profonde et plus rigoureuse. Sans doute, la synthèse téléologique ne sera jamais achevée ou définitive ici-bas; elle sera à reprendre sans cesse, mais elle trouvera toujours une conclusion, provisoire et sûre en même temps, dans l'acte de confiance et d'adoration envers Dieu.

La science est dans un devenir perpétuel. Si, parfois, elle en vient à fermer à la piété des perspectives chères et familières, elle lui en ouvre nécessairement de nouvelles. Si elle lui retranche de vieilles béquilles, elle lui donne des ailes. La contemplation de l'harmonie des mondes qui nous émeut religieusement, vaut, me semble-t-il, pour le penseur moderne, l'oracle fatidique, ou le cri de la corneille qui effrayait et rassurait la bonne vieille femme de Rome. Plus la science progresse, plus elle met dans les choses, de l'ordre, de l'harmonie et de la pensée. Elle ne peut créer qu'un cosmos de plus en plus intelligible, et, par conséquent, susceptible d'une interprétation toujours plus religieuse.

Dans le même temps qu'elle instituait ses méthodes les plus sévères, elle transformait radicalement sa notion première de la nature. Celle-ci était conçue par le rationalisme cartésien, comme un ensemble cohérent et fermé de mouvements et de phénomènes toujours identiques, qui s'accomplissaient en vertu des mêmes ressorts agissant dans le même cercle (tourbillons de Descartes). L'image familière sous laquelle on aimait à se la représenter, était celle d'une montre, construite et remontée une fois pour toutes par le divin horloger. Or, nous voyons ce dogme de l'immutabilité de la nature aller rejoindre les autres dogmes du passé. La théorie de l'évolution ascensionnelle des êtres, qui rend le miracle inutile, nous montre la nature en voie de transformation constante et d'enfantement perpétuel. Rien, en elle, n'est stable ou définitif. Tout y prépare autre chose; chaque forme de vie est la préface d'une forme plus haute. Quel est donc le mystère caché qui fermente au sein de cette nature douloureuse et fait effort pour éclore et s'épanouir ?

« Le plus ne peut sortir du moins », dit l'école, et l'école a sans doute raison en logique abstraite. Mais la réalité se moque de la logique. Elle nous montre partout le triomphe de l'axiome contraire. La perfection n'est au commencement de rien. L'évolution cosmique va toujours de ce qui est plus pauvre à ce qui est plus riche, du simple au composé, de l'homogène à l'hétérogène, de la matière brute à la matière vivante, et de la vie physique à la vie de l'esprit. A chaque degré, la nature se dépasse elle-même par une création mystérieuse qui ressemble à un vrai miracle par rapport au degré inférieur. Que conclure de ces observations sinon qu'il y a dans la nature une force cachée, une *énergie potentielle* incommensurable, une source toujours ouverte et jamais épuisée d'apparitions à la fois magnifiques et inattendues ? Comment un tel univers se déroberait-il à l'interprétation téléologique de la foi religieuse ? Pour le moment, la science ne peut accorder rien de plus à la piété ; mais celle-ci n'a nul besoin d'en demander davantage, puisqu'ainsi se trouvent sauvegardées les trois choses que devait lui garantir la vieille notion du miracle : la réelle et active présence de Dieu, l'exaucement de la prière et la liberté de l'espérance.

IV

DES PROPHÉTIES

L'inspiration religieuse a été conçue comme un miracle de l'ordre psychologique ; la notion qu'on s'en est faite a donc suivi et doit suivre jusqu'au bout la destinée de la notion générale du miracle.

On peut la considérer dans ses effets ou dans son mode. La critique historique et les progrès de l'exégèse ont fait disparaître le caractère miraculeux des premiers, et l'étude psychologique, le caractère miraculeux du second.

Les effets prétendus miraculeux de l'inspiration religieuse, c'étaient les prophéties, c'est-à-dire les prédictions faites à l'avance d'événements futurs, dont la connaissance dépassait évidemment toute prévision humaine. Dès lors, elles ne pouvaient être que l'effet d'une révélation divine. Cette preuve tirée des prophéties, accompagnait toujours, dans l'apologétique chrétienne, la preuve tirée des miracles, et même elle tenait le premier rang, car le miracle de la prophétie reste permanent et observable à tous les yeux, puisque chacun, après avoir lu l'oracle dans les écrits anciens, peut en vérifier l'accomplissement dans l'histoire. C'est pour cette raison que Justin Martyr, qui en a fait un si grand usage, l'appelait « la démonstration la plus forte et la plus véritable (1) ». Malheureusement, cette démonstration reposait dès l'origine, et repose encore pour ceux qui la reproduisent, sur une méthode d'interprétation que rien aujourd'hui ne saurait justifier. On admettait couramment, aux environs

---

(1) Justin M. 1ᵉ Apol. 30.

de l'ère chrétienne et jusqu'au XVIᵉ siècle, que les textes antiques avaient un double sens, et l'on s'autorisait du plus insignifiant rapprochement de mots pour découvrir et signaler des prophéties qui, prises dans leur sens naturel et dans leur contexte, n'avaient pas le moindre rapport avec l'événement ou le personnage historique auxquels on les rapportait. Quel rapport y a-t-il, par exemple, entre le texte d'Esaïe VII, 14, sur la grossesse d'une jeune almée et la naissance de Jésus-Christ, ou encore entre les paroles de Jérémie XXXI, 15, et le massacre des innocents par Hérode, ou celles d'Osée XI, 1, et la fuite de la famille de Jésus en Egypte et son retour à Nazareth? Comment expliquer que Pierre puisse appliquer les paroles du psaume XVI, 10, au Christ ressuscité, alors qu'il est évident qu'elles s'appliquent à l'auteur même du psaume? Comment arrivait-on, autrement que par la théorie du double sens des textes, à voir dans ces mots une prophétie de la résurrection du Sauveur, ou dans ceux du psaume XXII, 19, une prédiction des vêtements de Jésus partagés ou tirés au sort entre les soldats qui l'avaient crucifié?

Certainement, il y a des prophéties messianiques dans l'Ancien Testament. Les prophètes ont souvent décrit soit le châtiment qui atteindrait leur peuple s'il persistait dans son infidélité, soit une ère de restauration glorieuse et la venue d'un prince héritier ou fils de David, qui remettrait le royaume d'Israël dans sa splendeur première ou même l'élèverait au-dessus de tous les autres royaumes de la terre. Mais ces prédictions sont toutes juives, concernent le peuple juif, non l'Eglise chrétienne à laquelle on les applique, et les Juifs, suivant leur exégèse, ont bien pu ne pas voir dans Jésus de Nazareth le Messie qu'ils attendaient, puisqu'ils n'auraient pu croire en lui qu'en renonçant aux espérances politiques et nationales que leurs livres leur avaient données. Il est permis de dire que les prophéties messianiques, en tant qu'elles ont un sens historique et grammatical, n'ont jamais été accomplies, et qu'elles n'ont paru l'être dans la vie, l'enseignement, la mort de Jésus-Christ et le merveilleux développement de son œuvre, que suivant un sens que certainement elles n'avaient pas dans l'esprit de ceux qui les avaient prononcées tout d'abord.

C'est d'ailleurs une illusion de croire qu'il n'y a eu de prédictions merveilleuses que dans le seul peuple d'Israël. Rien n'abonde plus dans l'antiquité. Dans toutes les religions, on rencontre des prodiges, des oracles et des devins. Et combien de ces prédictions ne citait-on pas, soit à Rome, soit en Grèce, confirmées par l'événement, grâce à l'ambiguïté des termes, au sens multiple qu'ils pouvaient recevoir, ou même, car on peut bien l'admettre, par l'effet d'une rencontre heureuse et d'une coïncidence singulière. Entre tant de prophéties, de pressentiments et de songes, lancés dans la circulation, à la veille d'une bataille, au sein d'une crise dont le dénouement approche, dans une maladie ou toute autre situation périlleuse, il n'est pas étonnant qu'il y en ait de confirmées par l'événement. Il faut toutefois remarquer, que l'on ne garde le souvenir que de ces cas heureux, et que l'on oublie tous les autres. Mais la preuve que cet art de la divination, cette mantique ancienne, reposait en somme sur la crédulité du vulgaire, c'est que, du temps de Cicéron déjà, tout le monde en souriait, et qu'on en sourit partout, dès que les esprits se sont quelque peu éclairés. Un jour vint en Israël, où l'on jugea de même la divination prophétique et le métier de prophète ou de sorcier : « J'ôterai du pays les prophètes et l'esprit d'impureté, lisons-nous dans un curieux passage de Zacharie ; si quelqu'un prophétise encore, son père et sa mère lui diront : tu ne vivras pas, car tu dis des mensonges au nom de l'Eternel. Ils l'égorgeront quand il prophétisera. En ce jour-là, les prophètes rougiront de leurs visions ; ils ne revêtiront plus un manteau de poil pour mentir. Chacun d'eux dira : je ne suis pas prophète, je suis laboureur » (1). Il faut donc cesser d'assimiler la prophétie d'Israël à la divination antique. C'est la prendre par son côté le plus bas et le plus contestable. Les voyants hébreux n'ont pas eu plus que les sibylles ou que le devin Tirésias, le don miraculeux de lire dans l'avenir. La supériorité de leur inspiration est ailleurs, comme nous le montrerons plus loin. Elle est tout entière dans une idée de Dieu plus pure, dans un idéal de justice plus élevé, dans une religion essentiellement morale, dans leur foi indéfectible au triomphe de la loi et de la volonté sainte et miséricordieuse de l'Eternel. Appuyés d'une part sur la souveraineté de leur Dieu, de l'autre sur l'inflexible loi de la conscience morale, ils annonçaient avec assurance le châtiment des impies, la consolation des opprimés, le retour des captifs, la guérison des malades, le salut de tous ceux qui se repentent de leurs fautes et s'amendent. Le règne de Dieu devait être l'effet de cette conversion des cœurs et des volontés. Telles ont été les prophéties de Jean-Baptiste, telles celles du Christ lui-même : elles ne procèdent en aucune manière d'un don spécial ou d'une puissance miraculeuse de divination, mais d'une conviction morale plus ferme, d'une vie en Dieu plus profonde, d'une piété plus sincère et plus désintéressée. Celui qui vit en Dieu sort du temps et dit la parole

---

(1) Zach. xiii, 3-5.

de Dieu qui est éternelle, à savoir que la gloire du méchant se flétrit comme l'herbe coupée et que les souffrances du juste et de l'ami de Dieu passent comme une veille de la nuit, en attendant le lever du jour. La notion morale de la prophétie demeure; mais la notion du miracle s'est évanouie.

V

DE L'INSPIRATION RELIGIEUSE

Si, de l'étude des prophéties, nous passons à celle de l'état d'inspiration prophétique, nous rencontrons les mêmes illusions, qui se dissipent pour nous de la même manière. Les Anciens se représentaient l'inspiration prophétique comme un véritable état de possession. L'esprit d'un dieu ou d'un démon entrait violemment dans le corps d'un homme, d'une femme, quelquefois d'un animal, le domptait de haute lutte et s'en faisait un organe d'autant plus fidèle qu'il était plus inconscient. Tout le monde a dans l'esprit la description que Virgile nous a laissée de la sibylle de Cumes au moment de vaticiner :

>*Deus, ecce Deus! Cui talia fanti*
>*Ante fores subito, non vultus, non color unus,*
>*Non comptæ mansère comæ; sed pectus anhelans*
>*Et rabie fera corda tument; majorque videri*
>*Nec mortale sonans......* (1)

(1) VIRGILE. Æn. VI, v. 45 et 77. « Le dieu, voici le dieu ! En poussant ce cri devant la porte, elle changeait de visage et de couleur. Ses cheveux en désordre se répandaient sur sa poitrine haletante et gonflée d'une rage farouche; sa taille semblait grandir, et le son de sa voix n'avait plus rien d'humain. »

C'était de la fureur, un délire sacré, dans lequel les paroles divines sortaient de la bouche du possédé, sans qu'il pût les retenir et sans être le plus souvent en état de les comprendre. Plus il était hors de sens et avait perdu conscience de soi, plus le degré de son inspiration paraissait élevé. Ecoutons le sage Platon parlant des prophètes grecs et barbares : « Ils profèrent beaucoup de grandes vérités sans savoir qu'ils les disent... C'est pourquoi, il convient, ô Ménon, d'appeler divins ces hommes, qui, sans en avoir conscience, font entendre de si belles et si grandes choses; » et ailleurs, dans le Timée : « Aucun homme, ayant l'usage de sa raison, n'arrive jamais à cette divination qu'inspirent les dieux. Seul il en est favorisé, celui dont la faculté de penser se trouve suspendue et comme abolie par le sommeil, ou égarée par la maladie ou encore par quelque fureur divine (1). » Cicéron paraît plus sceptique, mais il décrit le phénomène de la même manière (2). On considérait ce don de prédire l'avenir ou de voir les choses éloignées, comme une sorte de faculté accompagnant certains états morbides, surtout la mélancolie. Les fous, les épileptiques, les idiots, les hystériques passaient presque partout pour des êtres sacrés, amis et confidents des esprits supérieurs. Leur maladie étrange ne semblait explicable que par la présence d'un de ces esprits (3).

Les mêmes idées avaient cours chez les Hébreux et se retrouvent dans l'Ancien et dans le Nouveau Testament. Les prophètes de Rama, disciples de Samuel, et Saül lui-même, se mettant par contagion à délirer et à prophétiser,

---

(1) PLATON, le Ménon, le Timée, 45.
(2) CICÉRON, de divin. I, 2, 18, 31.
(3) ARÉTÉE, De morborum causis, signis et curatione. — ARISTOTE, Problem. XXX p. 471.

sont dans un état physiologique et mental identique à celui de la sibylle de Cumes. Les démons qui possèdent les malheureux que guérit Jésus, sont les premiers à deviner et à saluer sa dignité messianique. La pauvre femme que Paul guérit à Philippe était hantée d'un esprit de Python. Les glossolales de Corinthe passaient pour des fous aux yeux des personnes rassises, et ceux de Jérusalem, le jour de la Pentecôte, semblaient être des gens ivres de vin doux (1).

Aujourd'hui, toutes ces manifestations, tenues pour surnaturelles autrefois, sont reconnues comme des phénomènes morbides, dont la pathologie mentale décrit les causes physiologiques, le cours naturel et l'issue fatale. Même dans ces désordres parfois effrayants, un ordre s'est révélé; des lois ont été établies, et des traitements rationnels se sont montrés parfois efficaces dans certaines de ces affections, plus humiliantes que glorieuses pour l'espèce humaine. Jadis on divinisait ces malheureux; au Moyen Age et jusqu'à la fin du xviiie siècle, on les brûlait; aujourd'hui on les soigne et l'on en a pitié. Cela vaut beaucoup mieux pour tous.

Préoccupée de garantir l'infaillibilité des écrits sacrés, l'ancienne théologie des Pères, des docteurs scolastiques et des docteurs protestants du xviie siècle, ne sut que tirer de cette vieille notion de l'inspiration religieuse une théorie dogmatique applicable à la rédaction des oracles divins contenus dans la Bible. Il leur semblait que plus l'esprit personnel des écrivains serait passif, plus nous arriverait pure la parole de Dieu qu'ils étaient chargés de recueillir et d'exprimer. Dans ce point de vue, le plus fidèle organe de Dieu, celui qui devrait inspirer le plus de confiance, ce

---

(1) 1 Sam. x, 5-7. Marc, i, 24; Act. ii, 13; xvi, 16-20. 1 Cor. xiv.

7

serait sans contredit l'ânesse de Balaam. « L'écrivain pourrait être stupide, s'écrie Gaussen, que ce qui sortirait de ses mains serait toujours la Bible » (1). On est allé plus loin en inventant des images empruntées à l'ordre matériel, comme celle « des cordes de la lyre » résonnant sous « l'archet divin », ou encore de « calames ou plumes » du Saint-Esprit, appliquées aux auteurs sacrés. « Les hommes de Dieu, disait Justin Martyr, s'offrent purs à l'action de l'Esprit, afin que l'archet divin venant du ciel se serve d'eux comme d'une cithare ou d'une lyre, et nous révèle ainsi, par eux, la connaissance des mystères divins. » Athénagore compare l'Esprit à un joueur de flûte, soufflant dans son instrument pour le faire résonner. Les Pères de l'église ne faisaient que suivre une théorie déjà formulée par Philon (2). La doctrine se développe et se précise à travers tout le Moyen Age, et l'on en arrive à dire que Dieu est l'auteur, seul responsable, de l'Ecriture et de tout ce qui s'y trouve, non seulement des choses et des pensées, mais des paroles et du style, non des phrases en général, mais de chaque mot, et, dans chaque mot, des voyelles et des consonnes. Il ne manquait plus que de lui rapporter la ponctuation qui n'est pas la chose la moins importante pour l'intelligence d'un discours suivi. Malheureusement elle est absente des plus anciens manuscrits (3).

Rappelons, cependant, que l'apôtre Paul et le Christ

---

(1) Gaussen, Théopneustie, page 516 (2ᵉ édit. 1842).

(2) Justin M., Cohort. 8. Athénagore, Legat. 9. Théophile ad Autoly., ii, 9. Clément Cohort. 3. Tertullien, cont. Marc, iv, 22. (*In spiritu homo constitutus necesse est excidat sensu*). Philon. Quis rer. dei hœres i p. 511 ; de monarchia ii, p. 222, etc.

(3) Thomas d'Aqu. Summa theol. P. I, quœst. I. art. 10. Quenstedt I, 73. *Formula consensus helvetici*, 1675.

avant lui, avaient posé le germe d'une conception de l'inspiration religieuse, plus humaine, plus **psychologique et plus réelle en même temps**. Paul, qui avait des extases, des visions et le don des langues **surnaturelles**, ne parle de ces douteux privilèges qu'avec **une sorte de** pudeur, lorsqu'il y est contraint, **comme s'il avait le** sentiment de quelque chose d'anormal et de **morbide en** ces phénomènes. En revanche, il leur oppose **une théorie** de la vraie prophétie chrétienne, conçue **comme une prédication** forte, éloquente, irrésistible de la **miséricorde et** de la justice de Dieu ; prophétie naissant, **sur les lèvres** de l'apôtre, du poète ou de l'orateur, de l'assurance que lui donne le témoignage intérieur du Saint-Esprit, d'être en plein accord avec la pensée divine. **La force de cette** prophétie inspirée vient de l'évidence **lumineuse qui jaillit** au-dedans, qui échauffe et éclaire l'esprit **comme un feu** intérieur. Sous l'effet de cette illumination, **l'apôtre sent** décupler ses forces ; il s'élève d'un bond **puissant au-dessus** de lui-même. Ses facultés sont portées à **leur maximum** d'énergie et de puissance. Loin d'être **passive et semblable** à un instrument inerte, jamais son **intelligence ne** fut plus intense ni plus riche ; ses pensées, **plus claires** et mieux enchaînées, ses mots plus faciles, **plus abondants**, plus colorés et plus expressifs, sa **voix plus éclatante** et plus ferme, son geste plus impérieux. La **poésie** ruisselle sur son style ; l'éloquence **déborde malgré lui** de sa bouche, et il se trouve que c'est à **l'heure où il est le** plus lui-même, où son propre génie est **le plus libre et** le plus original, où sa personnalité morale **est la moins** asservie, qu'il touche à l'inspiration la plus **haute et devient** le plus sûrement l'organe de la vérité éternelle. Ainsi comprise, l'inspiration religieuse n'est pas psychologiquement différente de l'inspiration poétique. Elle **offre, sans doute**, le même mystère, mais n'implique pas plus le miracle. Elle ne se produit pas comme un trouble apporté violemment du dehors dans la vie psychique, mais comme une force réellement fécondante, agissant du dedans, en harmonie avec toutes les forces et toutes les lois de l'esprit.

Et n'est-ce point là ce que l'expérience constate et ce que la piété confirme ? Où donc un Amos, un Esaïe, un Jérémie, un saint Paul, ou un saint Jean nous paraissent les porteurs les plus authentiques de la parole de vérité et du message de vie, sinon dans leurs pages les plus éloquentes, dans celles où leur génie personnel, leur foi, leur pensée originale éclatent avec le plus de liberté ? L'inspiration religieuse n'est pas autre chose que la pénétration organique de l'homme par Dieu ; mais, nous le répétons encore, par un Dieu tout intérieur, en sorte que, lorsque cette pénétration est complète, l'homme se trouve être plus réellement et plus pleinement lui-même qu'auparavant. Il en est de cette action mystérieuse de l'Esprit au sein de l'humanité, comme de la chaleur solaire sur les plantes qui poussent à la surface du sol. C'est dans les régions où la chaleur est la plus forte et se fait le mieux sentir, toutes les autres conditions restant favorables, que les mêmes plantes, qui sont rabougries ailleurs, atteignent leur développement le plus riche et leur plus grande fécondité.

La racine intérieure de cette inspiration ne se trouve pas ailleurs que dans la piété commune à tous les hommes religieux. Elle n'en diffère point par nature, mais seulement par l'intensité et l'énergie. L'inspiration prophétique, c'est la piété élevée à la seconde puissance. Il n'y a pas d'autre mystère en elle que le mystère religieux par excellence. Voilà pourquoi cette inspiration est essentielle et sert efficacement au progrès de la vie religieuse et morale. En réalité, elle marche et s'élève de siècle en siècle avec elle, comme nous allons le voir dans le développement religieux de l'humanité.

Littérature sur le miracle. — Hase : Hutterus rediv. § 69, édit de 1883. Luthardt : Compendium d. Dogmatik, §§ 35 et ss. édit. de 1889. Spinoza : Tract. theolog. polit. c. VI. 1677. Epistol. XXI et XXIII ; Hume : Essay on the miracles, 1748. J. Rousseau : Lettres de la montagne 1764, et toute la polémique des déistes anglais, des philosophes français et des rationalistes allemands contre le miracle. Tous les traités de dogmatique, cités au chapitre précédent, ont un chapitre sur le miracle comme sur la révélation. Nous rappellerons seulement Schleiermacher : Der christliche Glaube §§ 47 et 54. Strauss : Die christl. Glaubenslehre I, §§ 8, 10 et 17. J. Müller : De miracul. J.-Ch. natura et necessitate, 1841. Feuerbach : Ueber die Wunder. 1846. Beyschlag : Die Bedeutung des Wunders im Christenthum, 1863. Hirtzel : Ueber das Wunder, 1863. Göder : Ueber das Wunder, 1868. Rothe : Zur Dogmatik : articles 2 et 3 (la meilleure défense du **miracle biblique**).

Scherer : Les miracles de J.-Ch., Rev. de théol. de Strasbourg, année 1852. Conversations avec Montégu, ibid., année 1857. Ch. Bois : Du surnaturel, 1860. Le surnaturel, art. de l'Encycl. des sc. rel. T. XII, Supplément, 1882. A. Réville : Du surnaturel. Rev. de théol. de Strasbourg, 1861. Opzoomer : Du témoignage historique en matière de surnaturel, ibid., année 1863. F. Pécaut : Christ et la conscience, 1858 ; De l'avenir du théisme chrétien, 1864. Ménégoz : La notion biblique du miracle, 1894. H. Bois : Du miracle, Rev. de théol. de Montauban, année 1895. Medicus : Lourdes et le surnaturel, 1895 ; du miracle, Rev. chrét., année 1895. Draper : Les conflits de la religion et de la science, 1882. Alfred Maury : La magie et les magiciens, 1860 ; Essai sur les légendes pieuses du moyen âge, 1843 ; Croyances et légendes dans l'antiquité, 1863.

Sur les prophéties. — Huet : Démonstration évangélique, 1679. W. Paley : A view of the evidences of christianity, 1794. Rosenmüller : Histor. Beveis der Wahrheit der christl. Religion, 1771. De Wette : Biblische Dogmatik, 1831. Hengstenberg : Die Christologie des A. T., 1829-35. Tholuck : Das A. T. im N. T., 1860. Von Hofmann : Weissagung u. Erfüllung, 1841-44. Rothe : Zur Dogmatik, art. 3, 1869. Grimm : Art. Inspiration dans Encyclop. Ersch. u. Gruber. Tholuck, Cremer : Art. Inspiration, Herzogs Encyclop. 1ᵉ u. 2ᵉ Ausg. 1854 et 1877.

Gaussen : Théopneustie, 1842. Controverse sur la théopneustie soulevée et conduite par Scherer dans Rev. de théol. de Strasbourg, 1850-54. Scherer : Les prédictions de J.-Ch., ibid. 1852-53 ; De l'interprétation de l'A. T. par les écrivains du N., ibid., 1854 ; Jalaguier : Inspiration du N. T., 1851. Le témoignage de Dieu, 1851. De Gasparin : Les écoles du doute et l'école de la foi, 1853. F. de Rougemont : Christ et ses témoins, 1856. Ed. de Pressensé : De l'inspiration des S. Ecritures. Suppl. théolog. de la Rev. chrét., 1862. Colani : J.-Ch. et les croyances messianiques de son temps, 1863. P. Bridel : Art. Théopneustie, dans Encyclop. des sc. rel., 1882. Ed. Rabaut : Histoire de la doctrine de l'inspiration, 1883. Bouché-Leclercq : Histoire de la divination dans l'antiquité, 1882. C. Chalmel : Essai sur le merveilleux des Evangiles, comparé avec le merveilleux profane de la même époque, 1884.

CHAPITRE QUATRIÈME

LE DÉVELOPPEMENT RELIGIEUX DE L'HUMANITÉ

I

L'ÉLÉMENT SOCIAL DANS LA RELIGION

La religion n'est pas seulement un phénomène de la vie individuelle et intérieure; c'est encore un phénomène social et historique. La psychologie en découvre la racine; mais, seule, l'histoire en révèle la puissance et l'étendue.

Cette action sociale de la religion tient à son essence même. Le mot « communion des âmes » est un mot d'origine et de couleur religieuses. La chose qu'il exprime, un des plus étonnants phénomènes de la vie morale collective, n'est parfaitement réalisée que dans la religion et par elle. Une foi identique, un acte d'adoration en commun ne rapproche pas seulement les âmes, mais encore les fait vivre l'une dans l'autre, les fond dans une âme unique où chacune d'elles se trouve comme multipliée par toutes les autres. C'est là proprement ce que l'on appelle « édification », je veux dire ce sentiment de joie, de force, de plénitude de vie que procure la célébration d'un même culte à tous ceux qui y participent sincèrement. L'âme, qui était hésitante et faible dans l'isolement, se sent raffermie, comme si elle avait trouvé la confirmation de sa foi personnelle dans celle des autres. Voilà pourquoi les hommes d'une même religion n'ont pas de besoin plus impérieux que de se réunir pour prier et pour adorer ensemble. C'est vainement que la police des Etats a voulu confiner dans le for intérieur ou le foyer domestique les sectes religieuses naissantes. Leurs membres ne se sont jamais résignés à cette vie solitaire ; ils ont bravé toutes les interdictions et tous les supplices pour la transformer en vie sociale et en communion fraternelle.

Dieu, a-t-on dit, est le lieu de rencontre et de réunion des esprits. En s'élevant jusqu'à lui, l'homme sort nécessairement des limites de son individualité. Il sent d'instinct que le principe de son être est aussi le principe de la vie de ses frères, que ce qui lui donne le salut, doit également le donner à tous. Dans une même religion, les âmes les plus diverses, se trouvant affectées de la même manière, deviennent parentes les unes des autres, et forment une réelle famille unie par des liens plus étroits et plus forts que ceux du sang. La vie religieuse est une région supérieure. Ceux qui s'y élèvent, sentent tomber les barrières qui tenaient enclose leur existence. Ils deviennent libres ; ils pénètrent dans les âmes voisines et se sentent pénétrés par elles ; et toutes vivent d'une vie qui, pour être plus large et presque universelle, n'en est pas moins très personnelle et très intense. Avez-vous jamais assisté au spectacle d'une foule qu'anime et que soulève un mouvement d'enthousiasme religieux? Ou mieux encore, avez-vous fait partie de cette foule? Avez-vous subi la contagion? Avez-vous été, non un témoin étranger, mais un acteur convaincu et passionné dans le drame, alors vous avez entrevu certainement quelque chose et vous devez garder l'ineffaçable souvenir de la puissance et de la ferveur de cette vie religieuse commune. Les chants des cantiques, les paroles de la liturgie qui s'échappaient de tant de bouches différentes, ne vous semblaient-ils pas sortir d'une seule âme dans laquelle toutes les autres étaient confondues? On nous raconte que les chrétiens de la première église n'avaient qu'un même cœur. Leur communauté de foi, d'amour et d'espérance allait jusqu'à leur faire perdre l'idée de la propriété, et mettre leurs biens en commun. Dans combien d'ordres monastiques ou de sectes mystiques, ce même besoin d'égalité et d'unité est-il allé jusqu'à l'identité du costume et des gestes, jusqu'à la perte du nom propre et de l'individualité personnelle?

Il n'est donc pas étonnant que la religion, capable de créer, dans les temps modernes, ces sociétés morales qu'on appelle des « églises », ait été, dans tous les âges, le ciment le plus puissant des sociétés naturelles : familles primitives, tribus sauvages, grands empires ou peuples civilisés. La première pierre de tout foyer fut une pierre sacrée. Partout le tombeau des ancêtres fut un monument élevé par la piété, et la sépulture une cérémonie essentiellement religieuse. Avant d'en être le protecteur au dehors, le dieu de la tribu en était le lien au dedans. Tous les individus qui la composaient, voyaient en lui un père et un chef toujours présent, en sorte que la religion venait doubler, de cette parenté morale, leur parenté consanguine. Les grandes civilisations ne diffèrent point sous ce rapport des civilisations commençantes. Toutes ont également une âme religieuse qui les différencie et les explique. Modifiée à sa source même par la religion, la vie humaine, soit individuelle, soit collective, en garde l'empreinte jusque dans ses plus extrêmes manifestations. Ce n'est pas seulement la morale et la philosophie qui en dépendent, c'est encore la littérature, l'art, la politique, l'économie sociale, et, d'une façon générale, toute la destinée des hommes. Le secret de l'avenir d'une race est caché dans sa religion. C'est là que se concentre sa force de vie et de résistance aux causes de dissolution qui la menacent. Un patriotisme sans caractère religieux est un rempart qui s'écroule. A de certaines heures de l'histoire d'un peuple, la question de la propagation de l'espèce et de la vitalité des familles est, au fond, une question religieuse. Y a-t-il une autre force que la religion pour arrêter une nation sur la pente de la décadence, pour discipliner et dompter les passions et les calculs d'un égoïsme dissolvant, pour inspirer à la masse des citoyens cette mesure de dévouement généreux à l'intérêt public, cette force d'élan et de vertu qui sont nécessaires à la vigueur du corps social? Sans doute, la tradition religieuse, d'une part, et la marche de la culture générale, de l'autre, sont très souvent en désaccord et en conflit; sans doute, elles agissent et réagissent l'une sur l'autre, au point qu'il est très souvent difficile de dire quelle est celle qui a transformé l'autre. Tout le long de l'histoire, on peut se poser, sans jamais les résoudre d'une façon certaine, des questions comme celles-ci : Est-ce la race anglo-germanique qui a fait le protestantisme, ou bien est-ce le protestantisme qui a fait la race anglo-saxonne? Sont-ce les peuples latins qui ont maintenu le catholicisme, ou bien est-ce le catholicisme qui a façonné à son image les peuples latins? On peut, et sans doute l'on doit faire les deux réponses contraires en même temps. Mais, ce que nous voulons simplement noter ici, c'est la pénétration réciproque et constante du développement social et du développement religieux ; cette pénétration est telle qu'on ne peut ni les séparer ni surtout les expliquer l'un sans l'autre. L'historien philosophe, Ritter, donnera le nom de philosophie chrétienne à l'évolution de la pensée occidentale moderne, parce qu'il ne lui paraît pas que les différences qui la distinguent de la pensée antique, aient une autre cause générale que l'intervention du christianisme. Guizot ramènera à des causes religieuses l'histoire de la civilisation en France et en Europe. Celle des Turcs et des Arabes est appelée couramment une civilisation musulmane, et M. de Laveleye ne croyait pas pouvoir expliquer autrement que par l'antithèse du protestantisme et du catholicisme, le contraste surprenant qu'offrent, au point de vue économique et politique, l'état des nations du Nord de l'Europe et celui des nations du Sud. En considérant le développement religieux de l'humanité, en essayant de l'embrasser dans son ensemble, nous ne nous arrêtons donc pas à quelque chose d'accessoire et d'extérieur; nous nous plaçons, au contraire, au centre de l'histoire, à la source et dans le plein courant du fleuve humain, au point mystérieux où se nouent et se dénouent les destinées des civilisations et des races, des peuples et des individus.

Entrons donc avec un grand sentiment de piété dans cette histoire de la religion sur la terre. Aucune étude n'est plus propre à élargir et à fortifier la conscience religieuse; aucune ne peut mieux nous faire voir d'où nous sommes venus et pressentir où nous allons; aucune ne nous réserve de plus fortes leçons d'humilité et de confiance. Nous y trouverons à chaque pas de quoi rabattre notre orgueil et de quoi relever notre courage. Seulement, prenons garde de ne pas la traverser comme un voyageur qui regarde avec indifférence un pays étranger où son cœur n'aurait aucune attache ; mais plutôt recommençons par la pensée le voyage séculaire de l'humanité, en pèlerins pieux, qui veulent refaire le chemin qu'ont fait leurs pères, s'arrêter et se recueillir à toutes les stations où ils ont adoré, retrouver quelques-unes de leurs émotions et profiter de leurs expériences. Aussi bien, pour ressentir cette communion religieuse avec toutes les générations du passé, avons-nous à peine besoin de sortir de nous-mêmes. Il suffit de savoir nous interroger. Quelque élevée et spirituelle que puisse être notre conscience religieuse moderne, il est certain qu'elle est le résultat et le fruit de tous les états de conscience antérieurs qui l'ont amenée. Elle est formée de couches profondes et superposées, dans lesquelles il suffit de creuser pour retrouver les sédiments qu'y ont laissés des formes religieuses depuis longtemps abolies. Est-il donc si difficile de retrouver, au fond de nous-mêmes, quelque chose du sauvage superstitieux dans sa foi, ou du barbare violent dans sa piété, dont nous ne sommes éloignés, après tout, que de quelques siècles ? L'embryogénie nous montre les organismes des animaux supérieurs passant par toutes les phases de l'évolution morphologique et reproduisant les types successifs qui les ont précédés et préparés. De même, la vie morale de l'humanité semble recommencer avec celle de chaque enfant, et n'arriver à l'état de maturité, qu'en répétant tous les moments d'une longue histoire. S'il n'y a aucune différence essentielle entre la cellule organique de nos tissus et la cellule constitutive du protozoaire, il n'y a pas davantage de différence essentielle, entre les premières émotions de la vie religieuse élémentaire et celles qu'éprouvent aujourd'hui les consciences les plus hautes et les plus épurées. La chaîne subsiste à tous les degrés, en sorte qu'entre toutes les générations humaines, la sympathie religieuse peut naître et la communion s'établir.

Mais l'histoire des religions est fort jeune. C'est une science qu'ont vu naître les hommes de mon âge ; elle en est encore à ses commencements. L'accès en semble facile ; mais dès qu'on y a fait quelques pas, on s'arrête incertain et perplexe ; on se voit au seuil d'une forêt vierge, pleine de choses obscures, étranges et bizarres. Quelques hardis pionniers y ont sans doute tracé des voies et ouvert des clairières ; mais nul n'en a fait le tour, nul ne l'a embrassée dans son ensemble. Les vues générales manquent toujours. Les systèmes de classification que l'on a proposés ont été repoussés l'un après l'autre comme trop étroits ou arbitraires. Devenus plus prudents, les meilleurs ouvriers qui travaillent dans ce domaine, s'appliquent à faire d'exactes monographies ; ils se bornent à décrire, sans essayer de construire ou d'expliquer. Cette prudence momentanée est commandée par la nature des choses. L'idée du progrès religieux est une grande et lumineuse idée ; mais il n'est pas possible de l'appliquer dans tous les détails de l'histoire. Le progrès, incontestable pour l'ensemble, quand on prend le point de départ et le point d'arrivée, ne se fait ni sur une seule ligne, ni sur une ligne continue. Le fil qu'on croit avoir saisi se rompt à chaque pas. On se trouve sans cesse à bout de voie. Les routes qu'ont suivies les races humaines divergent, se rapprochent, se coupent, vont et reviennent à l'infini. Les ascensions sont suivies de descentes non moins surprenantes. Combien de magnifiques développements religieux semblent aller finir dans un marais ou dans des broussailles ! Que d'actions et de réactions inaperçues ! Que de mélanges devenus indiscernables à notre regard !

Si l'on considère de plus près les différences des religions, on les voit se ranger en deux classes qui, loin de concorder, se contrarient et empêchent, semble-t-il, toute construction homogène. Il y a des différences de degré et des différences d'espèce ; les unes marquent, sur l'échelle de l'évolution, les moments successifs de la conscience religieuse dans le temps ; les autres expriment la diversité et la simultanéité des religions dans l'espace. Les premières s'expliquent par les inégalités du développement moral ; les secondes, par la variété des races, des climats et des civilisations. Prenez, par exemple, la tradition hébraïque ; suivez-en la ligne générale, vous y notez des formes religieuses qui s'engendrent les unes les autres et constituent un développement historique : religion des anciens Beni-Israël, prophétisme, pharisaïsme rabbinique, christianisme, mahométisme ; voilà, dans une évolution continue, ce que l'on peut appeler des différences de degré. Mais, d'autre part, considérez les religions mongoles ou chinoises, celles de l'Ancien Mexique, de l'Inde, de l'Egypte ou de la Grèce ; vous avez des différences d'espèce qu'on ne peut plus classer sur une seule échelle. Et comme, de ces peuples, les uns ont disparu et les autres se sont arrêtés, comme jamais ils n'ont marché du même pas, il devient matériellement impossible de comparer ou de classer dans un même cadre les formes religieuses que nous offre leur histoire.

Il en est de la flore religieuse, que nous étudions dans

le passé et dans le présent de l'humanité historique, comme de la flore naturelle qui couvre la surface du globe. Les espèces, dans l'une, sont encore moins fixes que dans l'autre et subissent de stupéfiantes métamorphoses. Les phénomènes de la vie débordent sans cesse toutes les classifications et toutes les nomenclatures. Pour ordonner la nature, la science y trace des compartiments et y marque des séparations qui ne sont jamais qu'idéales et abstraites. Voilà pourquoi la science est toujours à refaire. Mais cette même comparaison de l'histoire des religions avec celle des êtres organisés, qui nous désespère, est aussi de nature à nous rendre quelque courage et quelque confiance. De la description des formes vivantes qui n'est jamais achevée, il ne se dégage pas moins une lumineuse histoire de la vie sur la planète de la terre. De même, dans l'histoire des religions, quelque confuse et imparfaite qu'elle soit encore, se déroule, avec non moins d'évidence et de certitude, une histoire de la religion qui n'est autre chose que le progrès de la conscience religieuse de l'humanité à travers toutes ses aventures, depuis ses commencements infimes jusqu'aux sommets les plus hauts qu'elle a fini par atteindre. Sur quatre ou cinq points, ce progrès est indéniable ; il nous suffira de l'indiquer rapidement et d'en noter l'orientation, pour entrevoir le but suprême où tend cette marche hésitante et laborieuse.

II

PROGRÈS DANS LES CADRES DE LA RELIGION

Dans cette évolution religieuse universelle, le progrès le plus apparent, parce qu'il est le plus extérieur, c'est l'élargissement des cadres mêmes de la religion ; c'est le mouvement, interrompu sur un point, repris bientôt sur un autre, par lequel elle s'élève du particularisme le plus étroit à l'universalisme le plus humain. Les cultes primitifs sont tous des cultes privés ou des cultes de clan et de tribu ; au-dessus, apparaissent les religions des peuples organisés, les religions nationales ; plus haut enfin les religions supérieures, qui s'adressent à toute l'humanité et, pour cette raison, sont appelées « universalistes ». Des causes extérieures, — confédérations de tribus, guerres de conquêtes, extension des relations sociales, — ont contribué, sans nul doute, à cet élargissement de l'horizon religieux ; mais ces causes ne seraient point efficaces, s'il n'y avait, dans la religion même, une tendance latente à l'universalisme. Le propre de toute religion est de se propager ; c'est l'affirmation implicite qu'elle est faite pour tous les hommes. Même, quand elle s'abaisse au rang d'une recette et d'un secret magique que l'on cache avec un égoïsme jaloux, ou par un patriotisme féroce même, dans cette peur qu'a le sauvage qu'on ne lui dérobe son fétiche et ses rites, il y a l'aveu qu'ils pourraient être utiles à d'autres. On a beau confisquer le bien religieux, il ne peut jamais devenir une simple propriété individuelle. Ma religion n'a ma foi, que parce que je la crois digne et capable de devenir celle des autres, ou tout au moins de provoquer leur crainte ou leur désir.

Il n'importe pas seulement de constater ce passage ; il importe encore plus de voir comment il s'est opéré.

Les commencements de la religion sont partout les mêmes. C'est un gazon fort dru qui couvre la terre et dont les premières pousses sont toutes semblables. Le nombre des cultes particuliers est alors infini, mais ces cultes varient assez peu de l'un à l'autre. Il est impossible d'écrire l'histoire des religions sauvages, et il est fastidieux et vain de les dénombrer. Rien n'est monotone comme les descriptions que les savants essaient d'en faire. L'apparente richesse n'est ici que la répétition d'un même fond avec des variantes légères. Le trait le plus caractéristique, c'est que la religion est enfermée tout entière, à cette période, dans les étroites limites de la famille. Chaque foyer a ses Pénates, chaque tribu son dieu ou ses dieux. Le droit de propriété est réciproque, et l'on ne saurait dire si le dieu appartient plus à la famille ou la famille au dieu. Ils ne font qu'un ; l'un s'incarne, pour ainsi parler, dans l'autre, et ils se servent l'un à l'autre d'expression et de symbole. Une famille sauvage a si bien le sentiment que son dieu lui appartient, qu'elle le cache souvent, le défend contre ceux qui le veulent ravir, et cherche à le reprendre si elle l'a perdu. Dans le livre de la Genèse, on voit Laban courir après Jacob qui, dans sa fuite clandestine, lui avait dérobé ses *theraphim*. L'histoire des peuples anciens est pleine d'exemples de ce genre. Combien de guerres terribles ont eu pour cause la possession ou la conquête d'une idole ou d'un sanctuaire ! En Bretagne, on voit encore, ou bien l'on voyait, il n'y a pas longtemps, les pèlerins de deux villages se disputer à coups de bâton la statue d'un saint, qui avait la vertu de faire pleuvoir sur les terres au-dessus desquelles on la promenait.

Ces phénomènes se rencontrent un peu partout, et l'on voit combien ils persistent jusqu'en des temps très avancés. La religion est ici affaire d'instinct. Les œuvres et les démarches instinctives sont toujours uniformes. Dans la vie mentale, la diversité n'apparait qu'avec la réflexion et la conscience. Dès que les grandes races se dessinent avec leur génie particulier, on voit poindre des différences dans les dispositions religieuses ; mais elles ne deviennent faciles à discerner qu'après un certain développement.

Ainsi la race touranienne décèle à l'origine un esprit d'utilitarisme vulgaire qui paralysera l'essor de la religion chinoise. Les Aryens, au contraire, joignent, au même sentiment religieux, une imagination et une poésie qui, dès les premiers temps, font aisément pressentir les riches mythologies épanouies plus tard. Chez les Sémites, l'imagination est infiniment plus sobre ou plus courte ; mais, en revanche, il éclate dans leur piété un sentiment primitif de crainte, de vénération, de souci de la souillure, qui peut faire comprendre pourquoi leur religion aboutira, plus sûrement que toutes les autres, au culte moral, à l'adoration du Dieu saint en esprit et en vérité. Pour les Touraniens, les esprits qu'ils adoraient étaient des auxiliaires qu'il fallait s'assujettir ; pour les Aryens, c'étaient des amis ou des ennemis avec lesquels il fallait vivre ; pour les Sémites, c'étaient des maîtres dont la volonté était la loi suprême de l'homme, et dont l'homme était le serviteur ou l'esclave. Mais, quand ces différences deviennent observables, le temps a déjà fait son œuvre, et le progrès a commencé.

De domestique, la religion devient nationale. Un jour arrive où les familles d'une même origine et habitant une même région, pour une cause ou pour une autre, se subordonnent, se fédèrent et forment un peuple. L'extension de la conscience politique amène un élargissement parallèle de la conscience religieuse. On peut l'observer partout, à l'heure où l'humanité passe de la vie dispersée des tribus à une vie sociale plus concentrée et plus large à la fois : en Egypte et en Palestine, en Assyrie et en Perse, en Germanie et en Gaule, en Italie et en Grèce, au Mexique et au Pérou. C'est en Grèce que le phénomène se montre sous sa forme la plus intéressante. La religion grecque est une confédération de cultes et de dieux locaux, tout comme l'Hellade est une confédération de tribus, auparavant sans lien entre elles. L'amphictyonie qui la réalise sur la terre entre les chefs politiques, a son reflet dans l'amphictyonie divine qui se réunit sur l'Olympe, au tour de Zeus. Celui-ci est, dans le ciel, l'exacte image d'Agamemnon, le chef des rois et le généralissime de l'armée grecque. Les poésies homériques laissent entrevoir cette période de transformation. Est-ce par caprice ou par une décision accidentelle, que l'on voit les dieux et les déesses se diviser entre les Grecs et les Troyens et combattre dans les rangs des uns ou des autres ? Nullement. Chacun marche au combat pour ses compatriotes. Héra et Pallas Athéné sont avec les Grecs, parce que leur berceau était en Grèce. Aphrodite, au contraire, Mars et Apollon aident les Troyens, parce qu'ils étaient d'origine asiatique comme eux. Dans l'Olympe, d'ailleurs, ces différences locales et ces rivalités n'ont pas plus cessé entre les dieux que, sur la terre, les querelles intestines, entre les diverses tribus ou cités de la nation hellénique.

Les conquêtes d'Alexandre et l'extension de l'empire romain élargirent l'horizon de la pensée antique. Les philosophes du temps de Cicéron et de Sénèque, s'étaient déjà élevés de l'idée nationale à celle du genre humain. Ne croyez pas, toutefois, que la religion universelle soit sortie du syncrétisme philosophique ou religieux des derniers siècles de la civilisation gréco-romaine. La dissolution des religions nationales avait précédé celle des nationalités politiques et, loin de rien créer d'universel, la curiosité maladive des esprits dénués de toute tradition nationale s'abandonnait aux superstitions individuelles les plus exotiques et les plus monstrueuses. Le christianisme ne naquit pas en Grèce, dans les écoles, ni à

Rome, au pied du trône des Césars, mais dans la race la plus exclusive, la plus fanatique d'intolérance qui fût jamais et dans le cœur d'un fils d'Israël qu'aucune influence extra-palestinienne ne semble avoir effleuré.

Qu'on y prenne garde : nulle part la religion universaliste ne fut le fruit d'une évolution inconsciente, s'accomplissant sous l'action de lois fatales et extérieures. Elle se présente partout comme la création individuelle, comme l'œuvre morale et libre de quelques âmes élues, en qui l'ancienne tradition, par une crise profonde, s'épure et s'élargit. Tel a été le rôle de Confucius en Chine, du Bouddha dans l'Inde, de Socrate en Grèce, des prophètes en Israël, de Mahomet en Arabie. Tous ont été des réformateurs de la religion des ancêtres. A ce degré, la révélation ne s'accomplit plus dans l'âme obscure de la race ; elle se fait dans la pensée lumineuse, dans l'action réfléchie, dans l'inspiration morale des « hommes de Dieu ». Aussi, leur œuvre fait-elle éclater partout les conflits et les schismes. Elle passe d'abord pour sacrilège. Tous ces prophètes et ces réformateurs ont été mis en accusation et frappés pour cause de blasphème et d'impiété. Ils n'ont pas trouvé la religion universelle au dehors, mais au fond de leur conscience et de leur piété personnelle. Passant dans leur âme comme à travers un filtre, la religion traditionnelle de leur race se clarifiait et se débarrassait peu à peu des éléments étrangers ou matériels, et il se trouvait que la foi nouvelle apparaissait, à la fin, d'autant plus humaine et universelle qu'elle était devenue plus strictement religieuse, plus intérieure et plus pure. Leur prédication, faisant appel à la foi individuelle, créait une nouvelle société, naturellement élargie et débordant les frontières nationales. Leurs concitoyens qui restaient réfractaires à leur parole, se trouvaient exclus de l'église naissante ; mais il arrivait de toutes parts des prosélytes étrangers pour combler le vide qu'y faisait leur absence. Parfois même le centre de la religion nouvelle passait d'une race dans une autre plus accessible et mieux disposée. Ainsi recrutées par des adhésions volontaires, hors des limites naturelles de la famille et de la nationalité, se formaient et grandissaient rapidement ces sociétés spirituelles, ces corporations ou fraternités religieuses dont le lien était d'autant plus étroit et l'attrait d'autant plus grand qu'ils étaient invisibles et d'essence toute morale.

Ces tentatives de transformer une religion particulariste en religion universelle ont été faites sur plus d'un point ; mais elles n'ont pas eu partout le même succès. Ni tous les cultes anciens n'étaient capables de cette transformation, ni tous les réformateurs n'étaient également bien inspirés. Souvent la révélation apparaît incertaine ou incomplète. Sur un seul point et dans une seule conscience, on la voit aboutir à une solution claire et définitive.

Qui dit progrès, en effet, dit sélection. A mesure que nous montons d'un degré à un autre dans l'histoire de l'évolution religieuse, nous voyons s'éclaircir les rangs et diminuer le nombre des religions concurrentes. Au plus bas degré, les cultes sauvages s'offraient à nous presque innombrables. Plus rares étaient déjà les grandes religions nationales ou ethniques. Trois seulement enfin sont franchement universalistes : le bouddhisme, le mahométisme et le christianisme. Encore le sont-elles fort inégalement.

Le mahométisme n'est rien moins, en effet, qu'une religion originale. L'élément qui lui donne une valeur morale et religieuse supérieure, lui vient du judaïsme et du christianisme, dont il ne paraît être qu'un dernier rameau. Son monothéisme, son horreur de l'idolâtrie, la pureté de sa morale n'ont pas d'autre source ; et l'on a pu sans paradoxe le prendre pour une forme inférieure de christianisme accommodée aux besoins et à la taille de peuplades sémitiques d'une demi culture. Mais, à côté de ce spiritualisme chrétien, il a conservé des éléments naturistes, restes grossiers des vieux cultes de l'Arabie, qui, après avoir fait peut-être sa fortune au temps de sa fervente jeunesse, l'alourdissent et le paralysent aujourd'hui. Aussi, malgré ses conquêtes, reste-t-il toujours essentiellement une religion orientale, avec la Mecque pour centre et foyer. S'il veut revivre, il doit se réformer ; il doit entrer dans la voie du progrès intellectuel et moral, s'affranchir des superstitions locales, des espérances grossières, de la haine de l'infidèle, du mérite des œuvres pies ; il faut, en d'autres termes, qu'il achève de dépouiller sa vieille nature et reçoive une nouvelle effusion de l'esprit chrétien. Il ne deviendra universel qu'autant qu'il se rapprochera du principe moral du christianisme pour n'être plus qu'un, à la fin, avec lui.

Le bouddhisme a, sans contredit, une originalité plus profonde ; mais il souffre, lui aussi, d'un dualisme intérieur qui le ruinera. Dès l'origine, il y a eu deux bouddhismes ; l'un est une philosophie ésotérique à l'usage des sages que l'expérience a convaincus de la vanité de toutes choses, qui souffrent du mal essentiel de l'existence et aspirent au nirvana. C'est un mysticisme infécond, parce qu'il est athée. L'autre c'est le bouddhisme populaire qui tombe et meurt dans des superstitions puériles et dans le plus grossier polythéisme : d'où l'on peut conclure que le bouddhisme ne devient universaliste que lorsqu'il a cessé d'être une religion positive, et que là où il reste encore une religion, il n'est rien moins qu'universaliste.

Il en va tout autrement avec le christianisme. Les mots de religion universelle et de religion chrétienne coïncident si bien que, si une forme de christianisme n'est pas universaliste par quelque côté, elle cesse d'être chrétienne par ce côté même. Ici, en effet, il ne saurait y avoir ni division ni ésotérisme, par conséquent ni limitation ni étroitesse. Nous sommes dans la liberté absolue de l'esprit. Le Christ n'a pas fait sans doute la théorie de l'unité de la race humaine; il a fait autre chose. Entre son Evangile et la philosophie humanitaire, il y a la distance de l'abstraction à la vie, de l'idée à l'amour. Tous les hommes entrent dans le règne de Dieu par la même porte, et cette porte ne peut être fermée à personne; car c'est celle de l'humilité, de la confiance, du renoncement à l'égoïsme, et de la justice supérieure s'accomplissant par la charité fraternelle. Les rangs n'y sont marqués que par la mesure du dévouement. Le plus grand est celui qui s'abaisse le plus et la seule façon d'être maître, c'est de se faire serviteur. Dans la religion de Jésus, il n'y a de religieux que ce qui est authentiquement moral et il n'y a rien de moral, dans la vie humaine, qui ne soit vraiment religieux. La religion parfaite coïncide avec la moralité absolue, et celle-ci naturellement s'étend et s'impose à toute l'humanité. Enfin Jésus n'a pas seulement proclamé le Dieu unique, ni même le Dieu Esprit dont le culte ne peut être attaché désormais à rien de matériel ou de particulier dans le temps et l'espace; il nous a donné le Père qui aime d'un égal amour tous ses enfants et veut vivre dans la plus humble comme dans la plus haute des consciences. Cette paternité divine, à mesure qu'elle se réalise dans nos cœurs, y réalise aussi la fraternité humaine. Il se trouve que l'idéal religieux et l'idéal humain se rencontrent pour ne plus se disjoindre et qu'ayant commencé, dans l'homme animal, avec la forme la plus grossière de la religion, l'humanité s'achève dans la religion parfaite.

III

PROGRÈS DANS LES REPRÉSENTATIONS DU DIVIN

Au progrès extérieur des formes religieuses correspond un progrès parallèle dans la manière de concevoir l'objet même de la religion. Pour se représenter le divin, l'homme n'a jamais eu que les ressources qui sont en lui. C'est dire que ces représentations varieront avec le progrès général de l'expérience et de la pensée. Cherchant, entre son être et l'être universel, une conciliation dont dépendent son bonheur et sa vie, l'homme exprimera cette conciliation et cette communion en des termes exactement correspondants à la double connaissance qu'il aura acquise et de soi et de l'univers.

Du commencement à la fin, l'évolution des images et des notions religieuses se fait sur la base de l'idée de l'esprit. C'est dans cette idée qu'est fondée la ressemblance, et, avec la ressemblance, la parenté de l'homme et de son dieu; ce n'est que grâce à elle qu'il peut y avoir entre eux intelligence, conversation et finalement pleine harmonie. Les religions primitives, sans aucun doute, ne sont ni spiritualistes ni matérialistes; mais elles sont essentiellement spirites. Un animisme naïf leur donne leurs premières conceptions. L'enfant projette autour de lui la vie qui l'anime; il doue tous les objets qui l'entourent d'une personnalité semblable à la sienne. Il n'y a point, pour lui, de choses mortes et inertes; le monde est peuplé d'êtres vivants avec lesquels il lutte, il cause, contre lesquels il s'irrite, auxquels il donne son amour et ses caresses. Ne sourions pas trop de cette naïveté. Les dernières démarches de la philosophie rejoignent nos premières pensées. Nous arrivons aujourd'hui à voir qu'en somme nous ne connaissons que nous-mêmes, que notre science n'est que la projection de notre conscience au dehors, et qu'à cette condition seulement le monde nous devient intelligible.

Mais l'animisme fétichiste ne dépassait pas encore les limites de la vie instinctive. Il peuplait l'univers d'esprits (ombres des morts ou puissances mystérieuses de la nature) qui se trouvaient attachés, comme l'âme au corps, tantôt à quelque objet bizarre (fétiche), tantôt à quelque phénomène naturel (arbre, montagne, soleil, vent, ciel, anima', etc.). Mais notez que jamais l'homme n'adore quelque chose de purement matériel qui ne l'entendrait pas et ne saurait lui répondre. Quand il s'aperçoit que son fétiche ou l'objet de son culte est inanimé, c'est qu'alors son dieu l'a déserté, et il se met à la poursuite de ce dieu fugace, qu'il essaie de retrouver et de retenir sous d'autres formes et d'autres noms. Par la foi aux revenants et par le souvenir de ses rêves, il avait appris à se dédoubler et à opposer sa volonté et sa pensée, son moi intérieur, à son corps. Il compara celui-ci à une maison dont on peut sortir pour aller loger dans une autre. Rien n'est plus ancien que cette idée de la transmigration des âmes. Mais, en même temps, il dédoubla l'être de ses dieux; il distingua entre le dieu lui-même et l'objet matériel ou la forme qui lui servait d'habituelle demeure. C'est la période de l'*idolâtrie* qui commence. Elle ne s'achèvera que lorsque le dieu-esprit aura brisé les liens qui l'attachent à sa prison visible et à son image matérielle. Il y faudra beaucoup de temps et d'efforts. Philosophes et prophètes soutiendront, durant des siècles, un douloureux martyre contre la superstition, pour préparer cette délivrance de Dieu. Mais enfin, à mesure que l'on avance dans l'histoire, on voit ces chaînes se détendre et tomber l'une après l'autre, et le terme où doit aboutir cette évolution, apparaître lumineux, dans la parole de Celui qui l'a close pour jamais : « **Dieu est esprit, et il faut que ceux qui l'adorent, l'adorent en esprit et en vérité.** » Dès ce moment, la mythologie se transforme en théologie et le rite extérieur, en piété intérieure et morale.

Nécessairement polythéiste à ses origines, la religion tendait, cependant, au monothéisme. La subordination qui disciplinait les chefs de tribus sur la terre, rangeait aussi les êtres divins sous l'autorité d'un chef suprême. C'est la force tout d'abord qui donna cette primauté. Zeus est le roi des dieux et des hommes parce qu'il est plus fort qu'eux tous ensemble. On sait comment il le prouve dans Homère : « Voici une chaîne, dit-il aux dieux révoltés, suspendez-vous tous à un bout et essayez de m'ébranler. Je tiendrai l'autre bout et je vous soulèverai tous à la fois. » Telle a été ici l'évolution naturelle des idées : la force s'est d'abord imposée à l'homme faible et tremblant; puis l'intelligence s'est imposée à la force; enfin la justice et l'amour, forme suprême et fleur de la justice, se sont imposés à l'intelligence elle-même. Le premier, ce n'est pas le plus fort ni le plus intelligent, c'est le meilleur. En se moralisant, l'homme a moralisé ses dieux, qui, à leur tour, devenant des autorités et des modèles, ont grandement contribué à moraliser la race entière.

Il est très étonnant que cette évolution vers le monothéisme moral n'ait pu aboutir dans la famille indo-européenne. Elle y a rencontré une barrière invincible dans la nature même de sa mythologie primitive. Sans aucun doute, les philosophes grecs et indous ont poussé la notion de Dieu jusqu'à celle de sa spiritualité et de son unité, mais ils n'ont pas réussi à transformer la religion de leur race. Leur critique rationnelle a pu la dissoudre, non la changer. Leur monothéisme reste toujours un objet de spéculation plus ou moins ésotérique. Quand, au IIe et au IIIe siècle de notre ère, sous l'action de la concurrence chrétienne, le polythéisme gréco-romain essaya d'arriver à un certain monothéisme, il ne sut que revenir au plus glorieux mythe de son enfance, au culte du Soleil, pour en faire un symbole et l'élever au dessus de tous les autres subsistant toujours au-dessous.

Le passage qu'il s'agissait de franchir ne s'est ouvert et n'a été réellement franchi qu'en Palestine et dans la tradition des Hébreux. Il y avait pour cela deux raisons qui, l'une et l'autre, témoignent de la vocation divine de ce peuple : ses prédispositions religieuses et l'action puissante des prophètes, c'est-à-dire de cette incomparable procession d' « hommes de Dieu », suscités dans son sein depuis Moïse jusqu'à Jésus-Christ. Le désert, sans aucun doute, n'est point monothéiste, comme M. Renan s'était d'abord plu à le dire, et les nomades, bergers ou pirates, ne sont pas plus près du Dieu unique que les sédentaires et les agriculteurs. Mais, grâce au tour particulier d'esprit de la famille hébraïque, le polythéisme primitif, que rappelle encore à nos yeux le pluriel *elohim*, avait un caractère abstrait, et se réduisait à une sorte de pluralité anonyme d'où aucune généalogie divine n'a pu sortir. Tous ces esprits élémentaires, ces *elohim* de l'air, de la terre ou de l'eau étaient si semblables, que la pensée du sémite n'arrivait pas sérieusement à les discerner. Ils entraient les uns dans les autres, et ont fini par former une sorte de puissance collective et abstraite, analogue à ce que représente, dans notre langue, l'expression de « divinité ». Ajoutez que, par l'idée de sainteté, Jahveh, l'elohim national, se trouvait également séparé de la nature et que, se dépouillant peu à peu de toute forme corporelle, il était prédestiné à devenir le dieu de la conscience morale, le créateur invisible de toutes choses, le juge et le rémunérateur de toutes les actions humaines.

Ni ces prédispositions originelles ni ces causes générales ne sauraient expliquer, toutefois, le progrès étonnant de la religion d'Israël. La foi des prophètes est une création de l'ordre moral ; elle est l'œuvre de consciences individuelles, de héros religieux que l'Esprit divin a fait se succéder durant plus d'un millier d'années, tout le long de l'histoire. Nous expliquerons ailleurs cette lutte héroïque et séculaire du prophétisme de Jahveh, contre les coutumes, les tendances et le tempérament même de leur peuple. Il nous suffit ici d'indiquer la direction constante de leurs efforts, la précision et la fixité de leur idéal, la puissance de l'inspiration commune qui les soulève, enfin ce sentiment si vif, chez chacun d'eux, que l'œuvre à laquelle ils se dévouent est une œuvre divine et dépasse l'horizon de leurs pensées et de leurs espérances particulières. Comme nous, ils travaillaient à un plan infiniment plus vaste que les premières lignes qu'ils en pouvaient apercevoir.

Mais leur conception d'un idéal divin de justice laissait encore ce Dieu extérieur à la conscience. L'image de sa sainteté éveillait dans les âmes le sentiment du péché, et faisait surgir un conflit tragique entre la volonté humaine asservie au mal, et la loi divine, intransigeante par son caractère. Dieu et l'homme se trouvaient plus profondément séparés par cette antithèse morale de la justice et du péché, qu'ils ne l'avaient été tout d'abord par celle de la force et de la faiblesse. Comment cesserait cette hostilité ? Une suprême révélation allait répondre à ce cri de détresse. Dieu deviendra intérieur à la conscience ; il se manifestera, dans l'homme lui-même, comme principe de justification et de salut. Celui qui s'était appelé *El*, *Allah*, le Dieu fort, au temps des patriarches ; celui qui, à partir de Moïse, s'était nommé *Jahveh*, le vivant, le gardien vigilant du pacte d'alliance, se révèle enfin comme *le Père*, dans la conscience filiale de Jésus-Christ. La révélation de l'amour vient couronner la révélation de la force et celle de la justice. Dieu veut habiter l'âme humaine. Le Père céleste s'incarne dans le Fils de l'homme et le dogme de l'homme-Dieu, interprété par la piété de chaque chrétien, non par la subtile métaphysique des docteurs, devient le dogme caractéristique et central du christianisme. N'en gâtez pas la signification religieuse, respectez-en le mystère ; voyez ce qui s'y trouve : le péché de l'homme effacé, les anciens conflits apaisés, l'harmonie rétablie, toute la vie morale et spirituelle enracinée dans la vie éternelle de Dieu, et la vie divine versée dans le cœur de l'homme ; comprenez enfin cette consommation de l'unité religieuse du divin et de l'humain qui se cherchaient et s'appelaient dans le vœu obscur de la conscience, et vous comprendrez aussi qu'à ce point de vue, comme à tous les autres, l'évolution religieuse antérieure a trouvé sa raison d'être et sa fin dernière dans l'âme et l'œuvre du Christ. L'âme humaine orpheline et le Dieu lointain et inconnu se sont rejoints et embrassés dans un filial amour pour n'être plus jamais séparés.

IV

HISTOIRE DE LA PRIÈRE

Arrivons au centre et au fond, au point vraiment décisif. Expression vivante des rapports de l'homme avec son Dieu, la prière est l'âme même de la religion. Elle apporte à Dieu les misères de l'homme et rapporte à l'homme la communion et le secours de Dieu. Rien ne révèle mieux la valeur et la dignité morale d'un culte que le genre de prière qu'il met sur les lèvres de ses adhérents. Or, le progrès est ici plus apparent qu'ailleurs. Le sauvage bat son fétiche lorsqu'il ne l'a pas trouvé assez complaisant. Le chrétien, en ses plus grandes détresses, répète la prière de Jésus au jardin des Oliviers : « Père, que ta volonté soit faite, non la mienne ! » Quel long chemin parcouru par l'humanité entre ces deux points extrêmes de la religion !

A l'origine, la prière ne semble avoir de religieux que la foi naïve que l'on met dans son efficacité. Elle est presque partout conçue et pratiquée comme une sorte de contrainte exercée par l'adorateur sur l'esprit qu'il veut s'assujettir. Il y a des syllabes mystérieuses qui, prononcées comme il faut, produisent un effet irrésistible. A la voix se joignent des rites et des pratiques, c'est-à-dire des gestes de menace ou de caresse, qui ont pour but d'effrayer le dieu ou d'enchaîner sa volonté à celle de l'homme. Dans combien de contes et de légendes l'on voit quelque mortel particulièrement habile mettre un être divin dans une espèce d'esclavage, et s'en faire servir durant des années ! La magie, la sorcellerie, la nécromancie sont sorties de cette idée primitive.

Avec les êtres surnaturels qui l'entourent, l'homme en

use comme avec ses voisins. Il cherche à en tirer aide ou profit par les mêmes moyens. Le respect est le sentiment qui entre le moins dans ces premières relations. La ruse, la violence, la séduction par amorces ou menaces sont les formes étranges de cette supplication. C'est l'égoïsme humain qui s'adresse avec une naïveté d'enfant à l'égoïsme des dieux. Il se fait des contrats en règle entre ces deux égoïsmes, dont chacun s'arme à l'égard de l'autre du *Do ut des*. Le dieu qui manque à sa promesse mérite d'être châtié, et les privations ou les coups ne manquent pas de suivre et de punir sa félonie.

Le sacrifice ne fut d'abord qu'une forme de la prière. L'homme n'approche jamais son supérieur ou son maître les mains vides. Pour se le rendre favorable ou pour apaiser sa colère, il lui fait les offrandes qu'il sait lui être les plus agréables. Les dieux ont besoin de se nourrir tout comme les mortels. On leur réserve les prémices du repas humain : libations, gâteaux de miel et de fine farine, les fruits les plus beaux, les morceaux de viande les plus délicats. Que l'homme eut de la peine à croire à la bonté de ses dieux! Il voyait des effets de leur colère dans les malheurs qui fondaient sur lui, et, s'il lui arrivait quelque joie et quelque heureuse fortune, il s'empressait de s'imposer un sacrifice pour désarmer la jalousie des êtres supérieurs. Un dieu passait-il pour avoir été offensé, on tremblait durant des années sous les coups de sa colère; on lui offrait en sacrifices expiatoires toutes les équivalences possibles; on imaginait des œuvres pies, des humiliations volontaires, des tortures qu'on s'infligeait à soi-même ou aux autres, sans jamais être assuré que la rancune de l'être divin était enfin éteinte. Ce sont là des phénomènes religieux universels.

Le sentiment religieux est si bien distinct du sentiment moral, qu'à l'origine on le voit exister seul et s'exprimer de la façon la plus égoïste et la plus féroce. Que de crimes a toujours fait commettre la religion, à quelle bassesse de calculs et d'intérêts ne la trouve-t-on pas associée de la façon la plus sincère? Mais, ici encore, il faut noter la révélation nouvelle qui se fait dans l'âme des prophètes et des sages pour élever la religion du naturisme à la moralité. Confucius, le Bouddha, les nabis d'Israël, les philosophes de la Grèce arrivent simultanément à sentir que le vrai rapport de l'homme avec son dieu doit être un rapport moral, que la justice est le seul lien qui relie la terre au ciel, que les paroles sacrées, les rites, les cadeaux intéressés, les compensations extérieures ne peuvent rien et ne signifient plus rien, dès que l'homme religieux sort de la loi de la nature pour entrer dans la vie supérieure de l'esprit. Si Dieu est la justice, il n'y a plus qu'un moyen de se mettre en harmonie et en paix avec lui; c'est de lui devenir semblable. Ainsi, la religion et la morale étaient destinées à se rapprocher toujours plus et à se pénétrer entièrement, si bien que la religion parfaite se reconnaîtra à ce signe : la piété suprême n'apparaissant plus que comme la moralité idéale. Au fond, le christianisme n'a pas d'autre principe, et c'est pour cette raison plus que pour toute autre, qu'il est non seulement la forme religieuse la plus haute, mais la religion universelle et définitive. La religion absolue et la vie morale absolue sont deux termes identiques. Le vieux dualisme est surmonté dans l'unité de la conscience chrétienne.

Quoi d'étonnant que la prière, à son tour, se transforme et qu'ayant été tout d'abord l'acte le plus violemment intéressé, elle se montre à la fin comme un acte pur de confiance et d'abandon, et comme l'expression du désintéressement le plus religieux et le plus complet. Est-il besoin de beaucoup de paroles pour qu'un enfant se fasse comprendre de son père? Ce sont les païens, dit Jésus, qui usent de longues litanies. Le père connaît vos besoins avant que vous les lui demandiez. C'est une marque d'incrédulité que d'insister auprès de lui pour la nourriture ou pour le vêtement et pour le soin du lendemain. L'essentiel n'est pas de multiplier les demandes à son oreille; c'est de vivre près de lui et de le sentir près de soi. N'est-il pas tout puissant et tout bon? Ne vous aime-t-il pas plus et mieux que vous ne vous aimez vous-mêmes? Ne fait-il pas concourir toutes choses au bien de ses enfants? Le but de la création est-il donc autre que le souverain bien, et dans ce bien universel, chacun ne trouvera-t-il pas le sien propre? Si les épreuves surviennent, si les dangers nous menacent, si le deuil ou la douleur nous font leurs visites cruelles, que devons-nous faire encore? Nous plaindre, sans doute; mais la plainte n'est pas le dernier mot du disciple du Christ; il faut nous soumettre à la volonté mystérieuse de Dieu en renonçant à nos propres désirs et à nos particulières espérances. « Non ce que je voudrais, ô Père, mais ce que tu veux pour moi et en moi! » — *Da quod jubes et jube quod vis!* Qu'est la prière à ce terme suprême, sinon la défaite de l'égoïsme et la libération entière de l'esprit individuel dans le sentiment de sa pleine union avec Dieu?

Telle était la prière de Jésus. Elle ne consistait pas dans un flux extérieur de paroles, mais dans un état constant et silencieux de son âme, qui lui faisait dire en se tournant vers son Père, même avant d'avoir prié : « Je sais que tu m'exauces toujours. » La confiance revient entière à mesure que le renoncement s'achève. Admirable progrès de la religion, sublime renversement des rôles : au commencement, l'ambition de l'homme pieux était de plier la volonté divine à la sienne ; au terme, sa paix et son bonheur, c'est de subordonner ses désirs et ses vœux à la volonté d'un père qu'il sait être toujours bonne, juste et parfaite.

Nouvelle et autre face de ce progrès. — Dans toutes les religions, il y a comme une double gamme de sentiments : l'une qui domine dans les religions primitives et dont la note fondamentale est celle de la crainte, et de la tristesse ; l'autre qui l'emporte à la fin et où triomphe l'accent de la confiance et de la joie. C'est un effet naturel de la victoire progressive de la conscience religieuse, surmontant peu à peu les contradictions au sein desquelles elle naît et se développe. A l'origine, l'homme, isolé et sans défense, ne trouve pas moins d'ennemis au ciel que sur la terre. Il se sent comme entouré de puissances hostiles et mystérieuses, devant lesquelles il reste ployé par la crainte, attendant, avec une anxiété que rien ne calme, la sentence qu'elles vont prononcer sur lui. Mais tout change, lorsque se lève dans son âme l'aube lumineuse de la révélation morale de Dieu. Avec les ténèbres se dissipent les fantômes effrayants de la nuit. Sa conscience s'affermit dans le sentiment de la justice éternelle ; elle s'élève au-dessus des énigmes et des menaces du dehors. Dans le Dieu qu'elle adore, elle voit sa propre loi intérieure glorifiée et devenue, désormais, la loi suprême des choses. Cette loi de justice est, au fond, une loi d'amour. Rien ne peut plus me troubler que le sentiment de ma propre défaillance, c'est-à-dire de mon péché, qui, seul, peut me séparer du principe même de la justice et de la vie. Mais voici : la justice se manifeste comme grâce justifiante. Dieu la donne à ceux qui en ont la faim et la soif, comme il donne la vie. La réconciliation s'achève. L'orphelin a retrouvé son père, et le père son fils. Le pêcheur, tremblant, avait commencé sa prière, prosterné ; il l'achève, debout, avec la confiance et la liberté de l'enfant qui se retrouve et se sent à l'aise dans la maison paternelle. L'Évangile fait de la joie un commandement, une obligation religieuse, tandis que la défiance et la tristesse restent des marques d'égoïsme et d'incrédulité.

V

CONCLUSION

Telle est la marche de la religion que l'on voit se dégager et que l'on peut suivre à travers l'histoire si confuse et si complexe des religions particulières. Sans doute le progrès ne se fait point ici en droite ligne et par additions successives, comme dans l'ordre scientifique. L'évolution religieuse ressemblerait plutôt à celle de l'art, où l'expérience du passé n'est féconde que si elle parvient à se traduire par une inspiration supérieure et une puissance créatrice plus grande. Il y a des périodes de recrudescence du sentiment religieux, qui font souvent revivre les formes et les passions d'un passé qu'on croyait aboli. Ce sont les temps de superstition. Il y a aussi les périodes d'inertie religieuse, où l'âme semble se vider de son contenu éternel et se divertir dans une activité frivole et dans une sagesse superficielle. Ce sont les âges d'incrédulité. Il y a, enfin, les époques de crise et de confusion, où se mêlent les traditions religieuses les plus diverses et les courants de pensée les plus contraires. Il faut passer sur tous ces accidents et ces vicissitudes. Dans l'évolution religieuse de l'humanité, il existe une suite, un ordre, un progrès qui, malgré toutes les interruptions et les retours, se manifestent, dès qu'on s'élève assez haut pour l'embrasser tout entière.

Il en est de cette histoire comme des soulèvements du sol sur un grand continent. A travers le chaos des formes accidentelles, on voit se dessiner les lignes maîtresses. Le voyageur qui part des rivages de la mer du Nord ou des plages de la Méditerranée, traverse d'abord des bas-fonds ou des plaines marécageuses, souvent insalubres; mais suivant toujours les sentiers qui montent, s'élevant aux collines, et de celles-ci aux plateaux supérieurs qu'elles supportent, sans se laisser arrêter par les obstacles ou les dépressions partielles, il voit à l'horizon les ondulations du sol converger et faire effort, comme pour soutenir et lancer vers le ciel quelque cime plus haute. Qu'il ne se lasse point; qu'il poursuive cette ascension, il arrivera de tous les côtés à ces Alpes centrales qui dominent et expliquent le système tout entier. Ainsi, de quelque bord qu'on pénètre dans l'histoire des religions, et en quelque sens qu'on la parcoure, on voit les routes, montant lentement des vallées obscures, se rapprocher les unes des autres et tendre au christianisme, comme à un autre Mont-Blanc, dernière et lumineuse cime, d'où l'ordre et la lumière se répandent sur tout le reste. Ou bien l'évolution religieuse n'a ni sens ni but, ou bien il faut reconnaître qu'elle vient aboutir à l'Evangile du Christ comme à son terme suprême.

Nous en avons eu récemment une éloquente et solennelle démonstration. Il y a environ trois ans, on vit se réunir, à Chicago, ce que les Américains ont appelé le Parlement des religions. Les représentants officiels des principaux cultes de l'Ancien et du Nouveau monde, se trouvaient assemblés dans le sentiment d'une grande fraternité religieuse. Il ne s'agissait plus, comme autrefois, de discuter la valeur de leurs dogmes ou de leurs rites, mais de se rapprocher, de s'édifier et de donner pour la première fois au monde le spectacle d'une communion religieuse universelle. Quand il fallut réaliser ce dessein, trois choses apparurent et s'imposèrent avec une irrésistible évidence : la première, ce fut le nom commun sous lequel tous invoqueraient Dieu, le nom de Père ; la seconde, ce fut la prière des chrétiens, l'oraison dominicale adoptée et récitée par tous ; la troisième, enfin, ce fut le Christ lui-même, en dehors de toute définition théologique, reconnu et vénéré unanimement comme le maître et l'initiateur de la vie religieuse supérieure.

Dans ma propre conscience s'achève cette démonstration pratique. Je puis bien n'être pas religieux ; mais, si je veux l'être, je ne puis l'être sérieusement que sous la forme chrétienne. Je puis bien ne pas prier ; mais si je veux prier, si l'angoisse morale ou le doute intellectuel me font chercher quelque forme de prière que je puisse répéter en toute sincérité, je ne trouve jamais que ces mots : « Notre Père, qui es aux cieux. » Je puis enfin dédaigner la vie intérieure de l'âme et m'en divertir par tous les moyens qu'offrent la science, l'art, la vie sociale et mondaine ; mais si, lassé et déçu par tout le bruit de ce travail ou de ces plaisirs extérieurs, je veux me reprendre et vivre enfin d'une vie profonde, je ne trouve et je ne puis accepter d'autre guide et d'autre maître que Jésus-Christ, parce qu'en lui seul, l'optimisme est sans frivolité, et le sérieux de la conscience sans désespoir.

Littérature sur l'élément social dans la religion. — Schleiermacher : Reden üb. die Religion (4ᵉ Red.), 1799. Der christl. Glaube, Einl. (surtout l'idée de l'Eglise), 1821. En franç. Tissot : Analyse de l'introd. à la dogmat. de Schleierm., 1879 et EMERY : Analyse critique de cette même introd., 1885. GUIZOT : Hist. de la civilisation en Europe et en France, 1827-30. A. DE TOCQUEVILLE : La démocratie en Amérique, 1835. FUSTEL DE COULANGES : la Cité antique, 1862. E. DE LAVELEYE : L'avenir religieux des peuples civilisés, 1875.

Sur l'histoire des religions. — FONTENELLE : Histoire des Oracles, 1686, et l'origine des fables, dans les œuv. compl. vol. III, 1758. DE BROSSES : Sur les dieux fétiches, 1760. COURT DE GÉBELIN : Le monde primitif, 1773-83. F. DUPUIS : L'origine de tous les cultes, an III de la République française, 1795. DULAURE : Hist. des diff. cultes, 1825. CREUZER : Symbolik u. Mythologie, 1812, traduit en fr. et transformé par Guigniaut, 1825-51. C. BAUR : Symbolik und Mythologie, 1824. MAX MÜLLER : Introd. to the science of religion, 1873. Lectures on the orig. and growth of religion, trad. en fr. par J. Darmesteter, 1878 ; Chips from a German Workshop, 1867 et ss. J. LUBBOCK : Prehistoric times, 1865 ; the orig. of civilisation and primit. condition of man, 1870. TAYLOR : Researches into the early hist. of mankind and developp. of civilisation, 1870 ; Primitive culture, 1872. A. LANG : Mythe ritual and religion, 1887, trad. en fr. par L. Marillier, avec une riche introduction, 1896. WAITZ : Anthropologie, 1859. DE QUATREFAGES : L'espèce humaine, 1877. DE NADAILLAC : Les premiers hommes et les temps préhist., 1881. DE MORTILLET : Antiquité de l'homme, 1883. G. ROSKOFF : das Religionswesen der rohesten Naturvœlker, 1880. TIELE : Hist. comparée des anciennes religions de l'Egypte et des peupl. sémitiques, trad. du hollandais, 1882 ; Manuel de l'hist. des religions, trad. par M. Vernes, 1880. M. VERNES : Mélanges de critique relig., 1880 A. RÉVILLE : Les religions des peuples non civilisés, 1883 ; Les relig. du Mexique, etc., 1885 ; La religion chinoise, 1889. BARTH : Les religions de l'Inde, 1879 ; J. DARMESTETER : Ormazd et Ahriman, 1879. The Zend Avesta, the Vendidad, dans la collection anglaise des textes sacrés de l'Orient, 1880-90. F. SPIEGEL : Avesta, die heiligen Schriften der Parsen, 1852-63. L. FEER : Religion de la Perse, dans Encycl. des sc. relig., vol. X, 1881. EUG. BURNOUF : Introd. à l'histoire du Bouddhisme indien, 1852. E. RENAN : Sur le bouddhisme, dans Nouv. Etud. d'hist. relig., 1884. E. SENART : Essai sur la légende du Bouddha, son caractère et ses origines, 1882. GOBLET D'ALVIELLA : L'évolution religieuse contemporaine, 1884 ; La migration des symboles, 1891. L'idée de Dieu d'après l'anthropologie et l'histoire, 1894. HOCHART : Etudes d'hist. relig., 1887 ; P. REgnaud : Les premières formes de la religion dans l'Inde et la Grèce, 1894. Girard de Rialle, Mythol. comparée, 1878. James Darmesteter : Essais orientaux, 1883. Alf. Maury : Hist. des relig. de la Grèce antique, 1857-59. J. Girard : Le sentiment religieux en Grèce, 1869. Decharme : Mythologie de la Grèce antique, 1879. Preller : Rœmische Mythologie, 1858; Griechische Mythologie, 1872-75. Usener : Die Gœtternamen, 1895. G. Boissier : Hist. de la religion romaine d'Auguste aux Antonins, 1874. Jean Réville : La religion à Rome sous les Sévères, 1886. Ed. Sayous : Etudes sur la relig. rom. etc , 1889. Chantepie de la Saussaye : Lehrbuch der Religionsgeschichte, 1892. Les Annales du Musée Guimet, depuis 1880. La Revue de l'hist. des relig., fondée par M. Vernes, continuée par Jean Réville, depuis 1880. La Bibliothèque de la section des sciences religieuses de l'Ecole pratique des hautes Etudes de Paris, depuis 1889. Bonet-Maury : Le Congrès des Relig. à Chicago, en 1893, 1895.

LIVRE DEUXIÈME

LE CHRISTIANISME

CHAPITRE PREMIER

L'HÉBRAISME OU LES ORIGINES DE L'ÉVANGILE

Comprendre le christianisme, ce serait apercevoir clairement et tout ensemble le lien qui le rattache à l'évolution religieuse de l'humanité, l'originalité vive par laquelle il s'en distingue, la succession et le caractère des formes qu'il a revêtues. Tels sont les trois objets d'étude que nous aborderons tour à tour. Il faut commencer par les origines.

Il n'y a jamais rupture complète dans la chaîne de l'histoire. Tout phénomène arrive à sa place et à son heure. Il a des antécédents qui le préparent et le *conditionnent*. Quelque nouveau que soit le christianisme, il ne fait pas exception à la règle. Il sort de la tradition d'Israël par une filiation évidente. L'ancienne théologie ne dissimulait pas cette parenté originelle; elle l'exagérait plutôt. L'Eglise chrétienne a fait de la Bible des Juifs la première partie de la sienne. Les écrits des prophètes ont été placés dans le recueil sacré avant ceux des apôtres, comme pour nous avertir que les uns ne peuvent être compris sans les autres. *Novum Testamentum in Vetere latet; Vetus in Novo patet.* Au fond, ce vieil adage de l'école est vrai. C'est une excellente règle d'exégèse biblique que de ramener les premières idées chrétiennes à leur racine hébraïque, et de tenir pour étrangères ou adventices celles qui n'y ont point d'attache. S'il n'y a rien d'essentiel, dans le Nouveau Testament dont le germe ne se retrouve dans l'Ancien, il n'y a rien de vraiment fécond dans l'Ancien qui n'ait passé dans le Nouveau. Tel est l'enchaînement historique qu'il convient de respecter. L'étude de la religion d'Israël est donc l'introduction naturelle à celle du christianisme. Le point discutable est seulement de savoir comment l'une a préparé l'autre.

I

L'HISTOIRE SAINTE

Si l'on demande ce qui fait l'intérêt et la valeur religieuse de la Bible juive, bien des personnes seront tentées de répondre : c'est l'« Histoire sainte », en d'autres termes, l'histoire surnaturelle des origines du monde, de celles de la race humaine d'Adam à Moïse, de l'Eden à la loi du Sinaï. Quel livre d'histoire a plus d'autorité que le Pentateuque? Quelles figures nous sont plus familières que celles des patriarches? Ne court-on pas le risque de paraître coupable de sacrilège, si l'on met en doute et en discussion la réalité de ces personnages et la valeur historique de leurs biographies? Cette histoire a-t-elle donc pris ce caractère sacré, à cause de l'antiquité et de l'authenticité indiscutables des documents qui nous l'ont conservée? Non, hélas! Comme la création du monde en six jours n'a pas eu de témoins humains, comme il est inadmissible de penser qu'Adam, Caïn, Hénoch, Noé ou même Abraham aient rédigé eux-mêmes et laissé à leur postérité la chronique de leur vie en un temps où l'écriture n'était peut-être pas inventée, il faut nécessairement que Dieu lui-même l'ait dictée à Moïse. Ne pouvant avoir aucune certitude humaine, cette histoire merveilleuse en a reçu une toute divine, et elle est devenue le premier des dogmes chrétiens, celui qui doit supporter et expliquer tous les autres.

Mais l'Eglise et nous-mêmes ne sommes-nous pas devenus ainsi les dupes inconscientes d'une énorme illusion? En quoi la matérialité historique de ces récits intéresse-t-elle la religion de Jésus? Ne voit-on pas ce qu'il y a de disparate et d'étrange, à mettre sur la même ligne et à proposer de recevoir avec la même foi, le Sermon de la montagne et l'histoire de l'arche de Noé, la parabole de l'enfant prodigue et la création du monde en six jours et le repos de Dieu au septième? Ne sentez-vous pas le tort qu'on fait à l'Evangile, si l'on soutient que l'on n'est pas un chrétien fidèle, à moins d'admettre la réalité de l'Eden ou l'astronomie enfantine de l'Ancien Testament tout entier? En quoi ces traditions diffèrent-elles de celles que gardaient les autres tribus sémitiques, et, s'il fallait adopter une science antique, n'en saurait-on trouver de plus avancée? Les Chaldéens et les Egyptiens ne connaissaient-ils pas mieux les astres du ciel ou les choses de la terre que les Hébreux? Dois-je croire, sous peine de renier ma foi chrétienne, que Dieu créa au-dessus de la terre un firmament solide, une voûte de cristal, pour séparer l'étendue, et y fît ensuite des ouvertures pour laisser échapper en cataractes les eaux supérieures, quand il voudrait punir les méchants et inonder la terre? Dois-je admettre réellement que l'arc-en-ciel, dont on m'explique et me montre la cause physique, n'existait pas avant les temps de Noé ? Irai-je me figurer, comme les premiers auteurs de ces vieux mythes, sinon leurs derniers rédacteurs, Dieu lui-même avec un corps et des mains, une voix et une respiration humaines, prenant de l'argile du jardin d'Eden, modelant le corps de l'homme, ainsi qu'un artiste fait une statue, puis l'animant du souffle de sa bouche ? ou bien encore endormant Adam, et, pendant ce sommeil, comme un chirurgien habile, lui enlevant une côte dont il fit la compagne de l'homme ? Enfin proposerons-nous aux géographes de déterminer le site du jardin enchanté, et aux botanistes de classer ces arbres mystérieux dont les fruits pouvaient donner la connaissance du bien et du mal ou préserver à jamais de la mort ? Quel est donc le chrétien moderne qui entende aujourd'hui ces récits à la lettre ? Qui ne prend sur soi d'y faire une part à la poésie, à l'allégorie, à la légende, au langage enfantin d'un âge d'ignorance ? Il n'est donc pas vrai de soutenir que la matérialité de ces faits et de ces figures importe à la religion. Tout au contraire ; notre foi ne les peut utiliser et retenir qu'en les spiritualisant et en cherchant, sous la lettre primitive, des vérités éternelles. L'apôtre Paul était plus libre et nous donnait un plus bel exemple de hardiesse, quand, à propos de Sarah et d'Agar, il disait aux Galates superstitieux et crédules : « Vous qui lisez la loi, ne la comprenez-vous point ? Ne voyez-vous pas que ces histoires ont un sens allégorique ? »

Il n'y a donc pas lieu d'opposer *a priori* une fin de non-recevoir, aux constatations positives de la critique moderne et aux perspectives nouvelles qu'elle nous a ouvertes sur la littérature biblique et sur l'histoire d'Israël.

Bossuet tenait le Pentateuque pour le plus ancien livre

du monde et pour l'œuvre authentique de Moïse. Ce sont deux illusions à jamais dissipées. Loin d'être une œuvre homogène, le Pentateuque nous apparaît aujourd'hui comme un édifice d'ordre composite, auquel des générations d'architectes, utilisant des matériaux très divers, n'ont cessé de travailler pendant plus de dix siècles. Si les documents écrits les plus anciens qu'on y peut découvrir, ne remontent pas au delà de Saül, la dernière rédaction semble postérieure à Esdras et à Néhémie. Dans sa plus ancienne forme, le Deutéronome n'est pas de beaucoup antérieur à Jérémie. Les narrations jéhovistes et élohistes, qui formaient des corps d'histoire plus étendus et mieux suivis, ont certainement vu le jour après le schisme des dix tribus. Quant au recueil proprement dit des lois mosaïques, on voit, à l'œil nu, pour peu qu'on y regarde avec attention, qu'il est formé de la compilation de trois ou quatre législations d'âge et de caractère très différents, qui se sont succédé, se sont développées parallèlement aux mœurs d'Israël, depuis les temps de la vie nomade au désert jusqu'au culte du second temple. Ainsi, le Pentateuque n'est pas au point de départ, il est au terme de l'évolution de l'hébraïsme et en donne le résultat. Ce n'est pas la source d'où le fleuve est sorti. Il serait plus exact de le comparer à une mer intérieure dont le bassin s'élargit de siècle en siècle, à mesure que s'accumulent les eaux qu'y déversent toutes les vallées latérales.

Revenons maintenant à l'antiquité hébraïque que nous entrevoyons obscurément à travers un document de date trop récente pour avoir un crédit absolu. Il se trouve que la littérature d'Israël n'est plus une exception au milieu des autres. L'histoire écrite n'y remonte pas plus haut que chez les peuples de l'ancien monde. Avant l'époque des historiens de profession, on trouve en Palestine ce qu'on rencontre en Grèce avant Hérodote, et à Rome avant Ennius, ce qu'on trouve partout avant l'usage courant de l'écriture : d'un côté, sur la face du sol, des monuments de pierre ou des rochers et des arbres auxquels étaient attachés les souvenirs de la tribu, quelquefois des stèles avec des signes hiéroglyphiques que les anciens expliquaient aux jeunes hommes; de l'autre, sur les lèvres des chanteurs ou des sages, des légendes, des apologues, des proverbes que l'on se redit au foyer, sous la tente, et que des poètes inspirés chantent, interprètent et amplifient, aux jours de fête et de grande réunion populaire (1). Ainsi naissent et s'organisent les traditions politiques et religieuses de tous les peuples anciens; ainsi se créent et se conservent les mythologies et les légendes des héros. La poésie fut partout la première forme de l'histoire. Ce serait manquer de philosophie que de s'en étonner. Sans aucun doute, il y a des éléments de réalité dans ces antiques récits, et cette part du réel peut être plus grande dans les traditions de la race sémitique que dans les autres. Mais comment arriver à la discerner sous le nuage d'or qui l'enveloppe, et, quand même le triage serait possible, à quoi servirait-il de le tenter?

On a remarqué, depuis longtemps, que les onze premiers chapitres de la Genèse n'ont rien de spécifiquement hébraïque. Ces légendes sur l'origine et l'enfance du monde, sur les premiers hommes et le paradis oriental, ces généalogies et cette géographie primitives étaient certainement l'héritage commun que les ancêtres de toute la famille sémitique avaient apporté de la Chaldée, leur

---

(1) *Gen.* XVI, 14; XXVI, 20 et 33; XXVIII, 19; XXXI, 46; XXXV, 8 et 20; XLIX, 3-24. *Josué*, IV, 4-1; XIV, 12-15; XXII, 24-28; XXIV, 27. *Jug.* VI, 24; V, VII, 25; IX, 17-15; XI, 39-40; XV, 17-19. 1 *Sam.* X, 12; XVIII, 7; 2 *Sam.* I, 19 27, etc.

premier berceau. A travers la rédaction sacerdotale ou prophétique, dans laquelle nous les lisons aujourd'hui, transparaît encore leur origine babylonienne. N'a-t-on pas déchiffré, sur les briques tirées des alluvions du Tigre et de l'Euphrate, des légendes analogues à celles de la Genèse, à l'histoire du déluge et de l'arche miraculeuse ? N'a-t-on pas même cru y retrouver une édition première des récits de la création, du premier couple humain, du jardin d'Eden, de la tour de Babel ? A supposer que la science se soit fait illusion sur bien des points de détail, et qu'il faille en reviser sévèrement les premières interprétations, ne reste-t-il pas toujours assez de ces étonnantes découvertes, pour permettre d'affirmer avec assurance la parenté originelle des traditions hébraïques avec les mythes cosmogoniques de l'Assyrie? Ce sont là des restes de l'argile maternelle, que les ancêtres d'Abraham emportaient attachée à la semelle de leurs sandales, en quittant les bords enchantés des grands fleuves orientaux. Tout cela s'est condensé, resserré, transformé dans l'imagination sobre et individualiste de leur famille. Plus tard, les prophètes de Jahveh s'en emparèrent à leur tour; ils refondirent, sous une inspiration religieuse supérieure, tous ces antiques éléments ; ils en bannirent avec soin tous les restes d'idolâtrie et de dualisme naturiste, et en firent ces pages, admirables de simplicité et de profondeur, cette théorie biblique du monde, que l'humanité chrétienne a eu tort de prendre sans doute pour de l'histoire, mais qui n'en reste pas moins, dans sa pure et large poésie, l'abécédaire immortel où chaque génération, à son tour, s'initie à la religion morale et au culte en esprit et en vérité.

Que nous importe aujourd'hui cette argile préhistorique dont ces monuments ont tout d'abord été formés ? Est-ce la lettre ou l'esprit qui nous parle encore en eux ?

En présence du Jupiter de Phidias ou de la Vénus de Praxitèle, vous préoccuperiez-vous beaucoup de la carrière d'où le marbre de ces créations esthétiques, jadis fut tiré? Vous soucie-t-il de connaître les noms véritables des Grecs et des Troyens qui moururent sous les remparts de Troie? Ne sentez-vous pas ici que la poésie est devenue plus vraie que la réalité oubliée, et que les types immortels créés par le génie d'un Homère, nous sont plus réels et nous révèlent mieux l'Hellade et la grandeur de son histoire morale, que ne pourraient le faire les notices biographiques des chefs de brigands à demi-sauvages qui brûlèrent jadis la ville de Priam? Pourquoi n'en serait-il pas de même dans l'ordre religieux? Pourquoi l'esprit de l'Éternel ne se servirait-il pas, pour nous instruire, du langage vivant de la poésie, aussi bien que d'une prose subtile et froide? J'ignore, je l'avoue, quelle fut l'histoire réelle de Jacob; mais cette curieuse figure de patriarche, qu'on pourrait nommer l'Ulysse des Hébreux, en restera-t-elle moins le type éternellement vrai de toute sa race? Nous n'entrevoyons que malaisément celle du chef de bédouins qui gouvernait ses chameaux et ses esclaves, autour des chênes de Mamré et aux oasis de Beer-Scébah; Abraham nous enseignera-t-il avec moins d'éloquence la foi et l'obéissance à la parole du Dieu juste et bon? En sera-t-il moins pour nous, comme pour l'apôtre Paul, le père des croyants? Moïse, tout voilé qu'il nous apparaisse, en est-il moins le type grandiose du conducteur des hommes et du législateur chargé d'une mission divine? Nous ne chercherons plus sur la terre le site géographique de l'Éden, mais le récit du drame qui s'y est accompli, est-il un symbole moins profond, moins éternellement vrai de celui qui se passe en toute conscience, de cette chute première qui nous fit découvrir, un jour, notre misère et notre nudité, et dont chacun porte et cache, au fond du cœur, le souvenir et le remords ? Non, la critique sérieuse ne nuit pas à la religion véritable ; elle la sert, au contraire, et la met en liberté, en rompant définitivement les chaînes étroites qui pesaient sur elle.

II

LA NATION

Sera-ce dans la vie nationale d'Israël, dans son caractère de peuple, dans ses institutions et ses mœurs que nous trouverons ce qui l'a mis à part et a fait son originalité et sa grandeur ?

Dans la réalité comme dans la légende, Israël est le frère ou le cousin de Moab, d'Edom, d'Amalec, et il leur ressemble par la langue, le génie et le tempérament. Rien ne le distingue entre toutes ces tribus de nomades au milieu desquelles il vit. C'est le même genre d'existence, la même organisation de la famille, le même patriotisme fanatique et jaloux, le même mélange de férocité et de ruse. Sur une stèle récemment découverte, et datant du VIIIe ou du IXe siècle avant notre ère, le roi moabite Mésa honore et remercie son dieu Camosh, en lui offrant l'hommage de ses victoires et une part du butin qu'il a fait. Il rappelle qu'il lui a immolé tous les habitants mâles d'une ville et a voué les femmes et les filles à la prostitution sacrée. Il suffirait de changer le nom du dieu Camosh en celui de Jahveh, pour avoir, sur cette stèle, une page du livre des *Rois*, de *Josué* ou *des Juges*. Les actions, les sentiments, la piété sont les mêmes, comme la langue et les formules liturgiques. Jahveh réclamait les mêmes hommages sanglants et se plaisait à respirer l'odeur de sacrifices pareils. S'agissait-il de faire quelque razzia, c'est-à-dire quelque entreprise de brigandage à main armée, l'Israélite ne manquait pas plus que le Moabite, de consulter son dieu, et il le consultait par les mêmes moyens. Avait-il réussi, il en rapportait l'honneur à Jahveh avec une grosse part de profit. Cette part, en hébreu, s'appelait *Khérêm*, mot que nos versions françaises traduisent par « l'interdit ». Le Khérêm porte tantôt sur la ville, tantôt sur le bétail et tantôt sur les hommes. Ce qui était ainsi réservé au dieu devait être immolé, brûlé, détruit, sans que personne eût le droit, par pitié ou autrement, d'en rien distraire. L'histoire de la conquête de la terre de Canaan est pleine de ces consécrations effroyables, qui amenaient l'extermination des vaincus. Pour en ressentir toute l'horreur, il suffit de rappeler l'histoire de Jephté dévouant ainsi au dieu de sa tribu, c'est-à-dire à la mort, sa fille encore vierge; ou celle du terrible prophète Samuel venant réclamer à Saül, après une victoire sur les Amalécites, la part sacrée de Jahveh, et immolant, au pied de l'autel, le roi Agag, qu'un sentiment d'humanité avait fait d'abord épargner. C'est ainsi que le Khérêm, en Israël comme en Moab, en Phénicie, à Carthage, à Rome même, aboutissait à de véritables sacrifices humains. La fureur des représailles et l'esprit de vengeance allaient de pair avec le fanatisme religieux. David ne fait pas la guerre autrement que le roi Mésa, et ne venge pas autrement ses injures. Qu'on se souvienne du traitement qu'il infligea aux Moabites ou aux Ammonites de Rabbah, coupables d'avoir fait affront à quelques-uns de ses gens, qui n'étaient probablement que des espions. En fait de cruauté et de barbarie, toutes ces peuplades se valaient (1).

Quand on parle de la religion d'Israël, on pense toujours au monothéisme spirituel et moral de la loi de Moïse. C'est une grande illusion historique. Le mosaïsme n'est devenu la religion nationale du peuple qu'après l'exil. Tout autre était celle des anciens Hébreux. De même que, derrière la royauté davidique, on aperçoit, dans un arrière-fond obscur, un état politique et social identique à celui des tribus congénères ; de même, par delà la législation mosaïque du *Deutéronome*, du *Lévitique* et de l'*Exode*, par delà la prédication des grands prophètes, Amos, Esaïe ou Jérémie, on découvre une religion de tribu tout à fait élémentaire, un naturisme particulariste et grossier, semblable aux cultes sémitiques du voisinage. Jahveh ne fut d'abord qu'un dieu national, allant de pair avec le Camosh de Moab, le Milcom des Ammonites, ou le Dagon des Philistins. Après s'être emparés de Samson, ces derniers offrent un sacrifice à Dagon et se réjouissent en s'écriant : « C'est notre Dieu qui a mis notre ennemi entre nos mains ! » Sur sa stèle, le roi Mésa déclare que, si Israël a pu opprimer Moab, c'est parce qu'alors « Camosh était irrité contre son peuple ». Mais il est revenu de sa colère. « Le même Camosh m'a dit : « Va, prends Nébo ! » J'y allai pendant la nuit, je combattis depuis le matin jusqu'au milieu du jour, et je pris la ville... J'ai fait ce *bamah* (autel) à Camosh, parce qu'il m'a secouru contre tous mes ennemis. » Un pieux roi d'Israël parlait-il autrement de Jahveh ?

L'histoire de l'Ephraïmite Mica, dans le livre des *Juges*, nous fait encore mieux apprécier l'ancien hébraïsme. Cet

---

(1) *Josué* VI, 21; VII, 1-26; VIII, 26; X, 8-40; I *Sam.* XV; *Jug.* XIX-XXI; 2 *Sam.* VIII, 2; XII, 31, etc.

honnête descendant de Jacob vient confesser à sa mère qu'il lui a volé onze cents sicles d'argent. Heureuse de recouvrer sa fortune, la mère lui prouve sa reconnaissance en lui faisant fabriquer une image de Jahveh, sans doute en forme de jeune taureau, une image plaquée d'argent qui, certainement, le rendra riche. Mica met cette image dans une logette. Il se procure un éphod et des théraphim (petites idoles subalternes); il fait d'un de ses fils un prêtre, et il organise ainsi l'exploitation d'un oracle que l'on venait consulter moyennant finance. Jugeant ce fils inexpérimenté et peu capable d'attirer et de satisfaire les clients, il met la main par bonheur sur un lévite, c'est-à-dire un devin professionnel, et se l'attache moyennant un salaire de dix sicles d'argent par an, avec le vêtement et la nourriture en plus. « Maintenant, dit-il avec joie, je sais que Jahveh me fera du bien. » Cela veut dire que les affaires de la maison vont prospérer. Mais il faut toujours se défier des envieux. Des gens de la tribu de Dan, cherchant quelque région riche et bonne à piller, viennent, en passant, consulter sur leur dessein l'oracle de Mica : « Allez en paix, leur répondit l'oracle. Le voyage que vous faites est sous le regard de Jahveh. » Ils allèrent donc et découvrirent vers le nord une ville qui devait être une proie facile. Ils revinrent avertir leur tribu, et six cents guerriers se rassemblèrent pour tenter l'expédition. En repassant par les montagnes d'Éphraïm, ils ne trouvèrent rien de mieux que de s'emparer de l'image de Mica qui rendait de si favorables oracles; ils la prirent donc de force, et, avec elle, l'éphod, les théraphim, le lévite, emmenant ainsi avec eux tout ce qu'il fallait pour avoir et meubler un sanctuaire de Jahveh dans le pays de leur nouvelle conquête (1).

(1) *Josué*, VIII, 1-2; *Juges*, VIII, 27; XVI, 23; XVII et XVIII, etc.

Voilà ce qu'était la religion d'Israël dix ou douze siècles avant Jésus-Christ. L'écrivain qui nous raconte cette vieille histoire ne songe pas même à s'en étonner. Elle en dit cependant plus long que de longs commentaires. On y trouve réunis les éléments d'un tableau complet de la vie, des croyances et des mœurs des Hébreux en cet âge reculé, mais encore postérieur de quatre cents ans à la date conventionnelle de la législation mosaïque : culte local, domestique et libre du dieu Jahveh, idolâtrie, création et exploitation des oracles de Jahveh, dévotion fétichiste, entente des bonnes affaires, brigandage et superstition, charlatanisme et férocité, tout ce qui caractérise les anciens cultes des peuplades de l'Orient, se retrouve dans cette aventure. Où est le privilège d'Israël à cette époque? Pour n'être pas trop sévères, n'avons-nous pas besoin de nous souvenir de la différence des temps, et qu'il serait injuste de lui appliquer, à lui et à ses voisins ou congénères, les règles et les idées morales et religieuses si péniblement acquises par notre civilisation moderne?

Vous croyez peut-être que, dans le temple de Salomon du moins, se célébrait le culte du Dieu Esprit, unique et universel. Que de sujets d'étonnement et de scandale nous y aurions trouvés en y entrant, et quelle distance entre la réalité historique et l'image que les contemporains d'Esdras et de Néhémie, c'est-à-dire les derniers rédacteurs des livres des *Rois*, aimaient à s'en faire! La magnifique prière mise dans la bouche de Salomon, le jour de la dédicace, n'est qu'un pieux anachronisme (1). Ce sanctuaire si fameux de Jahveh, à Jérusalem, ressemblait, par le dehors et par le dedans, à tous ceux qui s'élevaient alors à Byblos, à Tyr ou à Sidon. Le dieu national y avait

---

(1) 1 *Rois*, VIII.

la première place, mais il n'y était pas seul. On adorait à côté de lui et en même temps que lui, les dieux des peuples voisins. En présence de ce polythéisme naïf, les écrivains, à qui nous devons la rédaction actuelle des livres bibliques, se trouvent embarrassés, et ils ne peuvent se l'expliquer que par l'influence néfaste prise sur le roi par ses femmes étrangères. Il y avait autre chose. Salomon fut aussi éclectique dans ses croyances que dans ses mœurs. Tout son peuple l'était comme lui. C'est une idée commune alors, que chaque pays a ses dieux indigènes, et qu'il importe avant tout, aux conquérants et aux envahisseurs, de se concilier leur bienveillance. On ne redoute pas moins le dieu de l'étranger ou de l'ennemi que le sien propre; car on ne lui attribue ni moins de réalité ni moins de puissance. Jahveh n'est devenu un dieu jaloux et exclusif qu'en devenant, à la suite de la prédication des prophètes, le Dieu un et universel. Il suffit de lire le récit de la réforme qu'entreprit Josias, après la découverte du *Deutéronome*, pour se faire une idée de l'aspect que le temple et le mont Morijah présentaient avant lui. Baal et Astarté avaient leurs images, leurs autels et tout l'accessoire de leur culte à côté du temple de Jahveh. On y voyait encore des figures représentant les planètes et les stations du Zodiaque (autant de divinités célestes). Il y avait les chars et les chevaux consacrés au Soleil, et des pavillons pour les prostitués des deux sexes.

Les environs de Jérusalem, à cette époque, étaient également couverts d'autels et de sanctuaires étrangers. Sur la montagne des Oliviers, se dressaient les statues d'Astarté, de Camosh, de Milcom, et c'est Salomon lui-même qui les avait érigées. Leur culte s'y était maintenu, malgré quelques orages provoqués par les prophètes de Jahveh, durant quatre siècles. Non loin de là, dans la vallée de Hinnon, se trouvait l'autel du dieu Molech, où se célébraient d'horribles cérémonies. Les Israélites y « faisaient passer par le feu », c'est-à-dire y brûlaient des enfants en l'honneur de ce dieu phénicien, suivant un rite analogue à ce que Diodore de Sicile nous raconte de la statue d'airain de Saturne, à Carthage. Partout, dans le pays, en des bosquets verdoyants, se dressaient les symboles d'Aschéra ; les jeunes Israélites y venaient prostituer leur virilité naissante (1).

Ces superstitions et ces croyances, essentiellement polythéistes, ne sont pas en Israël des accès intermittents, des choses exceptionnelles ou des défaillances d'une heure, comme si tout cela était étranger à la nature même et au génie de ce peuple. Ce que l'on constate au temps de Josias et de Salomon, a existé de tout temps auparavant, et constitue véritablement la tradition première et permanente de la tribu, d'abord, et de la nation, ensuite. Le monothéisme, la religion spirituelle et morale n'ont pas été l'apanage naturel et primitif d'Israël. Ce fut l'œuvre laborieuse et la pure création de l'inspiration prophétique. La lutte fut longue entre cette inspiration et le vieil instinct de la masse. La victoire même ne fut jamais décisive, tant que subsista la nationalité hébraïque. Le dualisme religieux est profond et souvent tragique dans cette longue histoire. Ce peuple n'était pas moins foncièrement idolâtre et superstitieux que tous les autres. Il fallut, pour le transformer, une élite de tribuns qui ont admirablement mérité le nom « d'hommes de Dieu », qu'on leur donnait dès le premier jour ; ce sont leurs

---

(1) 1 *Rois*, XI, 1-8 ; XII, 26-30 ; XX, 23. 2 *Rois*, XVII, 25-27 ; *Amos*, V, 26 ; 2 *Rois*, XXIII, 4-25 ; *Jug.*, VIII, 24-27. Diodore de Sicile : Bibl. XX, 14. Tertullien : Apol. 9.

efforts, leur martyre et leur éloquence, qui ont fait peu à peu sortir du polythéisme naturiste des premiers temps, la religion de la justice et de la pitié. Comme on voit les premières flammes jaillir d'un bûcher humide, au milieu d'une épaisse et lourde fumée, ainsi le monothéisme moral, créé par le souffle puissant des prophètes, émerge lentement de l'amas grossier des conceptions et des pratiques primitives qui, longtemps encore, le cachent, l'obscurcissent et parfois menacent de l'étouffer.

III

LE PROPHÉTISME

Le miracle de l'histoire d'Israël, c'est le prophétisme. Ici se trouve la force incomparable sous l'effort de laquelle s'accomplit l'évolution religieuse que l'on peut suivre dans ses annales.

Et, puisque je viens de prononcer une fois de plus ce mot d'évolution dont j'aime à me servir, l'occasion est propice de dire comment je l'entends, et d'écarter le sens fataliste que bien des gens lui donnent. Si, par évolution, on veut entendre une marche des choses nécessaire et inconsciente, un mouvement mécanique et continu, qui ferait sortir, sans effort ni péril, la lumière des ténèbres, le bien du mal, et pousserait un peuple ou une race d'une forme inférieure de la vie, à une forme supérieure, alors on n'évitera pas le reproche de confondre les lois du monde moral avec celles de l'ordre physique; on sera condamné à fausser l'histoire en général et à ne rien comprendre à celle d'Israël en particulier. Dans le progrès moral et religieux, qui fait l'originalité singulière de cette histoire, il n'y a rien de facile, rien qui se puisse logiquement déduire des prédispositions naturelles de la nation. Sans doute, les prophètes sont les enfants de cette dernière et lui appartiennent étroitement; mais l'inspiration qui les suscite et les anime, est quelque chose de tout autre que l'instinct de la chair et du sang ou le génie ethnique de leur race. Le contraste est si grand qu'il va jusqu'à la contradiction. La race en Israël, comme en Moab, chez les Philistins ou les Edomites, eut ses interprètes et ses prophètes. Mais ceux-là ne furent point les prophètes de la conscience. Ils flattaient le peuple; ils ne l'élevaient pas. Ils se sont trouvés n'être que de faux prophètes. Les autres, les témoins du Dieu juste et saint, n'ont amené l'ancien hébraïsme à la conscience de sa vocation religieuse, que par une lutte séculaire et douloureuse contre l'idolâtrie et l'immoralité héréditaires. Nous ne sommes point ici en présence d'une évolution collective, mais d'une réforme essentiellement individualiste, d'une création morale sans cesse interrompue et compromise, d'une œuvre de foi et de volonté. Chaque prophète entre dans la lutte et pousse son cri de guerre et de réforme, comme s'il était seul et individuellement responsable devant le Dieu qui l'a envoyé, et tous, cependant, se succèdent et poursuivent dans le même sens le même dessein, parce qu'ils obéissent à une inspiration identique. Ils luttent contre tous : contre la foule routinière qui ne veut point renoncer à ses habitudes ni à ses préjugés; contre les prêtres qui, dès l'origine et toujours, font du sacerdoce un métier, et des oracles divins une marchandise; contre les rois dont ils dénoncent la politique vaniteuse ou déloyale, comme les exactions et les crimes; contre les grands et les riches qui oppriment les faibles et pillent les pauvres. Ils parlent au nom de Jahveh, parce que Jahveh parle dans leur conscience et désormais s'identifie avec elle. Voilà l'origine de l'esprit prophétique : ferment vraiment divin, qui, se perpétuant, s'épurant, se fortifiant d'une génération à l'autre, soulève peu à peu, transforme et transfigure la lourde pâte du sémitisme primitif. Non, ce n'est point ici l'œuvre du temps et de la nature, à moins qu'on ne voie Dieu travaillant dans le temps, et que, sous le mot de nature, à côté des forces réalisées et manifestées, on ne comprenne aussi les virtualités cachées et incommensurables qui fermentent en elle, et font qu'elle se dépasse elle-même dans la vie supérieure de la liberté et de l'amour. Dans l'apparition de ces consciences de prophètes, dans l'énergie de leur foi, dans la hardiesse de leurs paroles, il y a la révélation positive d'un monde nouveau, la révélation d'un idéal religieux qui, en achevant de se dépouiller, dans l'Evangile du Christ, de tout élément national, deviendra naturellement la foi et la consolation de l'humanité.

Toutefois, les grandes créations de Dieu ne s'enferment jamais dans les formes tranchées et exclusives que rêve l'imagination des hommes. Le prophétisme, en tant que phénomène religieux et historique, n'a rien d'exceptionnel. On le trouve ailleurs qu'en Israël, et, chez les Hébreux mêmes, il a eu son histoire et ses degrés. Rien n'est plus humble que ses commencements. Ils se perdent dans la nuit des origines religieuses de l'humanité. M. Reuss compare avec raison les *nabis* primitifs d'Israël aux *chamans* des tribus mongoles. C'étaient de simples devins ou sorciers, comme on en trouvait partout, qui semblaient avoir des recettes magiques ou un don particulier pour entrer en commerce avec les êtres supérieurs, exorciser les malades, découvrir les choses cachées ou perdues, lire dans l'avenir, conjurer le mauvais sort, dire à chacun sa bonne ou mauvaise fortune, amener la pluie ou apaiser les orages. Ce caractère primitif du prophétisme hébraïque persiste à travers toute son histoire. Dans celle de Samuel, nous voyons ce grand personnage qui faisait et défaisait des rois, donner également des consultations au prix d'un quart de sicle (cinquante centimes de notre monnaie), pour des ânes perdus ou d'autres affaires de même nature.

Cet art de la divination était tantôt spontané, tantôt quelque chose d'étudié et d'appris. On le trouve héréditaire dans certaines familles, et il était l'objet d'une préparation spéciale dans des confréries ou écoles. Il existait en effet des recettes savantes, des moyens techniques d'entrer en inspiration, de tomber dans le délire divin, dans l'extase et d'acquérir le don de double vue. Sous l'influence d'une musique excitante et de danses effrénées, comme on en voit et l'on en entend encore dans les pays musulmans ou chez les peuples à demi-civilisés, le candidat-prophète devenait « un autre homme », ce qui veut dire qu'il perdait la conscience et la possession de soi. Le moment où il s'agitait convulsivement et commençait à délirer, était celui où l'esprit du dieu entrait en lui. Alors, il prophétisait. Quand des troupes d'énergumènes se livraient à ces emportements, les spectateurs les plus rebelles finissaient par subir la contagion de la folie. C'est ce qui arriva un jour à Saül, homme d'ailleurs d'un esprit faible et violent. Se trouvant en présence d'un groupe de disciples de prophètes en exercice, il se joignit à eux, déchirant ses vêtements, dansant et criant, en sorte que le peuple s'étonnait et disait : « Saül est-il aussi devenu un prophète? » Ce sont là des phénomènes trop universels, et trop connus aujourd'hui pour nous surprendre ou nous égarer (1).

Aussi, faut-il tenir pour mal avisés les théologiens qui insistent avant tout sur cet état d'inspiration maladive, et s'imaginent que les prophètes d'Israël l'emportent sur ceux des autres peuples, et s'en distinguent par une excellence plus grande dans l'art de la divination. Dans toute l'antiquité, il y a eu des hommes que l'on croyait doués d'un pouvoir surnaturel de lire dans l'avenir. L'histoire de tous les peuples est pleine de prédictions, accomplies en réalité ou qui ont paru l'être, lorsque, plus tard, on en a relu les textes anciens plus ou moins ambigus, à la clarté précise des événements. La liberté d'exégèse dont on usait alors, permettait de retrouver aisément, dans tout oracle tenu pour divin, une infinité de choses auxquelles celui qui l'avait émis n'avait pas songé. Tous les historiens de Rome ne sont-ils pas convaincus que la grandeur de sa fortune avait été prédite dès son berceau par les augures? Où trouvera-t-on une prédiction plus magnifiquement accomplie? Prodiges et prophéties sont le tissu constant des annales de toutes les religions. Loin de se différencier par ce côté, les prophètes d'Israël ressemblaient à tous les *vates* et aux sibylles d'autrefois, et se trouvaient sujets aux mêmes illusions d'une psychologie enfantine.

Bientôt, cependant, le *nabi* d'Israël se dégage de ces formes banales et s'élève infiniment plus haut. Le devin se transforme en orateur politique et en prédicateur religieux. Ses discours, pour être inspirés, n'en sont que

(1) 1 Sam., IX, 8 et 9; XII, 17; XXVIII, 6; 1 Rois, XVIII, 42-45; 1 Sam., X, 10-12; XIX, 20-24.

plus graves, mieux raisonnés et plus éloquents. Sans doute, il affirmera toujours que ses paroles lui viennent de Jahveh ; il n'est pas libre de parler autrement ni de se taire. Mais cette inspiration divine, comme chez notre Jeanne d'Arc, n'a plus rien d'équivoque ou de malsain. Elle n'est pas autre chose que l'obsession intérieure d'une grande pensée et d'un irrésistible devoir qui remplissaient leur âme et dont l'origine psychologique échappait à leur conscience. Pourquoi douterions-nous de leurs paroles, lorsqu'elles s'imposent à nous et finissent par nous subjuguer encore comme une éternelle et resplendissante vérité ?

Orateurs populaires, les prophètes exercent une sorte de ministère national. En eux se reflète et s'exprime la partie la plus haute de la conscience commune. Ils ne sont préoccupés que de la chose publique et du sort d'un peuple mal gouverné par ses rois, abusé par ses prêtres, séduit par ses mauvais instincts, entouré d'ennemis et de voisins plus forts que lui. Que de fois l'autorité inquiète a voulu étouffer ces voix importunes et souvent séditieuses ! La lutte d'Elie contre Achab et Jézabel a pris les proportions et les formes légendaires d'une épopée. Celle que Jérémie soutient, durant plus de trente ans, à l'approche des suprêmes catastrophes, n'est pas moins héroïque. Comprenons bien le tour nouveau et le caractère que revêtent désormais leurs prophéties touchant l'avenir. Ces promesses ou ces menaces, ils les font dépendre uniquement des rapports du peuple avec la loi de justice et de charité que Dieu lui révèle par leur bouche. Dès lors, ce qu'ils annoncent, c'est la délivrance des opprimés et la ruine des oppresseurs, la récompense de la droiture et le châtiment de l'iniquité. L'assurance de leur accent vient de l'intrépidité de leur foi en la réalisation des promesses du Dieu juste et bon. Il faut que la justice ait son jour, que le crime soit aboli, que le règne de la paix arrive. Les prophéties de cet ordre ont beau être momentanément démenties par les faits de détail, elles restent vraies, d'une vérité dont la conscience ne pourrait douter sans douter d'elle-même. La foi des prophètes est celle de l'humanité.

Ils mettent, à remplir ce ministère et à renouveler leurs protestations ou leurs avertissements devant les petits et les grands, un courage et une constance admirables. Le roi David avait séduit la femme d'un de ses officiers et fait périr traîtreusement le mari dans une embuscade. Un prophète vient le trouver dans son palais, et lui raconte la fameuse parabole de la brebis du pauvre, qu'un voisin plus riche que lui et plus fort a ravie. Le roi s'indigne et jure de punir l'auteur d'un tel excès. Le prophète lui répond : « Tu es cet homme-là, et le malheur va fondre sur ta maison. » Dix siècles plus tard, à l'autre extrémité des annales du prophétisme hébreu, Nathan ressuscite dans la figure de Jean-Baptiste répétant à Hérode, à propos d'un autre adultère : « Il ne t'est pas permis d'avoir la femme de ton frère », et payant cette fois de sa tête l'audace de son discours (1).

Sous l'action de cette prédication incessante, les notions religieuses se transforment, en même temps que les notions morales se purifient et s'élèvent. Le Dieu national d'Israël devient le Dieu de la conscience humaine et celui de l'univers. Il est un et absolu, comme l'idéal de justice qu'il incarne à jamais. On ne saurait plus le confondre avec ses anciens rivaux. Il sort de pair; il est « Celui qui est ». Si cette définition vient de Moïse, reconnaissons alors

---

(1) 2 *Sam.*, XI et XII ; 1 *Rois*, XI XIV; 2 *Rois*, XX, 14 19; *Marc*, VI, 17.

Moïse pour le père de la religion prophétique. Mais la date importe peu. Ce fut l'idée des successeurs de Moïse au VIIIe siècle, et ils en tirèrent, l'une après l'autre, toutes les conséquences.

La jalousie de l'ancien Jahveh, sans beaucoup s'adoucir dans la prédication des prophètes, change pourtant de nature. Ce n'est plus le simple reflet d'un patriotisme de clan. Le Dieu souverain est exclusif, parce qu'il ne peut souffrir de partage. Seul, il est digne d'adoration et de louange, car, seul, il est vivant et vrai. Les autres ne sont que des idoles, et l'idole est un mensonge, un pur néant. Vous vous souvenez de l'impitoyable ironie avec laquelle Elie raille les prêtres de Baal, adressant à leur dieu des appels forcenés : « Allons, criez plus fort; peut-être dort-il ou est-il en voyage, ou occupé à quelque autre affaire ! » Celle du second Esaïe n'est pas moins mordante, quand il montre un ouvrier taillant dans le même arbre deux pièces de bois, de l'une se faisant une idole, se prosternant devant elle, lui disant : « Tu es mon dieu ! » et, de l'autre se fabricant un meuble ou la brûlant à son foyer pour cuire ses aliments. Quand Moïse demande à voir un jour la gloire de l'Eternel, Dieu lui dit : « Nul mortel ne peut me voir et vivre. Mais viens, tu te mettras dans le creux du rocher, je te cacherai de ma main, je ferai passer ma gloire devant toi, et tu m'apercevras par derrière. » A-t-on jamais mieux parlé de la majesté du Dieu suprême, dont la présence demeure toujours invisible et ne se révèle que par ses effets ? (1)

Toute idolâtrie se trouve ainsi condamnée, et tous les restes de polythéisme sont abolis. L'image du jeune taureau, sous laquelle on avait adoré si longtemps Jahveh,

---

(1) 1 *Rois*, XVIII, 27-39; *Esaïe*, XLIV, 6-20; *Exod.*, XXXIII, 20-23.

ne fut plus qu'une abomination sacrilège. Les rites impurs ou cruels des Cananéens ont cessé partout. L'éducation du peuple de Dieu a été une œuvre longue et laborieuse; il y a fallu, avec la prédication de dix ou quinze générations de prophètes, des catastrophes répétées ou périt la nationalité d'Israël, comme si l'esprit ne pouvait se dégager que par l'anéantissement de la matière qui le portait tout d'abord. Lorsqu'à l'époque de Cyrus, nous voyons revenir de Babylone les pauvres restes de Benjamin et de Juda, ce n'est plus un peuple, c'est presque déjà une église. La loi religieuse est maintenant fixée. Elle enferme la vie, les idées, la morale et le culte dans un cadre rigide de cérémonies, de pratiques et de précautions minutieuses, qui sépareront à jamais le Juif de toutes les autres nations, et le maintiendront dans un état de pureté légale et de haute moralité, au milieu de la corruption universelle. C'est le pharisaïsme qui commence. L'esprit de la piété prophétique s'y altère, s'y fige et s'y raidit. Néanmoins, si l'on veut bien songer à la route parcourue, à la distance qui sépare ce monothéisme et cette loi rigoureuse des vieux cultes sémitiques durs, cruels, parfois immondes, on constatera que le progrès est immense. Or, ce progrès, ce sont les prophètes qui l'ont accompli.

IV

L'AURORE DE L'ÉVANGILE

Le prophétisme, cependant, ne pouvait pas finir dans le Talmud. Les Esaïe et les Jérémie devaient avoir d'autres héritiers et d'autres continuateurs que les Pharisiens et les fils de la synagogue. Il y avait, en lui, la promesse et le germe d'une religion plus humaine et plus haute. Les prophètes avaient des accents que leurs successeurs immédiats dans l'histoire ne semblent pas avoir entendus. Ils n'ont rien attaqué avec plus de véhémence que la piété formaliste ou la pratique religieuse séparée de la pratique de la justice. Ecoutez Amos faisant parler Jahveh en ces termes :

> Je hais et je méprise vos fêtes;
> Je ne puis souffrir vos assemblées.
> Aux holocaustes et aux offrandes que vous m'offrez,
> Je ne prends aucun plaisir,
> Et les veaux gras que vous sacrifiez en actions de grâce,
> Je ne les regarde pas.
> Eloigne de moi le bruit de tes cantiques;
> Je n'écoute pas le son de tes luths.
> Ah! que l'équité plutôt jaillisse comme une source,
> Et que la justice coule comme un fleuve qui ne tarit pas !

Esaïe reprend sur le même thème :

> Je ne prends aucun plaisir au sang des taureaux et des boucs,
> Je hais votre encens, vos nouvelles lunes, vos solennités.
> .... Cessez de mal faire;
> Apprenez à faire le bien;
> Recherchez la justice, protégez l'opprimé,
> Faites droit à l'orphelin et défendez la veuve.

Osée déclare que la piété du cœur et la miséricorde valent mieux que les sacrifices. Jérémie dit plus et mieux encore : il annonce un temps où Dieu traitera une nouvelle alliance avec son peuple, et remplacera la loi écrite sur la pierre, par une loi écrite dans les cœurs. Qui n'a présente à l'esprit, la vision inattendue qu'Elie eut un jour au désert? Fatigué de la lutte, presque désespéré, le terrible adversaire de Baal, qui venait de faire égorger quatre cent cinquante prêtres de ce dieu, s'était retiré vers les montagnes et endormi dans une caverne. « Jahveh passa devant lui, durant son sommeil. Ce fut d'abord un ouragan d'une violence à fendre les rochers. Mais Jahveh n'était pas dans cet ouragan. Puis vint un tremblement de terre, et Jahveh n'était point dans ce tremblement. Enfin, le voici : et ce fut un murmure, un vent doux et léger. » Y a-t-il dans toute la littérature biblique une plus haute image, renfermant une plus profonde pensée? Qu'est cette révélation suprême du Dieu d'Israël, sinon l'apparition anticipée du Dieu de l'Évangile? Et ce murmure, ce vent subtil et doux, n'est-ce pas déjà la voix miséricordieuse et tendre de Celui qui, plus grand et plus puissant qu'Élie, faisait revivre les malades, et relevait les cœurs abattus en leur disant : « Venez à moi, vous tous qui êtes travaillés et chargés, je vous soulagerai. Chargez-vous de mon joug et prenez mon fardeau, car l'un et l'autre sont doux et légers. »

Sous l'action de ce souffle créateur, la religion de la justice légale et des rétributions rigoureuses s'attendrit; elle s'ouvre à la miséricorde et va fleurir en religion d'amour. Le Dieu qui punit, devient le Dieu qui pardonne et relève. Sous les larmes des vaincus, des affligés, des pauvres d'Israël, a germé l'Évangile des compassions divines. Quels accents d'une tendresse inconnue, retentissent dans les livres des derniers prophètes, qu'on a justement nommés les prophètes consolateurs !

> Consolez, consolez mon peuple !
> Parlez au cœur de Jérusalem ;
> Dites-lui que sa servitude est finie
> Et que son péché est couvert !
> Comme un berger, il paîtra son troupeau,
> Il prendra les agneaux dans ses bras,

Il les portera sur son cœur...
Voici mon serviteur que je garde,
Mon élu, en qui mon âme prend plaisir.
J'ai mis mon esprit sur lui.
Il annoncera la justice aux nations.
Il ne criera point; il n'élèvera pas la voix ;
Il ne la fera pas entendre dans les rues.
Il ne brisera point le roseau cassé,
Il n'éteindra point le lumignon qui fume encore.
Il annoncera la justice selon la vérité.

L'Eternel est mon berger, je ne manquerai de rien.
Il me fait reposer en de verts pâturages ;
Il me dirige le long des eaux paisibles ;
Il restaure mon âme et me conduit dans les sentiers de la justice,
A cause de son nom.

L'Eternel est plein de compassion ;
Il est lent à la colère et riche en bonté ;
Il ne conteste pas à perpétuité ;
Il ne garde pas sa colère à toujours ;
Il ne nous traite pas selon nos péchés ;
Il ne nous punit pas selon nos iniquités.

Ces paroles annoncent et préparent une **grande révolution religieuse**, que Jésus nommera « **une alliance nouvelle** ». Les rapports entre Dieu et l'âme humaine sont en train de changer. Dès l'origine, un pacte existait entre Jahveh et son peuple ; ce pacte avait pour expression et pour garantie une loi, de laquelle dépendait **la destinée de la la nation et des individus**. Le pacte est **devenu plus profond et plus intime**. A la loi des rémunérations strictes, se joint un lien d'amour. Entre Dieu et **son peuple**, les rapports sont ceux de deux époux. La femme est devenue infidèle à Celui qui l'aimait, qui l'avait **trouvée pauvre et nue au désert** et voulait l'enrichir. Elle s'est prostituée à d'autres dieux. Jahveh, par la bouche de ses ministres, l'accable de reproches, pour exciter dans le cœur de l'épouse adultère la honte et le repentir; mais il a appris à avoir pitié, et, à la fin, il pardonne. Plus les malheurs de la nation s'aggravent, plus les larmes des opprimés et des affligés coulent amères sur le sol étranger, plus aussi son cœur devient compatissant et ses paroles tendres :

> Une femme oublie-t-elle l'enfant qu'elle allaite ?
> N'a-t-elle pas pitié du fruit de ses entrailles ?
>   Quand elle l'oublierait,
>   Moi, je ne t'oublierai point (1)

L'idée que recouvrent ces images, c'est déjà l'idée chrétienne : Dieu aime son peuple d'un amour sans bornes. Sa miséricorde s'étend infiniment plus loin que le péché des enfants des hommes. Dans la conscience de ce grand prophète inconnu, que nous appelons le second Esaïe, on voit s'ébaucher, cinq siècles à l'avance, le drame du repentir et du pardon que Jésus, en termes plus profonds et plus simples, résumera pour toute l'humanité, dans la parabole de l'enfant prodigue.

Ainsi naît et se développe, sous la religion des rabbins et de la synagogue, une religion nouvelle qu'on a nommée la religion des « humbles et des pauvres d'Israël ». Cette longue période d'accablement et de misère, qui va de la déportation à Babylone, à l'apparition du Christ, est comme un temps de gestation douloureuse où, dans le sein de la tradition hébraïque, fécondée par l'esprit des prophètes, se prépare, dans l'obscurité, l'Evangile des béatitudes et des paraboles du règne de Dieu. Quelle révolution s'est

---

(1) *Amos*, V, 21-27. *Esaïe*, I, 11-17; LXVI, 1-4. 1 *Rois*, XIX, 9-12. *Matth.*, XI, 28-30. *Esaïe*, XL, 1-11; XLII, 1-4. *Ps.*, XXIII; CIII, etc., etc.

accomplie! La vieille loi théocratique promettait au juste longue vie sur la terre et des biens matériels, en grande abondance. Les amis de Job l'accusent et le tiennent pour criminel, parce qu'ils le voient malheureux. Le problème de la destinée humaine paraît aux prophètes des derniers temps moins simple et plus tragique. La question qui revient sans cesse sur les lèvres de Jérémie, d'Esaïe ou des auteurs des psaumes, est celle-ci : Pourquoi l'impie et l'orgueilleux prospèrent-ils? Pourquoi le juste est-il opprimé, accablé de maux et toujours en détresse? Ce spectacle est devenu si constant, que la corrélation des mots change et se trouve renversée. « Riche et méchant » sont des expressions équivalentes dans la langue des Psalmistes et du second Esaïe. En même temps, « pauvre et affligé » sont devenus des synonymes de « juste et d'ami de Dieu. » La richesse et les hautaines allures sont des signes de malédiction; l'humilité, la pauvreté, les larmes, les persécutions sont des marques de piété, et des gages de l'affection divine. C'est alors que naît sur les lèvres d'un de ces pauvres de Dieu, cette belle parole dont s'édifiaient les premiers chrétiens : « L'Eternel résiste aux orgueilleux, mais il fait grâce aux humbles ». Laissez se rassembler dans une commune espérance cette famille des petits, des vaincus, des misérables, de ceux qui ont le cœur meurtri et les yeux pleins de larmes: voilà désormais le vrai peuple de Dieu, les héritiers des promesses, « le petit troupeau béni du Père ». C'est de leurs rangs que va sortir « l'homme de douleurs », celui qui sera battu et mis à mort pour les péchés de son peuple. La religion de la souffrance humaine est née. Car la souffrance du « serviteur de l'Eternel », en qui il n'y a point d'iniquité, ne peut être le châtiment de ses propres crimes; elle sera désormais comprise et acceptée comme la part nécessaire que la solidarité fraternelle impose aux meilleurs pour la rédemption des autres. Fleur tendre et frêle, bourgeon à peine entr'ouvert dans les écrits des prophètes, cette pensée va s'épanouir dans l'Evangile, et deviendra la religion de toute l'humanité.

La pitié jointe à un sévère idéal de justice dans la notion de Dieu, la moralité introduite dans la religion par la subordination du rite à la droiture du cœur et de la volonté, enfin, l'espérance d'un avenir de bonheur et de paix par la réalisation de la justice : voilà les trois grandes idées léguées par le prophétisme à l'Evangile. Cet héritage est assez beau pour qu'il ne soit pas utile de le surfaire, et de méconnaître ce qui le sépare encore de la religion de Jésus. La pensée des prophètes n'est point sortie des étroites limites d'un messianisme national; elle reste juive, non seulement par ses formes et ses symboles, mais encore par le privilège religieux que garde le peuple d'Israël dans l'avenir comme dans le passé. A la destinée de Jérusalem, se trouve attachée celle de l'humanité tout entière, et le triomphe des Juifs implique toujours plus ou moins la défaite des Gentils aux jours messianiques, et leur subordination essentielle dans le royaume de Dieu, même quand ils y seront admis. Les saints d'Israël sont les enfants de la maison; les païens s'y pourront abriter, et participer même à la félicité qui la remplira, mais à titre de serviteurs et de tributaires.

Notez que, dans la théologie des prophètes, l'objet de l'amour de Jahveh, ce n'est pas l'individu en tant qu'être moral, mais le peuple élu. La nation compte seule aux yeux de l'Eternel. Dans sa délivrance et son triomphe, les citoyens qui lui appartiennent trouveront leur salut. Non seulement les prophètes mais tous ces humbles, ces affligés et ces pauvres dont nous parlions tout à l'heure, restent des patriotes ardents. C'est pour eux, pour leur consolation et leur joie, qu'ont été écrites toutes ces farouches apocalypses qui paraissent un peu avant, un peu après l'ère chrétienne, et annoncent la prochaine et inévitable destruction des ennemis d'Israël. La nation dispersée se trouvera réunie autour de Sion reconstruite. Jérusalem sera la capitale du monde. L'empire des Saints succèdera aux empires d'iniquité qui ont opprimé jusqu'ici la terre. Dieu reste jusqu'à la fin le dieu des Juifs. Les païens se convertiront à lui ; ils viendront l'adorer dans son temple, et en emporteront, avec le respect de sa loi, des bénédictions de toute nature, mais à charge, bien entendu, de passer par l'intermédiaire des Juifs, d'accepter leur suzeraineté universelle, et d'apporter dans la ville sainte le tribut renouvelé de leur obéissance et de leurs richesses.

Nous ne pouvons oublier ce qu'un tel messianisme, exaltant l'âme d'un peuple et d'une religion jusqu'au sublime, a de généreux et même de grandiose. C'est bien quelque chose que d'avoir rendu l'espérance au vieux monde défaillant (1).

Le contraste est saisissant entre la Rome triomphante d'Auguste qui, victorieuse, s'affaisse dans la mélancolie d'une décadence irrémédiable, et cette petite nation juive qui, même en tombant sous les coups des légions, aspire à lui succéder dans l'empire du monde. Trait plus admirable encore : dans ce messianisme, le triomphe national s'identifie avec l'avènement de la justice sur la terre, et c'est pour cette raison qu'il n'a pas été vain, ni entièrement trompé dans ses espérances. Le rêve des prophètes

---

(1) Voy. note sur un vers de Virgile (IVe églog.) par A. Sabatier dans la Bibliothèque de l'École des Hautes Études, sciences relig., tome X, 1896.

s'est accompli autrement qu'ils ne l'ont pensé, mais d'une façon non moins merveilleuse. La descendance de Japhet loge aujourd'hui sous la tente des fils de Sem, et nos yeux peuvent saluer le jour prochain, où toutes les familles de la terre hériteront de l'antique promesse faite à Abraham et à sa postérité.

Cependant, entre la religion des prophètes et celle de Jésus, une dernière cloison restait à détruire. Dans le « règne de Dieu », l'idée de la nation devait faire place à l'idée de l'humanité. Le Dieu universel devait apparaître comme le Dieu intérieur et présent en toute âme d'homme, sans distinction ni différence. Son siège et son temple ne pouvaient être à Jérusalem ou en Palestine; ils seront dans les cœurs purs. Une suprême crise était nécessaire, pour que, de la gangue broyée, sortit le pur diamant. Il fallait que la nationalité hébraïque pérît tout entière et sans aucun retour d'espoir, pour laisser enfin apparaître sous l'enveloppe juive, la conscience humaine, libre et nue devant Dieu. Une fleur divine était dans le prophétisme; mais la fleur serait une parure stérile, s'il ne se formait, dans son calice, une graine féconde. La transformation de la piété des prophètes, en une création purement morale et en une alliance vraiment nouvelle avec Dieu, fut l'œuvre du Christ. Voilà pourquoi Jésus est bien « celui qui devait venir », celui que les prophètes désiraient et attendaient sans le bien connaître, et en qui s'achève, au profit de l'humanité tout entière, le développement religieux d'Israël. Toute cette histoire aboutit à Jésus. Hors de lui, l'inspiration des prophètes se meurt dans le rabbinisme talmudique, ou s'égare dans la folie et le délire des apocalypses. Epuisé de toute manière, le judaïsme se dessèche et se flétrit, après avoir enfanté l'Evangile, comme une plante qui a donné son fruit et dont la saison est passée.

Littérature générale sur la critique des livres de l'Ancien Testament. — Richard Simon : Hist. critique du Vieux Testament, 1678. J Leclerc : Sentiments de quelques théologiens de Hollande sur l'histoire critique du Vieux Testament, 1685; Défense des sentiments, 1686. Astruc : Conjectures sur les mémoires originaux dont il paraît que Moïse s'est servi pour composer le livre de la Genèse, etc., 1753. Eichhorn : Einleitung in das A. T., 1780-83. De Wette : Lehrbuch der hist. krit. Einleit. in die canonischen und apocryph. Bücher des A. T., 1817-52. Keil : Einleit. in das A. T., 1853, et Commentar, 1861. Bleek : Einleitung in d. A. T., 1860, continuée par Wellhausen. 4te Ausg., 1878. Kuenen : Hist. crit. des livres de l'Ancien Testament, trad. du hollandais, 1866-79. Nœldeke : Hist. littéraire de l'Ancien Testament, trad. par H. Derembourg et Soury, 1873; Einleit. in d. A. T., 1880. E. Reuss : Geschichte der heilig. Schriften des A. T., 1881, et, dans la Bible franç. de Reuss, les introductions générales et particulières au recueil et à chaque livre, 1874-80. Cornil : Einleit. in das A. T., 1895 etc. Wellhausen : Gesch. Israëls, 1878; Prolegomena zur Gesch. Isr., 1883. Composition des Hexateuchs, 1884. A. Kayser : Das vorexilische Buch der Urgeschichte, 1874. Riehm : Die Gesetzgebung Mosis im Lande Moab, 1854. Graf : Die geschichtlichen Bücher d. A. T., 1865. Hupfeld : Die Quellen der Genesis u. die Art ihrer Zusammenfassung, 1853. Knobel : Kurzgefasstes exeg. Handbuch zum Pentateuch, 2e Ausg., 1860, 3te Ausg. procurée par Dillmann, 1875. Delitzsch : Die Genesis ausgelegt, 1852. Delitzsch a, depuis, cédé à la démonstration de Wellhausen. W. Colenso : The Pentateuch and book of Josua critical examined, 1882. E. Arnaud : Le Pentateuque mosaïque défendu contre les attaques de la critique négative, 1865. M. Nicolas : Etudes critiques sur la Bible (Ancien Testament), 1861. F. Sauzède : Etude sur la formation de la Genèse, 1863. Orth : La tribu de Lévi et la loi, ds. nouvelle Revue de théol. de Strasbourg, année 1859. Dahlet : Jérémie et le Deutéronome, 1872. C. Bruston : Les quatre sources des lois de l'Exode, Revue de théol. et de phil. de Lausanne, 1883; Les deux Jéhovistes, études sur les sources de l'hist. sainte, 1885; Les inscriptions assyriennes et l'Ancien Testament, 1875. F. Montet : Le Deutéronome et la question de l'Hexateuque, 1891. Wuilleumier : La critique du Pentateuque dans sa phase actuelle, dans Revue de théol. et de phil. de Lausanne, années 1882-84; Les résultats des travaux les plus récents sur l'Ancien Testament, et leur influence sur l'hist. relig. et la dogmatique chrét., ibid., année 1893 ; La première page de la Bible, ibid., 1896.

Sur l'histoire générale du peuple d'Israël. — HERZFELD, Gesch. d. Volks Israel, 1855-57. EWALD : Gesch. d. Volks Israel, 1843-64. HITZIG : Gesch. d. Volks Israël, 1869. G. SMITH : Chaldæan account of Genesis, 1875, et F. DELITZSCH : Die chaldæische Genesis, 1876. Wo lag das Paradies, 1881. W. SCHMIDT u. SCHRADER : Die Keilinschriften u. das A. T., 1872. BUDDE : Die biblische Urgeschichte, 1883. BERNSTEIN: Ursprung der Sagen von Abraham, Isaak u. Jacob, 1871. GRILL : Die Erzvater der Menschheit, 1te Abtheilung, 1875. GRÆTZ : Gesch. der Juden, 1863. JOST : Gesch. des Judenth. u. seiner Secten, 1857. MAX DUNCKER : Gesch. des Alterthums, 1874. MASPERO : Histoire ancienne des peuples de l'Orient, 5e édit., 1894. F: LENORMANT : Les origines de l'histoire, 1880. Hist. de l'Orient, 1881. M. VERNES : Hist. du peuple juif, 1882. E. RENAN : Hist. du peuple d'Israël, 1887-93. W. BOSCAWEN : The Bible and the Monuments, etc., 1895.

Sur la religion de l'Ancien Testament. — DE WETTE : Biblische Dogmatik, 1831. V. CÖLLN : Bibl. Theologie, 1836. LUTZ : Bibl. Dogmatik, 1847. HÆVERNICK. Vorles. üb. die Theol. des A. T., 1863. KUENEN : De Godsdienst van Israël, 1869, analysé dans la Rev. de théol. de Strasbourg par CARRIÈRE, année 1869. MERX : Abgœtterei in Israël, Bibel-Lexicon de Schenkel, 1er Band, 1869. BAUDISSIN : Studien zur semitischen Religionsgeschichte, 1876. Die Geschichte des Alttestam. Priesterthums, 1889. ŒHLER : Theol. des A. T., 1873-74. H. SCHULTZ : Alttestament. Theologie, 1878. PIEPENBRING : Théol. de l'A. T., 1886.

Sur le prophétisme en Israël. — KNOBEL : Prophetismus der Hebræer, 1851. ŒHLER : Prophetenthum u. Weissagung in Herzogs Real Encycl., 1854. K. KŒHLER : Der Prophetismus der Heb. und die Mantik der Griechen, 1860. KUENEN : De profeten en de profetie onder Israël, 1875. B. DUHM : Theologie der Proph., Grundlage für die innere Entwicklung der Israelitischen Religion, 1875. M. NICOLAS : Du prophétisme hébreu, dans Etudes critiques sur la Bible, 1861. LE HIR : Les prophètes d'Israël, 1868. DILLMANN : üb. die Proph. d. al. Bundes, 1868. ED. REUSS : dans la Bibl. franç., les deux vol. sur les Prophètes. C. BRUSTON : Histoire critique de la littérature prophétique, 1881 ; Art. Prophétisme, dans l'Encyclopédie des sciences relig., 1881. J. DARMESTETER : Les prophètes d'Israël. E. HAVET : Le christianisme et ses orig., III, 1878 ; La modernité des proph., 1891. M. Vernes : Du prétendu polythéisme des Hébreux, 1891. Colani : Essais de critique, art. la Bible, 1895. Robertson Smith : The Old Testament in the Jewisch Church, 1881 ; The Prophets of Israël and their place in history, 1882 ; The Religion of the Semites. K. Cheyne : The Origine and religious contents of the Psalter, 1891. Isidore Lœb : La littérature des pauvres en Israël, 1893.

CHAPITRE DEUXIÈME

DE L'ESSENCE DU CHRISTIANISME

I

LE PROBLÈME

Arrivons enfin au christianisme, et demandons-nous quel en est le principe ou l'essence. C'est ici la première question à résoudre, puisqu'autrement il n'est pas possible d'en bien juger.

Or, durant les dix-huit siècles de son histoire, le christianisme a revêtu tant de formes diverses, et reçu de tels développements en tous les sens, il est devenu quelque chose de si riche et de si touffu, qu'il semble assez malaisé de découvrir, sous cette épaisse frondaison d'institutions et de dogmes, de dévotions et de rites, la racine première d'où l'arbre est sorti, et d'où il tire encore toute sa sève. Il ne nous servirait à peu près de rien d'interroger les églises et les théologies officielles, à moins d'avoir le parti, pris d'avance, d'accepter l'autorité de l'une, à l'exclusion de toutes les autres. Car il est bien évident que chacune nous montrerait sa confession de foi ou sa conception particulière, et nous la donnerait comme le principe du christianisme lui-même. Les catholiques nous diraient que l'essence du christianisme, c'est l'institution et l'autorité infaillible de l'Eglise, parce que tout repose sur ce premier fondement, et qu'on ne peut être dans la vérité chrétienne si l'on est hors de l'Eglise. Les protestants ne seraient pas d'accord : l'un nous proposerait le dogme de la justification par la foi; un autre, l'autorité de l'Ecriture sainte; un troisième, la divinité métaphysique et la préexistence éternelle de Jésus-Christ, sous prétexte qu'ils ne conçoivent pas que le christianisme puisse subsister sans ces dogmes. En entrant dans cet examen, nous entrerions en une dispute interminable.

Heureusement, le problème se simplifie pour l'historien et le psychologiste. En demandant quel est le principe du christianisme, que voulons-nous savoir? Rien d'autre, en vérité, que ce qui fait qu'un chrétien est chrétien; l'élément intérieur qui, présent dans l'âme, compense, à la rigueur, l'absence ou le défaut de tout le reste, et, absent, ne saurait être compensé ni suppléé par rien; l'expérience religieuse, en un mot, qui détermine et spécifie la conscience de tous les chrétiens, et fait qu'ils sont membres d'une même famille morale et se reconnaissent comme tels, malgré la différence des temps et des lieux, de langue et de culture, de rites et même de croyances. Pour saisir et dégager ce trait, distinctif et universel à la fois, il n'est pas besoin de se livrer à des polémiques, il suffit de savoir faire un peu d'histoire attentive et de psychologie clairvoyante.

Dans l'histoire, le christianisme s'offre à nous comme le terme et le couronnement de l'évolution religieuse de l'humanité. Dans la conscience du chrétien, il est encore quelque chose de plus; il se révèle comme la religion parfaite. Comment faut-il entendre cette perfection ? Est-ce la perfection d'un système complet de connaissances surnaturelles, d'une science religieuse qui aurait été étrangère aux générations antérieures et serait le partage des seuls chrétiens ? Nullement. S'il y a des chrétiens fort éclairés, il y en a de très ignorants. Et cependant, les uns et les autres sont chrétiens par un même principe, lequel est parfaitement indépendant de leur degré de culture. Aucun chrétien ne donnera d'ailleurs sa science comme parfaite. Tous, interrogés avec quelque sagacité, avoueront sans peine, avec l'apôtre Paul, que, présentement, leur connaissance est imparfaite. Nous ne voyons les choses divines que confusément et comme dans un miroir obscur. Qu'affirment-ils donc avec tant d'assurance, quand ils affirment que le christianisme est la religion parfaite ? La religion n'étant pas une idée, mais un rapport avec Dieu, ils disent que la religion parfaite, c'est la réalisation parfaite de leur rapport avec Dieu et du rapport de Dieu avec eux. Et ce n'est point là, de leur part, une spéculation théorique; c'est le résultat immédiat et pratique de l'expérience interne qu'ils ont faite et font tous les jours. Ils sentent que leur besoin religieux est entièrement satisfait, que Dieu est entré avec eux et qu'ils sont entrés avec lui en une relation si intime et si heureuse, qu'au-dessus d'elle et au delà, en fait de religion pratique, non seulement ils n'imaginent rien, mais encore ils ne désirent rien. Ils ne tâchent qu'à réaliser plus et mieux, dans leur vie, cette relation suprême, cette piété dont ils ont le principe immanent en eux; ils savent qu'ils ont en elle le germe du plein épanouissement de l'esprit et de la vie éternelle. C'est pourquoi ils affirment, sans le moindre doute, que le christianisme est la religion idéale et parfaite, la religion définitive de l'humanité.

Telle est la première affirmation de la conscience chrétienne. Voici la seconde.

Cette relation parfaite entre Dieu et mon âme, ce bien religieux suprême, ce genre de piété qui fait ma joie et ma force, qui éclaire, réchauffe et soutient toute ma vie intérieure, ne date pas de moi, et je sais bien que ce n'est point ma propre vertu qui l'a créée. Je ne puis non plus en rapporter l'origine à mes parents, bien que je l'aie peut-être reçue d'eux ou des maîtres qu'ils m'ont donnés; ni à mon église, bien que je sois et je reste toujours son catéchumène; car parents, maîtres, églises diront, comme moi, que cela les dépasse, et qu'ils ne m'ont transmis que ce qu'ils avaient eux-mêmes reçu. Remontant ainsi, dans le passé, la chaîne vivante des expériences chrétiennes, j'arrive à une première expérience, à une expérience créatrice et inaugurale, qui a rendu possibles et a engendré toutes les autres. Cette expérience s'est faite, un jour, dans la conscience de Jésus-Christ. J'affirme donc, non seulement que le christianisme a le Christ pour auteur, mais qu'il a, dans la vie intérieure du Christ, son premier germe, et que là s'est faite tout d'abord la révélation divine qui, se répétant ensuite de proche en proche, a éclairé et vivifié toute l'humanité. Religion idéale, le christianisme est donc en même temps une religion historique, indissolublement liée, non pas seulement aux maximes de la morale et aux vérités de la doctrine de Jésus, mais à sa personne même, et à l'action permanente de l'esprit nouveau qui l'animait, et qui revit de génération en génération chez tous ses disciples.

Voilà les deux affirmations, également immédiates et

essentielles, de toute conscience chrétienne. Or, tout le problème théologique est de les concilier. Comment ce qui est idéal et parfait, peut-il se trouver dans l'histoire? Comment ce qui est historique peut-il être tenu pour idéal et éternel? Ne semble-t-il pas que ces attributs soient contradictoires et exclusifs l'un de l'autre, et que le christianisme ne puisse devenir une religion idéale, sans dénouer toutes ses attaches avec une histoire particulière, ou, pour rester une religion historique, doive abdiquer toute prétention à la perfection absolue? Et d'autre part, ces deux attributs ne lui sont-ils pas également nécessaires? Comment subsistera-t-il, s'il obéit à la logique formelle et simpliste qui le somme de choisir entre eux? Sera-t-il autre chose qu'une philosophie spéculative, s'il se sépare de sa tradition historique? M'inspirera-t-il quelque confiance, me mettra-t-il en sécurité, s'il ne m'apparaît plus comme la religion parfaite et définitive?

La théologie, depuis l'origine, ne semble pas avoir eu d'autre tâche; en tout cas, elle n'en a pas eu de plus pressante ni de plus ardue, que de concilier ces données en apparence répugnantes entre elles. Il y a toujours eu, parmi les théologiens, deux tendances correspondant à deux familles d'esprits : la tendance *idéaliste*, celle d'Origène et de ses émules, qui met l'accent sur les idées, et constitue une métaphysique ou une gnose religieuse, qui nécessairement rationalise le dogme, et pour qui l'histoire n'est qu'une enveloppe temporaire, une sorte d'illustration extérieure et sensible; et la tendance *réaliste*, représentée par le génie de Tertullien, qui, obéissant à un instinct contraire, matérialise les idées, donne un corps anthropomorphique à tout, même à Dieu, divinise le phénomène, et change l'histoire contingente en une métaphysique éternelle. De ces deux tendances, constantes et parallèles sont issues les deux solutions données par le rationalisme et par l'orthodoxie au problème de l'essence du christianisme.

Le premier voit cette essence dans quelques vérités simples de la raison ou de la conscience, qui sont de tous les temps et de tous les pays, et qui s'imposent à tout homme en vertu de leur propre et naturelle évidence. Jésus de Nazareth en a pu être le prédicateur et le martyr; mais il est clair que sa personne, en fait, ne tient pas plus au christianisme, que la personne de Platon n'est essentielle au système de ce philosophe. Seulement prenez-y garde : en se séparant ainsi du Christ, la religion chrétienne cesse d'être positive, pour devenir une doctrine abstraite et morte; elle perd du coup sa sève religieuse et son efficacité.

L'orthodoxie, catholique ou protestante, évite cet écueil mais vient échouer sur un autre. En faisant du Christ la seconde personne de la Trinité éternelle, le Fils consubstantiel et égal au Père, elle l'arrache à l'histoire pour le transporter dans la métaphysique. Mais diviniser ainsi l'histoire, c'est encore une façon de la détruire. Le dogme annule le caractère limité, contingent et humain de l'apparition de Jésus de Nazareth. Sa vie perd toute réalité. Nous n'avons plus un homme devant nos yeux, bien que l'Eglise, théoriquement, maintienne l'humanité du Christ à côté de sa divinité. Celle-ci fatalement absorbe tout. Nous n'avons plus qu'un dieu marchant au milieu de ses contemporains, caché sous une figure humaine. La christologie traditionnelle est si incurablement docète, qu'il a été matériellement impossible, à ce point de vue, d'écrire une sérieuse vie de Jésus, sans tomber dans l'hérésie, moderne et semi païenne à la fois, qu'on a baptisée du nom de *Kenôse*, c'est-à-dire, la théorie suivant laquelle le dieu, préexistant et éternel se suicide en s'incarnant, pour renaître progressivement et se retrouver dieu à la fin de sa vie humaine.

Le défilé peut-il être franchi? Y a-t-il quelque passage entre Charybde et Scilla? Non, tant que l'on s'obstinera dans la conception intellectualiste, qui fait l'erreur commune et amène l'échec final du rationalisme et de l'orthodoxie. Si l'essence du christianisme est dans la révélation de vérités naturelles ou de dogmes surnaturels, le problème reste insoluble. Toute apologétique viendra fatalement se briser contre la contradiction insurmontable qui s'est aussitôt dressée devant nous. On se rappelle l'argumentation de Strauss, que les philosophes ne cessent de rééditer aux théologiens qui feignent de ne pas l'entendre. Loin de l'affaiblir, les études historiques, depuis un demi-siècle, n'ont fait que l'aiguiser : « L'idée ne verse pas toute sa richesse dans un seul individu. L'absolu ne tombe pas dans l'histoire. Il est contre toutes les analogies, que la plénitude de la perfection se rencontre au début d'une évolution quelconque; ceux qui la mettent à l'origine du christianisme, sont victimes de la même illusion que les anciens, qui plaçaient l'âge d'or au début de l'histoire humaine. Ou bien le christianisme se détachera de la personne de Jésus, ou bien il cessera d'être la religion idéale de l'humanité. »

Il convient, avant d'aller plus avant, de démêler la force et la faiblesse de ce dilemme fameux et comment l'on y peut échapper. La théologie traditionnelle y succombe. Mais cela prouve simplement qu'il la faut réformer. Examinons un instant, en nous plaçant à un autre point de vue, l'idée de la perfection, qui sert de prémisses au raisonnement de Strauss. Quand il parle de la perfection totale ou pleine qui ne saurait se trouver au premier anneau d'une chaîne historique, il entend, sans nul doute, une perfection quantitative, c'est-à-dire une collection complète de vertus, de mérites et de facultés dont l'addition numérale fait la notion entière. Or, il est bien certain qu'à ce point de vue, l'observation de Strauss est incontestable. Ni la perfection de la science comprenant toutes les découvertes scientifiques, ni la perfection de la civilisation embrassant tous les progrès et toutes les formes de la vie humaine, ne se trouvent ni ne peuvent se trouver au début ou dans un moment unique de l'histoire. Un individu, quelque grand qu'il soit, ne saurait épuiser la vie ou le travail de l'espèce, au point de rendre l'évolution inutile. Mais a-t-on réfléchi que cette idée de la perfection est contradictoire et par conséquent chimérique? Sous la catégorie de la quantité ou de l'étendue, il ne saurait y avoir, ni pour l'individu, ni pour l'espèce entière, de perfection réelle. C'est le propre de tout ce qui se compte ou se mesure, de ne pouvoir être conçu, sans qu'aussitôt l'esprit conçoive quelque chose de plus grand. Il n'y a pas de nombre parfait. Il importe donc de faire ici une distinction essentielle. Il faut distinguer entre la quantité et la qualité, ou mieux, l'intensité de l'être. Or, entre les degrés de l'une ou de l'autre, il n'y a pas le moindre rapport, ni, par suite, de commune mesure. Et ce qui est vrai dans l'une devient faux dans l'autre. Prenez un mètre cube de pierre, multipliez-le par mille ou un million, vous aurez toujours la même pierre, c'est dire qu'il n'y a pas plus de vraie réalité dans un million de mètres cubes de pierre que dans le premier mètre cube. Au contraire, que dans une fente de cette pierre naisse une mousse : dans ce brin de mousse où éclate la vie, il y a plus d'être, ou, si vous voulez, un être de qualité supérieure à celui de toute une masse de rochers. Mais, ne l'oubliez pas, il a fallu un germe pour le produire, et ce germe était une sorte de perfection positive par rapport à toute la matière inorganique, dont la fin dernière est la vie. Voilà pourquoi l'on peut affirmer hardiment que l'évolution n'est la cause réelle de rien ; qu'un développement quelconque ne donne jamais que ce qui est caché dans le germe nouveau qui l'engendre ; que cent mille imbéciles ne font pas un homme de génie, et que, si l'homme descend du singe, cependant, tous les singes de la création additionnés ne donnent pas une conscience humaine. A ce point de vue synthétique, on ne trouvera plus contradictoire, mais naturel et dans les analogies de l'histoire, que nous rencontrions dans la personne du fondateur du christianisme ce rapport parfait avec Dieu, cette perfection de piété que chaque chrétien, aujourd'hui encore, constate en soi, et qu'il déclare avoir puisé dans sa communion.

Récitons-nous, enfin, et méditons, pour achever de nous fortifier dans cette vue nouvelle, la page immortelle de Pascal sur les trois ordres de grandeur. De tous les corps ensemble on ne saurait faire réussir la plus petite pensée, s'il n'y a pas, d'abord, un esprit capable de la concevoir. De toutes les pensées ensemble, on ne saurait tirer un mouvement de charité, s'il n'y a pas un cœur pour le produire et le ressentir. Loin d'avoir besoin de se manifester par les mêmes attributs, ces diverses grandeurs restent absolument indépendantes et même incommensurables entre elles. Ce qui fait éclater l'une au regard, diminuerait ou voilerait l'autre. Alexandre vient avec une pompe qui éblouit les yeux et étonne l'imagination des hommes de chair. Mais Archimède, pour éclater aux esprits, n'a pas besoin de la pompe d'Alexandre ; sa grandeur, tout intellectuelle, est d'un autre ordre. De même le

Christ n'est venu ni avec l'éclat d'Alexandre ni avec celui d'Archimède. Sa grandeur est encore d'un autre ordre. Elle est, en effet, si différente, que la gloire du triomphateur ou la puissance du génie n'y ajouterait rien, et qu'elle a besoin, pour mieux éclater à tous les regards, d'apparaître dans les humiliations et dans la bassesse. Donc, il a été humble, patient, doux, saint à Dieu, miséricordieux aux hommes, terrible aux démons. Sans aucun péché, sans bien extérieur, sans aucune production de science, il est dans son ordre. Oh! qu'il est venu avec pompe et une prodigieuse magnificence aux yeux du cœur qui voient la sagesse!

II

LE PRINCIPE CHRÉTIEN

Il en faut donc venir à la conscience religieuse de Jésus-Christ, comme à la source première d'où le fleuve chrétien est issu. Il est certain que nous y trouverons le principe et l'essence du christianisme lui-même, car il serait par trop paradoxal de soutenir que le Maître seul a été exclu du bénéfice de la religion dont il a fait hériter tous ses disciples. Non; nous pouvons affirmer en toute sécurité que le principe du christianisme, fut tout d'abord le principe même de la conscience du Christ. Déterminer l'un, ce sera définir l'autre à coup sûr.

Ce que nous appelons la conscience religieuse d'un homme, c'est le sentiment du rapport dans lequel cet homme est et veut être avec le principe universel dont il sait qu'il dépend, et avec l'univers lui-même dans lequel il se voit engagé comme partie dans l'ensemble. Si donc nous voulons savoir nettement quel est le contenu et le fonds essentiel de la conscience de Jésus, quel est le caractère distinctif de sa piété, il nous faut demander dans quel rapport il s'est senti avec Dieu et avec l'univers. La réponse ne sera ni difficile ni incertaine. S'il est des choses sur lesquelles la vraie pensée du Maître reste obscure, rien n'éclate avec plus d'évidence et de continuité, à travers tous ses discours et toute sa vie, que l'attitude religieuse de son âme à l'égard de Dieu et des hommes.

Il se sentait, avec Dieu, dans une relation filiale, et il sentait Dieu dans une relation paternelle avec lui. Le nom de Père, nom constant, unique, exclusif peut-on dire, qu'il donne à Dieu, et celui de fils qu'il prend pour lui-même, le genre de son adoration, la forme de sa prière, le mobile de son obéissance dévouée et confiante jusque dans la mort, la manière dont il accomplit ses guérisons, salue les premiers succès de sa parole, accepte l'échec apparent de son œuvre et explique l'incrédulité de son peuple, tout dénonce, manifeste et confirme cette relation intime, cette communion et cette union d'esprit par laquelle le père prolonge sa vie dans celle de l'enfant, et l'enfant se sent vivre de la vie de son père. Ce fut bien le fonds essentiel de sa conscience, le trait distinctif et original de sa piété : c'est aussi le principe et l'essence du christianisme.

Ce que nous observons tout d'abord dans la conscience de Jésus, nous le retrouvons, en effet, dans l'expérience de tous les chrétiens. Ils sont chrétiens dans l'exacte mesure où la piété filiale de Jésus se reproduit en eux, et détermine, à son image et à sa ressemblance, leur propre piété. On les reconnaît et ils se reconnaissent eux-mêmes à ce signe, unique mais suffisant, à cette confiance avec laquelle ils appellent Dieu leur Père, s'abandonnent à son amour pour tout ce qui regarde leur destinée présente ou future, et vivent déjà de cette vie de renoncement à soi et de dévouement aux autres. Tous ceux qui ont ainsi élevé leur vie intérieure, de la région basse de l'égoïsme ou de l'orgueil, à la région supérieure de l'amour et de la vie en Dieu, qui ont trouvé dans cette conversion profonde, avec le pardon et l'oubli de leur vie passée, le germe et l'espoir d'une vie plus haute, de la vie parfaite, et, par conséquent, éternelle, sont la véritable postérité religieuse du Christ à travers toute l'histoire; ils font revivre son esprit, continuent son œuvre et restent religieusement aussi dépendants de lui et aussi marqués à son image, que peuvent l'être les descendants d'un ancêtre plus ou moins connu, dont le sang et la vie n'ont pas un instant cessé de couler dans leurs veines.

Ce sentiment, filial à l'égard de Dieu, fraternel à l'égard des hommes, est ce qui fait le chrétien et, par suite, le trait commun de tous les chrétiens. Il convient d'ajouter que ce principe du christianisme répond admirablement aux deux affirmations fondamentales de la conscience chrétienne que nous constations en commençant. Ainsi se trouve résolue et conciliée la contradiction qui nous semblait si menaçante. D'une part, le christianisme reste bien, par ce principe de l'union filiale avec Dieu, la religion idéale et parfaite; d'autre part, il apparaît comme un fait réel dans la conscience de Jésus-Christ, en sorte que cette réalité religieuse s'impose avec le caractère impératif de l'idéal. On peut avoir le parti pris de se passer de religion, mais si l'on en veut avoir une, on ne saurait ni désirer ni même imaginer une relation à la fois plus morale et plus étroite, plus sainte et plus joyeuse, plus libre et plus confiante que celle inaugurée dans la conscience filiale de Jésus-Christ. Que peut-il y avoir, en fait de vie, au-dessus de la vie de l'amour parfait et réciproque, de Dieu se donnant à l'homme et réalisant en lui sa paternité, de l'homme se donnant à Dieu sans crainte et réalisant en lui son humanité? L'évolution religieuse n'est-elle pas accomplie, le jour où ces deux termes, Dieu et l'homme, opposés l'un à l'autre à l'origine de la vie consciente sur la terre, se pénètrent réciproquement jusqu'à atteindre l'unité morale de l'amour, où Dieu devient intérieur à l'homme et vit en lui, où l'homme devient intérieur à Dieu et trouve en Dieu l'épanouissement entier de son être? Le christianisme est donc la religion absolue et définitive de l'humanité.

Mais il se trouve, en même temps, que cette piété filiale a été et demeure, dans la personne de Jésus, un phénomène observable, en sorte que la religion idéalement parfaite s'est manifestée dès l'origine et se manifeste encore de génération en génération, comme une religion historique et positive. Ce n'est pas un idéal abstrait, une doctrine théorique planant au-dessus de l'humanité, mais c'est un principe et une tradition de vie nouvelle, un germe inépuisablement fécond, inséré comme une greffe dans la tige de la vie humaine, pour l'élever, non pas seulement en idée mais en fait, à une forme supérieure. Ce que fut la première conscience humaine sur la terre, se dégageant de l'animalité maternelle et faisant apparaître avec elle le règne humain, la conscience initiatrice du Christ, sortant de l'humanité antique, l'a été à son tour, et a fondé sur notre humble planète le règne de Dieu, c'est-à-dire de l'esprit libre et pur, de la justice et de l'amour. Voilà pourquoi nous nous trouvons ici, non plus en face d'une doctrine rationnelle ou d'une vue spéculative, mais en face d'une force positive, d'une puissance de vie avec laquelle personne ne peut rompre, je ne dis pas dans la forme et par le dehors, mais en fait et par le dedans, sans rompre du même coup avec la vie supérieure de l'esprit et avec toute espérance d'avenir, comme avec toute joie et santé de la conscience.

Quand on présente, aux hommes de notre temps, le christianisme sous cette forme historique et positive, ils ne manquent pas, en général, de se récrier, et de reprocher aux chrétiens d'asseoir leur foi et de mettre une confiance absolue en une tradition d'histoire, sujette, après tout, aux incertitudes et aux doutes qu'une critique un peu rigoureuse fait surgir dans tous les chapitres de l'histoire ancienne. Ici se présente, en effet, une alternative. Ou bien on arrive à dissiper ces doutes et ces incertitudes en ce qui regarde la vie et la personne de Jésus, et, alors, ce ne peut être que le résultat légitime d'études spéciales, auxquelles un petit nombre a seul le loisir et la faculté de s'appliquer, et, dans ce cas, la certitude chrétienne ne serait plus que le monopole d'une élite de savants. Ou bien il faut imposer à tous, au nom d'une autorité supérieure à la raison, la créance aveugle en ce que racontent les premiers documents du christianisme, et, alors, la foi religieuse entre nécessairement en conflit avec les droits et les exigences élémentaires de toute critique historique. Ce dilemme serait à la vérité invincible, si, pour être chrétien et se persuader que le christianisme est la religion parfaite, il fallait, de nécessité absolue, tenir pour vraie toute l'histoire évangélique, si la tradition ou la légende sur le Christ était véritablement l'essence du christianisme. Cette essence, nous l'avons trouvée dans une expérience religieuse, dans une révélation intime de Dieu qui s'est faite pour la première fois dans l'âme de Jésus de Nazareth, mais qui se vérifie et se répète, moins lumineuse sans doute, mais non méconnaissable, dans l'âme de tous ses vrais disciples. Il suit de là que le principe chrétien n'est pas un souvenir du passé ou une doctrine morte et enfermée dans un document, mais qu'il est quelque chose de toujours vivant, se transmettant avec la vie chrétienne elle-même, et se trouvant ainsi présent à tous les âges et contemporain de toutes les générations. Il ne faut pas mépriser sans doute les documents écrits du passé; ils sont d'un prix inestimable; mais enfin, ils sont le produit de la vie chrétienne elle-même. Et celle-ci n'en dépend pas si absolument qu'elle se fût éteinte sans eux. Que d'humbles, que d'ignorants, ne sachant ni lire ni écrire, ont été d'admirables chrétiens, sans rien savoir d'authentique sur le Christ, sinon, qu'ils étaient devenus, par lui, enfants du Père! La critique historique a tous les droits d'une science légitime; elle est même excellente, et nous la cultivons avec une héroïque passion, pour dégager la réalité positive et humaine des légendes mythologiques qui se mêlent à toutes les vieilles histoires; mais elle ne peut rien, ni pour infirmer ni pour confirmer la valeur morale du principe chrétien, que seule apprécie la conscience religieuse. Ce sont là, comme dit Pascal, des choses d'un autre ordre et sans commune mesure.

Plus nous avançons, plus nous arrivons à distinguer entre le fond et les formes diverses et contingentes du christianisme, entre la conscience religieuse et les expressions qu'elle a pu rencontrer. Nous venons de dégager la piété filiale de Jésus, et d'y trouver l'essence et le principe même de la religion nouvelle, introduite par lui dans le monde. Tous les chrétiens, j'imagine, seront d'accord là-dessus; mais tous les chrétiens n'en ont pas donné dans le passé, et n'en donnent pas encore dans le présent, la même interprétation. Il faut ici prévenir un malentendu et empêcher qu'on ne confonde et n'identifie le phénomène psychologique, le fait intime et vivant de piété que nous avons constaté dans l'âme du Christ, avec les explications théologiques, et, par suite, avec les dogmes qu'on en a tirés. Tandis que le fait de conscience est un, les explications et les dogmes sont très divers.

Ainsi les premiers chrétiens, ceux que l'on appelait encore les « Nazaréens », expliquaient la filialité divine de Jésus, par sa qualité de Messie ; il était « fils de David », et c'était une coutume antique d'appeler dieux et fils des dieux ou de Dieu, les descendants et héritiers des rois. Mais cette explication, essentiellement politique et toute juive, ne suffit pas longtemps. Vers l'an 80, un demi-siècle après la mort de Jésus environ, pour mieux séparer le Christ du reste des hommes, et mieux rendre compte de sa filialité divine, on la présenta comme une sorte de filialité physique. On raconta sous forme poétique, que Jésus était venu au monde sans le concours d'un père terrestre, et par une conception surnaturelle dans le sein d'une vierge, rendue mère par la vertu cachée du Saint-Esprit. Légende populaire et pieuse, qui cache sans doute un grand sens, mais qu'il faut interpréter, et qu'en tout cas, ni la première génération chrétienne, ni les apôtres, ni surtout le Christ n'avaient connue. Plus tard, cela même ne fut pas suffisant à satisfaire la conscience chrétienne, qui tendait de toute manière à manifester la richesse et la certitude de son contenu spirituel et moral. Un être divin ne pouvait pas dater d'un moment de l'histoire. Cet être, venu au monde sous Hérode, préexistait dans le sein de Dieu. C'était le *Logos*, dont la mission métaphysique était de manifester au monde la vie divine. Sa naissance n'était plus qu'une incarnation, dont le mode n'intéresse pas l'auteur du quatrième Evangile. Le point essentiel, c'est que le Fils éternel, qui était avec le Père dès le commencement et en qui était la source de la vie et de la lumière, se fût montré dans la chair humaine, et, à travers le voile transparent de son humanité, eût laissé passer, pour nous éclairer et nous vivifier, quelques-uns des rayons de sa gloire divine. C'est ainsi qu'après Origène, aux conciles de Nicée et de Chalcédoine, à travers les plus longues et les plus violentes disputes, fut fondé le dogme ecclésiastique de la divinité de Jésus.

Nous ne suivrons pas plus loin cette histoire du dogme; nous ne raconterons pas les nouvelles et plus grandes difficultés, que la formule arrêtée par les conciles présenta aussitôt à la réflexion, ni comment on essaya de les résoudre, d'abord par la théorie docète de la communication et de l'échange réciproque des propriétés de la nature divine et de la nature humaine, et ensuite par l'hypothèse de la *Kenôse*, c'est-à-dire de la métamorphose successive du *Logos* divin en l'homme Jésus, et de l'homme Jésus, à la fin, en *Logos* divin. Il faut laisser discuter ces subtilités aux théologiens de profession. Entre ces explications poétiques ou métaphysiques, chacun peut choisir celle qui lui agrée le mieux, à moins — ce qui serait beaucoup plus sage — de n'en adopter aucune, de reconnaître qu'aucune n'appartient à l'essence du christianisme, que toutes pèchent par l'ambition outrecuidante de vouloir dire ce qu'on ignore absolument, et qu'il serait plus sage de s'en tenir, pour expliquer la conscience de Jésus et sa piété filiale, à l'affirmation religieuse des simples et des ignorants : « c'est Dieu qui a fait cela ». Des créations divines, nous n'apercevons jamais que les effets, éclatants et mystérieux tout ensemble (1).

(1) A. RÉVILLE. Hist. du dog. de la divinité de J. C. 1876.

Ces théories métaphysiques ne sont pas sans danger. Dès qu'on y veut voir l'essence du christianisme, elles altèrent très gravement le fait religieux de conscience qu'elles prétendent expliquer et protéger. Elles transforment en un rapport métaphysique ce qui était, en Jésus, un sentiment moral et humain, et sa piété personnelle et vivante, en une pierre lourde et morte. Voulant, à tout prix, faire de ce double sentiment de filialité et de paternité, quelque chose de surnaturel, elles en font quelque chose d'extra-humain qui, par conséquent, devient étranger à l'humanité. Elles le mettent hors de la vie morale, et, du même coup, l'anéantissent. Si, en Jésus, ce n'est pas l'homme même, mais un être divin qui se sent et se dit le « Fils de Dieu », en vertu de son origine métaphysique, il est bien clair, alors, qu'il y a là, pour lui, un privilège incommunicable au reste des hommes qui sont d'une origine toute terrestre. L'expérience religieuse, la révélation divine qui s'est faite dans sa conscience, ne peut plus se faire dans la mienne. Jésus me reste essentiellement étranger ; il me fait peut-être une aumône, comme un fils de roi donne une pièce d'or à un pauvre, mais il n'est pas mon frère ; sa vie intérieure n'est pas ma vie, sa prière ne peut devenir ma prière. Le dogme de sa divinité métaphysique, outre qu'il réduit sa vie humaine à une apparence mensongère, le sépare à jamais de l'humanité.

Mais il y a plus. L'antique opposition entre Dieu et l'homme, reparaît plus inconciliable encore qu'auparavant. Un abîme les sépare toujours, aussi bien dans la conscience du Christ des conciles que dans ma conscience de chrétien. Mon union avec Dieu est rompue ; mon salut est compromis, et la religion parfaite, la religion définitive que j'avais cru trouver, s'évanouit. Je me retrouve dans une forme de paganisme raffiné et supérieur, en présence d'un christianisme qui, sous les formes d'une métaphysique transcendante, n'est qu'une nouvelle mythologie.

Revenons, revenons au plus vite au Christ de l'histoire, c'est-à-dire au Christ seul réel et vivant. En lui, je trouve le « fils de l'homme » en qui se concentre la vie de sa race, en sorte que ce qui se manifeste en lui de vie religieuse nouvelle, se manifeste et se réalise dans la race elle-même et à son profit. En lui, l'humanité franchit réellement une étape décisive de son obscur et douloureux développement, et arrive à la virilité. Tout ce que Jésus ressent, tout ce qu'il reçoit, tout ce qu'il conquiert, tout ce qui se passe en lui et tout ce qu'il fait au dehors, se passe, se fait, se répète, est conquis, mis en réserve au sein de l'humanité. En lui c'est l'homme qui appelle Dieu « père ! » et c'est à l'homme que Dieu répond : « mon fils ». Jésus n'a rien pour lui seul. Il n'y a en lui ni égoïsme moral, ni monopole métaphysique. J'ignore d'où il vient et comment il est entré dans le monde. Mais voici ce que je sais et ce que j'affirme, étant son frère par l'esprit et par la chair : il appartient à l'humanité comme tout enfant de la femme ; l'humanité est sa mère et vit en lui ; toutes les certitudes et toutes les joies de son âme, toutes les prières de son cœur, toutes ses humiliations et toute sa gloire, tout le drame intérieur de sa conscience, comme le drame extérieur de sa vie se passent en pleine et vivante solidarité humaine. Sa piété filiale, surtout, est une piété d'homme ; la révélation du cœur paternel de Dieu, en lui, s'est faite dans un cœur d'homme, et c'est pour cette raison que cette révélation et cette piété se peuvent répéter à l'infini, dans toute conscience humaine, pour le salut du monde. Comment et à quelle autre condition Jésus pourrait-il apparaître dans l'histoire, comme l'héritier de la vie antérieure de l'humanité et l'initiateur d'une évolution nouvelle ?

III

L'ÉVANGILE DE JÉSUS

Le principe chrétien apparaît simple et nu, à l'état de sentiment et d'inspiration, dans l'âme de Jésus-Christ. Il achève de s'expliquer, de se caractériser et de s'épanouir en doctrine, dans son Evangile. A le bien prendre, en effet, l'Evangile n'est que la traduction populaire et l'application immédiate du principe de la piété de Jésus au milieu social dans lequel il vécut. Tout sort de sa conscience filiale, comme une floraison naturelle et merveilleuse : sa vocation messianique et son double ministère de guérison et de prédication, ses actes et ses discours, sa morale et sa doctrine, le don absolu de soi dans sa vie et dans sa mort. Il faut se placer en ce centre, pour en voir jaillir tout le reste comme des rayons. Là se trouve l'unité intérieure et vivante de son enseignement et de sa destinée. Il ne promulgue aucune loi ni aucun dogme; il ne fonde aucune institution officielle. Son intention est autre : il veut, avant tout, éveiller la vie morale, faire sortir l'âme de son inertie, rompre ses chaînes, soulager son fardeau, la rendre active, libre et féconde. Il considère son œuvre comme faite, lorsqu'il a communiqué sa vie, sa piété à quelques pauvres consciences qui gisaient dans le sommeil et dans la mort. Jamais homme ne parla comme cet homme, parce que jamais homme n'eut moins le souci de ce que nous appelons « l'orthodoxie », c'est-à-dire la formule abstraite et correcte. Il préfère le langage du peuple à celui des savants ; il ne se sert que d'images, de jeux de mots, de paradoxes, de paraboles, d'idées courantes et traditionnelles, de toute forme d'expression qui, prise à la lettre, est bien la plus inadéquate du monde, mais qui est, en revanche, la plus vivante et la plus excitatrice. Chacune de ses sentences ou de ses paraboles est comme revêtue d'une écorce rude. C'est une noix qu'il faut casser, pour en pouvoir savourer l'amande qui est d'une infinie douceur. Jésus voulait forcer ses auditeurs à interpréter chacune de ses paroles, parce qu'il les appelait à une activité intérieure, autonome et personnelle, parce qu'il mettait fin à la religion de la lettre et du rite, et voulait fonder la religion de l'esprit. Encore aujourd'hui, celui qui ne se livre pas à ce travail d'assimilation et d'interprétation en lisant l'Évangile, celui qui, de la lettre et de la forme, ne remonte pas jusqu'à l'inspiration et à la conscience intime du Maître, ne saurait comprendre son enseignement ni en profiter. Qui ne collabore pas avec lui en l'écoutant, qui ne perce pas, à travers les paroles, jusqu'à l'âme, s'en retourne à vide. Jésus ne donne qu'à celui qui a, ou du moins qui désire avoir. Il ne mène à la vérité que ceux qui la cherchent. Il ne pardonne qu'à ceux qui se repentent ; il ne console que ceux qui pleurent, et ne rassasie que ceux qui ont faim et soif de justice et d'amour.

Tel est le caractère de son Évangile. N'en pouvant déployer ici tout le contenu, nous nous bornerons à noter l'attitude religieuse de Jésus à l'égard des choses et à l'égard des hommes, en face de la nature et en face de la société.

En paix avec Dieu, Jésus se trouvait en paix avec l'univers. L'idée de la nature, ce formidable écran qui s'est élevé entre Dieu et nous et qui fait mourir l'espérance dans nos cœurs et la prière sur nos lèvres, n'existait pas pour lui. La nature, c'était la volonté de son Père. Il s'y soumettait avec joie et confiance, tandis que nous nous y soumettons avec une résignation désespérée. Il ne se sentait ni orphelin ni exilé dans le monde; il s'y conduisait avec aisance et sécurité, non comme l'esclave, mais comme l'enfant, dans la maison que le Père remplit de sa présence. C'est le Père qui dirige toutes choses; il fait lever son soleil sur les justes et sur les injustes; il veille sur les passereaux; il habille les lys des champs; il donne la vie et l'aliment de la vie, le corps et le vêtement du corps; il marque l'œuvre que nous avons à faire, les épreuves que nous devons supporter. Il ne nous laisse jamais seuls. Son esprit vivifie et relève le nôtre. Il est à l'origine de notre vie et à son terme. Nous sommes toujours entre ses mains paternelles.

Il est vrai que Jésus n'avait pas de l'univers l'idée que, depuis trois siècles, la science nous en a donnée. Son horizon n'avait pas l'immensité du nôtre. Il ne faut pas douter qu'il ne partageât, avec une parfaite naïveté, les conceptions cosmologiques qui, de son temps, régnaient dans le peuple juif, comme chez tous les autres. Son univers était relativement étroit et petit. Sans doute, Jésus n'a jamais frissonné de l'effroi qui accablait la pensée de Pascal, écoutant le silence éternel des espaces infinis. Il n'a pas eu la vision, plus formidable encore, des lois invincibles de la nature ni celle des obscurités de l'histoire humaine, depuis l'âge préhistorique de l'homme des cavernes et la longue vie des races sauvages, jusqu'à ce crépuscule incertain et tremblant que nous appelons notre civilisation.

Reconnaissons tout cela, et laissons scrupuleusement

Jésus dans la solidarité de sa race et de son milieu. Mais sa piété filiale ne dépendait point de son savoir ou de son ignorance. Le plus ou moins de culture ne fait rien dans cet ordre de sentiments. L'irréligion n'était ni moins facile ni moins fréquente de son temps que du nôtre, et c'est une illusion de s'imaginer que, pour être plus étroit, son univers fût moins plein de fatalités scandaleuses, de difficultés pour la conscience morale, et offrît un exercice moins rude à l'effort de la piété et de la foi. Le monde des apocalypses, qui était celui dans lequel Jésus devait vivre et agir, n'était pas moins plein de mystères et de terreurs que le nôtre. Sa piété filiale, seule, donnait à Jésus le moyen et la force qui lui permettait de les surmonter. Il estimait que le devoir de l'homme est de changer son cœur plutôt que l'ordre des choses, c'est-à-dire la volonté de Dieu. Il n'y a ni sorcellerie, ni magie, ni appétit de miracles, dans la prière qu'il apprenait à ses disciples. Tout le fond en revient à ceci : « Que ta volonté s'accomplisse, ô Père! » Son obéissance était faite, dans son cœur, par moitié, de confiance enfantine et par moitié, d'héroïque renoncement. Devant les épreuves de la vie, il s'est incliné sans murmure comme sans faiblesse et, devant la mort, il a dit la prière de la foi, la seule qui nous reste à nous aussi : « Père! je remets mon esprit entre tes mains! »

En face de l'univers et de ses lois, le moi individuel est appelé nécessairement à se soumettre et à se renoncer. Le seul point qui importe, est de savoir sur quel autel nous accomplirons ce sacrifice. Ceux qui l'accomplissent sur l'autel de cette divinité aveugle qu'ils appellent la nature des choses, en restent inconsolés. Ceux qui, avec Jésus, le font dans les bras du Père céleste, l'accomplissent dans la joie et la force. Depuis l'éveil de la conscience jusqu'à son plus haut degré de développement, l'homme porte cette contradiction radicale ; il sent s'élever un conflit mortel, entre l'idée qu'il prend peu à peu du monde et l'idée qu'il prend de soi. Le moi veut conquérir le monde et il le conquiert en effet ; il le dépasse même par la pensée ; mais le monde a sa revanche ; il domine le moi, il l'écrase du poids des lois invincibles, et il l'engloutit, lui, ses efforts, ses œuvres, sa pensée, comme un rien éphémère. Jésus a senti cette opposition ; il a souffert de ce conflit. Il a résolu l'antithèse par un troisième terme, en qui s'est réalisée la paix des deux autres : la notion du Père, dont la volonté bienfaisante est également souveraine dans l'homme et dans l'univers. Et c'est encore cette solution heureuse apportée à l'énigme de la vie, qui fait de la religion de Jésus, la religion de l'espérance.

En présence des hommes, au sein de la vie sociale, Jésus sentait se nouer dans son cœur d'autres rapports et de nouvelles obligations. Sa piété filiale devenait une piété fraternelle. Le premier commandement : « Tu aimeras Dieu de tout ton cœur », engendrait nécessairement le second : « Tu aimeras ton prochain comme toi-même ». Le Père qui vit en moi, vit également dans le prochain ; il l'aime autant qu'il m'aime. Je dois donc l'aimer en lui aussi bien qu'en moi-même. Cette présence paternelle de Dieu en toutes les âmes humaines, crée en elles non seulement un lien, mais une unité substantielle et morale, qui les fait membres d'un même corps, quelles que soient, d'ailleurs, les différences extérieures et contingentes qui les séparent. De la paternité dans le ciel, découle la fraternité sur la terre. D'un rapport de justice et d'amour avec Dieu, naît un rapport semblable entre les hommes.

En définissant ainsi, par une idée, le lien religieux de

Jésus avec ses frères, je crains de l'affaiblir. Il ne s'agissait pas, pour lui, d'une théorie ; car il n'a jamais fait aucune théorie ni formulé aucune doctrine sur la fraternité humaine; c'est un sentiment ému, une parenté et une solidarité ressenties, une véritable vie de famille, où, dans le cœur de ce frère aîné, se répercutent, d'une part, toute la compassion et tout l'amour du Père, et, de l'autre, toutes les misères et toute la détresse des frères plus jeunes. Dans ses paraboles, Jésus ne dit pas « le Père » tout court; il dit habituellement « le père de famille, le chef de la maison ». C'est que le père n'existe pas sans ses enfants, et que l'humanité, sur la terre au moins, est la famille, par qui la paternité de Dieu, en fait, se réalise.

Mais, dans la société des hommes, Jésus rencontrait le péché avec tous ses effets de déchéance morale et de souffrance physique. Du contact de sa piété filiale et de cette grande misère humaine, naissait un double appel : voix du Père dans son âme, plainte de ses frères autour de lui; et ce double appel engendrait son ministère de relèvement, de consolation et de salut : « L'Esprit de l'Éternel est sur moi, car il m'a oint; il m'a élu pour apporter la délivrance aux captifs, la guérison aux malades et prêcher l'année de grâce du Seigneur. » (1)

Tout découle de la même source. Ce n'étaient point seulement les individus qu'il fallait guérir et sauver. La famille de Dieu n'était pas moins déchue, opprimée, désorganisée par toutes les puissances du mal, en proie à la haine, à l'ambition égoïste, aux guerres intestines. Ne fallait-il pas, encore ici, faire une œuvre de restauration, reconstituer cette famille bénie du Père pour le

---

(1) *Luc*, IV, 18.

salut du monde, inaugurer, enfin, le règne de Dieu annoncé par tant de prophètes, et attendu si impatiemment par toutes les âmes pieuses et toutes les victimes de l'injustice?. Ce fut sa vocation de Messie. — Mais comment se réaliserait cette victoire du Messie? Serait-ce l'œuvre de la puissance divine, éclatant tout d'un coup et exerçant ses représailles impitoyables? Depuis que le cœur paternel de Dieu s'était ouvert et versé tout entier dans le sien, Jésus avait aperçu une autre loi et une autre force, la loi et la force de l'amour, qui triomphe en s'immolant. Aussitôt, dans sa conscience s'éleva une nouvelle image du Messie : celle du serviteur de l'Eternel, portant les misères et les péchés de son peuple, battu, humilié et mourant pour lui procurer la guérison et la vie. Et ce fut l'Evangile de la croix. — Plus il avançait dans ce dépouillement de soi et dans cette œuvre d'amour et de douleur, plus aussi croissait et devenait lumineuse la révélation intérieure du Père. Quand, enfin, il eut la conscience claire et parfaite qu'il n'avait plus d'autre volonté à faire que la volonté de Dieu, d'autre dessein à servir que ses desseins mystérieux, d'autre cause à défendre que sa cause éternelle et souveraine, alors, il ne douta point de la victoire finale; la certitude de sa foi éclata triomphante, s'appropriant, pour s'exprimer en toute liberté, les plus hardies promesses des prophètes de l'Ancien Testament et des voyants des Apocalypses comtemporaines. Par son union avec le Père, l'héritier du passé se sentait le maître de l'avenir. Sur le trône de l'amour immolé, il a fondé une royauté qui n'aura point de fin. Tel est le secret intérieur de son espérance, et le sens religieux et moral de ses prédictions de triomphe prochain et de retour sur les nuées du ciel.

Jésus aimait à dire qu'un homme sage sait tirer, du trésor de son cœur, des choses anciennes et des choses nouvelles. C'est de cette manière qu'il accomplissait la plus radicale des révolutions religieuses, en paraissant ne vouloir qu'achever l'œuvre de la loi, et reprendre la prédication des prophètes. Qu'y avait-il donc de si puissant et de si nouveau dans ses moindres discours? Rien d'autre que le trésor de sa conscience filiale. L'inspiration intérieure qui en jaillit incessamment, donne à chaque détail de son enseignement, aux mots les plus anciens, aux métaphores les plus familières, une signification toute nouvelle, et comme une portée infinie. Sa parole s'enferme dans l'antithèse, traditionnelle chez tous les prophètes, de la faiblesse de l'homme et de la puissance de Dieu, du péché et du pardon, du repentir et de la confiance, de la maladie et de la guérison, de l'humilité et du relèvement. Mais il a une manière d'entendre ces termes et de les joindre ensemble, de les faire même sortir l'un de l'autre, qui les renouvelle entièrement. « Heureux les pauvres, car ils sont les héritiers du royaume des cieux! Heureux ceux qui pleurent, ils seront consolés! Heureux ceux qui sont affamés et altérés de justice, car ils seront rassasiés. Heureux les doux, car ils auront la terre pour héritage. » Pousser ainsi et stimuler le sentiment du besoin, de la misère ou de la faute, jusqu'à ce qu'il se change en son contraire ; faire sortir la richesse de la pauvreté ressentie, la consolation des larmes, la force triomphante de la douceur et de la faiblesse ; trouver dans la douleur de la faute, le principe et le germe de la vie sainte, et, dans la soif et la faim, la source même du rassasiement ; faire passer ainsi toute âme humaine, par ce drame intérieur du repentir et de la conversion où elle se régénère et se renouvelle, tel est l'unique, mais l'admirable et tout puissant mystère de son Évangile.

Il n'a pas plus fait de théorie sur l'homme, sur sa vie

morale, que sur Dieu et sur l'univers. Il s'est contenté de se placer au centre de la conscience humaine, et d'y creuser jusqu'à la source de la vie. Il prend l'homme, tel qu'il est sous tous les climats et dans toutes les conditions. Il ne le déclare pas radicalement impuissant pour faire le bien ; mais il ne le flatte pas davantage en voilant sa naturelle misère. Il le sait ardent et faible, plein de besoins et d'illusions, capable de retour, sujet à toutes les passions, victime de tous les esclavages. Il le traite en malade, ce qui est la vérité, et il ne pense pouvoir lui faire trouver le principe d'une guérison sérieuse, que dans le sentiment même de sa maladie. Loin d'énerver la loi morale, il l'aiguise au contraire, comme on aiguise un scalpel, pour mieux tailler dans la chair vive et pénétrer jusqu'aux jointures et aux moelles ; il renchérit infiniment sur les exigences de l'idéal traditionnel ; de l'acte extérieur il remonte au sentiment intime ; il égale la convoitise à l'adultère, et la colère ou la haine au meurtre lui-même. Il prêche à ses disciples d'aimer leurs ennemis, de prier pour ceux de qui ils reçoivent du mal, de ne répondre à la violence que par la douceur, et aux injures que par l'amour. Il parle ainsi, non pour affaiblir sur la terre la vigueur de la justice, mais parce qu'il voit, dans cet amour et cette douceur, la manifestation d'une justice plus haute, le seul moyen d'amener, à la fin, le triomphe du bien sur le mal. Voilà pourquoi la justice des siens doit surpasser celle des scribes et des Pharisiens. Elle n'est plus dictée par une lettre extérieure mais elle a, pour âme, l'esprit même du Père, et, pour règle intérieure, l'idéal que le Maître a allumé dans la conscience : « Soyez parfaits comme votre Père qui est dans les cieux, est parfait. »

Cette morale deviendrait aisément ascétique et paraîtrait même désespérante, s'il ne s'y mêlait un élément contraire, qui la rend humaine et féconde, sans l'abaisser ni la détruire. Cet élément, c'est la miséricorde et le pardon ; c'est la grâce pure et sans condition, qui, dans la misère ressentie, donne lieu à l'espérance, et, dans le repentir, ouvre la porte à la foi et à l'œuvre de la foi. Ces deux éléments, loi intransigeante et grâce inconditionnelle, se pénètrent si bien dans l'Evangile du Christ, que cet Evangile ne subsiste en son originalité et avec sa puissance, que par leur fusion entière et l'action réciproque et constante de l'un sur l'autre. Sans les rigueurs inflexibles de de l'idéal moral, le repentir ne serait pas possible, ou, du moins, il ne serait jamais assez profond pour produire le renouvellement du cœur; mais, sans la foi en la miséricorde divine, le repentir lui-même, se changeant en désespoir, serait stérile. Autant ces deux éléments de la vie chrétienne sont féconds par leur union intime, autant ils s'altèrent dès qu'on les isole ou qu'on les oppose. Que devient la loi chrétienne sans le sentiment de l'amour, sans l'élan de miséricorde, sinon une sorte de morale stoïcienne, raide et sévère? Et que serait la doctrine de la grâce sans la présence de l'obligation sainte de la loi, sinon la théorie d'une indulgence banale ou d'un mysticisme païen? Ne décomposez point le sel évangélique ; ce serait lui faire perdre aussitôt toute saveur et toute vertu.

Mais la synthèse ou combinaison dont ce sel est sorti, s'est faite spontanément et d'instinct dans la conscience du Christ, et, comme nous touchons ici à l'originalité native du principe chrétien, il faut aller jusqu'au fond, et tâcher encore d'en découvrir la raison dernière.

L'un des effets les plus frappants du péché et du remords a été de dédoubler en nous l'unité idéale du sentiment de justice et du sentiment d'amour, de les mettre en conflit, si bien, que l'un semble être la négation de l'autre. Le pardon nous apparaît comme une défaillance de la justice, une faiblesse, et le redressement de la justice, comme une vengeance. La grâce passe pour être immorale, et la loi, pour être impitoyable. Cette opposition caractérisait la conscience morale de toute l'antiquité. Ne la retrouve-t-on pas encore dans la moralité vulgaire de notre temps? On ne comprend l'une que comme la colère du droit méconnu, et l'autre, que comme la tolérance aveugle du mal. Or, dans une telle opposition, il n'y a ni paix ni salut possible pour la conscience humaine, car elle repousse avec horreur le Dieu des éternelles vengeances, et, avec mépris, celui des bonnes gens. Encore ici, la conscience pure et sainte du Christ a fait la conciliation et la paix. « Heureux ceux qui ont le cœur pur, disait-il, ils verront Dieu! » En se réfléchissant dans le clair et pur miroir du cœur du Fils, l'image du Père a retrouvé son unité brisée. Aucune réfraction anormale n'en trouble plus l'harmonie. Dans la figure du Dieu de Jésus, la justice garde son inviolable majesté, tout en se revêtant de miséricorde; et l'amour garde sa douceur sous les attributs mêmes de la sainteté. L'une se montre juste, non plus en se vengeant et en punissant, mais en se communiquant comme une vie, en faisant vivre et en justifiant le pécheur, et l'autre se manifeste clémente, non pas en tolérant et en fortifiant le mal, mais en amollissant, jusqu'au repentir, l'âme coupable, et en la sauvant. Ainsi, selon la parole d'un prophète, la justice et la miséricorde, jusque-là séparées et hostiles dans la conscience de l'homme et dans celle de Dieu, se sont entrebaisées et réconciliées pour toujours sur la Croix, devenue le pathétique symbole de leur unité. N'est-ce pas là le suprême accomplissement de ce qui était depuis l'origine, et est encore dans le vœu obscur et profond de l'humanité?

IV

UNE DISTINCTION NÉCESSAIRE

Au terme de cette longue méditation, une chose m'apparaît très claire : c'est la nécessité, ou mieux l'obligation où je suis désormais, de distinguer entre l'essence purement morale du christianisme et toutes ses expressions ou réalisations historiques, même les plus hautes et les plus fidèles. Si la religion est une vie intérieure, un rapport réel et ressenti entre Dieu et l'homme, et si le christianisme est cette vie portée à un degré supérieur, il est certain que la religion, en général, et la religion chrétienne, en particulier, doivent avoir les deux caractères de toutes les choses vivantes. La vie est une force idéale en son essence, réelle en ses manifestations. Elle ne peut se manifester que dans les organismes qu'elle crée et qu'elle anime. Mais, tout en s'incarnant en ses ouvrages, elle ne s'épuise ni ne reste prisonnière dans aucun d'eux. Jésus le savait bien, lorsqu'il comparait le principe de son Evangile au ferment qui fait lever la pâte, et à la semence qui germe dans le sol où elle est tombée.

Cette distinction nécessaire ne sera ni faite ni admise par tout le monde. Plusieurs de ceux-là mêmes qui la concèdent en théorie, en arrêtent l'application et l'abandonnent devant telle institution, tel livre, tels dogmes qu'ils déclarent sacrés. Les protestants sourient des catholiques qui identifient le christianisme avec l'Église. Mais, tout en admettant et faisant la distinction, quand il s'agit des églises historiques et des dogmatiques particulières, ils regimbent et protestent à leur tour, s'il faut l'appliquer à la Bible et distinguer entre la parole de Dieu et sa rédaction humaine et historique.

Convient-il d'aller plus loin encore? Pouvons-nous, devons-nous, en toute loyauté d'esprit, l'appliquer enfin à l'Evangile même du Christ et à la forme première sous laquelle il nous est parvenu? La plupart de ceux qui nous accompagnaient jusqu'ici, reculent maintenant et nous abandonnent; on les voit se baisser et ramasser, pour nous en frapper à leur tour, les mêmes arguments qui leur paraissaient pitoyables, quand il s'agissait de l'Eglise ou même de l'Ecriture. Pour ma part, je ne puis plus comprendre cette peur de la liberté laissée à la critique. Il me semble tout à fait impossible de nier qu'il y a, dans l'enseignement de Jésus, des parties incertaines, des choses qui ont été ou mal comprises ou mal rapportées, une forme orientale et contingente, qui a besoin d'être traduite en nos langues modernes. Comment ne pas voir que, non seulement son langage mais sa pensée n'ont rien d'absolu? L'un et l'autre sont constamment déterminés par les idées généralement reçues de son temps, par l'état d'esprit de ses interlocuteurs; et, à moins de vouloir que Jésus n'ait pas été un homme de son siècle et de sa race, peut-on l'abstraire de son milieu et lui prêter des idées qui n'auraient ni date ni patrie? J'ai déjà comparé le christianisme à un grand chêne, lequel aurait vécu et poussé depuis dix-huit siècles, et dont l'Evangile de Jésus-Christ aurait été le gland. Mais encore, dans ce gland, comme dans l'arbre lui-même, il est manifeste qu'il y a eu deux choses : un principe de vie, et quelque matière empruntée au sol hébraïque, avec laquelle le principe créateur a dû s'amalgamer pour entrer dans l'histoire et y devenir fécond. Le propre de la vie, c'est de rendre possible et d'instituer l'échange constant des matériaux dont elle édifie ses ouvrages. Quand cet échange a cessé, la vie a disparu. Si l'Evangile de Jésus-Christ était quelque chose d'arrêté et d'immobile, comme un code de lois ou un recueil de formules, il ne serait plus une puissance de vie. Ses paroles défient les siècles et ne se flétrissent jamais, elles sont véritablement éternelles, parce qu'elles laissent libre et n'emprisonnent point dans une lettre rigide et immuable, l'esprit de vie qui les anime.

Arrivé à ce point de vue, je vois les rapports du christianisme et de la critique historique changer entièrement, et je me retrouve dans la plus grande sécurité religieuse. La critique restera une juste cause d'alarmes pour tous ceux qui élèvent à l'absolu une forme historique et contingente quelle qu'elle soit, par la bonne raison, qu'un phénomène historique étant toujours conditionné, ne peut jamais avoir les caractères de l'absolu. Mais, au point où mes réflexions m'ont porté, je sens très clairement que la critique ne peut rien contre le principe chrétien, qui, ramené dans la conscience, se dégage toujours des expressions relatives et passagères qu'il a rencontrées. La critique le fait apparaître chaque fois dans sa pureté idéale et sa valeur éternelle. Loin de lui être funeste, elle lui devient nécessaire. Il n'est pas douteux que l'enseignement et l'œuvre du Christ, s'étant conservés durant un demi-siècle dans la simple tradition orale, ne nous ont pas été transmis sans quelques altérations et sans des éléments légendaires. Que fait donc la critique historique avec toute sa rigueur ? Rien d'autre que purifier cette tradition incertaine, écarter les voiles, nous mieux rendre l'âme authentique du Christ, et mettre, par conséquent, le principe chrétien en plus sûre et plus claire lumière.

Ce que nous venons de dire de la prédication du Maître, est encore plus vrai de celle de ses disciples. Les plantes chrétiennes ont beau provenir d'une même semence; elles varient nécessairement avec la terre où le grain a germé. Elles sont toutes d'une même espèce, je ne l'ignore pas; mais elles n'en constituent pas moins, dans cette espèce unique, des variétés innombrables. Comment le résultat extérieur aurait-il été le même, suivant que la semence divine tombait dans le cœur ignorant et naïf d'un pêcheur galiléen, dans l'âme d'un rabbin de génie, ou dans celle d'un penseur élevé à l'école d'Alexandrie? Aurez-vous la même église, la même dogmatique, le même culte en Arabie et en Grèce, chez une race sauvage ou dans les centres universitaires allemands, à Rome ou sur les bords de la Tamise, au Moyen Age dans une société féodale ou dans nos démocraties en un temps de raison émancipée et de libre gouvernement?

C'est ici qu'il convient de s'arrêter et de **réfléchir** un moment à cette étonnante variété des formes historiques du christianisme, dont aucune n'est parfaite, sans qu'aucune soit méprisable. Une pensée superficielle peut déduire de ce spectacle une leçon d'indifférence; une étude plus consciencieuse et plus attentive y puise une leçon contraire, celle d'une obligation toujours plus pressante, pour les individus et pour les églises, de ne jamais s'endormir dans une satisfaction trompeuse, mais de progresser indéfiniment; car le christianisme n'est rien, s'il n'est pas, en nous, tout ensemble, un idéal qui n'est jamais atteint, et une force intime qui nous pousse toujours à nous dépasser.

V

LES ALTÉRATIONS DU PRINCIPE CHRÉTIEN

Les différences qui séparent les formes historiques du christianisme, sont, comme celles de la religion en général, de deux sortes : il y a des différences d'espèce et des différences de degré. Les différences d'espèce sont celles qui dérivent de la diversité des races, des langues, des civilisations, des tempéraments ou des génies. Les différences de degré sont celles qui tiennent à l'intensité et à la pureté même de la foi et de la vie chrétiennes. Les églises et les peuples se diversifient à la fois par leur naturel, et aussi par leur degré de culture et de vie morale. Il va sans dire que ces deux classes de différences ne sont pas juxtaposées ; elles se mêlent incessamment et se compliquent à l'infini. Il n'en demeure pas moins qu'elles provoquent et légitiment deux espèces de jugements. L'on juge et l'on accepte les premières avec tolérance et sympathie, puisqu'on ne saurait raisonnablement blâmer un homme d'avoir la peau blanche ou noire. Mais les secondes peuvent et même doivent être nécessairement discutées et analysées, car elles impliquent des erreurs intellectuelles ou des défaillances morales, des corruptions ou un affaiblissement du principe chrétien, lesquels ne se peuvent corriger que par la critique et la discussion.

La semence chrétienne n'est jamais semée dans un terrain neutre et vacant. Aucune âme d'homme, aucun état social n'est une table rase. La place est toujours occupée par des traditions antérieures d'idées, de rites ou de coutumes, par des institutions qui ont fait souche et ont possession d'état. Le christianisme ne peut donc s'enraciner nulle part, sans entrer en conflit avec les puissances régnantes, sans livrer bataille à des préjugés, à des mœurs et à des superstitions qui naturellement résistent, et, même vaincus, renaissent sous d'autres formes dans la religion victorieuse. Prenez le christianisme ébionite des premiers siècles : est-il autre chose qu'un mélange, un compromis entre des éléments juifs et chrétiens? Que dirons-nous de l'église catholique, après Constantin? N'est-il pas vrai que, dans la transformation religieuse qui s'opérait alors, il y a eu double et réciproque conversion, et qu'il est difficile de dire si le monde païen a été plus modifié par le christianisme, ou le christianisme plus profondément pénétré et envahi par les mœurs et la religion qu'il croyait remplacer?

Dans cet ordre, les victoires les plus éclatantes ne sont jamais des victoires complètes. Même après la conversion la plus radicale, l'homme ancien subsiste, au moins par ses racines, dans l'homme nouveau. Le pharisien survécut longtemps dans l'âme de Paul devenu l'apôtre de Jésus-Christ. De même dans les sociétés humaines : les révolutions politiques ou religieuses n'abolissent jamais le passé. Après ces grandes batailles, où les passions et les intérêts ont autant de poids souvent que les idées nobles et les sentiments généreux, il s'établit toujours, entre les tendances vaincues et celles qui ont triomphé, une sorte d'équilibre par concessions réciproques et alliages spontanés. C'est de là que viennent, dans le christianisme historique, ce que nous appelons les altérations du principe chrétien, auxquelles seules devrait être réservé, dans notre langue moderne, le nom d'hérésies.

Il ne faut point s'imaginer que ces altérations ou ces hérésies, contre lesquelles c'est le devoir de la critique chrétienne de protester sans cesse, soient des choses arbitraires et en nombre illimité. Elles tombent au contraire, et doivent nécessairement tomber en deux catégories. La cause des altérations subies par le principe chrétien dans la vie sociale, ne peut jamais se trouver que dans la tradition antérieure, dans une des tendances morales et religieuses que le christianisme aspire à vaincre et à remplacer. Or, ces tendances se réduisent à deux : la tendance des religions de la nature, ou païennes, et la tendance de la religion légale, ou juive. Qu'on examine de près tout ce qui a jamais défiguré ou défigure encore le christianisme historique, on verra que chacune de ces altérations se ramène, par son caractère, à une racine juive ou à une racine païenne. L'Evangile, en tant que religion de l'esprit libre et de la pure moralité, n'a jamais et ne saurait jamais avoir d'autres ennemis que le judaïsme et le paganisme, toujours prêts à renaître dans son sein et à le transformer, soit en religion de la nature, soit en religion de la loi.

Le christianisme, par exemple, en sa pure essence, implique l'absoluité de Dieu, c'est-à-dire sa parfaite spiritualité et sa parfaite indépendance. De là, le culte en esprit et en vérité, le seul qui puisse être universel et humain, le seul qui corresponde à l'idée chrétienne de Dieu. Donc, toute tendance, dans le christianisme même, d'emprisonner Dieu dans une forme phénoménale, de l'enchaîner à quelque chose de matériel, de local ou de temporaire, de mêler le Créateur et la créature ou de combler la distance entre eux, par une hiérarchie d'êtres divins qui, sous prétexte de nous servir d'intermédiaires, interrompent notre libre et immédiate communion avec le Père, c'est, à proprement parler, une résurrection du paganisme et un retour à l'idolâtrie. Le paganisme et l'idolâtrie, que l'on affecte tant d'avoir en horreur, ne sont pas autre chose que la localisation et la matérialisation plus ou moins conscientes de l'esprit divin et de la grâce divine, quel que soit d'ailleurs l'organe visible auquel on les enchaîne ou dont on fasse dépendre leur action : pape de Rome ou pythonisse de Delphes, images des dieux ou images de la Vierge et des saints, liturgie des sacrements, divinisation d'une église, d'un sacerdoce ou d'un livre.

Autre exemple : le christianisme n'est pas seulement la liberté de Dieu, c'est encore sa sainteté, c'est la pure moralité mise au-dessus de tous les instincts de la nature, c'est, enfin, l'unité de la morale et de la religion. Dès lors, tout ce qui tend à briser cette unité, toute atteinte à la sainteté de la loi divine, toute tentative de cultiver l'émotion religieuse hors de la conscience, toute magie ou mystagogie, piété esthétique, romantisme religieux, christianisme à la Chateaubriand, mysticisme sensuel, ces essais, si nombreux aujourd'hui, de gnose philosophique ou littéraire, ces nouvelles religions sans repentir ni conversion, tous ces cultes sans élément de sanctification morale sont autant de corruptions du principe chrétien, et des conséquences plus ou moins lointaines d'un paganisme toujours latent dans le cœur humain.

A côté de l'altération ou de l'hérésie païenne, se développe, en sens contraire, l'hérésie judaïque. Le christianisme n'est pas seulement loi morale et sainteté intransigeante ; il est aussi et en même temps amour sans condition, grâce et miséricorde, action intime de l'Esprit de Dieu dans l'esprit de l'homme, pour y produire ce qu'il y veut trouver et y réaliser ce que sa loi commande ; c'est tout ce qui scandalisait le pharisaïsme, dans les paroles et la conduite de Jésus à l'égard des pécheurs et des égarés : le pardon sans reproche, la réhabilitation et le salut par le repentir et par l'amour, l'élan sincère du cœur mis au-dessus des œuvres extérieures, tout le contraire, en un mot, du pacte légal, de la vertu méritante et satisfaite, de la religion formaliste et de la piété rituelle. Eh bien ! tout ce qui tend à séparer le Père, de l'enfant ; ce qui pose la liberté et la vertu de l'homme comme extérieures à Dieu et comme ayant quelque mérite devant lui, tout pélagianisme, toute théorie du salut par les œuvres, toute condition mise à la grâce divine, autre que la seule foi pour la recevoir : adhésion à une formule doctrinale, usage des sacrements, absolution du prêtre, mortification extérieure, ascétisme monacal ou puritain, qui divise la morale et introduit, au nom d'une sainteté fantastique, le dualisme dans l'œuvre de Dieu, tout cela doit être tenu pour ce qu'il est en vérité, pour une rechute dans l'esprit légal et formaliste du pharisaïsme juif.

Je vois enfin à quelles conditions le christianisme peut rester fidèle à lui-même, en se réalisant dans l'histoire. Ce n'est qu'au prix d'une lutte incessante du principe chrétien contre tous les éléments du passé qui trouvent, hélas ! dans les penchants du cœur humain et dans l'inertie des foules, une complicité si constante et si efficace. Loin que l'indifférence religieuse soit permise, l'action critique et la prière chrétiennes deviennent, dans toute église et dans toute vie, de permanents devoirs. Je comprends la paradoxale déclaration du Christ : « Je suis venu apporter sur la terre non la paix, mais l'épée. J'ai allumé un grand feu dans le monde. » Pour le principe chrétien, en effet, la guerre, c'est la vie. Ne plus lutter, c'est abdiquer, c'est se laisser submerger par le flot montant des superstitions humaines, c'est mourir. Qu'est la flamme lorsqu'elle a cessé de brûler? Sent-on le danger qu'il y a de laisser absorber le christianisme dans une forme d'église, la vérité chrétienne dans un formulaire, le principe dans une de ses réalisations particulières? Toutes ces expressions contingentes étant imparfaites, doivent toujours être réformées tôt ou tard. Comment le seront-elles, si l'esprit du christianisme ne se dégage pas sans cesse et ne plane pas, comme un idéal, au-dessus d'elles? Depuis dix-huit siècles, un fleuve de vie coule dans l'histoire humaine. Rompez les barrages que le fanatisme et la superstition élèvent toujours au travers de son cours. Si les eaux s'arrêtent, elles deviennent stagnantes, se corrompent et empoisonnent les terres qu'elles avaient mission de fertiliser.

Littérature. — La conception du christianisme développée ici a, derrière elle, un long et triple travail : 1° d'analyse psychologique de la conscience chrétienne, individuelle et collective, 2° de critique historique sur la vie de Jésus, 3° d'exégèse et de théologie bibliques sur son enseignement et son œuvre. De là, trois classes d'ouvrages à citer.

Etudes psychologiques. — Schleiermacher : **Der christliche Glaube**, 1821. Ullmann : Das Wesen des Christenthums, 1845. De Wette : Das Wesen des christlichen Glaubens, 1846. D. Strauss : Dissertation finale de la Vie de Jésus, 1835; Das Vergängliche u. das Bleibende im Christenthum (Friedliche Blætter), 1838. Schenkel : Christenthum und Kirche im Einklang mit der Kulturentwickelung, 1869. A. Schweizer : Glaubenslehre, vol. I, 1864. Kahnis : **Dogmatik**, 2e éd., 1874. A. Ritschl : Unterricht in der christlich. Religion, 1875. Kaftan : Die Wahrheit der christlichen Religion, 1888. H. Schultz : Die Lehre von der Gottheit Christi, 1881. W. Hermann : Warum bedarf unser Glaube geschichtl. Thatsachen, 1884. Der Verkehr des Christen mit Gott, 1889. Lipsius : Lehrbuch der evangel. prot. **Dogmatik**, 1876; Die Bedeutung des geschichtl. Elements in der christl. Religion, (Prot. Kirchenzeitung, nos 43 et 44), 1881. Frank : **Das System der christlichen Gewissheit**, 1870-73. F. Robertson : **Sermons**, 1861-66. Vinet : Etudes et Nouvelles Études évang., 1847; Esprit de Vinet (par Astié), 1861. A. Coquerel père : Le christianisme expérimental, 1847. Bersier : Sermons, 1864-81. Arbousse-Bastide : Le christianisme et l'esprit moderne, 1862. Fontanès : Le christianisme moderne, étude sur Lessing, 1867; Le christianisme libéral, 1874. Mouchon : Le règne de Dieu (étud. bibliques), 1882. Guizot : Méditations sur l'essence de la Relig. chrét., 1864. Colani : De la personne de J.-Ch., essai de christologie positive, Revue de théol. de Strasb., année 1855. P. Lobstein : La notion de la préexistence du Fils de Dieu, 1883; La doctrine de la Sainte Cène, 1889; Le bilan dogmatique de l'orthodoxie moderne, 1891; La christologie traditionnelle et la foi protestante, 1894. N. Recolin : La personne de J.-Ch. et la théorie de la Kénosis, 1889. P. Chapuis : La transformation du dogme christologique, 1893. Ern. Martin : Le sens de l'expérience chrét. dans les discussions actuelles, Revue de théol. et de philos., 1894. L. Monod : Le problème de l'autorité, 1891. Raccaud : La certitude chrét., Revue de théol. et de phil. de Lausanne, années 1893-94. E. Roberty : Quelques réflexions sur l'autorité du Christ, 1893.

Etudes critiques sur la vie de Jésus. — La critique commence au XVIII° siècle, par une vive réaction contre la divinisation ecclésiastique du Christ. Reimarus : Fragmente eines Ungenannten, édités par Lessing, 1774. Venturini : Natürliche Geschichte des gross. Proph. von Nazareth, 1800. Paulus : Das Leben Jesu, 1828. C. Hase : Das Leben Jesu, 1829; Gesch. Jesu, 1876. Schleiermacher : Leben Jesu, aus d. Nachlasse, 1864. D. Strauss : Das L. J., kritisch bearbeitet, 1835, traduct. fr. de Littré, sur la 3° édit., 1839; Der Christus des Glaubens u. der Jesus der Geschichte, 1865. Neander : Das L. J. Christi, 1837, traduc. fr. de Goy, 1851. Holtzmann : Die synoptischen Evangelien, 1863. Weizsæcker : Untersuchungen üb. d. evang. Gesch. ihre Quellen u. d. Gang ihrer Entwicklung, 1864. Ewald : Christus u. seine Zeit, 1857. Schenkel : Das Characterbild Jesu, 1864. Th. Keim : Die menschliche Entwicklung Jesu, 1861; Die geschichtliche Würde Jesu, 1864; Geschichte Jesu von Nazara, 1867-72. B. Weiss : Das L. Jesu, 1882.

Ecce homo, a survey of the life and work of J. C., 1866, (de Seeley). Carpenter : The three first Gospels, their orig. and relation, 1890. Westcott : Introd. to the study of the Gospels, 1851, 6° édit., 1881.

Salvador : Jésus-Christ et sa doctrine, 1838. E. Renan : art. Historiens et critiques de Jésus, dans Études relig. 1858; Vie de Jésus, 1863.

Nombreuses réfutations catholiques et protestantes. Freppel : Examen crit. de la vie de Jésus, de M. Renan, 1863. E. de Pressensé : J.-Ch., son temps, sa vie, son œuvre, 1865 Scherer : Mélanges d'hist. relig., 1864. Colani : La Vie de Jésus de M. Renan, Rev. de théol. de Strasb., années 1863-64. E. Reuss : Etudes comparat. sur les trois premiers év., Revue de théol. de Strasb., années 1855 et ss. A. Réville : Etudes crit. sur l'év. selon saint Matthieu, 1862. G. d'Eichthal : Les Evangiles, 1863. G. Meyer : La question synoptique, 1877. A. Sabatier : Essai sur les sources de la vie de Jésus, 1866 ; Jésus de Naz., le drame de sa vie, la grandeur de sa personne, 1867 ; Jésus-Christ, art. de l'Encycl. des sc. relig., vol. VII, 1880. F. Godet : Comment. sur Jean et sur Luc, 1871-76. E. Stapfer : Jésus-Christ avant son ministère, 1896, et pendant son ministère, 1897. Le P. Didon : Jésus-Christ, 1890. A. Réville : Jésus de Nazareth, 2 vol., 1897.

Exégèse et théologie biblique. — De Wette : Biblische Dogmatik des A. u. N. T., 1813. v. Cœlln : Biblische Theologie, 1836. Schmid : Bibl. Theol. des N. T., 1853. F. Baur : Vorles. üb. Neutestamentliche Theologie, 1864. Oosterzee : Biblische Theol. des N. T. (du hollandais), 1869. B. Weiss : Lehrb. der bibl. Theol. d. N. T., 1868. Immer : Theol. des N. T., 1877. Beyschlag : Die Christologie des N. T., 1866. Gess : Die Lehre von der Person Christi, 1856. Baldensperger : Das Selbstbewustsein Jesu, 1888 et 92. Holsten : Zur Entstehung u. Entwicklung des messianisch. Bewusstseins Jesu in Zeitschrift d. wissensch. Theol., 1891. Haupt : Die eschatolog. Aussagen J. in d. synopt. Evang., 1895. Wendt : Die Lehre Jesu, 1886-90. Holtzmann : Lehrbuch der n. t. Theol., 1896.

E. Reuss : Hist. de la théol. chrét. au siècle apostolique, 1852, 3ᵉ édit., 1864. Colani : Jésus-Christ et les croyances messianiques de son temps, 1864. Wabnitz : L'idéal messianique de Jésus, 1878 ; D.-H. Meyer : Le christianisme du Christ, 1883. Ed. White : Life in Christ, 1878, traduit par Ch. Byse (L'immortalité conditionnelle), 1880. Pétavel-Oliff : Le problème de l'immortalité, 1892. Ménégoz : Réflexions sur l'Ev. du salut, 1879 ; Le péché et la rédemption d'après saint Paul, 1882 ; La théologie de l'épître aux Hébreux, 1894 ; La foi biblique et la croyance à la Bible, Revue de Montauban, année 1896. Renouvier : Etude philos. sur la doctrine de J.-Ch. ; Etude philos. sur la doctrine de saint Paul, dans l'Année philosophique de Pillon, 1894 et 95. J. Bovon : Etude sur l'œuvre de la Rédemption, Théol. du N. T. 1893-94. Fulliquet : La pensée du N. T., 1890.

CHAPITRE TROISIÈME

LES GRANDES FORMES HISTORIQUES DU CHRISTIANISME

I

L'ÉVOLUTION DU PRINCIPE CHRÉTIEN

La distinction entre le principe chrétien et ses réalisations successives, permet de résoudre sans peine la question, jadis si controversée, de la **perfectibilité du christianisme**. Il est évident que, considéré dans son principe interne et idéal à la fois, le christianisme ne saurait être perfectible. Il est la piété parfaite, la pleine union avec Dieu, par suite, la religion absolue et définitive. Mais, envisagé dans son évolution historique, non seulement il est perfectible, mais il doit progresser sans cesse, puisque progresser, pour lui, c'est se réaliser. Le germe ne saurait être perfectionné en son essence, en tant que germe et type idéal de l'arbre qu'il renferme en puissance. Mais l'arbre lui-même n'arrive à l'existence que par le développement du germe. Nulle réforme, nul progrès, nul perfectionnement ne sauraient donc avoir pour effet d'élever le christianisme au-dessus de lui-même, c'est-à-dire au-dessus de son principe ; car ces réformes et ces progrès ne feront jamais que le rendre plus conforme à ce principe, c'est-à-dire plus chrétien. D'autre part, le principe doit entrer en évolution dans l'histoire, pour manifester son originalité et sa force, pour réaliser, dans la vie individuelle et sociale, dans le domaine de la pensée et dans celui de l'action, en un mot dans la civilisation entière, toutes ses virtualités et toutes ses conséquences. Jésus l'entendait bien ainsi, quand il disait : « A quoi comparerai-je le règne de Dieu ? Il est semblable à un grain de senevé, qui est la moindre entre les semences. On la met en terre, et elle devient un arbre, sous les branches duquel les oiseaux du ciel viennent s'abriter. »

Cette distinction a un autre avantage. Seule, elle permet au penseur chrétien d'être équitable dans ses jugements, à l'égard de toutes les formes religieuses, de se mettre à un point de vue vraiment historique, et de concilier, sans faiblesse comme sans violence, ce qu'il doit à la vérité et ce qu'il doit à la charité. Toute tentative sincère d'exprimer ou de réaliser le christianisme dans un système ou dans une église, devient respectable aussitôt que l'on sait y découvrir, sous les formules les plus étranges ou les pratiques les plus grossières, quelques effets du principe chrétien ou quelques signes de sa présence. Si le dédain et le mépris ne sont permis à l'égard d'aucun type de christianisme plus ou moins éloigné de nous, l'illusion ne l'est pas davantage à l'égard de notre propre église, comme à l'égard de notre piété personnelle. La perfection n'est nulle part. Chaque communauté peut répéter — et plus elle sera grande, vieille et nombreuse, plus elle aura besoin de répéter, pour son compte — ce que l'apôtre

Paul disait de lui-même : « Je ne me persuade pas d'avoir atteint le but ; mais oubliant le passé, marchant en avant, je fais sans cesse effort pour atteindre et remporter le prix de notre vocation éternelle en Jésus-Christ. » L'habitude que nous avons de mettre toute la vérité de notre côté et toute l'erreur du côté des autres, et d'opposer ainsi les ténèbres à la lumière, ne fausse pas seulement le jugement : elle gâte le cœur et la piété, dessèche le sentiment de fraternité, et demeure toujours la preuve d'un orgueil soit collectif, soit individuel. Que chacun s'examine soi-même, qu'il juge son église sans complaisance à la lumière de l'esprit du Christ ; il sera vite ramené à plus d'humilité et à plus de vérité. Il n'identifiera jamais cette église ou son dogme avec le christianisme lui-même. Quelque pure qu'en soit la doctrine, quelque généreuses qu'en soient les œuvres, il estimera que ce n'est, après tout, qu'un commencement de christianisme, une ébauche en partie réussie, en partie manquée, au regard de ce que le principe chrétien, depuis dix-huit siècles, devrait avoir accompli dans le monde.

Tel est le sentiment avec lequel il convient d'aborder l'histoire du christianisme. Le champ est immense ; la végétation y est infinie ; il faut se résigner à être incomplet. Ne voulant ni ne pouvant tout dire, j'ai dû chercher un point de vue dominant, d'où il fût possible d'embrasser cette histoire dans son ensemble, et de la parcourir à vol d'oiseau pour en déterminer le cours. Fidèle à cette idée, que le principe chrétien est comme un ferment ou un germe jeté dans une masse lourde et épaisse de traditions antérieures, qu'il doit soulever et transformer progressivement, c'est cette lutte et ce progrès que j'ai voulu surtout décrire. J'essaierai de montrer comment le christianisme, empruntant toujours ses formes du milieu dans lequel il se réalise, après les avoir subies un temps, s'en dégage par la suite, triomphe des éléments inférieurs et temporaires qui l'enchaînaient, et manifeste d'âge en âge une indépendance plus grande et une plus pure et plus haute spiritualité. Ce progrès est lent, obscur, souvent interrompu, contrarié par des retours en arrière ou des moments d'arrêt ; il n'en apparaît pas moins éclatant, dès que, s'élevant au-dessus des complications secondaires, on mesure la distance entre le point de départ et le point d'arrivée. Non seulement le christianisme n'a jamais été mieux compris que de nos jours, mais jamais la civilisation ou l'âme de l'humanité, prises dans leur ensemble, n'ont été plus foncièrement chrétiennes.

Quand on suit l'histoire du christianisme, de ce point de vue supérieur, on constate qu'il a traversé trois phases très distinctes, et revêtu trois formes essentiellement différentes : la forme juive ou messianique, la forme gréco-romaine ou catholique, la forme protestante ou moderne. Voyons comment il a passé de l'une à l'autre.

II

LE CHRISTIANISME JUIF OU MESSIANIQUE

De ces trois périodes, on omet ou l'on supprime généralement la première.

Ne pouvant admettre que le catholicisme ne soit pas l'œuvre de Jésus-Christ et des apôtres, ni que l'Église ait varié dans son dogme ou ses institutions, les théologiens catholiques s'imaginent naïvement que les premières communautés chrétiennes de Jérusalem et d'Antioche ressemblaient à ce qu'étaient, au IV⁰ siècle, les grandes églises de Rome, de Milan ou de Lyon; que Pierre a été le premier des papes et exerça pendant vingt-cinq ans le pontificat suprême; que les apôtres établirent partout des évêques pour être leurs successeurs et les héritiers de leur pouvoir. C'est ainsi que l'histoire du christianisme primitif, dans la tradition catholique, est devenue un tissu de légendes.

Les théologiens du protestantisme traditionnel arrivaient, par une autre voie, à une conclusion analogue. Sous l'influence du dogme de l'inspiration verbale du Nouveau Testament, ils étaient amenés à faire du christianisme apostolique un type idéal et abstrait, que tous les siècles devaient s'efforcer d'imiter et de reproduire. Et, comme ils avaient la prétention d'y être revenus pour leur propre compte, soit en ce qui regarde les idées, soit en ce qui regarde les institutions et les mœurs, ils faisaient, de cette période apostolique, le premier chapitre de l'histoire du protestantisme, comme les catholiques en avaient fait le premier chapitre de celle du catholicisme. Dans les deux cas, elle perdait toute physionomie distincte et toute réalité.

En dissipant ces préjugés, la critique historique a ressuscité pleinement cette première forme du christianisme. Il n'est plus possible, aujourd'hui, de la confondre avec aucune autre. Elle eut ses contrastes, ses passions, ses orages. Ni Jésus ni les apôtres n'ont vécu dans l'idéal ou dans une paix paradisiaque. On disputait et l'on se divisait dans l'église primitive de Jérusalem, comme dans les nôtres. Les sujets des querelles étaient différents, sans être tenus pour moins graves que ceux qui nous passionnent. Pierre, Jacques et Paul n'ont pas été moins divisés ni plus tolérants au 1ᵉʳ siècle, dans la question de la circoncision et des rapports des Juifs avec les païens, que Luther, Zwingli et Calvin, au xvie, sur la doctrine de la Sainte Cène. D'un camp à l'autre, alors comme aujourd'hui, l'on échangeait des anathèmes et des pamphlets. Des partis contraires se trouvaient en présence. Il y avait les tenants intraitables de la tradition et de son autorité, les novateurs, ou les partisans, parfois téméraires aussi, de la liberté de la foi et de l'inspiration individuelle; puis, entre les deux, les hommes de conciliation et de juste milieu, préoccupés surtout de prévenir les schismes, et de ménager des traités de paix ou, tout au moins, des trèves, que ne manquaient pas de suivre de nouvelles crises et de nouvelles tempêtes.

Dans cette première forme du christianisme, comme dans toutes celles qui sont venues après, il y avait un certain dualisme, un mélange d'éléments hétérogènes et bientôt hostiles. La lutte ne pouvait pas ne pas éclater entre le principe chrétien et la tradition juive. Le grain nouveau, semé dans cette vieille terre, ne pouvait germer sans en soulever, et sans en déchirer, par endroits, la croûte épaisse et dure. Dans les livres du Nouveau Testament, qui nous ont conservé le tableau de cette première et puissante germination, il se trouve donc nécessairement, à côté de principes qui ont pour eux l'avenir, des choses vieillies qui s'en vont à la mort. On voit quelle erreur on commet, et quel tort on se fait à soi-même, quand, méconnaissant cette complexité historique, on sanctifie et l'on divinise également ces éléments contraires, et qu'on met sur la même ligne le grain éternellement fécond, et la paille, aujourd'hui desséchée et inerte, reste de la tige juive qui le portait.

Conçu dans cette matrice religieuse du judaïsme, si l'on me permet encore cette image, le principe chrétien n'y pouvait prendre qu'un corps essentiellement juif de structure, de substance et de couleur. Je ne parle, bien entendu, que du corps de ce premier christianisme, non de l'âme qui est toute nouvelle, comme je l'ai déjà montré. Or, le corps est juif par deux côtés et sous deux aspects : par la persistance de l'autorité de la loi de Moïse et l'observation pratique de ses prescriptions, dont les disciples de Jésus ne songeaient pas à s'affranchir ; en second lieu, par le messianisme apocalyptique qui dominait toute la pensée juive depuis l'époque des Macchabées, et dont les premiers chrétiens étaient peut-être plus imbus et plus possédés que tout le reste de leur peuple.

Foi en la parole évangélique de Jésus, communion pleine et joyeuse avec le Père céleste, habitudes de dévotion juive, espérances messianiques, tout cela fait, dans la conscience des premiers disciples, un mélange d'éléments divers et de choses de valeur fort inégale. Ces éléments ne pouvaient manquer, en révélant peu à peu leur nature disparate, d'entrer en contradiction, et d'engendrer des conflits dans l'intérieur même du christianisme apostolique. Ce sont ces contradictions et ces conflits qui mettent la pensée chrétienne en mouvement, et font la vie et le progrès de ce premier âge, en sorte qu'on peut bien le considérer toujours, et à bon droit, comme une époque créatrice et classique, et l'offrir comme exemple et comme norme aux églises de tous les temps ; mais à la condition de le considérer, non comme un bloc immobile de vérités éternelles, mais de le prendre en son mouvement naturel, en cet effort constant d'affranchissement progressif à l'égard du passé, en cette ascension héroïque vers des formes et des idées religieuses plus libres, plus humaines, plus conformes au caractère universaliste, à la spiritualité et à la pure moralité de la religion de Jésus.

Mais, dira-t-on, le Christ n'avait donc pas affranchi ses disciples, dès le premier jour, de toutes les erreurs et de toutes les superstitions du passé ; il ne leur avait donc pas donné des dogmes parfaits, un culte définitif, une morale immuable et complète ? Non, Jésus n'a jamais rien fait de semblable, et ceux qui jugent et apprécient son œuvre à ce point de vue, la doivent estimer bien inconséquente et très misérable. Loin d'exercer, sur la tradition religieuse de son peuple, cette critique systématique et formelle, loin d'y opérer, *ex cathedra*, le triage que le vulgaire attend, Jésus s'y refuse expressément, comme à une méthode essentiellement irréligieuse et fausse. Il ne veut rien abolir d'autorité ; il aime mieux confirmer la tradition tout entière dont il veut être l'héritier et non le destructeur. « Ne pensez pas, dira-t-il, que je vienne abolir la Loi ou les Prophètes ; je viens, non pour abolir, mais pour accomplir. »

Sa méthode est autre. C'est la méthode du semeur, auquel il aime tant à se comparer. Dans le sillon que sa parole ouvre dans le vieux sol du judaïsme, il dépose doucement et sans bruit des germes nouveaux. Dans les notions traditionnelles et théocratiques de sa race, il loge un contenu tout différent, qu'il puise dans son expérience religieuse personnelle et dans le sentiment de son rapport filial avec le Père. Puis, il laisse le temps faire son œuvre et développer les unes après les autres, les conséquences des principes qu'il a posés dans les âmes. Encore une fois, il sème ; d'autres moissonneront de siècle en siècle les épis nouveaux qui sortiront de ces semailles toujours divines.

Considérez son attitude à l'égard de la loi de Moïse. Il ne veut pas que l'on en méprise ou néglige un seul iota ; il renchérit sur toutes les prescriptions, bien loin de les affaiblir. Il ne lui suffit pas que Moïse ait dit : « œil pour œil et dent pour dent; » il veut que l'on aille jusqu'au pardon des injures et à l'amour des ennemis. Ce n'est pas assez de ne pas tuer; il assimile au meurtre lui-même, la haine ou la colère d'où le meurtre a coutume de sortir; de même, il place l'adultère dans la convoitise, et tous les péchés, en général, dans le cœur qui les engendre. C'est ainsi qu'en approfondissant la Loi, il en vient, à en faire jaillir une justice bien supérieure à celle des pharisiens et des scribes, à résumer la Loi et les Prophètes dans les deux grands commandements de l'amour de Dieu et du prochain, et à contraindre, pour ainsi parler, la Loi elle-même à se dépasser et à se transformer en pure morale évangélique.

Voilà ce qu'il entendait dire en déclarant que son œuvre serait l'accomplissement de la Loi. Rien n'était moins violent; mais rien, au fond, n'était plus révolutionnaire, parce que rien n'était plus fécond. Les Pharisiens ne tardèrent pas à s'en apercevoir. Celui qui, au nom de son inspiration intérieure, pouvait donner cette interprétation de la Loi, était vraiment non l'esclave, mais le maître de la Loi. Et il en use avec une royale liberté. Quand la loi du sabbat gêne son action morale ou l'épanouissement du principe de sa piété intérieure, il l'écarte ou l'assouplit avec une autorité souveraine. « Le sabbat a été fait pour l'homme, non l'homme pour le sabbat. Le Fils de l'homme est le maître du sabbat. » Voyez comment il se conduit dans la question des sacrifices et des offrandes, du jeûne et des formules de prières, des aliments purs ou impurs, de la dîme rituelle, et en général du temple et du culte que l'on y célébrait, des vœux religieux comme le *Korban*, ou de l'habitude de faire des serments. Toujours et partout le même procédé, qui ne fait tomber les vieilles règles que lorsque de ces règles mêmes, est sorti le fruit d'humaine moralité qu'elles avaient mission de faire mûrir. Il se passe ici quelque chose d'analogue au phénomène de végétation que l'on constate sur certains arbres, dont les feuilles desséchées lentement, ne tombent que sous la poussée intérieure des nouveaux bourgeons, en sorte que l'arbre n'est jamais destitué de couronne.

Nous nous rendons très bien compte aujourd'hui des inéluctables conséquences de cette méthode, parce que le temps nous les a révélées; mais ceux qui écoutaient les discours de Jésus, ne pouvaient les apercevoir. Ils ne se doutaient pas le moins du monde qu'un jour allait venir où ils devraient dire adieu à Moïse pour rester fidèles à leur Maître. Celui-ci, en somme, était resté jusqu'au bout soumis à la Loi, et avait été, comme l'appelle l'apôtre Paul, le serviteur de la circoncision. Au lendemain de sa mort, ses disciples n'avaient donc nullement rompu avec le judaïsme. Ils avaient même, pour la plupart, trouvé dans leur foi nouvelle, un motif de persévérer avec plus d'exactitude et de ferveur dans les habitudes de leur piété mosaïque. Les premiers chrétiens de Jérusalem étaient honorés de tout le peuple, à cause de leur assiduité au temple et de leur dévotion exemplaire. Ils ne sont donc pas affranchis; ils auront à s'affranchir eux-mêmes, à l'école des événements et sous la conduite de l'esprit de Jésus, qui est avec eux et habite en eux. Le principe chrétien devra reconquérir son indépendance sur le judaïsme qui le domine et l'enserre de toutes parts. Ce sera l'œuvre de plus d'un siècle de controverses et de conflits. Tous les chrétiens n'entrent pas dans ce mouvement avec la même décision; ils ne marchent pas tous du même pas, sur le chemin de la liberté. Plusieurs s'obstinent et reculent. Le progrès ne se ferait point, si l'Esprit divin qui avait suscité Jésus, n'avait pas suscité, après lui, de vaillants hommes, tels qu'Etienne, Saul de Tarse, Barnabas, l'auteur de l'épître aux Hébreux, celui du quatrième évangile, pour reprendre la lutte contre les servitudes du judaïsme et pour achever d'en triompher. Quand on passe de l'un à l'autre, du discours d'Etienne à l'épître aux Galates, de l'épître aux Romains à la théologie johannique, on aperçoit nettement la marche du progrès. A la fin du premier siècle, le christianisme est si bien indépendant du judaïsme national et traditionnel, que l'un traite l'autre, sans plus de scrupule, comme une religion étrangère et hostile.

Plus adhérente encore au principe chrétien, moins facile à dépouiller, était la seconde enveloppe juive, le messianisme apocalyptique. Jésus l'avait si bien consacré, en se disant le Messie et en inaugurant le règne de Dieu, que son Evangile pourrait s'appeler un « messianisme chrétien ». Dans ses discours, il paraît l'avoir confirmé encore plus expressément que la loi de Moïse. Sans doute, il procédait avec lui comme avec cette dernière, logeant dans toutes les notions théocratiques qui le constituaient, un contenu nouveau, un élément religieux et moral qui devait à la longue, en faire éclater le moule, et élever le messianisme au-dessus de lui-même. Mais il ne faisait pas ici plus de critique négative et abstraite qu'à l'égard des diverses parties de la tradition; il ne disait jamais ce qu'il fallait en abandonner ou ce qu'il en fallait retenir; il posait le principe nouveau; mais il laissait subsister les obscurités, abandonnant au temps et à la force des choses, le soin de tirer les conséquences et de débrouiller les confusions.

Pour son propre compte, il veillait simplement à garder intacts, sous ces formes apocalyptiques, le principe et l'inspiration de sa piété intérieure. C'est d'après ce principe et cette inspiration qu'il interprétait les croyances populaires, les adaptant avec une souveraineté parfaite à la fin morale et à la nature de son œuvre. Il en use avec le messianisme comme avec la loi de Moïse ; il en est le maître, non l'esclave ; il s'en sert, il ne s'y abandonne pas. Jamais ces espérances ne troublent la limpidité de son regard religieux ; elles ne lui enlèvent pas la possession de soi ni n'altèrent la direction, toujours exclusivement morale, de ses actes. Il accepte le titre de Messie, mais après avoir substitué l'idéal du Messie souffrant et humilié à celui du Messie national et triomphant. S'il prêche le royaume de Dieu, il a soin d'en expliquer les conditions et les biens véritables, qui ne sont autre chose que l'humilité, le repentir, la confiance enfantine, la justice, l'amour désintéressé, la joie du service de Dieu et du prochain. Il laisse aux hommes de chair la pompe et l'éclat qui éblouissent les yeux de la chair. Il admire la grandeur de Jean-Baptiste plus que celle d'Hérode. Le règne de Dieu ne viendra pas avec ostentation. Il commencera comme une semence invisible qu'un homme met en terre.

Dès le début de son œuvre, Jésus rencontra une mystérieuse tentation. Ce fut la lutte de sa conscience avec les séductions du messianisme vulgaire. Il en triompha avec peine ; mais, désormais, il se tint toujours en garde de ce côté. N'est-il pas très remarquable, que, cette même tentation lui revenant par la bouche de Pierre, Jésus traite de Satan le premier de ses apôtres, et rapporte au diable en personne et au prince des ténèbres les suggestions de cette nature, qui tendaient à le faire dévier de la voie que lui traçait l'inspiration de son cœur ? Il évite le titre de Messie, jusqu'au jour où il y peut joindre l'image de la croix. Il dédaigne l'appellation de « fils de David », préférant à toutes les autres, celle de « fils de l'homme », qui ne pouvait donner lieu aux mêmes méprises. Sur cette voie du renoncement, il doit sacrifier non seulement ses aises, ses joies et son repos, mais encore et à chaque pas, quelques-unes des croyances d'Israël et des gloires du Messie. Il n'hésite jamais. Son peuple le repousse-t-il, il se tourne vers son Père et lui dit : « Cela est ainsi, parce que tu l'as trouvé bon. » Il agonise en Gethsémané, le Messie agonise en lui, et il prie ainsi : « Père, que ta volonté soit faite et non la mienne. »

De là viennent sa liberté d'esprit, sa hauteur de vues dans l'interprétation des événements, comme aussi, la réserve pieuse et confiante dans laquelle il reste, devant les énigmes et les obscurités que son regard ne peut percer. Jean-Baptiste vient d'être décapité au fond d'une prison : singulière destinée pour cet Elie formidable, qui devait inaugurer par la foudre et les éclairs l'ère messianique, rêve de tous les patriotes! Jésus en est-il scandalisé? Hésite-t-il à déclarer que Jean à ce moment même, était l'Elie qui devait venir? Quel défi jeté aux oracles du messianisme populaire! Quand les fils de Zébédée veulent se réserver les premières places de son futur royaume, il ne leur parle que du baptême du martyre, et leur apprend qu'il faut laisser au Père le soin de régler les choses dont la disposition n'appartient qu'à lui. Sans doute, il ne dément jamais les prédictions apocalyptiques; au contraire, il s'arroge toutes les promesses de gloire et de triomphe ; mais, prenez-y garde: c'est toujours sous la réserve de la volonté du Père. Le presse-t-on d'une question précise sur la date de l'avènement du Messie, il répond qu'il l'ignore, qu'il faut observer la croissance des bourgeons aux branches du figuier, et les signes des temps autour de soi ; qu'il faut surtout veiller et prier, posséder son âme par la patience et abandonner au Père les décisions dont il garde l'impénétrable secret.

Nous parlons de liberté d'interprétation et de réserve pieuse, non d'accommodation hypocrite et sceptique. Il ne faut point douter que Jésus n'ait accepté tout d'abord, et partagé, au fond, les croyances messianiques dans lesquelles il avait été élevé, comme tous les enfants de sa race. Que ses disciples, en nous rapportant ses discours, les aient, sur ce point, épaissis et matérialisés, on n'en saurait guère disconvenir. Mais, d'autre part, on s'expliquerait mal l'unanimité de la première tradition chrétienne dans l'attente de son retour sur les nuées, si Jésus avait professé des idées toutes contraires. Après tout, faut-il se montrer plus étonné de le voir partager sur ce point les espérances de son temps, que du fait de s'être expliqué, comme ses contemporains, certaines maladies encore mystérieuses par des possessions démoniaques, ou d'avoir attribué, avec les rabbins, le psaume CX à David ; au premier Esaïe, l'œuvre du second, et à Moïse en personne, la rédaction du Pentateuque ? Cependant, ces idées courantes et traditionnelles qui lui venaient, non du ciel, mais de sa race et de son milieu, n'ont jamais réussi à altérer l'immuable pureté de sa piété intérieure, ni à fausser les inspirations divines de son cœur. Toutes les fois qu'il y a eu contradiction entre les croyances messianiques ou la loi de Moïse d'une part, et la conscience de Jésus de l'autre, ce n'est pas cette dernière, ce sont les vieux textes et les vieilles idées qui ont fléchi et se sont transformés.

Les disciples ne pouvaient avoir la liberté du Maître. Combien leur foi restait plus enchaînée à ces espérances d'avenir ? Pourquoi donc avaient-ils tout quitté et suivi

Jésus, sinon parce qu'il leur était apparu comme le porteur et le dépositaire des promesses divines? Sa mort, qui semblait démentir leurs vieilles croyances, ne servit qu'à leur donner un autre tour. Ils corrigèrent la prophétie. Au lieu d'une venue du Messie, ils en imaginèrent deux : la première, humiliée; la seconde, glorieuse. L'une se trouvant réalisée, ils attendirent l'autre avec une plus ardente confiance. Personne ne doutait qu'elle ne fût très proche. L'apôtre Paul a vécu dans cette espérance, aussi bien que l'auteur de *l'Apocalypse*, les rédacteurs des évangiles *synoptiques* et ceux de la *Doctrine des apôtres*. « Le temps est court ; le Seigneur vient : *Maran atha* ». C'était la devise de tous les premiers chrétiens. Cette foi en l'imminence du retour du Christ et de la fin du monde, domine toutes les pensées comme tous les sentiments des apôtres; elle détermine et colore leur christologie, leur théorie de la rédemption, leur morale, leur idée du salut, si bien que, pour faire l'exégèse de leurs écrits et déterminer la valeur de leurs raisonnements, l'historien doit les lire et les expliquer toujours à cette lumière. C'est pour cette raison que leur christianisme mérite le nom de messianique, et ne saurait être, sous cette forme juive, une norme absolue pour tous les âges.

Les disciples de Jésus, cependant, se trouvaient à une école dont ils ne devaient pas méconnaître perpétuellement les leçons. Le principe chrétien avait bien pu paraître uni au messianisme ; il était autre chose et n'en pouvait rester solidaire. Bientôt, sous la contradiction des événements et l'action de l'esprit de Jésus, on voit poindre un commencement de spiritualisation dans leurs croyances apocalyptiques. Ce progrès est sensible, quand on lit avec attention et dans leur ordre les lettres de Paul. Dans les premières, il espère assister, avant de mourir, à l'avènement du Seigneur. Mais à partir de la seconde épître aux Corinthiens, l'image de la mort et du martyre vient s'interposer entre sa foi et cet idéal glorieux, qui recule toujours plus dans l'avenir. Sans jamais disparaître, cette préoccupation du retour de Jésus diminue et tient une place moins grande dans ses dernières épîtres. Au contraire, l'œuvre de Jésus considérée dans le passé et dans son efficacité rédemptrice, la vie chrétienne conçue comme vie de foi et d'amour, comme imitation de Jésus-Christ et héritage de son esprit, prennent des développements toujours plus considérables. Insensiblement, le centre de gravité du christianisme apostolique se déplace ; de la contemplation hypnotisante de l'avenir messianique, où il était tout d'abord, il passe à la méditation sanctifiante de la passion du Christ, de ses enseignements et de son œuvre rédemptrice. Voilà ce qui éclate dans l'épître aux Hébreux et dans le quatrième évangile, où le Messie juif se transforme en *Logos* éternel, lumière de tout homme ici-bas et principe de religion universelle.

L'œuvre d'émancipation que les hommes seuls ne pouvaient faire, Dieu se chargeait de l'accomplir. Les conquêtes de l'Eglise chrétienne dans l'empire, et surtout la double et irréparable ruine de Jérusalem et de la nation juive, sous Titus et sous Adrien, ouvraient sur l'avenir d'autres perspectives. Le monde durait. Il fallait s'y installer et y vivre. Le montanisme ne fut qu'un dernier accès de fièvre. A la fin du second siècle, le messianisme juif était si bien mort, que ses sectateurs obstinés passèrent pour des hérétiques aux yeux de la grande Eglise. Celle-ci, organisée en une hiérarchie nouvelle, se substitua résolument à l'ancien peuple d'Israël, et se présenta comme l'héritière des antiques promesses. L'avènement du règne de Dieu devint l'avènement et la victoire de l'Eglise catholique, sur toutes les autres puissances de la terre. La théocratie messianique, future jusque-là, se transforme en une théocratie d'église. Le messianisme disparaît pour faire place au catholicisme.

III

LE CHRISTIANISME CATHOLIQUE

Transplantée du sol sec et pauvre de l'hébraïsme dans le riche et puissant humus de la civilisation gréco-romaine, la plante chrétienne devait croître et se transformer. Autant le messianisme apostolique était juif, autant le catholicisme est païen pour les mêmes causes et suivant la même loi. Plus grec en Orient, plus romain en Occident, il porte toujours et partout la trace de son origine. Etudiez successivement toutes les faces de l'Eglise catholique, vous retrouverez sur chacune d'elles cette marque indélébile.

S'agit-il du dogme des conciles et de la théologie des Pères, qui donc n'en démêle du premier regard le vrai caractère? Qui ne voit que cette étoffe est grecque de forme, de couleur et par tous les fils de son tissu? D'où viennent ces termes et ces notions, que désormais les théologiens de toutes les écoles se jetteront à la tête et que l'hébraïsme n'a pas connus, ces concepts abstraits de substance ou d'hypostase, de nature et de personne, d'essence et d'accident, de matière et de forme? D'où provient la science des Pères de l'Eglise, leur exégèse, leur histoire, leur logique, leur psychologie et cette haute métaphysique qui a si complètement transformé le ciel des prophètes en un ciel platonicien ? Tout cela dérive d'Athènes, d'Ephèse, de Samos, de Milet, en passant par Alexandrie et Rome. Les Justin et les Athénagore, les Clément et les Basile, Athanase plus encore qu'Arius, Jérôme comme Augustin ont été nourris dès leur enfance, aux lettres grecques et latines. Ils ont lu Platon, Héraclite, Zénon, Philon, et, plus tard, Cicéron, Posidonius et Sénèque, autant et plus peut-être que l'Ancien Testament. Quoi d'étonnant que leur théologie suive pas à pas celle du néo-platonisme, au point que celui-ci deviendra, pour Augustin, la véritable introduction à l'Evangile et qu'au Moyen Age, les noms de Platon et d'Aristote ne seront pas revêtus d'une autorité moindre que ceux d'Esaïe, de saint Paul et de saint Jean ?

Passerons-nous à la constitution de l'Eglise ? Qu'est-elle sinon le décalque parfait de la constitution même de l'empire romain : la paroisse se modelant sur le municipe, le diocèse sur la province, les régions métropolitaines sur les grandes préfectures, et, surgissant au haut de la pyramide, l'évêque de Rome et la papauté dont le rêve idéal n'est pas autre chose, dans l'ordre religieux, que la monarchie universelle et absolue dont les Césars avaient donné la première image ? Considérerons-nous la vie morale et le genre de piété ? Il est vrai qu'à l'origine et tant que durent les persécutions, l'opposition est grande entre les mœurs juives ou chrétiennes et celles de la société romaine ou grecque. Mais avec le temps, le contraste s'atténue singulièrement. Si l'Eglise conquiert le monde, le monde prend sa revanche dans l'Eglise, et quand, avec Constantin, le rapprochement est accompli et la fusion presque faite, on hésite à dire si c'est le monde antique qui est devenu chrétien ou le christianisme qui s'est paganisé. Qu'est-ce que cet ascétisme monacal s'imposant au clergé avec le célibat et l'exaltation de la virginité, multipliant les œuvres pies pour accroître les mérites de la dévotion et remplaçant, par des devoirs factices et stériles, les devoirs que créent la nature et la société, sinon les suites d'un dualisme et l'imitation d'un idéal qui, venus d'Orient, séduisaient les imaginations fiévreuses d'un monde expirant? Les moines, les anachorètes et leur théologie de célibataires impuissants ont-ils sauvé l'Egypte, la Syrie et Byzance?

Que devenait pendant ce temps le culte, l'adoration, la religion proprement dite? Entre la terre et le ciel, on voit reparaître toute l'antique hiérarchie des dieux, demi-dieux, héros, nymphes ou déesses, remplacés par la Vierge Mère, les anges, les diables, les saints et les saintes. Chaque ville, chaque paroisse, chaque fontaine a son patron ou sa patronne, son gardien tutélaire à qui l'on s'adresse plus familièrement qu'à Dieu, pour en obtenir les bénédictions temporelles et les grâces de chaque jour. Les saints ont leurs spécialités comme les petits dieux d'autrefois. L'un guérit de la fièvre et l'autre des maladies de la peau. Celui-ci protège les voyageurs et celui-là garde les moissons ou sauve le bétail; un troisième est tout puissant pour faire retrouver les objets perdus ou donner des héritiers aux maisons menacées de déshérence. Avec cette mythologie renaissaient toutes les superstitions jusqu'au fétichisme le plus naïf : pèlerinages, chapelets et litanies, vénération des images et des reliques, signes de croix, rites et sacrements conçus et célébrés à la mode des anciens mystères. Et tout cela s'est fait avec une sorte d'inconscience, par une progression lente et, souvent, par l'effet d'un zèle qu'on croyait chrétien. Les chefs de l'Eglise recommandaient aux missionnaires de ne pas détruire les temples des faux dieux, mais de les consacrer au véritable et de remplacer leurs images par les images de saints, et les rites de l'ancien culte par des cérémonies semblables. On changeait ainsi les noms et les étiquettes, non les choses ni le fond. A Rome, sous la basilique de Saint-Pierre, se dresse une superbe statue du prince des apôtres. Ce fut jadis une statue de Jupiter. L'orteil du pied est usé par les baisers des pèlerins et des fidèles. Avant le christianisme, on baisait le pied du maître des dieux; on baise, depuis, celui de Pierre. Le culte est-il d'ordre différent et la dévotion d'une qualité supérieure ?

Ce ne sont là, toutefois, que les formes du catholicisme. Allons plus au fond et tentons d'en saisir et d'en dégager le principe générateur.

Ce principe doit se trouver dans le dogme central du système catholique, dans celui qui en commande et régit toutes les parties, en fait l'unité et la force. Désigner ce dogme central n'est pas difficile. Le catéchisme nous apprend que c'est le dogme de l'Eglise, de son infaillibilité et de sa continuité traditionnelles, de son origine divine et de ses pouvoirs surnaturels. Les protestants affirment qu'on appartient à l'Eglise, parce qu'on appartient au Christ. Les catholiques renversent les termes de la proposition : on n'est en communion avec le Christ, on ne lui appartient réellement que si l'on appartient à l'Eglise. Ainsi la foi et la soumission à l'Eglise vont devant et demeurent la chose essentielle. On est catholique par le fait qu'on accepte implicitement l'autorité souveraine de l'Eglise ; on cesse de l'être, dès que cette soumission défaut. D'où il est aisé de conclure que le principe du catholicisme, c'est la réalisation du principe chrétien, c'est-à-dire du règne de Dieu et du Christ, sous forme d'institution visible, de corps social organisé, de pouvoir extérieur, s'exerçant par ce qui reste l'âme même de l'institution, je veux dire un sacerdoce doté de fonctions et d'attributions surnaturelles.

La conséquence immédiate de ce premier principe, fut la rupture de l'unité organique réalisée, dans l'Evangile du Christ, entre l'élément religieux et l'élément moral. Rien ne frappe davantage dans le discours sur la Montagne et dans toutes les paraboles de Jésus, rien n'atteste mieux la supériorité du christianisme sur les cultes antérieurs, rien ne prouve avec plus de force et d'évidence qu'il est la religion parfaite et définitive, que cette pénétration réciproque, cette fusion, cette identification, en un mot, de la religion et de la morale, jusque-là séparées et le plus souvent opposées l'une à l'autre. Le Christ ne voulait dans la religion rien qui ne fût moral ni rien, dans la morale, qui ne fût religieux. Aussi ramène-t-il la piété du dehors au-dedans, et en fait-il une inspiration intérieure qui pénètre et transforme la vie entière, une flamme cachée, un ferment agissant du fond à la surface, l'âme, dans le corps, toujours invisible et partout présente. Il fonde ainsi l'autonomie absolue de la vie religieuse et de la vie morale, qui n'en font plus qu'une seule et apparaissent simplement comme les deux faces de la conscience : l'une intérieure et tournée vers Dieu, l'autre extérieure et tournée vers le monde. En créant en nous le sentiment de notre filialité divine, Jésus n'admettait l'intervention d'aucune autorité extérieure, entre le père et l'enfant. Le sacerdoce universel, dont il revêtait par son esprit le moindre de ses disciples, excluait en principe tout sacerdoce surnaturel. « Pour vous, n'appelez sur la terre personne votre Maître. Vous êtes tous frères. » Les enfants du Père doivent avoir un libre accès auprès de lui.

Mais, du moment que le principe chrétien, au lieu d'entrer comme inspiration divine dans la conscience, se pose comme institution visible dans la société, il est bien évident que cette unité organique est rompue, et l'autonomie de la conscience individuelle, compromise. L'élément religieux s'affirme pour son propre compte et s'impose du dehors à l'esprit du fidèle, comme une autorité divine. L'ancien dualisme, que l'Evangile avait surmonté, reparaît plus profond ; il entraîne à sa suite un surnaturalisme universel, c'est-à-dire une conception mécanique des rapports de Dieu et du monde. Au lieu d'une pénétration, nous avons la superposition des deux éléments. Le clergé se sépare du peuple et se superpose à lui, comme intermédiaire obligé entre la terre et le ciel. La société religieuse, constituée sous la forme d'un gouvernement, se superpose à la société civile qu'elle voudra régir ; la grâce se superpose à la nature, agissant d'en haut sur elle par le sacrement ; la morale de l'Eglise, en tant que morale surnaturelle, se superpose à la morale naturelle de la conscience ; la révélation, à la raison ; les dogmes divins, à la science humaine ; le pouvoir spirituel du prêtre, au pouvoir temporel de la famille et de l'Etat. Partout, au dedans et au dehors, la division éclate, et l'on voit naître, dans l'homme et dans la société, une lutte intestine qui ne prendra jamais fin ; car les deux forces originelles qu'elle met en conflit, la religion et la nature, sont également puissantes et éternelles.

Le catholicisme a donc commencé le jour où dans l'Eglise du second siècle, sous l'action inconsciente de la tradition et des habitudes païennes, s'est fait sentir le besoin d'objectiver et de matérialiser le principe chrétien dans un fait extérieur, d'emprisonner le règne de Dieu dans une institution visible, la révélation immanente du Saint-Esprit, dans les décisions et les actes d'un sacerdoce. Cette tendance, une fois née, devait être irrésistible. D'idéal et de transcendant qu'il était tout d'abord, le principe chrétien devenait toujours plus extérieur et politique. Absorbant tout le christianisme, et détenant toutes les grâces de Dieu, l'Eglise se présentait naturellement comme la médiatrice permanente et la grande magicienne. C'est elle qui devait opérer le salut des pécheurs, et, pour cela, il fallait qu'elle pût offrir, comme le sacerdoce antique, chaque jour à Dieu, une oblation agréable, un sacrifice expiatoire de valeur infinie pour racheter l'infini des péchés du monde. Ainsi l'Eglise transforma la commémoration de la mort du Christ en un renouvellement *réel* du sacrifice du Calvaire ; la Cène devint la messe ; la table fraternelle se redressa en autel, le sénior ou prêtre se changea en sacrificateur et en pontife, et le pain de la communion, en victime divine. Le dogme de la transubstantiation devait suivre nécessairement : à la matérialisation du christianisme dans l'Eglise correspond la matérialisation de Dieu dans l'hostie.

Par l'effet du même principe, la piété chrétienne devient dévotion, c'est-à-dire une pratique rituelle et méritoire comme dans les cultes de l'antiquité. Prenons garde ici d'être injustes et d'attribuer au catholicisme quelque chose qu'il réprouve. Il ne dit pas que la pratique extérieure suffise jamais ; l'Eglise l'estime vaine et coupable même, si le sentiment du cœur et la bonne volonté ne l'accompagnent. L'attrition, la contrition et la foi font partie de la pénitence. Mais la pénitence est cependant encore autre chose. Si l'Eglise ne dit pas que la cérémonie suffise sans l'adhésion de l'âme, elle dit moins encore que le repentir et la foi du cœur suffisent sans les sacrements et les actes de piété. Le langage ordinaire traduit ici l'exacte vérité : le seul bon et vrai catholique, c'est le catholique pratiquant. Et cela est tout simple. La pratique, c'est le commandement de l'Eglise ; refuser de pratiquer, c'est donc refuser de se soumettre à l'Eglise et désobéir à Dieu. Soutenir qu'on peut être chrétien, dans le catholicisme, sans assister à la messe, sans communier et sans se confesser, ou bien sans accomplir les pénitences que le prêtre impose; considérer toutes ces choses comme de simples moyens pédagogiques, c'est-à-dire facultatifs, accessoires et à la rigueur négligeables, c'est une hérésie protestante qui, une fois admise, ruine à jamais l'autorité de l'Eglise tout entière.

Il y a plus : c'est méconnaître l'ordre de Dieu qui a enfermé ses grâces dans les sacrements pourqu'elles n'arrivent aux pécheurs que par ce canal. Les catholiques contestent parfois que les sacrements agissent *ex opere operato;* laissons cette dispute (1). Ils affirment, du moins, que la grâce divine est si nécessairement liée au sacrement, qu'elle en est inséparable, et qu'elle agit sur l'âme et sur le corps, comme agirait une substance divine convenablement administrée, pourvu que l'âme du fidèle ne résiste pas. L'eau du baptême ne purifie-t-elle pas le corps et l'âme de l'enfant sans qu'il le sache ou le veuille, et n'administre-t-on pas les mourants, alors qu'ils ont perdu toute connaissance et, par conséquent, ne sauraient s'associer à un acte où ils ne sont que

---

(1) L'expression *ex opere operato* a une longue histoire qui remonte jusqu'au commencement du Moyen-Age. V. Herzogs Real-Encycl. XIII, pag. 277 et ss.. Le texte capital est le canon 8 de la 7ᵉ session du Concile de Trente : *Si quis dixerit, per ipsa novæ legis sacramenta ex opere operato non conferri gratiam, sed solam fidem divinæ promissionis ad gratiam consequendam sufficere, anathema sit!*

passifs ? Comment cela pourrait-il se faire, s'il n'y avait pas dans le sacrement matériel, une vertu intrinsèque agissant indépendamment de la foi de l'individu, pourvu seulement qu'elle ne rencontre, de sa part, aucune résistance volontaire ?

Le premier et principal acte de piété, c'est donc la soumission absolue à l'Eglise. Ses dogmes peuvent être inintelligibles, irrationnels, contradictoires ; ses commandements paraître arbitraires, étrangers à la conscience naturelle, parfois en contradiction avec elle : il n'importe. Comme la raison et la conscience sont ce que l'homme a de plus précieux, ce qui même proprement le fait homme, ce ne serait pas renoncer à soi que de refuser de ployer sa conscience et sa raison. Parce qu'il coûte le plus, ce sacrifice est le plus méritoire. Un catholique qui reçoit la doctrine et la morale de l'Eglise, parce qu'il les juge très rationnelles, très utiles à l'humanité, et qui, d'autre part, se réserve de repousser ce qu'elle enseignerait contre la raison et la conscience, n'est presque déjà plus un bon catholique. Il doit, non pas *réserver* en principe son droit d'examen, mais, en principe, *abdiquer* tout ce qui lui ressemble, car il ne saurait y trouver qu'un piège ou une occasion de chute. Authentique ou non, le mot du lord anglais, abjurant le protestantisme pour se faire catholique, est d'une profonde signification : « Enfin, voici venu le jour où, pour la dernière fois, je vais prendre une décision personnelle. » Dans l'Eglise, l'état du chrétien ne peut être qu'un état de perpétuelle minorité, car la tutelle qu'il accepte ne cessera jamais ; elle a le droit de s'exercer partout et toujours.

L'autorité de l'Eglise, étant à ce point souveraine et indéfectible, ne pouvait rester invisible et indéterminée.

Une logique impérieuse la poussait, dès l'origine, à s'incarner en des organes, de plus en plus apparents et simplifiés. Au second siècle, comme en témoignent les lettres d'Ignace, le représentant de cette autorité fut le seul évêque, parce que chaque évêque représentait alors la tradition apostolique et la vérité. Se séparer de son évêque, c'était se séparer du Christ, et se séparer du Christ, c'était se séparer de Dieu. Mais, isolés, les évêques pouvaient entrer en conflit, et la chrétienté courait le danger de voir se former plusieurs traditions épiscopales et par suite, plusieurs églises, comme cela n'a pas manqué d'arriver. Aussi voit-on, dès le quatrième siècle, l'autorité du corps des évêques ou des conciles œcuméniques s'élever au-dessus de celle de chaque évêque. Mais la logique n'était point encore satisfaite. Les conciles ne sont point permanents; ils comportent une minorité et une majorité; ils pourraient se partager en deux moitiés égales; ils se succèdent et sont sujets à se contredire. Entre le pape et le concile, la guerre peut s'établir, comme on l'a vu à Bâle et à Constance. Il a donc fallu concentrer encore l'autorité et la rendre perpétuelle et perpétuellement présente et visible, en l'incarnant dans la personne de l'évêque de Rome. Le concile du Vatican, en 1870, n'a fait que tirer la conclusion qui sortait irrésistiblement des prémisses posées dans les siècles antérieurs. Il n'y aura plus de concile au sens ancien du mot. Le dernier a abdiqué officiellement entre les mains de la papauté. L'infaillibilité personnelle du pape parlant *ex cathedra*, suffit à tout et rend le reste inutile. L'évolution du catholicisme arrive à son terme. La transformation du christianisme en une théocratie sacerdotale est chose accomplie. Le premier se réalise et s'épuise dans la seconde, et la distinction que nous établissions, en parlant de l'essence du christianisme, entre le principe chrétien et ses réalisations historiques, non seulement est ici entièrement effacée, mais elle n'a plus même de sens.

D'où sortent deux conséquences que chaque jour fait saillir avec plus de force. La première, c'est que l'église catholique, malgré les désirs de Léon XIII, est condamnée fatalement à être intolérante et intransigeante à l'égard de toutes les autres. La seconde, c'est qu'il est contradictoire d'y attendre une réforme et même d'en parler, puisque l'Eglise ne saurait en admettre la nécessité, sans renier toutes ses prétentions. Les eaux d'un fleuve ne remontent pas vers leur source. Le catholicisme ne peut subsister qu'en luttant pour la suprématie. Il doit être tout, sous peine de n'être plus rien.

Les choses, toutefois, sont moins simples que nos systèmes. La logique des idées n'épuise pas la réalité de la vie. Derrière les principes abstraits, il y a les âmes pieuses. De même que, sous l'écorce la plus rugueuse et la plus sèche, la sève monte toujours des racines, de même une vie religieuse très riche et très intense n'a jamais cessé de circuler dans l'arbre du catholicisme, et le couronne toujours de fleurs et de fruits. Dans le corps de l'Eglise comme partout ailleurs, la vie s'entretient par la contradiction de forces contraires. Le mysticisme y a sans trêve lutté contre la scolastique, et le principe évangélique de la piété, contre le principe sacerdotal de l'institution ecclésiastique. Il y a toujours eu, dans le catholicisme, un protestantisme latent, par où j'entends la protestation sourde ou éclatante, directe ou indirecte, du principe chrétien opprimé et enchaîné, contre la jalousie de l'autorité extérieure et tyrannique. Sous cette compression progressive, le ressort de la conscience chrétienne se bandait et acquérait plus de force. On n'a pas encore bien compris toute l'importance du chapitre d'histoire qui a pour titre : *les Réformateurs avant la Réforme*. Depuis saint Augustin, à travers tout le Moyen Age, dans le sein même de l'Eglise, la lutte ne cesse pas. Etouffée un jour, la protestation reparaît plus énergique le lendemain. Après Vigilance et Claude de Turin, c'est Gottescalc; c'est Bérenger de Tours, ce sont les Vaudois et les Albigeois, les amis de Dieu et les Frères de la vie commune; c'est Wiclef, c'est Jean Hus, c'est Jean Gerson, c'est Savonarole ; ce sont toutes ces âmes pieuses qui, ouvertement ou dans l'ombre, réclament et attendent la réforme de l'Eglise dans son chef et dans ses membres, dans sa doctrine et dans ses mœurs. En vain étouffe-t-on par des supplices continus ces voix importunes; les défaites successives augmentent la force du principe chrétien qui vit au fond des consciences. Les eaux s'accumulent derrière la digue qu'on élève pour les arrêter. Leur poids, chaque jour accru, finit par faire, dans la digue, une brèche irrémédiable.

Sans la présence continue de l'esprit chrétien dans l'église catholique, la Réforme n'aurait pas été possible. Sans le triomphe de l'esprit sacerdotal, elle n'aurait pas été nécessaire. Le protestantisme est sorti du catholicisme, parce qu'il y était virtuellement contenu.

IV

LE CHRISTIANISME PROTESTANT

C'est se méprendre étrangement sur la nature de la Réforme protestante du XVIᵉ siècle, que d'y voir une sorte de semi-rationalisme, l'exercice inconséquent du libre examen ou l'introduction révolutionnaire d'un principe philosophique étranger, dans la trame du christianisme. Il suffit de lire la biographie des Réformateurs et de faire un peu la psychologie de leur âme, pour prendre une tout autre idée de leur œuvre. La première et presque la seule question qui les préoccupe, celle dont ils souffrent comme d'un tourment, est une question exclusivement religieuse et pratique : « Que faut-il faire pour être justifié devant Dieu ? Comment arriver à la paix de l'âme et à l'assurance du pardon des péchés et de la vie éternelle ? » Pour trouver cette paix, ce pardon et ce salut, que l'Eglise ne leur procurait pas, ils prennent la résolution de retourner en arrière et d'aller étancher leur soif à la source première de l'Evangile. Ils en appellent aux documents primitifs, parce qu'ayant la conviction que le christianisme s'était corrompu dans le cours des siècles, ils le veulent avoir dans sa pureté. Toute leur réforme devait consister dans cette restitution de la vérité primitive.

Mais l'histoire ne recommence jamais. Ce retour vers le passé et cette lecture de la Bible étaient accompagnés d'une expérience religieuse et d'un acte de conscience qui fait de leur entreprise quelque chose d'essentiellement original et nouveau et va la rendre indéfiniment féconde. Il ne faut pas chercher ailleurs que dans cette expérience psychologique, le germe du protestantisme. C'est dans l'humble cellule d'un couvent d'Erfurt et dans l'âme d'un pauvre moine, que s'est d'abord accompli, tout entier, le drame d'où est ensuite sortie la révolution qui a changé la face du monde.

Luther était entré dans son couvent avec la foi la plus entière et la plus sérieuse que jamais moine ait eue en l'autorité de l'Eglise et en l'efficacité de ses rites. « S'il était possible, disait-il plus tard, d'arriver au ciel par moinerie, j'étais résolu, pour mon compte, d'y parvenir. » Pendant des années, il ne recula devant rien pour se rendre Dieu propice ; il accumula les pratiques de piété et les œuvres de pénitence. L'analogie est frappante entre les expériences de Luther, sous le régime de la piété monacale et celles de Saul de Tarse, sous la discipline de la loi pharisienne. Le dénouement fut le même. Pour la seconde fois, le système des œuvres pies se trouva impuissant pour apaiser une conscience qu'armait contre elle-même toute la rigueur de son idéal. Cette lutte avec une loi extérieure ne pouvait qu'exaspérer le sentiment du péché jusqu'au désespoir. Paul et Luther firent de la même manière l'expérience de l'intérieure vanité et de la radicale non-valeur du système religieux dans lequel ils avaient été élevés. Plus ils avaient sérieusement essayé de le réaliser en perfection, plus il sortit condamné de cette crise fatale. Le catholicisme, considéré comme moyen de salut, se trouvait rejeté par la conscience religieuse et morale de Luther, avant de l'être par l'exégèse et par le raisonnement. Pour aboutir à cette sentence sans appel, le moine saxon n'avait eu qu'à maintenir inflexibles les exigences de la loi divine et à mesurer, sans illusion, l'abîme qui le séparait de Dieu et qu'aucune œuvre humaine ne pouvait combler. C'est ainsi qu'il se trouva ramené à l'essence même de l'Evangile de Jésus-Christ; il trouva la paix qui le fuyait, dans l'acceptation pure et simple du bon message de l'amour paternel de Dieu, dans la confiance, qu'il donne gratuitement ce que l'homme ne peut conquérir, savoir la rémission des péchés et la certitude de la vie éternelle. Qu'est-ce donc que la foi? Est-ce encore l'adhésion intellectuelle à des dogmes ou la soumission à une autorité extérieure? Non. C'est un acte de confiance, l'acte d'un cœur d'enfant, qui retrouve avec joie le Père qu'il ne connaissait pas, et qui, sans orgueil d'aucune espèce, est heureux désormais de tenir tout de ses mains. Voilà ce que Luther a trouvé dans cette parole de l'apôtre Paul : « Le juste vivra par la foi. » Dans cette transformation radicale de la notion de la foi ramenée à son sens évangélique, se trouvait le principe de la plus grande révolution religieuse que le monde eût traversée depuis la prédication de Jésus.

Donnons-nous donc ici le spectacle de l'opposition radicale du principe catholique et du principe protestant, pour bien comprendre la guerre sans trêve ni merci qu'ils vont se faire désormais. En vain, dans les deux camps, verra-t-on des esprits éminents, aux intentions les plus généreuses et les plus conciliantes, se lever et s'efforcer de trouver quelque moyen terme et d'opérer la réunion pacifique des deux moitiés de la chrétienté. Tous les compromis, toutes les négociations diplomatiques échoueront, parce que chacun de ces deux principes ne subsiste en réalité que de la négation de l'autre. Arrivé au salut, à la pleine communion avec Dieu, indépendamment et à l'encontre même de l'autorité et de la discipline de l'Eglise sacerdotale, comment Luther aurait-il pu les reconnaître encore pour divines et s'y soumettre avec sincérité et confiance? L'ancien édifice se trouvait d'autant mieux ruiné, qu'en fait, il était devenu inutile et se trouvait remplacé. L'originalité de Luther fut de faire sortir son affranchissement religieux de sa propre piété et de fonder sa liberté sur le sentiment reconquis de sa qualité et de ses titres d'enfant et d'héritier du Père. Comment une telle conscience, sans se renier elle-même, aurait-elle pu se remettre sous le joug? D'autre part, le catholicisme ne peut être moins intransigeant. Reconnaître à un degré quelconque qu'il est possible à un chrétien, de jouir du pardon et du sentiment de la paternité divine, en dehors de ses dogmes et de son sacerdoce, ne serait-ce pas abdiquer toutes ses prétentions et se transformer au point de se détruire?

Sans doute, dans la réalité, cette opposition s'atténue par le fait qu'il y a, dans tout catholicisme, un protestantisme près d'éclore, et, dans tout protestantisme, un catholicisme latent que la moindre occasion peut développer. Entre Port-Royal et Genève, entre Bossuet et Leibniz, entre Léon XIII et l'église anglicane, la distance paraît parfois très petite et facile à franchir. C'est une illusion. Aussitôt que le contact se produit, comme il arrive à deux électricités de même nom, les deux tendances se repoussent et s'éloignent indéfiniment. Dans le catholicisme, le christianisme tend à se réaliser comme institution théocratique; il devient une loi extérieure, un pouvoir surnaturel qui, du dehors, s'impose à la vie morale des individus et des peuples. Dans le protestantisme, au contraire, le christianisme est ramené de l'extérieur à l'intérieur; il s'implante, dans l'âme, comme un principe d'inspiration subjective qui, agissant organiquement sur la vie individuelle et sociale, la transforme et l'élève progressivement sans la dénaturer ni la violenter. La subjectivité protestante devient spontanéité et liberté, aussi nécessairement que l'objectivité catholique devient surnaturalisme et tyrannie cléricale. L'élément religieux n'est plus séparé de l'élément moral; il ne s'affirme plus comme une vérité ou une moralité supérieures à la vérité et à la moralité humaines. L'intensité de la vie religieuse ne se mesure plus au nombre ni à la ferveur des œuvres pies ou des pratiques rituelles, mais à la sincérité et à la hauteur de la vie de l'esprit. Tout ascétisme est radicalement supprimé. La science est affranchie en même temps que la conscience; la vie politique des peuples, aussi bien que la vie intérieure du chrétien. L'homme sort de tutelle et arrive, dans tous les domaines, à la possession de soi, au plein et libre développement de son être, à l'âge de sa majorité.

Ce caractère subjectif d'une religion strictement morale s'accuse avec énergie dans toutes les doctrines spécifiques du protestantisme. Nous ne parlons pas de celles qu'il possède en commun avec le catholicisme et dont il a hérité, mais de celles qu'il a créées spontanément et qui lui appartiennent en propre. Personne ne saurait méconnaître l'empreinte dont l'esprit protestant, dès l'origine, les a marquées. Il serait superflu de nous arrêter longuement à la doctrine de la justification par la foi, tant le caractère subjectif en est évident. Sans doute, ce terme de justification a une couleur légale et éveille l'idée d'un tribunal. Mais qu'on n'oublie point que ce tribunal n'est pas un autre que le for intérieur où l'homme et Dieu se rencontrent en tête à tête, où l'homme n'est accusé que par la voix de sa propre conscience et où la sentence qui l'absout, c'est le témoignage intérieur du Saint-Esprit qu'entend celui-là seul, à qui il est adressé.

La doctrine de l'autorité souveraine de l'Ecriture, en matière de foi, semblerait, au premier abord, pouvoir servir à ériger une autorité extérieure. Et il est bien vrai que certains protestants l'ont souvent entendue au sens catholique et l'ont employée pour exercer quelque violence sur leur propre conscience ou sur celle de leurs frères. Mais ils n'y réussissent pas longtemps; car ils tombent aussitôt en une contradiction trop criante. L'autorité de la Bible ne va jamais, en effet, dans le protestantisme, sans le droit, pour l'individu, de l'interpréter librement et sans le devoir personnel de s'assimiler les vérités qu'il y découvre. Dès lors, que font des protestants qui tentent d'édicter une confession de foi comme vérité obligatoire et absolue, sinon imposer à leurs frères leur interprétation subjective, et nier, par conséquent, chez les autres, le droit d'interprétation dont ils usent pour eux-mêmes? N'oublions pas, d'autre part, que l'obligation faite à chaque chrétien de lire la Bible et d'y puiser sa foi, est un perpétuel et fécond appel à l'énergie de la pensée et à l'autonomie de la vie intérieure. L'autorité de l'Ecriture, loin d'être un danger pour la liberté religieuse, en a donc été l'invincible rempart. Non seulement le chrétien protestant, au nom de la Bible, a triomphé et triomphe du poids d'une tradition dix-huit fois séculaire, mais c'est encore la Bible, un appel à la Bible toujours mieux comprise, mieux lue et mieux interprétée qui a sauvé la théologie protestante de la scolastique, l'a empêchée de se figer dans une confession de foi, et, laissant le principe de l'Evangile dans une transcendance idéale par rapport à toutes ses expressions ou réalisations historiques, a maintenu et maintient, dans les Eglises de la Réforme, la réforme elle-même constamment à l'ordre du jour.

Les doctrines de la grâce et de la prédestination, qui sont au centre du calvinisme, n'ont pas une autre signification. Les âmes religieusement inertes ne voient dans ces doctrines qu'un abus de puissance aveugle, une sorte de *fatum* divin, brisant tout ressort dans l'âme humaine. Rien ne paraît être plus oppresseur ni plus immoral. Mais ce n'est là qu'une apparence. Il n'y a point de prédestination, en vérité, pour les âmes irréligieuses. Cette doctrine n'est que l'expression du fond intime de toute piété véritable, qui ne serait rien, si elle n'était pas le sentiment de la présence et de l'action souveraine et continue de Dieu dans chaque âme et dans tout l'univers. Comment ne voit-on pas qu'aucun autre sentiment ne donne autant de ressort à la volonté de l'homme, que rien ne la redresse plus haute et plus invincible à tous les assauts du dedans et du dehors? « Si Dieu est pour nous, qui sera contre nous? Qui nous séparera de lui? Sera-ce la faim ou la nudité, le péril ou l'épée, la vie ou la mort, les hautes ou les basses puissances du monde? De toutes ces choses nous sommes plus que vainqueurs par celui qui nous a aimés! »(1) Comprend-on, enfin, pourquoi les puritains calvinistes de la nouvelle Angleterre ont été les fondateurs de la liberté moderne, et les jésuites, ces admirables théoriciens du libre arbitre, les précurseurs de toutes le servitudes? Il en est de la prédestination comme de la religion elle-même. Conçue comme extérieure à la vie de l'âme, elle enfante sans doute un écrasant despotisme; conçue comme inspiration intérieure, soutenant l'initiative et la liberté même de l'individu, elle devient, dans l'âme chrétienne, la source d'une force que rien ne saurait ni soumettre ni briser.

Mais le point où éclate le mieux l'antithèse du protestantisme et du catholicisme, c'est encore la doctrine du sacerdoce naturel de tous les chrétiens opposée à celle du sacerdoce surnaturel d'un clergé privilégié. Ici la négation protestante porte sur le principe même de l'affirmation catholique. La libre et perpétuelle communion des âmes croyantes avec le Père, fonde l'indépendance de chacune d'elles et l'égalité fraternelle de toutes. La racine du cléricalisme est coupée. L'individu est prêtre devant l'autel intérieur de sa conscience; le père de famille est prêtre en sa maison; et le citoyen libre, l'est encore, s'il le veut bien, dans la cité.

---

(1) *Rom.* VIII, 31-39.

Enfin, nous voyons s'évanouir, après toutes les autres, la notion catholique du dogme. Parler d'un dogme immuable et infaillible, dans le protestantisme, est un non sens, si du moins l'on admet, avec le dictionnaire, que le dogme est la promulgation par l'Eglise d'une formule absolue. Il est clair, en effet, que la décision d'une église ne saurait avoir plus d'autorité que cette église elle-même. Or, aucune église protestante ne se tient ni ne peut se tenir, sans se renier, pour infaillible. Comment pourrait-elle communiquer à ses définitions une infaillibilité qu'elle ne possède pas ? Les confessions de foi protestantes sont toujours conditionnées dans le temps, et ne sont jamais définitives ; elles restent toujours revisables, par conséquent sujettes à la critique et à une réforme, contre lesquelles il ne saurait y avoir de prescription. Ainsi cesse la solidification du dogme traditionnel. Les vieux glaçons fondent au souffle de la piété et de la science. Le fleuve reprend son cours naturel, et l'évolution, sous le contrôle d'une critique perpétuelle, devient la loi de la pensée religieuse comme de toutes les autres activités humaines.

De ces observations et de ces analyses qu'il faut abréger, ressort, dans une suffisante lumière, la véritable nature du protestantisme. Ce n'est pas un dogme arrêté en face d'un autre dogme, une église en concurrence avec une église rivale, un catholicisme épuré, opposé au catholicisme traditionnel. C'est plus et mieux qu'une doctrine, c'est une méthode ; plus et mieux qu'une église meilleure, c'est une forme nouvelle de piété; c'est un esprit différent, créant un monde nouveau et inaugurant, pour les âmes religieuses, un nouveau régime. Dès lors, il devient également évident que le protestantisme ne saurait être enfermé ni arrêté dans aucune forme définitive. Il aboutit à la variété des formules, des rites et des associations, aussi nécessairement que le principe catholique, à l'unité. On ne peut poser aucune limite à son développement. Toujours intérieur, invisible, idéal, le principe religieux qu'il représente accompagne la vie et l'activité de l'esprit dans toutes les voies que l'homme peut tenter et dans tous les progrès qu'il peut faire. Rien de ce qui est humain ne lui est étranger; mais lui-même ne reste étranger non plus à rien de ce qui est humain. Il résout le conflit de la liberté et de l'autorité, comme le résolvent les gouvernements libres et ordonnés; il ne supprime pas l'un des termes, mais il les concilie en réduisant l'autorité à son rôle pédagogique et en donnant l'esprit chrétien pour âme et pour règle intérieure à la liberté.

A cause même de sa supériorité et des conditions de culture générale qu'elle suppose, cette forme du christianisme ne pouvait apparaître qu'après toutes les autres. L'esprit ne peut prendre conscience de lui même qu'en se distinguant du corps dans lequel il est tout d'abord comme diffus et mêlé, et en s'opposant à lui par une énergique protestation morale. « Il faut, disait l'apôtre Paul, avec lequel on est toujours heureux de rester en communion et en accord, il faut que la vie psychique vienne la première, ensuite apparait la vie spirituelle et libre (1). » Il disait encore dans le même sens : « L'homme commence par être enfant; il n'arrive à sa majorité qu'à la date fixée par le père. Jusque-là, il est tenu en tutelle. » Ce plan divin, que l'apôtre découvrait dans l'histoire ancienne de l'humanité, se répète dans celle du christianisme. La forme

---

(1) *Corinth.*, XV, 43. *Gal.* IV, 1-5.

messianique qu'il a d'abord revêtue, sans la garder bien longtemps, correspond à une première et courte enfance, à cet âge heureux où l'imagination impatiente se berce de rêves et d'illusions que l'expérience de la vie dissipe bientôt, sans tuer ni même affaiblir l'espérance immortelle. La forme catholique, qui lui succède, dure plus longtemps et correspond à l'âge de l'adolescence, où l'éducation se fait péniblement et réclame une discipline extérieure très étroite et des maîtres dont l'autorité ne doit pas être discutée. C'est ainsi que la discipline et l'autorité catholiques ont fait l'éducation laborieuse et lente du monde païen et du monde barbare jusqu'au XVI° siècle.

Mais un moment doit venir, quand l'œuvre d'éducation a réussi, où les lisières dont l'enfant ne pouvait se passer, gênent et compriment la vie de son âge mur. La mission pédagogique de l'Eglise, comme celle de la famille elle-même, a sa limite et son terme dans la tâche qu'elle remplit. Cette tâche était de faire des chrétiens adultes et des hommes libres, non des hommes sans règle, mais des chrétiens ayant en eux-mêmes, dans leur conscience et dans leur vie intérieure, la règle suprême de leur pensée et de leur conduite. Cet âge nouveau d'autonomie, de ferme possession de soi et de *self-governement* intérieur, est celui que représente le protestantisme, et il devait nécessairement commencer avec les temps modernes, c'est-à-dire avec ce mouvement général qui, depuis la fin du Moyen Age, mène l'humanité à un affranchissement toujours plus grand, et la rend plus universellement et plus individuellement responsable de ses destinées.

Il convient de remarquer que, par cette évolution et sous la forme protestante, le principe chrétien ne faisait que revenir à sa pure essence et à sa première expression.

Il ne pouvait, en effet, se reconnaître lui-même, prendre conscience de sa vraie nature, se séparer nettement de ce qui n'était pas lui; il ne pouvait se débarrasser de tout élément matériel, temporaire ou local, de tout ce dont il s'était surchargé dans le cours des âges et qui n'était ni essentiellement religieux ni strictement moral, qu'en remontant à sa source et en se retrempant, avec réflexion et critique, dans ses origines. Voilà pourquoi le protestantisme a pris la forme de ce retour vers le passé, car en lui, le christianisme ne se dépasse pas lui-même; il ne fait que se mieux connaître et devenir plus fidèle à son principe. Dans la conscience du Christ, qu'avons-nous trouvé comme essence de la piété parfaite et éternelle? Rien d'autre que le repentir moral, la confiance en l'amour du Père et le sentiment filial de sa présence immédiate et agissante dans le cœur : fondement indestructible de notre liberté, de notre dignité morale et de notre sécurité en face des énigmes de l'univers et des mystères de la mort. N'est-ce pas à cet Évangile éternel, dégagé de tout ce qui n'est pas lui, qu'il faudra toujours revenir? Pour achever sa course et faire son œuvre, l'humanité trouvera-t-elle jamais un autre viatique qui renouvelle mieux, d'étape en étape, son espoir et son courage?

V

CONCLUSION

Il faut s'arrêter ici. Puisque j'ai parlé de confession, en commençant cet examen, il me semble que je l'ai faite à peu près tout entière. En esquissant les grandes lignes de l'histoire religieuse de l'humanité, en suivant ce pèlerinage obscur et douloureux, depuis les origines de la conscience humaine, cachées dans la nuit de la vie non civilisée, jusqu'à cette forme suprême de la conscience chrétienne que je viens de décrire, je n'ai eu au fond, qu'un dessein : j'aurais voulu dire et faire comprendre aux hommes de ma génération, pourquoi, en ce qui me regarde, je reste religieux, chrétien et protestant; par quelles raisons et de quelle manière ces trois états d'âme se lient en moi l'un à l'autre et n'en font qu'un. Je suis religieux, parce que je suis homme et ne veux être rien de moins, et que l'humanité, en moi et dans ma race, commence et s'achève dans la religion et par elle. Je suis chrétien, parce que je ne puis être religieux d'aucune autre façon, et que le christianisme est la forme parfaite et suprême de la religion sur la terre. Enfin, je suis protestant, non par aucun zèle confessionnel, ni par attachement de race à la famille des Huguenots, bien que je remercie Dieu, tous les jours, de m'y avoir fait naître, mais parce que, dans le protestantisme seul, je puis recueillir l'héritage du Christ, c'est-à-dire être chrétien, sans asservir ma conscience à aucun joug extérieur, parce que je puis me fortifier dans la communion et l'adoration d'un Dieu intérieur, sans lui sacrifier, mais en lui consacrant, au contraire, l'activité de ma pensée, les affections naturelles de mon cœur et trouver, dans cette consécration morale, le libre épanouissement de tout mon être.

Sous cette forme nouvelle, dégagé des langes antiques dans lesquelles il avait d'abord été emmailloté, le christianisme m'apparaît toujours mieux ce qu'il est, un principe spirituel et éternel, qui met la paix dans l'âme et peut seul réaliser dans le monde l'harmonie et l'unité. Rien ne le saurait contredire, que le mal et l'erreur; tout le sert et le fortifie. C'est lui qui se manifeste toujours plus clairement à mes yeux, dans cet amour héroïque de la science qui, de notre temps, a créé tant de merveilles et fait tant de martyrs, non moins dignes de louange et de vénération, que ceux de l'Église; c'est lui qui m'apparaît dans les œuvres de tous les grands artistes, dans cet idéal de beauté qui les ravit et fait couler de nos yeux de généreuses larmes; c'est lui que j'honore et que je bénis dans les efforts des hommes que l'avenir de l'humanité tourmente et qui, dans la direction politique de leur pays ou dans l'œuvre de l'éducation sociale, cherchent et trouvent quelque moyen d'adoucir et d'élever la condition du peuple; je le salue, dans les apôtres illustres de toutes les grandes causes et dans les ouvriers obscurs de toutes les humbles tâches, depuis la mère de famille qui apprend à ses enfants à joindre les mains et à plier les genoux devant le Père du ciel, jusqu'au prédicateur et au missionnaire qui distribuent fidèlement aux âmes affamées le pain de l'Évangile, depuis la sœur de charité vouant sa vie au soin des malades, jusqu'au penseur qui sonde les mystères du cœur et ceux de l'univers, pour en faire jaillir sur les pas de l'humanité errante, un peu de lumière et de joie.

Dans le crépuscule où nous sommes, vous prophétisez la nuit menaçante; je crois au jour qui va poindre avec un siècle nouveau. Où vous ne voyez que discordes, cohues et batailles, je vois un concours de forces qui, venant de tous les points de l'horizon, s'ignorent encore et se heurtent parce qu'elles s'ignorent, mais travaillent, par ces chocs mêmes, à l'œuvre de relèvement et de salut commun : œuvre mystérieuse dont le Christ a défini la nature dans son Évangile et dont il a créé le ressort, en nous soufflant au cœur un peu de son amour fraternel. Depuis lors, une sourde inquiétude est au fond de tous les égoïsmes, une sentence de condamnation, au front de tous les abus et de toutes les tyrannies. Le monde moderne ne peut plus s'asseoir dans le repos ni se rendormir dans le mal et dans l'esclavage; il a eu une vision qu'il ne peut oublier; il a été brûlé d'une flamme qui ne peut s'éteindre. Et qu'importe que nombre de ceux qui parfois sont les meilleurs ouvriers de cette œuvre de rédemption, ignorent d'où elle vient et où elle va et même blasphèment contre le Christ qui l'inspire et contre Dieu qui la soutient! Certainement ils ne savent pas ce qu'ils disent, pour autant du moins qu'ils savent ce qu'ils font; car leur ignorance, naïve ou farouche, calomnie en vérité, ce qu'il y a de meilleur dans leur vie et en eux-mêmes.

Littérature. Sur le christianisme juif ou messianique. — C'est Baur et son école qui ont remis en pleine lumière la lutte du principe chrétien contre l'enveloppe juive dans laquelle il était né. Il y a cinquante ans, on parlait surtout des observances légales que la nouvelle religion avait d'abord à vaincre. Aujourd'hui, c'est des croyances messianiques et de leur rapport avec l'Evangile qu'on s'occupe surtout. Cette seconde question sera résolue nécessairement comme la première. Le principe chrétien finira par apparaître aussi bien indépendant du messianisme apocalyptique que de la loi de Moïse, et le christianisme du premier siècle sera normatif pour la conscience chrétienne, non plus dans sa lettre, mais par son esprit. S'il porte en ses flancs un riche avenir, par toutes ses formes juives, il appartient au passé.

C. Baur : Paulus, der Apostel Jesu-Christi, 1845, 2ᵉ Aufl., 1866; Kirchengeschichte der drei ersten Jahrhunderte, 1863. Planck : Judenchristenthum u. Urchristenthum, in d. theolog. Jahrbüchern, 1847. Kœstlin : Zur Geschichte des Urchristenthums, ibid., 1850. Schwegler : Das nachapostol. Zeitalter in den Hauptpunckten seiner Entwicklung, 1846. Hilgenfeld : Das Urchristenthum in den Hauptmomenten s. Entwicklungsgangs, 1857. A. Ritschl : Die Entstehung der altkathol. Kirche, 1850. 2ᵉ Aufl., 1856. Lechler : Das apostol. u. das nachapostol. Zeitalter mit Rücksicht auf Unterschied u. Einheit in Leben u. Lehre, 1851. C. Holsten : Zum Evangelium des Paulus u. Petrus,

1867. Das Evangelium des Paulus, 1880. Weizsæcker : Das apostol. Zeitalter der christl. Kirche, 1886. Pfleiderer : Der Paulinismus, 1873. Das Urchristenthum, seine Schriften u. Lehren in geschichtl. Zusammenhang, 1887. Hausrath : Die neutestamentl. Zeitgeschichte, 1864-74. Schürer : Geschichte d. jüdischen Volks im Zeitalter. J.-C., 1886-90. F. Weber : Die jüdische Theologie, 1897. J. Derenbourg : Essai sur l'hist. et la géog. de la Palestine, d'après le Talmud, 1867. E. Renan : Histoire des origines du christianisme, 7 vol., 1863-82. E. Havet : Le christianisme et ses origines, 1871-84. Colani : Jésus-Christ et les croyances messianiques de son temps, 1864. Wabnitz : L'idéal messianique de Jésus. Le royaume des cieux, 1878. Baldensperger : Das Selbstbewusstsein Jesu, 1888-92. E. Ehrhardt : Der Grundcharakter d. Ethik Jesu, 1895. De Faye : Les apocalypses juives, 1892. Stapfer : La Palestine au temps de Jésus-Christ, 1890.

Sur le conflit du catholicisme et du protestantisme. — Lutte très vive et très longue aux xvi⁰ et xvii⁰ siècles. Luther : Les 95 thèses de Wittemberg, 1517; Sermons et traités polémiques de 1517 à 1530; La captivité de Babylone, 1523. De servo arbitrio, 1525. Mélanchthon : Loci communes rer. theol., 1521. Zwingli : Thèses de Zurich, 1523; De vera et falsa religione, 1525. Calvin : Institut. chrét. 1536-59; Réponse au cardinal Sadolet, 1539; Traité des reliques, 1543, etc. D. Chamier : Panstratiæ catholicæ corpus, 1627. Chemnitz : Examen Concilii Tridentini, 1588. Bossuet : Histoire des variations des égl. prot., 1688; Défense de la tradition et des Saints-Pères, 1704; Exposition de la foi catholique, 1674; Discours sur l'unité de l'Eglise, 1682. J. Daillé : De l'emploi des Saints-Pères (en latin : de usu Patrum), 1632. J. Pédézert : Le témoignage des Pères, 1892. Arnaud et Nicole : La perpétuité de la foi de l'église cath. sur l'Eucharistie, 1664-69-76. Claude : Réponse aux traités sur la perpétuité de la foi de l'église catholique touch. l'Eucharistie, 1667; Traité de l'Eucharistie, 1668; Défense de la Réformation, 1673. Jurieu : Lettres pastorales (7⁰ et 8⁰ lettres), 1688; Hist. crit. des cultes bons et mauvais, 1704. J. Basnage : Hist. de la religion des égl. réformées, 1690 : Hist. de l'Eglise depuis J.-C., 1699, etc. Voy. l'histoire de ces controverses chez Rébelliau : Bossuet, historien du prot., 1891.

Tout cela appartient au passé. On se battait sur des points de détail; aujourd'hui l'opposition est plutôt entre les principes des deux formes du christianisme. Mœhler : Symbolik oder Darstellung der dogmatisch. Gegensætze der Katholiken u. Protestanten nach ihren

Bekenntnissschriften, 1832. C. Baur : Gegensatz des Katholicismus u. Protestantismus, 1833. Neander : Katholicismus u. Protestantismus, 1863. Hase : Handbuch der protest. Polemik, 1862. Martensen : Katholicismus u. Protestantismus, 1874. Rothe : Die Anfænge der christl. Kirche, 1837. Holtzmann : Canon u. Tradition, 1859.

L'abbé Gerbet : Considérations sur le dogme générateur de la piété cathol., 1829; Esquisse de Rome chrétienne, 1848. A. Nicolas : Etudes philosophiques sur le Christianisme, 1842-43 ; Du protestantisme et de toutes les hérésies dans leur rapport avec le socialisme, 1852. Colani : La polémique anti-protestante, Rev. de théol. de Strasb., année 1853. Scherer : Le principe du catholicisme : que le catholicisme n'est qu'une branche du protestantisme; que le protestantisme n'est qu'une branche du catholicisme; Lamennais, Joseph de Maistre, le Père Graty, dans la Rev. de théol. de Strasb., années 1853 à 55 ; Lettres à mon Curé, 1854 ; L'Eglise et la société moderne (Etudes sur la Littérature contemporaine, 1878). Hatch : The influence of greek ideas and usages upon the christian Church, 1890. J. Réville : Les origines de l'épiscopat, 1895.

Twesten : Vorles. üb. die ev. luth. Dogmatik, Ier Theil, 1826. C. Baur : Das Prinzip des Protestantimus u. seine geschichtl. Entwicklung, Theol. Jahrbücher, 1855. Schenkel. Das Wesen des Protestantismus, 1846. Hundeshagen : Der deutsche Protestantismus, 1846. Dorner : Geschichte der protest. Theologie, 1867. Kahnis : Ueber die im Wesen des Protestantismus liegenden Prinzipien, 1862. A. Schweizer : Glaubenslehre, I, 1864. A. Ritschl : Ueber die beiden Prinzipien des Protestantimus, Zeitschrift für Kirchengeschichte, 1876. F. A. B. Nitzsch : Lehrb. der evang. Dogm. 1er Theil, 1891-92. F. Lichtenberger : Le principe du protest. d'après la théol. allem. contemp., 1857. Samuel Vincent : Observations sur l'unité relig., 1820 ; Observations sur la voie d'autorité appliquée à la religion, 1822; Vues sur le protestantisme, 1829, 2e édit., 1864, avec une étude de Prévost-Paradol, sur l'avenir du protestantisme. E. Ménégoz : Luther considéré comme théologien, 1883. R. Hollard : Protestantisme (princip. du), art. de l'Encycl. des sc. relig., 1881. Mouchon : Qu'est-ce que le protestantisme ? 1878.

Recueils des livres symboliques : Danz : Libri symbolici eccl. rom. catholicæ, 1836. Streitwolf u. Klener : Libri symbol. E. C. cum proleg., not. et indic., 1836. Richter u. Schulte : Canones et Decreta Concilii Tridentini, 1853. Francke : Lib. symb. eccles. lutheranæ, 1847. J. T. Muller : Die symb. Bücher d. ev.-luth. K., deutsch und lateinisch., 1848. A. Niemeyer : Collectio confessionum eccl. refor. publ., 1840. Kimmel : Libri symb. eccl. orientalis, 1843.— Marheineke : Christl. Symbolik, oder krit. dogm. comparative Darstellung des kathol. luth. reform. etc. Lehrbegriffes, 3 vol., 1810-13. Winer : Comparat. Darstellg. des Lehrbegriffes der verschied. christl. Kirchenparteien, 3^e Ausg., 1866. trad franç. 1844. Guericke : Allgem. christl. Symbolik., 3^e Ausg., 1861. Baier : Symbolik der rœmisch. kathol. Kirche, 1854. Graul : Unterscheidungslehren d. verschied. christl. Bekenntnisse, 1865. Œhler : Lehrbuch der Symbolik, 1876. Kattenbusch : Lehrbuch der vergleich. Confessionskunde, 1890.

LIVRE TROISIÈME

LE DOGME

CHAPITRE PREMIER

QU'EST-CE QU'UN DOGME?

I

DÉFINITION

On appelle dogme, au sens strict, une ou plusieurs propositions doctrinales qui sont devenues, dans une société religieuse, par l'effet des décisions de l'autorité compétente, objet de la foi et règle des croyances et des mœurs.

Il ne suffirait pas de dire que la société religieuse a des dogmes, comme la société politique a des lois. C'est, pour la première, une nécessité bien plus grande. Les sociétés morales n'ont pas seulement besoin de se gouverner; elles ont encore besoin de se définir et d'expliquer leur raison d'être. Or, elles ne peuvent le faire que dans leur dogme.

Le dogme est donc un phénomène de la vie sociale. On ne peut concevoir ni le dogme sans une église, ni une église sans dogme. Les deux notions sont corrélatives et restent inséparables.

Il y a trois éléments dans le dogme : un élément religieux qui provient de la piété ; un élément intellectuel ou philosophique, qui suppose la réflexion et la discussion ; enfin un élément d'autorité qui vient de l'Eglise. Le dogme est une doctrine dont l'Eglise a fait une loi.

Tous les peuples de l'antiquité ont été persuadés que la législation sous laquelle ils vivaient, leur avait été, à l'origine de leur histoire, apportée du ciel. De même, toutes les églises ont cru et plusieurs croient encore que leurs dogmes leur ont été, sous leur forme officielle, transmis par Dieu même. D'une part, l'histoire de l'évolution politique, mieux connue, et, de l'autre, celle de l'évolution religieuse ont dissipé cette double illusion. Toute loi de justice et de vérité doit être, sans doute, rapportée à l'action mystérieuse de l'Esprit divin qui travaille incessamment aux esprits des hommes ; mais, dans sa forme historique, elle n'en porte pas moins, toujours, la marque des conditions contingentes où elle est née. Le génie d'un peuple n'éclate nulle part mieux que dans sa constitution et ses lois, ni l'âme et l'inspiration originale d'une église, que dans ses créations dogmatiques. L'œuvre garde toujours l'effigie morale de l'ouvrier, et en témoigne.

Il suit de là qu'une église ne saurait revendiquer, pour son dogme, plus d'autorité qu'elle n'en revendique pour elle-même. Seule, une église qui se dit infaillible, peut se donner des dogmes immuables. Quand le protestantisme élève une pareille prétention, il entre en contradiction radicale avec son propre principe, et cette contradiction ruine toutes les tentatives de ce genre.

Dans le catholicisme, la théorie de l'immutabilité des dogmes se heurte à l'histoire, et, dans le protestantisme, à la logique. Dans les deux cas, l'affirmation se démontre illusoire. La vérité, c'est qu'il en est des dogmes, tant qu'ils sont vivants, comme de toutes les choses vivantes ; ils sont en perpétuelle transformation. Ils ne deviennent immuables que lorsqu'ils sont morts, et ils commencent à mourir, dès qu'ils cessent d'être étudiés dans leur fond et pour eux-mêmes, c'est-à-dire d'être discutés.

Le dogme, qui sert de loi et de lien visible à l'Eglise, n'est donc ni le principe ni le fondement de la religion. Loin d'être quelque chose de primitif, on ne le voit jamais apparaître qu'assez tard dans l'histoire de l'évolution religieuse. « Il y eut, disait Voltaire, des poètes et des orateurs, avant qu'il existât une grammaire ou une rhétorique. » L'humanité a chanté avant de raisonner. Partout, les prophètes ont précédé les rabbins, et la religion, la théologie. Sans doute, il est permis de dire que le dogme est dans la religion, puisqu'il en doit sortir ; mais il y est, comme les fruits de l'automne sont dans les fleurs du printemps. Dogmes et fruits, pour se former et mûrir, ont besoin de longs soleils. Le meilleur moyen d'en faire comprendre la nature, ce sera toujours d'en raconter la genèse.

II

LA GENÈSE DU DOGME

Le dogme a sa racine première dans la religion.

Dans toute religion positive, il y a un élément interne et un élément externe, une âme et un corps. L'âme, c'est la piété intime, le mouvement d'adoration et de prière, la sensibilité divine du cœur ; le corps, ce sont les formes extérieures, les rites et les dogmes, les institutions et les codes. La vie consiste dans l'union organique de ces deux éléments. Sans l'âme intérieure, la religion n'est qu'une forme vide, un cadavre. Sans le corps, expression de l'âme, celle-ci reste indiscernable, inconsciente et ne se réalise point.

Demande-t-on lequel de ces deux éléments est l'élément primitif et générateur, la réponse ne saurait être douteuse. La psychologie moderne l'a apprise de Schleiermacher, de Benjamin Constant et de Vinet, de façon à ne plus l'oublier. Le principe de toute religion est dans la piété, de la même manière que le principe du langage est dans la pensée, sans qu'il nous soit possible aujourd'hui de les concevoir isolément. Considérez un instant, je vous prie, cette religion que vous confessez peut-être encore, mais que le temps et l'habitude ont transformée, pour votre conscience, en une série mécanique de froides cérémonies, ou en un système d'abstractions et de théories métaphysiques ; remontez à la source : que découvrirez-vous, sinon que ces blocs de lave aujourd'hui refroidie, furent, à l'origine, les effusions brûlantes d'un feu intérieur ?

Dès ce moment, toutefois, les esprits religieux se classent et se séparent. Nous sommes ici à une ligne de faîte et de partage, d'où l'on peut voir les eaux couler sur deux versants opposés.

Considérant avant tout la religion comme une institution de salut, sous la forme d'une église visible organisée, maintenue et pourvue par Dieu même de tous les moyens de grâce, le catholicisme devait aboutir à une sorte de psychologie mécanique, et expliquer le sentiment de piété, comme l'effet intérieur de l'institution extérieure et surnaturelle. Ainsi ont fait Bellarmin et de Bonald, les plus conséquents des théologiens catholiques. Le protestantisme, au contraire, qui fait de la foi du cœur, du rapport immédiat et personnel de l'âme avec Dieu, le principe même de toute justification et de toute vie religieuse, devait non moins logiquement aboutir, par l'analyse, à une psychologie plus profonde, et ramener à un principe interne toutes les formes ou manifestations de religion. Ainsi, l'histoire religieuse est devenue homogène et reste parallèle à celle de toutes les autres activités de l'esprit humain.

Cette subjectivité du principe religieux n'en effraie pas moins beaucoup de bons esprits. Les hommes voués à la pratique et que dominent, à leur insu, les habitudes et les nécessités du gouvernement des églises et de la pédagogie religieuse, hésitent à s'engager dans une voie si naturellement ouverte. Comme, d'une génération à l'autre, la religion est enseignée et se propage du dehors, par l'Eglise, la famille ou des instituteurs spéciaux, il leur est impossible de ne pas imaginer qu'il en a été toujours ainsi, et de ne pas faire remonter jusqu'à Dieu même cette chaîne ou tradition d'enseignement extérieur. En quoi ils ont certainement raison. Leur seul tort, et ce tort est grave, c'est de se représenter Dieu comme un instituteur ordinaire, le premier de la série, ayant une fois agi comme les autres, du dehors, sur ses élèves ; au lieu que Dieu travaille à l'intérieur de toutes les âmes, qu'il agit et enseigne sans cesse par le moyen de tous les maîtres humains, et reste présent au commencement, au milieu et à la fin de toute l'éducation religieuse de l'humanité.

Qui ne voit qu'à se représenter autrement les choses, on reste dans le plus naïf et le moins religieux des anthropomorphismes? Au fond, on a peur de laisser périr la révélation, qu'on juge avec raison inséparable de l'idée même de religion. On objecte que la piété humaine et l'éveil du sentiment religieux doivent avoir une cause objective, et cette cause ne saurait être que la révélation même de Dieu. Rien n'est plus juste ; mais cette révélation qui s'opère au dehors, nous le voulons bien, dans les évènements de la nature ou de l'histoire, n'est connue cependant qu'à l'intérieur, dans et par les consciences humaines. Seule, cette inspiration interne permet aux hommes religieux d'interpréter religieusement la nature et l'histoire. Or, cette interprétation se fait par leur entendement et d'après les lois et les conditions qui le régissent. Le phénomène religieux n'a donc pas que deux moments : la révélation objective comme cause, et la piété subjective comme effet ; il en a trois, qui se succèdent toujours dans le même ordre : la révélation intérieure de Dieu, laquelle produit la piété subjective de l'homme, laquelle à son tour engendre les formes religieuses historiques, rites, formules de foi, livres sacrés, créations sociales que nous pouvons connaître et décrire comme des faits extérieurs. On voit quelle erreur on commet et dans quelle méprise l'on tombe, quand on identifie le troisième terme avec le premier, en supprimant le second qui en est le lien nécessaire et qui forme la transition. Qui voudra creuser ce petit problème de psychologie et y réfléchir avec un peu d'attention, verra que toute révélation religieuse de Dieu doit nécessairement traverser la subjectivité humaine, avant d'arriver à l'objectivité historique.

Prenons donc l'émotion interne, de quelque façon d'ailleurs qu'on s'en explique l'origine, comme le premier nœud vital et organique, comme le principe d'où il faut partir, pour suivre le développement de la vie religieuse entière. Nous ferons comme le physiologiste qui, voulant décrire le *processus* d'un organisme, remonte au germe, ne pouvant remonter plus haut, et en décrit fidèlement l'évolution. Il y a ainsi, dans toute chose, un don premier, une force posée par une puissance mystérieuse, que le savant constate par l'expérience, mais qu'il ne saurait concevoir et encore moins expliquer. Plus mystérieux que tous les autres, en effet, est le premier germe de la religion éclos au fond du cœur de l'homme en même temps que l'humanité, et les germes religieux venus successivement après celui-là, dont le plus riche et le plus parfait est apparu dans la conscience du Christ. L'homme pieux ne doute pas un instant que ces germes ne soient autant de créations de Dieu, autant de manifestations puissantes de sa présence et de son action, car il sait que la piété n'est rien, si ce n'est Dieu « sensible au cœur ». Mais il adore le mystère des créations divines ; il ne les explique point. Il lui suffit de partir de la piété parfaite de Jésus-Christ, pour expliquer comment le christianisme, ou la religion suprême, en est sorti, et de la piété élémentaire ou du sentiment religieux obscur mais puissant de l'homme primitif, pour montrer comment les religions de la nature en sont issues. Chez cet homme des premiers âges, l'expression de l'émotion religieuse fut double : celle-ci se traduisit par des gestes et par des paroles, par des rites et par des idées. Ces chants et ces rites primitifs ont été le point de départ des théologies les plus raffinées et des liturgies les plus solennelles. Limitons notre étude à l'expression intellectuelle de la religion, pour arriver à mieux marquer les phases successives qu'elle devait nécessairement traverser avant d'aboutir au dogme.

Notre premier langage, comme le premier langage de tous les peuples, est celui de l'imagination. Eveillée tout d'abord, ainsi que nous l'avons déjà fait remarquer, l'imagination de l'enfant et du sauvage anime, dramatise et transfigure tout. Elle engendre spontanément de vives et poétiques images. Au début, la religion, consistant surtout en émotions, en pressentiments, en élans du cœur, devait revêtir une forme mythologique. En réalité, nous avons déjà vu que cette mythologie ne manque nulle part, et l'on aurait tort d'y attacher la moindre défaveur. L'imagination a ses droits, jusque dans la religion la plus haute, tout aussi bien que la pensée rassise. Il y a même des choses mystérieuses qui sont intraduisibles en conceptions abstraites, et que les hommes les plus inspirés n'ont pu rendre que par des images. Le Christ n'exprimait qu'en paraboles les mystères du royaume des cieux. Les récits de l'évangile de la naissance de Jésus ne sont que de la poésie ; mais combien cette poésie est plus religieuse et plus vraie que les définitions du symbole *Quicumque!* Maintenons donc à la poésie et au symbole leur droit de cité dans la dogmatique chrétienne.

Mais, enfin, l'âge de la réflexion individuelle a son tour. L'image tend à se changer en idée. On l'interprète, on la précise, on la traduit. Le mythe religieux est remplacé par la doctrine religieuse. Ce sont d'abord des interprétations toutes personnelles. Néanmoins ces opinions veulent se propager et devenir générales, et, comme elles sont imparfaites et diverses, elles engendrent des conflits qui menacent de devenir des schismes. Le mythe, ne s'adressant qu'à l'imagination et ne prétendant traduire que l'émotion commune, rapprochait les âmes et les fondait dans une réelle unité; la raison individuelle, l'exégèse privée inévitablement les séparent. Mais la conscience de la communauté, ainsi menacée, réagit naturellement par instinct de conservation. La lutte s'engagera donc entre elle et les consciences individuelles, et, de cette lutte, naîtra le dogme.

Auparavant, il faut qu'un élément nouveau intervienne ; il faut qu'il y ait une église. Or, toutes les religions n'arrivent pas à se constituer sous forme d'église. Le phénomène ne se produit que dans les religions universalistes et morales. A bien voir les choses même, il n'y a de véritable église que dans le christianisme ; et il n'y a, à proprement parler, que des dogmes chrétiens. Dans les sociétés antiques, où la religion se confondait soit avec l'Etat, soit avec la nationalité, l'unité religieuse se trouvait maintenue et garantie par les mêmes moyens que l'unité politique. Il n'y avait pas de dogmes, parce que le dogme était inutile. On peut en dire autant de l'hébraïsme et de l'islamisme : il y a là des rites, des sceaux extérieurs et matériels, qui suffisent à serrer et à maintenir le lien religieux.

On ne voit surgir le dogme, au sens précis du mot, que lorsque la société religieuse, se distinguant de la société civile, devient une société morale, se recrutant par adhésion volontaire. Cette société se donne, comme tout organisme, ce dont elle a besoin pour vivre, se défendre et se propager. La doctrine y devient nécessairement chose capitale ; car, dans sa doctrine, elle exprime son âme, sa mission, sa foi. Il faut donc qu'elle la porte à un degré de généralité et de précision tout ensemble, assez élevé pour embrasser et traduire tous les moments de son expérience religieuse, et pour éliminer les éléments étrangers ou hostiles. La controverse s'engage dans son sein, et cette controverse menace de la déchirer. L'Eglise, alors, choisit et formule une définition du point contesté ; elle la donne comme l'expression adéquate de sa foi, et la sanctionne de toute son autorité objective : le dogme est fait. Dès ce moment, sont constituées également les deux notions corrélatives d'*orthodoxie* et d'*hérésie*. L'orthodoxie, c'est la doctrine officielle et collective ; l'hérésie, c'est la doctrine ou l'interprétation individuelle. Il va sans dire que ces deux notions varient indéfiniment, suivant la nature même des églises. Entre l'orthodoxie et l'hérésie, l'antithèse est tranchée et irréductible dans une église qui se prétend infaillible, comme l'église catholique ; elle devient, au contraire, très relative et se dégrade en nuances infinies, dans les communautés protestantes où la tradition doctrinale est essentiellement variable et mobile. Elle doit même logiquement finir par s'effacer et disparaître, dans des associations religieuses qui sauront pousser jusqu'au bout le principe de la Réforme, revenir au caractère libre et moral du pur Evangile, à l'inspiration personnelle de tout vrai disciple du Christ, et s'élever ainsi au-dessus de la forme légale et statutaire que la foi chrétienne a revêtue jusqu'ici.

Les dogmes particuliers d'une église, bien que nés en des circonstances diverses de temps et de lieux, se trouveront naturellement reliés entre eux par une logique intime, et formeront un système cohérent et ferme, qui constituera un type doctrinal exactement correspondant à l'inspiration et au principe général de chaque communion. C'est ainsi qu'il y a un système ou type catholique, un type luthérien, un type réformé, etc. La raison en est aisée à découvrir. En chacun des dogmes d'une église, s'exprime le principe même, et le génie propre de cette église, en sorte que les articles de foi, pris en détail, ne semblent être, et ne sont en réalité que l'application et l'épanouissement progressif d'un seul et même principe générateur. C'est donc avec juste raison que l'on emploie, dans la langue classique, le mot « dogme » au singulier, pour désigner l'ensemble de la doctrine ecclésiastique, et que l'on dit, par exemple, le « dogme chrétien », pour exprimer, dans leur unité, l'ensemble des dogmes du christianisme.

Sommes-nous au bout de ce développement dogmatique de la pensée de l'Eglise ? Il faut mentionner un dernier terme. Plus la définition de la doctrine contestée a été laborieuse, plus les définiteurs en ont choisi et pesé les mots, pour passer sans naufrage, entre des hérésies contraires, plus aussi il importe de la fixer par l'écriture et de lui donner une forme authentique, précise et durable. Les autorités ecclésiastiques ont été amenées à rédiger et à publier des *symboles* ou confessions de foi, des recueils, enfin, dits *livres symboliques*, qui sont comme les archives officielles, où se conservent les documents certains de ce qui a été l'objet de la foi et du culte de l'Eglise.

Notons, enfin, que cette longue évolution dont nous venons de marquer les moments successifs, depuis la première éclosion du sentiment religieux, jusqu'à la proclamation d'une doctrine solennellement arrêtée et sanctionnée sous forme de dogme, se justifie pleinement devant la raison, comme un mouvement de l'esprit aussi légitime que nécessaire. Il faut que le germe devienne un arbre, que l'enfant grandisse jusqu'à l'âge de raison, que l'image se transforme en idée, et que la poésie fasse place à la prose. On a pu se tromper, et l'on s'est trompé certainement sur la nature, l'origine et la valeur du dogme, mais non sur sa nécessité. L'Eglise devra, dans l'avenir, en faire un autre usage que dans le passé, mais elle ne pourra se passer de doctrine, parce que la forme doctrinale de la religion correspond à un besoin nécessaire de l'époque de croissance intellectuelle où l'esprit humain est parvenu. Il ne dépend de personne de le faire revenir en arrière, pas plus que de l'arrêter dans son développement.

III

ORIGINE ET HISTOIRE DU MOT « DOGME »

Aux résultats que nous venons de résumer, répondent exactement le sens original du mot et son histoire.

Le mot apparaît tout d'abord, bien avant le christianisme, dans la langue grecque, pour désigner les décisions politiques des rois ou des assemblées populaires. Saint Luc ne fait que suivre l'usage officiel, quand il emploie le mot *dogme*, en l'appliquant à l'édit impérial par lequel Auguste ordonnait un recensement des biens et des personnes, en Palestine, au temps de Quirinius (1).

D'un autre côté, on sait de reste que les écoles philosophiques de la Grèce étaient des confréries, avec un air de sectes religieuses. Chacune, pour se distinguer des autres et tenir groupés ses adhérents, devait donc définir expressément les principes de raisonnement, ou les règles de conduite qui faisaient autorité dans son sein. Ces principes et ces règles étaient appelés « les dogmes de l'école (2). » Le mot n'est entré, avec ce sens, dans la langue chrétienne qu'au IIe siècle. Les écrivains de cette époque, qu'on appelle « les apologètes », sortis presque tous de quelqu'une de ces écoles philosophiques, trouvaient naturel et croyaient sage d'y assimiler plus ou moins la nouvelle religion des chrétiens, d'abord pour la

---

(1) δόγμα, de la racine verbale ἔδοξεν = *visum est, placuit*, d'où, le sens de décret souverain : Luc, II, 1, et, dans la traduction des LXX, Dan., II, 13; VI, 8; Esther, III, 9; 2 Maccab., X, 8; etc.

(2) Cicéron, Quæst. Acad. IV, 9. Sénèque, Epist. 94 et 95. Marc Aurèle, Pensées II, 3, et III, 6, etc.

mieux faire comprendre, et ensuite pour la faire tolérer (1).

Mais jamais les écrivains de l'âge apostolique n'auraient songé à désigner ainsi l'objet de leur foi ou le message évangélique (2). Celui-ci était un don de l'amour divin répondant à la détresse et à la prière de l'homme, et rien ne pouvait être moins propre à le définir qu'un terme tout légal. Paul, l'apôtre de la grâce et de la liberté chrétienne, aurait certainement protesté contre une telle manière de parler, qui convenait, selon lui, à l'ancienne Alliance, mais non au caractère de la nouvelle. Deux fois, le terme revient sous sa plume, et toujours il l'emploie avec un très juste sentiment de sa signification originelle, pour caractériser la lettre impérative de la loi juive, en opposition avec la nature intime de l'Evangile et le ministère de l'Esprit (3).

Veut-on voir naître sur le sol chrétien, humblement et dans le cercle étroit des questions disciplinaires, le mot et la chose appelés bientôt à une si haute fortune? Qu'on relise le récit de la première conférence ecclésiastique, au chapitre XV du livre des *Actes des Apôtres*. A la fin, dans une lettre de l'église de Jérusalem aux jeunes églises de Syrie et de Cilicie, se trouve enregistrée une décision formelle, ainsi conçue : « Il a paru bon au Saint-Esprit et à nous de ne pas vous imposer la circoncision, mais seulement l'indispensable, à savoir que vous vous gardiez des

---

(1) Justin, Athénagore, en s'adressant aux empereurs, se placent au point de vue philosophique. Tatien, le premier, nomme le christianisme : ἡ καθ'ἡμᾶς φιλοσοφία βάρβαρος, ou encore : τὰ τῶν βαρβάρων δόγματα. Orat. ad Græcos, 1, 31, 35, etc.

(2) Ce message est désigné dans le Nouveau Testament par εὐαγγέλιον, λόγος τοῦ θεοῦ, κήρυγμα, παράδοσις, παραθήκη, ὁδός, etc.

(3) Eph. II, 15; Col. II, 14.

viandes sacrifiées aux idoles, des bêtes étouffées, du sang et de l'impureté. » Un peu plus loin, cette décision est appelée un dogme. C'est le premier et le seul qu'on trouve dans le Nouveau Testament, au moins en forme expresse. Aujourd'hui, il est oublié dans la plupart des églises chrétiennes, tant il est vrai qu'une décision ecclésiastique, même inspirée par le Saint-Esprit, dépend des circonstances qui l'ont provoquée, et ne saurait, par conséquent être éternelle.

A l'origine, le mot *dogme* signifie donc commandement, précepte, et non pas vérité (1). Quand, au second siècle, avec le pouvoir épiscopal, apparaissent les règles de foi, elles seront naturellement comprises sous la même désignation. Mais ce n'est que beaucoup plus tard, vers le temps d'Athanase ou d'Augustin, que le mot dogme prend un sens restreint et demeure réservé aux décisions doctrinales des Pères, des Conciles et du Pape (2). Depuis lors,

(1) IGNACE d'Antioche n'emploie encore le mot que dans ce sens pratique. Ce qu'il appelle τὰ δόγματα τοῦ χριστοῦ καὶ τῶν ἀποστόλων, ce ne sont pas les vérités révélées, mais les commandements laissés par eux à l'Eglise. Comp. : Epist. ad Magn., 13; ad Eph., 9; ad Trall., 3, 7; ad Rom., 4, et CLÉMENT ROMAIN, I Cor. 20 et 27, etc.

(2) La distinction entre la vérité théorique et le commandement pratique, apparaît d'abord chez CLÉMENT d'Alexandrie. Le christianisme est τὸ θεῖον δόγμα. Prædag., I. GRÉGOIRE de Nysse distingue nettement dans le christianisme la *doctrine*, τὸ δόγμα et la morale, τὸ ἠθικόν μέρος, Ep., 6. CYRILLE de Jérusalem fait consister la vraie religion en ces deux points : une saine doctrine et une bonne conduite : ὁ τῆς θεοσεβείας τρόπος ἐκ τῶν δύο τούτων συνίσταται, δογμάτων εὐσεβῶν καὶ πράξεων ἀγαθῶν. Cat. 4, 2.

Chez les Pères, la distinction entre l'Evangile de Dieu et le dogme de l'Eglise, n'est pas entièrement abolie ou méconnue. L'un est le contenu divin dont l'autre est la forme humaine. Un curieux passage de Marcel d'Ancyre, conservé par Eusèbe (cont. Marcel. 1, 4), prouve que la nuance était sentie encore au IVe siècle : τὸ τοῦ δόγματος

le christianisme, au plus grand dommage de son unité organique, se trouve divisé en deux parties : le dogme, ou série de points de doctrine qu'il faut recevoir, et la morale, ou série de préceptes à pratiquer, les uns et les autres également fondés sur l'autorité de l'Eglise.

IV

LA NOTION CATHOLIQUE DU DOGME

La notion du dogme dépend si étroitement de celle de l'Eglise que l'une varie nécessairement avec l'autre. Il y a une notion catholique du dogme et une notion protestante, et chacune d'elles est en corrélation intime avec le principe de l'un et de l'autre système.

La double analyse, psychologique et verbale, à laquelle nous venons de procéder, explique suffisamment pourquoi l'élément autoritaire et la forme impérative ont prévalu dans la notion traditionnelle et usuelle du dogme chrétien, et pourquoi celle-ci ne se rencontre rigoureuse, conséquente et achevée, à ce point de vue, que dans le catholicisme. Un dogme indiscutable suppose une Eglise infaillible. C'est l'Eglise qui édicte le dogme; mais, selon la foi catholique, en l'édictant par ses conciles, par sa

ὄνομα τῆς ἀνθρωπίνης ἔχεται βουλῆς τε καὶ γνώμης, dit-il, en protestant contre l'appel abusif aux dogmes des Pères. Et il ajoute qu'il y a une δογματικὴ τέχνη pour les médecins, comme aussi l'on appelle encore dogmes, soit les règles des philosophes, soit les décisions du Sénat. Mais ce sont des lueurs qui s'éteignent, et la confusion s'est si bien établie, depuis lors, qu'en voulant distinguer aujourd'hui entre la révélation et le dogme, on court le risque de n'être point compris et d'être accusé de les ruiner l'une et l'autre.

tradition, par son chef visible, l'Eglise ne fait que traduire la pensée de Dieu pour le salut et le gouvernement des hommes. S'attaquer au dogme, ce serait donc s'attaquer à Dieu même, ce serait repousser sa parole et contester son autorité. Il ne peut y avoir de péché plus grave ; c'est un crime de lèse majesté divine, qui entraîne la damnation éternelle. L'hérésie et le schisme sont de véritables sacrilèges. Voilà pourquoi l'anathème, un anathème en forme expresse, accompagne habituellement l'énonciation des dogmes catholiques. L'Eglise n'a jamais traité aucun pécheur ni aucun criminel, avec la rigueur, l'opprobre et la haine dont elle a frappé la mémoire des hommes qu'elle nomme des « hérésiarques ». L'intolérance devient ainsi un devoir sacré. Elle prend, dans la langue dévote, le beau nom de fidélité à Dieu, et même, d'amour surnaturel pour les pauvres âmes. Il faut mettre celles-ci dans l'heureuse nécessité de ne pas errer et de faire leur salut. Ce n'est pas que l'Eglise catholique s'arroge le droit, ou s'impose la tâche de frapper elle-même, avec le glaive, ceux qu'elle condamne comme hérétiques ; mais elle fait un devoir, sous peine de damnation, à tous ceux qui détiennent le pouvoir de l'Etat, d'user des lois civiles et pénales pour empêcher l'hérésie de se produire, et pour l'étouffer, quand elle est apparue. S'étonner de cette théorie qui a légitimé, dans l'histoire, tant d'exécutions effroyables, c'est montrer qu'on n'a pas pénétré jusqu'à la racine du système et qu'on n'en a pas compris l'impérieuse logique.

Toutefois, l'arbre n'a pas grandi en une heure ni donné ses fruits dès le premier jour. En parcourant l'histoire avec quelque attention, on assiste à un spectacle très curieux et très intéressant. On voit le dogme fonder et créer tout d'abord la puissance de l'Eglise, et celle-ci, ensuite, achever le dogme et en fonder l'autorité. Lorsqu'on a bien démêlé la trame intime du développement historique du catholicisme, on se trouve en présence d'un cercle vicieux colossal, qui commence dès les temps apostoliques et ne s'est fermé que de nos jours, avec l'infaillibilité papale.

Essayons de montrer ce qu'une telle déduction a eu de naturel et d'illusoire tout ensemble.

La doctrine sort nécessairement de la vie religieuse intérieure, c'est-à-dire de la foi, parce qu'elle y est impliquée. Etant un être conscient, l'homme pense toutes les formes de sa vie. Ses actes et ses sentiments se réfléchissent, en y projetant une ombre légère, dans le miroir intérieur de son esprit. Une religion sans pensée, une foi sans doctrine sont aussi inconcevables psychologiquement, qu'une morale sans idée ou une pensée sans parole. Nous avons suffisamment expliqué plus haut comment le sentiment religieux, gros de l'idée religieuse, la produit nécessairement au dehors. Voici maintenant l'illusion qui naît aussitôt de cette nécessité psychologique.

La foi religieuse affirme, d'une façon immédiate et nécessaire, le caractère divin de son objet. D'autre part, elle ne peut exprimer ni définir cet objet que par une forme ou pensée humaine. Mais, au début de son développement, lorsqu'elle s'exalte dans la contemplation du trésor divin qui fait sa vie et sa joie, elle ne fait pas et ne peut faire cette distinction, qui nous est si facile aujourd'hui. Toutes les ardeurs, aussi bien celles de l'âme que celles du désert, créent des mirages. La foi religieuse ne songe même pas à l'imperfection ni aux infirmités des formes intellectuelles et verbales dont elle dispose; elle ne voit pas, — ce que la réflexion finira par lui apprendre à la longue, — qu'elle parle des choses célestes avec des images terrestres, qu'elle exprime ce qui est esprit par ce qui est matière, l'invisible par le visible, l'éternel par le transitoire. Les affirmations les plus abstraites comme les plus populaires, ne sont qu'un symbolisme perpétuel. Que fait-elle donc à ce premier âge de naïveté philosophique ? Elle transporte le caractère divin de l'objet qu'elle contemple et qui la *ravit*, à la définition qu'elle en donne, et c'est ainsi que l'autorité passe de l'objet de la religion, toujours invisible et transcendant par essence, à la forme historique et concrète des institutions et des dogmes qui le traduisent.

La religion crée spontanément l'autorité qui doit ensuite la garantir. L'Evangile n'était d'abord qu'une invitation toute morale, une expérience, une consolation proposée à chacun ; à la fin, c'est une doctrine imposée, en vertu d'une autorité extérieure que la coutume et la discipline ont légitimée.

Ce développement commence, dans le christianisme, avec les temps apostoliques. Dès la seconde génération, l'Evangile devient une tradition sacrée, un type de jour en jour plus fixe, auquel se doivent conformer toutes les pensées et tous les discours des chrétiens, surtout des prédicateurs. C'est « le bon dépôt », suivant l'expression des épîtres dites *Pastorales*, un dépôt qu'il faut garder avec soin, transmettre à des hommes éprouvés et sûrs, qui le transmettront à d'autres sous les mêmes garanties. Voilà ce qui fait, au second siècle, le rôle prépondérant, l'autorité quasi-divine de l'*épiscope* ou de l'évêque ; il demeure seul le dépositaire légal de la révélation donnée par Dieu en Jésus-Christ. Se séparer de l'évêque, selon Ignace d'Antioche, c'est se séparer du Christ lui-même ; c'est perdre l'héritage et le bénéfice de sa doctrine authentique. L'autorité de l'évêque devient ainsi, peu à peu la norme de la foi. C'est à lui que l'on s'adresse pour savoir ce qu'il faut croire, la règle qu'on doit pratiquer et les hérésies qu'on doit fuir. Mais, pour décider ainsi souverainement, il faut bien que l'Eglise, résumée et incarnée d'abord dans les assemblées des évêques ou conciles, et plus tard, dans les papes, ait l'autorité qu'exige sa mission. Son infaillibilité a découlé de son pouvoir. En cette matière, celui qui a le droit de définir et de commander souverainement, ne peut être taxé d'erreur. Joseph de Maistre avait raison : pour le vrai catholique, la question est moins de savoir si le pape est infaillible que de savoir s'il doit l'être. Le droit crée nécessairement le fait. Le dogme engendre l'autorité de l'Eglise, laquelle, à son tour, consacrera le dogme, en l'élevant au-dessus de toute discussion.

La notion catholique du dogme dérive donc du principe même du catholicisme. Dans une institution extérieure, dans une église infaillible, le dogme ne peut que prendre la forme d'une loi absolue.

Mais il est bien évident qu'une doctrine imposée ainsi du dehors par l'autorité sacerdotale, entrera nécessairement en conflit avec le développement organique de la science et de la culture libre de l'esprit. Il ne saurait y avoir ni contact ni fusion entre les données surnaturelles du dogme et les acquisitions progressives de la raison naturelle, puisqu'il n'y a identité ni de principe, ni de méthode, ni de contrôle. Les idées catholiques et les idées modernes resteront extérieures les unes aux autres. Cette juxtaposition inorganique se transformera bien vite en antagonisme flagrant; car le dogme de l'Eglise représente encore autre chose que le sentiment religieux pur. Dans la formule qui l'a constitué, il y a un millier d'années, sont entrés des éléments de la science de l'époque. Les Pères de l'Église et les docteurs du Moyen Age, l'ont construit nécessairement avec la cosmologie, la physique, la médecine, l'histoire, la jurisprudence et la morale de leur temps. En revêtant d'une autorité divine cette science rudimentaire du passé, vous en opposez les erreurs aux conquêtes d'une science plus vaste et plus sûre, et le conflit éclate inévitablement. Vous avez beau tracer une ligne de démarcation très nette entre la science sacrée et la science profane; l'une tient toujours à l'autre, car la première est nécessairement formée d'une partie de la seconde. Copernic ne peut faire une nouvelle hypothèse sur le monde, sans ébranler toute la théologie de saint Thomas. Galilée ne peut établir que la terre tourne, sans avoir affaire avec le tribunal de l'inquisition romaine; ni Darwin, ouvrir sur la nature des perspectives nouvelles, sans qu'on l'accuse de ruiner la foi. L'antithèse est si tranchée aujourd'hui, que, pour vivre en une sorte de paix conventionnelle et provisoire, la théologie de l'Eglise a pris le parti d'ignorer la science moderne, et la science moderne, celui d'ignorer la théologie de l'Eglise, au plus grand détriment de l'une et de l'autre.

Scientifiquement stérile, sans action sur la pensée humaine, le dogme devenu intangible et absolu, garde-t-il du moins sa valeur religieuse? Les apothéoses ne sont jamais que des formes pompeuses de la mort. Les dogmes catholiques viennent se résumer dans un seul, celui de l'autorité divine de l'Eglise, qui les embrasse, les résume et les sanctionne tous. Le *credo* du fidèle peut être plus ou moins allongé, suivant son zèle, son intelligence et sa culture; mais, sous chacun des articles qui le composent, le même revient toujours : « *Je crois à l'Eglise.* » Cet article est si bien le point essentiel et nécessaire, que quelqu'un qui recevrait tous les autres sans celui-là, ne serait pas catholique, ni sûr de son salut, tandis que le fidèle soumis à l'Eglise, quand même il serait ou ignorant, ou peu soucieux du reste, bénéficie de toutes les vérités et de toutes les grâces que l'Eglise possède en son trésor. La foi catholique, par la force même des choses, tend donc à devenir une « foi implicite. » Sans aucun doute, on demande aux fidèles d'apprendre les principales doctrines de la religion, c'est-à-dire de mettre quelque chose sous l'autorité à laquelle ils se soumettent sans condition ni réserve ; mais la foi implicite a toujours la vertu de suppléer ce qui manque à la foi expresse et pleine ; il devient même plus sûr, pour éviter les égarements du sens individuel, comme on dit, d'abdiquer son jugement propre dans les questions de dogme, et de s'en remettre avec confiance à tout ce que l'Eglise a décidé ou décidera dans l'avenir. C'est le régime militaire en sa simplicité touchante et parfois héroïque. Le soldat qui raisonne et discute, est un mauvais soldat. La vertu, cardinale et suffisante, c'est la soumission de la pensée et de la volonté, partout où le chef la réclame et l'impose.

On a donc justement nommé la foi catholique, en ce qui regarde la doctrine, un blanc-seing donné par le fidèle à la hiérarchie. Ce que je dois croire, je l'ignore par moi-même ; mais mon curé, mon évêque et le pape le savent pour moi. Cela suffit. Malheureusement, le caractère d'un blanc-seing c'est d'être une page blanche. Cette manière de croire ressemble dès lors beaucoup à l'*absence* même d'une foi personnelle. C'est une façon de proclamer que le fond de la doctrine est indifférent à la vie religieuse. La théorie qui élève à l'absolu et divinise ainsi les dogmes, n'arrive à les mettre hors de la pensée, qu'en les mettant hors de la conscience.

V

LA NOTION PROTESTANTE DU DOGME

Tout autre est la notion de la foi dans le protestantisme ; autre aussi sera la notion du dogme. Les Réformateurs ont fait passer la religion et le christianisme du dehors au-dedans, de la région sociale dans le for intérieur de l'âme. La religion, qui était dans le catholicisme, essentiellement une institution et un sacerdoce, est devenue un principe de conviction, une expérience morale, une consécration de l'âme. L'Evangile entre et s'implante dans notre cœur, non par l'effet d'une garantie surnaturelle, mais par sa vertu intrinsèque ; il se légitime par son propre contenu et son intime puissance. C'est par ce qu'il est en soi, qu'il nous gagne et nous attache. Il nous éclaire et nous fait revivre. La foi n'est donc pas un acte de soumission à l'égard d'une autorité. C'est un fait moral, un acte de confiance et d'amour, une inspiration intérieure. Aussi, n'a-t-elle, en dernière analyse, qu'une garantie : sa propre évidence ; qu'un fondement de certitude : « le témoignage intérieur du Saint-Esprit rendant témoignage à notre esprit que nous sommes pardonnés par Dieu, réconciliés avec lui et adoptés comme ses enfants ». Nous lui disons « Père », et ce mot dit tout et nous garantit tout.

Il est évident que la notion catholique du dogme est en contradiction irréductible avec ce principe de la piété protestante. Sans aucun doute, la piété profite et doit profiter, au point de vue pédagogique, de tous les enseignements de l'Eglise, de laquelle elle tire son origine et son aliment ; mais, étant autonome par l'expérience religieuse qui la constitue, par l'inspiration qui l'anime, par la présence immédiate de Dieu lui-même dans le cœur, elle écoute tout ce que le passé lui apporte, sans se subordonner à rien d'étranger; elle examine tout, juge tout et ne retient que ce qui est bon. Cela veut dire que le chrétien a, dans sa piété même, un principe de critique auquel aucun dogme, et celui de l'autorité de l'Église ou de la Bible moins que tout autre, ne se peuvent jamais soustraire. Ce principe, essentiellement religieux et moral, lui donne le droit et lui impose le devoir de faire toujours la distinction, dans un dogme, entre la forme et le fond, entre l'expérience religieuse assimilable qu'il représente et l'expression contingente et imparfaite que les docteurs anciens ont pu lui donner. L'âme religieuse interprète et transforme sans cesse les dogmes traditionnels, se nourrissant du suc et de la moelle qu'ils renferment, et abandonnant le reste, c'est-à-dire les éléments d'une science caduque et périmée, au courant de l'évolution humaine.

La même logique qui, dans le système du catholicisme, rend le dogme intangible et immuable, le fait donc apparaître contingent et mobile dans celui du protestantisme. La notion protestante de l'Église ne saurait conduire à une autre conclusion. Au lieu d'être une institution surnaturelle, constituée par un décret divin et antérieure à la foi des croyants, l'Église n'est plus que le fait concret et historique de la communion des âmes et la société religieuse que cette communion engendre. De l'Église au simple fidèle, il y a la différence qui sépare la vie collective de la vie individuelle, mais aucune autre. Dans toutes deux, les conditions de la vigueur morale et de la santé religieuse sont les mêmes. Une société composée d'êtres imparfaits, et se développant sous la loi de la responsabilité de chacun, ne saurait être miraculeusement parfaite, ni échapper à la nécessité de progresser toujours dans la connaissance, comme dans la sanctification et la piété. Les idées et les œuvres de l'Eglise ne répondent pas plus à l'idéal que celles de chacun de ses membres. La première n'a, en somme, que les lumières et les vertus accumulées et multipliées par les générations du passé et par celle du présent. Elle n'échappe à l'erreur, à la superstition et à la décadence, que dans la mesure où elle reste attachée non à la lettre morte, mais à l'esprit vivant du Christ. Quand l'Ecriture parle de l'Eglise, comme de la fiancée du Seigneur et la déclare sans tache et sans défaut, elle vise l'Eglise idéale, non une église historique, ce que toutes doivent devenir en principe, ce qu'aucune n'est en fait.

Voilà pourquoi les églises protestantes, renonçant aux prétentions de l'église de Rome, ne s'attribuent jamais qu'une autorité pédagogique et relative. Elles n'ont d'autre mission que de conduire les âmes au Maître et au Sauveur. N'étant pas infaillibles, elles ne sauraient créer des dogmes immuables. Les confessions de foi qu'elles promulguent, sont toutes révisables en principe. Aucune ne s'impose qu'avec la réserve de l'autorité supérieure de la Bible; et, comme la lecture de la Bible est libre, qu'il n'y a et ne peut y avoir, dans le protestantisme, aucun tribunal infaillible pour en déterminer du dehors l'interprétation légale et que rien n'est requis d'autre que l'action intérieure du Saint-Esprit, il suit qu'on a toujours le droit de critiquer la confession de foi ou le dogme, au nom de l'Ecriture, et d'en demander la revision. C'est pourquoi, cette revision et cette critique des traditions dogmatiques, commencées au XVIe siècle, n'ont jamais cessé depuis lors et ne pourraient cesser, sans que le protestantisme cessât d'être lui-même, et fît amende honorable au catholicisme qu'il voulait remplacer.

Il est vrai que les églises protestantes sont encore fort loin, pour la plupart, de se rendre compte de cette conséquence de leur principe générateur. Elles s'en montrent le plus souvent très surprises et effrayées, comme si, en perdant l'immutabilité de leurs dogmes, elles perdaient toute continuité d'enseignement et de doctrine. N'y a-t-il pas, cependant, une tradition de science très ferme, bien que les sciences progressent, se critiquent et se corrigent incessamment? Pourquoi donc n'y aurait-il pas de même stabilité et continuité dans une tradition dogmatique sans cesse revisée, c'est-à-dire purifiée et enrichie? N'est-ce pas une superstition, de s'imaginer que Dieu ou le Christ vont nous manquer, parce que nous reconnaîtrons que les conciles en ont mal parlé ; ou que la vérité va s'évanouir, parce que nous confesserons que, la possédant sous une forme historique et humaine, nous ne la possédons jamais que dans des symboles inadéquats et sous des représentations approximatives? L'apôtre Paul était-il moins ferme dans sa foi, parce qu'il sentait l'imperfection radicale de sa connaissance religieuse? Ne disait-il pas que les choses divines nous apparaissent comme dans un miroir obscur, et que toutes les images que nous pouvons nous en faire, s'évanouiront, quand nous connaîtrons comme nous avons été connus?

Je ne m'étonne point, toutefois, que l'on ait quelque peine à se faire à un mode de penser si nouveau. Les Réformateurs n'ont pas entrevu toutes les conséquences de leur œuvre. Eux-mêmes ont cru qu'ils remplaçaient des dogmes faux par des dogmes vrais, mais également absolus. Le dessein de Dieu est toujours plus large et plus haut que les idées de ses plus grands serviteurs. Ils n'en ont pas moins posé un principe dont rien ne peut arrêter les conséquences, et ouvert une porte que personne ne fermera plus.

Nous avons assisté avec intérêt, et même avec sympathie, mais sans aucune illusion, aux tentatives que l'on a faites, pour déterminer un certain nombre de dogmes immuables et absolus dans l'une ou l'autre des églises protestantes. Les théologiens les plus subtils s'y sont employés; tous ont échoué. Cet échec a été aussi éclatant et inévitable dans l'église anglicane et dans le luthéranisme allemand, très voisins du catholicisme, que dans les églises réformées de France, de Suisse, d'Ecosse ou d'Amérique. C'est que partout la tentative implique contradiction. On comptait sur l'autorité de la Bible pour proclamer en son nom des dogmes divins. Mais il a bien fallu renoncer à cette illusion, du jour où l'on abandonnait, pour n'y plus revenir, l'inspiration verbale des écrits sacrés. Il est impossible de ne pas faire quelque part à la critique; et, une fois cette concession faite, il a paru que l'infaillibilité de la lettre de la Bible était une superstition plus difficile à soutenir dans la théologie protestante que l'infaillibilité du pape dans le système catholique.

Aurait-on, d'ailleurs, un texte biblique exempt d'erreurs, de contradictions ou d'interpolations, qu'il ne serait pas plus facile d'en extraire des dogmes intangibles. Pour opérer ce travail d'exégèse et de construction dogmatique, il faudrait avoir recours à des hommes, à des savants qui, n'étant pas infaillibles, ne sauraient communiquer au résultat de leur œuvre un caractère qu'eux-mêmes n'ont pas. La même contradiction revient toujours. Une église ne peut donner au dogme qu'elle promulgue, plus d'autorité qu'elle ne s'en arroge elle-même. On n'ajoute pas une coudée à sa taille. Même le dogme de l'autorité de l'Ecriture, que tous les protestants confessent comme essentiel à leur foi et à leur vie, ne saurait être absolu ni échapper à la liberté d'interprétation. De deux choses l'une, en effet: ou bien les églises protestantes affirment ce dogme au nom de leur foi, en vertu de l'autorité qui leur est propre; et, cette autorité n'étant pas absolue, celle du dogme ne saurait l'être davantage; ou bien elles l'empruntent à l'église catholique, qui se dit infaillible et peut imprimer à tous ses dogmes un caractère absolu comme elle; mais alors, elles entrent en contradiction avec leur propre principe; elles condamnent la Réforme, en cherchant le fondement de leur foi dans une tradition contre laquelle elles ont cru devoir se mettre en révolte, pour rester fidèles à cette foi elle-même.

L'expérience n'a que trop confirmé ce que le raisonnement faisait prévoir. Tantôt, on a essayé de distinguer et même de séparer, dans la Bible, l'élément de révélation divine, qui serait absolu, de l'élément humain et des raisonnements historiques, qui resteraient contingents. Mais bientôt il a fallu confesser que ce triage était impossible, et que l'élément divin demeure enfermé organiquement dans les livres bibliques, comme la vie dans le germe, et comme l'âme dans le corps. Tantôt, on a limité la révélation à ce que l'on appelle les grands faits chrétiens, qui seraient posés immédiatement par Dieu dans l'histoire, tandis qu'aux hommes appartiendrait le soin d'en donner la définition, comme si un fait, sans définition aucune, pouvait jamais exister dans la conscience religieuse. Enfin, de guerre lasse, on a déclaré qu'il y avait tout au moins, « des dogmes implicites » dans l'Ecriture sainte. A la bonne heure! C'est très mal parler, puisque, un dogme implicite, c'est-à-dire non défini ou formulé, est une contradiction dans les termes; mais on peut commencer à comprendre et à approuver ce que l'on veut dire. Il y a, en effet, dans la Bible, non seulement la manifestation d'une piété inspirée et vivante, mais un commencement d'élaboration doctrinale qui prépare et enfantera le dogme ecclésiastique. Rien n'est donc plus juste. Mais il sera également vrai que la définition du dogme reste l'œuvre de l'Église elle-même, et qu'à moins de donner à celle-ci une autorité infaillible, son dogme sera toujours réformable et l'histoire du dogme apparaîtra soumise, du commencement à la fin, aux lois historiques et psychologiques qui régissent le développement de la pensée humaine (1).

Il ne reste plus au débat qu'une question de mot. Faut-il conserver ou répudier le mot « dogme » ? La théologie protestante qui en transforme radicalement la notion, peut-elle continuer à se servir du terme ? Si ce dernier doit être pris au sens catholique, évidemment non.

(1) A la suite de mon discours sur la « vie intime des dogmes et leur puissance d'évolution », (1888), une intéressante controverse s'est élevée sur la nature du dogme protestant. Le résultat doit en être aujourd'hui clair pour tout le monde. Voy. Ch. Bois : Définition et rôle du dogme, Revue théol. de Montauban, année 1890. F. Godet: Le Nouveau Testament contient-il des dogmes? dans le Chrétien évangélique, année 1891. A. Sabatier : même titre, dans la Revue chrétienne, 1892. Réplique de M. Godet, même Revue et même année. Emery : Religion et théologie, dans la Revue de théol. et de phil. de Lausanne, 1890. etc. Une discussion semblable a eu lieu en Allemagne. Dreyer : Undogmatisches Christenthum, 1888. Kaftan : Glaube und Dogma, 1889. W. Herrmann : Die Gewissheit des Glaubens und die Freiheit der Theologie, 1889, etc. Toute la question se trouve admirablement élucidée dans l'Essai d'une Introduction à la dogmat. prot. 1896, de P. Lobstein avec lequel je suis heureux de me trouver d'accord, presque sur tous les points.

Depuis la fin du Moyen Age, le dogme, au sens catholique, a cessé de vivre. Il a cessé de vivre dans la conscience philosophique et scientifique moderne, absolument émancipée de toute autorité autre que celle de la raison ; il a cessé de vivre dans la conscience religieuse protestante, qui a introduit l'idée de critique et l'idée de réforme continue dans la vie même de l'Eglise ; il a cessé de vivre enfin dans la conscience catholique elle-même, qui, l'ayant réduit à celui de l'autorité toute nue, représentée par le pape, ne le conserve plus qu'embaumé. Donc, si l'usage, qui est toujours la source et la règle du langage, doit être fixé d'après la tradition catholique, on peut dire qu'il n'y a plus de dogmes.

Mais je ne pense pas que le catholicisme, qui n'est, après tout, qu'une fraction de la chrétienté et ne représente qu'un moment de son histoire, exerce longtemps cette tyrannie sur l'usage lui-même, qui est essentiellement variable. Les mots changent d'acception à la suite du changement qui se fait dans les idées. Si la réforme opérée par le protestantisme est légitime, le mot finira par suivre la notion nouvelle. Les églises auront toujours des symboles, c'est-à-dire, des règles et des signes d'une foi commune et, par suite, elles auront des dogmes. Mais ces dogmes, au lieu d'avoir une valeur absolue, n'auront plus qu'une valeur disciplinaire et pédagogique. L'institution religieuse se maintiendra comme toutes les autres, par la double force de l'esprit de conservation et de l'esprit de critique, dans une évolution continue où se concilieront de jour en jour la tradition et le progrès.

Le mot dogme est antérieur au catholicisme. Nous avons constaté qu'il eut deux sens dans l'antiquité grecque : un sens politique et autoritaire, désignant les décrets des assemblées populaires et des rois ; c'est le sens qui domine dans la notion catholique et la caractérise. Mais, à côté, le mot avait, dans les écoles de la Grèce, un sens essentiellement philosophique et doctrinal, il désignait les doctrines caractéristiques de chaque école. De ce dernier sens peuvent et doivent hériter les églises protestantes, puisqu'ainsi entendu, le mot est en parfaite concordance avec l'esprit et le principe du protestantisme. On appellera dogme, au sens protestant, le type doctrinal généralement reçu dans une église, et exprimé d'une manière publique, dans l'ensemble de sa liturgie, de ses catéchismes, de son enseignement officiel et, plus particulièrement, dans ses confessions de foi.

V

DE LA VALEUR RELIGIEUSE DU DOGME

L'intolérance du dogmatisme catholique a eu, dans l'histoire, des conséquences si révoltantes, et partout où ce dogmatisme se réveille dans le protestantisme lui-même, il amène de si lamentables et stériles conflits, qu'il ne faut point s'étonner que certains esprits, sous le coup d'une réaction violente, soient allés jusqu'à nier l'utilité du dogme, même au sens large du mot, et aient voulu supprimer toute définition doctrinale de la foi chrétienne. Proclamer le dogme, divin en soi ou mauvais en soi, ce sont deux excès contraires qui s'appellent l'un l'autre, mais sont également injustifiables. Le dogme ne mérite ni cette apothéose ni ces anathèmes. Il a, dans le développement religieux, soit individuel soit social, une place organique qu'on ne peut lui ravir, et une importance pratique qu'on ne saurait sérieusement contester.

La foi religieuse est un phénomène de conscience. Elle a Dieu lui-même pour auteur et pour cause ; mais elle a pour facteurs psychologiques, tous les éléments de la conscience, c'est-à-dire le sentiment, la volonté, l'idée. N'oublions pas que ces distinctions verbales ne sont que des abstractions pures ; que ces éléments coexistent, enveloppés et impliqués l'un avec l'autre, dans l'unité du moi. Jamais, dans la réalité vivante, il n'a existé de sentiment qui ne portât en lui quelque embryon d'idée ou ne se traduisît par quelque mouvement volontaire. Jamais une idée n'a paru isolée de tout sentiment et de toute action ; jamais une volonté ne s'est produite, sans être accompagnée de quelque notion plus ou moins obscure, sans être échauffée et animée de quelque émotion du cœur. De même qu'il est impossible que la pensée ne se manifeste pas organiquement par le geste et par le langage, de même il est impossible, que la religion ne se traduise pas par des rites et par des doctrines.

Sans doute, dans la première période de la vie physique, la sensation domine, et, au début de la vie religieuse, le sentiment et l'imagination l'emportent. Mais, comme la science sort des sensations, ainsi la doctrine religieuse sort de la piété. Ne dites donc plus : « le christianisme est une vie, donc il n'est pas une doctrine ». C'est très mal raisonner. Il faut dire : « le christianisme est une vie, donc il doit engendrer une doctrine ; » car l'homme ne peut vivre sa vie sans la penser. Loin d'être en hostilité, ces deux choses vont ensemble. Aux temps apostoliques, le plus héroïque des missionnaires fut le plus grand des théologiens. Saint-Augustin, à la fin de l'ancien monde, Calvin, Luther, Zwingli, à l'aube du monde moderne, ont renouvelé l'exemple de l'apôtre Paul. Quand la sève de la piété tarit, la théologie se dessèche. La scolastique protestante correspond à un déclin de la vie religieuse. Spener, en renouvelant la source profonde de l'une, a rouvert les sources de l'autre. Sans le piétisme, l'Allemagne n'aurait pas eu Schleiermacher ; sans le réveil religieux du commencement de ce siècle, nous n'aurions eu ni Samuel Vincent ni Vinet.

Si l'on compare la vie d'une église à celle d'une plante, la doctrine y tient la place de la graine. Comme la graine, la doctrine se forme en dernier lieu ; elle couronne et clôt le cycle de la végétation annuelle ; mais il est nécessaire qu'elle se forme et mûrisse ; car elle porte en elle, comme la graine, la puissance de la vie et le germe d'un développement nouveau. Une église sans dogmes serait une plante stérile. Que les partisans de l'immutabilité dogmatique ne triomphent point de cette comparaison ; qu'ils la poursuivent jusqu'au bout : « Si la graine ne meurt pas dans la terre, disait Jésus, elle ne donne aucun fruit. » Pour être fécond, le dogme doit donc se décomposer, c'est-à-dire, se mêler sans cesse à l'évolution de la pensée humaine et y mourir ; c'est la condition, pour lui, d'une résurrection perpétuelle.

Sans être absolu ni parfait en soi, le dogme est donc absolument nécessaire à la propagation et à l'édification de la vie religieuse. L'Eglise a une mission pédagogique qu'elle ne saurait remplir autrement. Elle enfante les âmes, elle les nourrit, elle les élève. C'est le rôle d'une bonne mère. Dans cette mission éducatrice, nous le disons ailleurs, la mère trouve tout ensemble, le principe et la fin de son autorité, la raison et la limite de sa tutelle. Une autorité pédagogique est une autorité vraie et efficace, et, par suite, ce qu'enseigne l'Eglise, c'est-à-dire le dogme, ne sera jamais sans autorité. Mais cette même autorité pédagogique n'est ni absolue ni éternelle ; elle a une double limite, dans la nature de l'âme de l'enfant, qu'elle doit respecter, et dans le but qu'elle veut atteindre, qui est de faire des hommes libres, des chrétiens adultes, des fils de Dieu à l'image du Christ et en relation immédiate avec le Père. Si le dogme est l'héritage du passé transmis par l'Eglise, les enfants ont d'abord le devoir de le recueillir, et ensuite celui d'en accroître la valeur, en le réformant sans cesse, puisqu'il n'y a pas d'autre moyen de le tenir vivant et de le rendre vraiment utile et fécond dans le développement moral de l'humanité. C'est donc à cette idée d'un dogme nécessaire, mais nécessairement historique et changeant, qu'il convient de nous habituer désormais ; et nous nous y habituerons aisément en nous appliquant à en suivre l'évolution dans le passé.

Littérature. D. Petau : Opus de theol. dogmatibus, 4 vol. (inachevé), 1644-50. Thomassin : Dogmata theol. 3 vol., 1684-89. Mosheim : Dissert. ad hist. eccles. pertinentes, 1731-41 ; Instit. hist. eccles. 1755. Semler : Einleitg. zu Baumgartens evang. Glaubenslehre, 1759, et beaucoup d'autres dissertations. Rothe : Zur Dogmatik, 1er art., 1869 (fondamental et décisif). Kahnis : Luth. Dogmatik, I, 1861. A. Schweizer: Christl. Glaubenslehre I, 1863. Biedermann : Christl. Dogmatik, 1885. A. Harnack : Lehrbuch der Dogmengeschichte (Prolegomena), 1888. A. Ritschl : Geschichte des Pietismus, 1884 ; Fides implicita, eine Untersuch. über Kœhlerglaube, Wissen und Glaube, etc., 1890. Kaftan : Glaube und Dogma, 1889. Kœhler : Die Wissenschaft d. christl. Lehre, 1890 ; Loofs : Leitfaden zum Studium der Dog. geschichte, 1890.

S. Vincent : Vues sur le protestantisme, 2e édit., préf. de Prévost-Paradol, 1859. Haag (frères) : Histoire des dogmes, 1852. F. Bonifas : art. Dogmes, dans l'Encycl. des sc. rel., 1878 ; Histoire des dogmes, 1890. Grétillat : Exp. de la théol. systématique, 1885. E. Arnaud : Manuel de dogm. chr., 1890. H. Bois : Le dogme grec, 1890. G. Frommel : Sur l'hist. des dogmes, dans la Revue chrét., 1895. Forserod : Deux conceptions du dogme, dans la Revue de théol. et de phil. de Lausanne, 1894. Thomas : Quest. actuelles sur le dogme, 1892. Chapuis : Les caractères de la théol. moderne, ibid., 1895. Bovon : Dogmat. chrét., 1895. P. Lobstein : Essai d'une introduction à la dogmatique prot.,1896.

CHAPITRE DEUXIÈME

DE LA VIE DES DOGMES ET DE LEUR ÉVOLUTION HISTORIQUE (1)

1

TROIS PRÉJUGÉS

Je heurte de front trois préjugés qui sont bien, je pense, les plus invétérés du monde. Le premier, c'est que les dogmes sont immuables; le second, c'est qu'ils meurent fatalement, dès que la critique les touche; le troisième, qu'ils font l'essence de la religion elle-même, laquelle tombe ou se relève avec eux. Je voudrais montrer, que les dogmes n'ont ni cette immobilité prétendue, ni cette délicate fragilité; qu'ils vivent d'une vie intime, extraordinairement résistante et féconde, et que la critique

---

(1) Sous une forme un peu différente, ce chapitre a été publié en 1888, comme discours d'ouverture, sous ce titre : *La vie intime des dogmes et leur puissance d'évolution.*

dogmatique, loin de compromettre la religion chrétienne, la libère utilement des chaînes du passé et lui permet de manifester le don merveilleux qu'elle a de se rajeunir et de s'adapter à tous les milieux.

La preuve que les dogmes ne sont pas immuables, c'est qu'ils ont une histoire. Cette histoire est aussi laborieuse, aussi pleine de conflits, de controverses et de révolutions, que celle de la philosophie. Il y a trois quarts de siècle, un philosophe a écrit un morceau célèbre, sous ce titre : *Comment les dogmes finissent ?* Un autre a pu lui répondre plus tard : *Comment les dogmes renaissent?* Tous deux avaient raison ; car les dogmes ne finissent que pour renaître; ils sont dans un perpétuel renouvellement. Ils forment une tradition, une chaîne continue, dans laquelle chaque doctrine est insérée comme un anneau et paraît effet et cause tour à tour : effet de la doctrine antérieure, cause de la doctrine future. Sans doute, cet engendrement logique ne se fait pas toujours de la même manière. Les idées se relient par antithèse, aussi bien que par analogie; mais, soit qu'elles se rapprochent et s'unissent, soit qu'elles se combattent, elles ne cessent pas un moment d'agir les unes sur les autres et de se modifier réciproquement. Elles restent, en tout cas, en correspondance et liaison étroite avec le milieu où elles se forment, en sorte que chacune d'elles, prise en sa particularité, porte au front la marque de sa date et de son origine.

Une église, sous prétexte d'infaillibilité, a dit de ses dogmes ce qu'un général des Jésuites a dit de son ordre : *sint ut sunt aut non sint!* C'est une illusion. Arrêté momentanément sur un point, le mouvement reprend sur un autre. Dans une moitié de la chrétienté, certainement la plus vivante, la critique du dogme chrétien ne cesse pas depuis le xvie siècle. Même au sein de l'église catholique, ses avocats les plus habiles, les Mœhler et les Newman, ne pouvant se dissimuler que le catholicisme n'est plus aujourd'hui ce qu'il était aux premiers siècles, ont fait cette étrange concession à l'histoire, d'appliquer aux dogmes la théorie de l'évolution. A Paris, en 1682, le dogme de l'infaillibilité personnelle de l'évêque de Rome aurait été condamné comme une erreur, et l'orthodoxie d'alors est devenue, depuis 1870, la plus grave des hérésies d'aujourd'hui. Malgré ces spectacles que donne l'histoire, l'idée de l'immutabilité des dogmes s'est si bien imposée presque à toute l'opinion publique, que nous ne scandaliserons pas moins les philosophes que les chrétiens catholiques, et beaucoup de protestants avec eux, en montrant qu'il n'est pas de fiction plus évidente, et que les dogmes, comme toutes les autres manifestations de la vie, ont une évolution aussi naturelle qu'inévitable.

Le premier résultat de cette démonstration devrait être de faire sentir à tous, à ceux qui aiment la religion, comme à ceux qui la combattent, combien ils se trompent en la confondant avec les dogmes qui l'expriment, et combien ces derniers sont loin d'en être l'âme et l'essence. On croit que ce sont les dogmes qui produisent la religion, et que l'effet disparaît, quand la cause est détruite. On oublie l'enseignement le plus évident de la science religieuse, qui nous apprend, au contraire, que la religion a précédé les dogmes, comme le langage a précédé la grammaire ; et la poésie, toutes les poétiques du monde. La piété du cœur, l'émotion intime naissent spontanément sous les coups des événements du dehors ou des paroles inspirées, et la prière, jaillissant de la détresse humaine vers le Dieu que l'esprit humain peut-être ne sait pas encore nommer, constituent si bien la vie de la religion, que lorsque cette piété intérieure n'existe plus, les dogmes les mieux construits et les cérémonies les plus magnifiques sont vides de toute religion véritable.

Sans doute il est bon, il est nécessaire que le sentiment religieux arrive à se rendre compte de lui-même et s'exprime en notions réfléchies; mais ces notions ne doivent pas plus être confondues avec la religion, que la pensée avec le langage. Elles peuvent varier, et elles varient sans que la religion en souffre réellement dans sa force expansive. Critiquer le dogme, c'est, le plus souvent, contribuer à le développer, de même qu'émonder un arbre, c'est hâter le progrès et doubler la force de sa végétation. Ce point, une fois élucidé, en éclairerait, me semble-t-il, beaucoup d'autres. Peut-être rendrions-nous les dogmes plus respectables aux philosophes, si nous les leur présentions, non comme des formules absolues et immuables, mais dans leur puissance évolutive, comme l'effort soutenu et progressif de la conscience religieuse, se rendant raison à elle-même de son propre contenu. Peut-être, aussi, rassurerions-nous les croyants, et enlèverions-nous pour eux plusieurs des pierres de scandale qui hérissent la route de la théologie, si nous parvenions à leur faire comprendre l'indépendance foncière de la piété, et considérer comme un avantage et une sauvegarde, cette évolution historique des dogmes, dont le seul mot aujourd'hui les effraye.

II

LES DEUX ÉLÉMENTS DU DOGME

C'est une vérité, devenue presque banale en linguistique,

que les langues sont des organismes, et que les mots ont une vie intime, parfaitement comparable à celle du végétal et de l'animal. Par cette puissance vitale qui leur est propre, s'expliquent tout naturellement leur durée et leurs transformations. Tant qu'un idiome est parlé, il est en mouvement, et l'on peut même dire que l'intensité de sa vie se mesure à cette puissance évolutive. Il en est de même des dogmes d'une église qui forment, eux aussi, un organisme vivant, et qui ne sont, à les bien comprendre, qu'une sorte de langue théologique, par laquelle la conscience de cette église ou la piété de ses membres, se révèle au dehors et s'affermit en se révélant. Plus on y voudra réfléchir, plus on sera saisi, je crois, par la justesse de cette analogie, et par la lumière qu'elle répand sur le fond même de notre sujet. Ce que les mots et les phrases sont à la pensée, les formules dogmatiques le sont à l'expérience religieuse de la conscience, et nous pouvons déjà poser cette thèse générale : de même que la vie d'une langue se trouve, non dans la sonorité des mots ou dans la correction de la phrase, mais uniquement dans l'énergie secrète de la pensée et du génie du peuple qui la parle, ainsi, le principe de la vie des dogmes n'est à chercher ni dans la logique des idées ni dans la justesse plus ou moins grande des formules théoriques, mais, avant tout, dans la vie religieuse elle-même, c'est-à-dire dans la piété pratique de l'église qui les professe. Le dogme, c'est la langue que parle la foi.

Pour sentir cette vie chaude et intense des dogmes, pour voir combien elle les rend souples et malléables, il ne faut pas les prendre dans les confessions de foi ni dans les livres symboliques, où ils sont enregistrés et classés par ordre. Il ne faut pas plus se borner à les étudier dans ces catalogues, qu'il ne faut prendre les mots d'une langue vivante dans un dictionnaire. Mots et dogmes y apparaissent morts et immobiles, et ils le sont, en effet, puisqu'ils reposent là comme dans des espèces de tombeaux. Voulez-vous sentir la vie des mots, les voir se modifier se colorer de nuances infinies, bourgeonner même et pousser des rejetons perpétuels, prenez-les sur les lèvres des hommes et dans le commerce de tous les jours. A cette extrémité vivante, toute langue parlée apparaît comme éminemment fusible, semblable à ces bouts de barres de fer rougis à la forge, et capables, sous l'enclume et le marteau des forgerons, de prendre les formes les plus diverses.

Les dogmes nous présentent le même phénomène. Ils ne sont à l'état fixe, dans une forme d'orthodoxie irréprochable et immobile, que dans les formulaires officiels et les liturgies des églises. Mais suivez-les dans l'usage journalier de la piété individuelle ou publique; écoutez les prières qui s'échappent des cœurs émus; notez ce que chaque croyant trouve ou met pour son propre compte dans ces locutions religieuses, vénérables et accoutumées; saisissez-les au vol dans les sermons populaires, dans l'enseignement de la jeunesse, dans les applications pratiques de tous les jours, et vous serez tout étonnés de trouver ces formules hiératiques d'apparence, si faciles, si ondoyantes, si riches de sens et de nuances, et susceptibles de tant d'interprétations. Quand nous nous servons d'un mot de la langue, nous le trempons toujours dans notre état d'âme actuel, et il sort de ce bain moral, tout nuancé de notre émotion subjective. De même, en employant avec piété une formule dogmatique, nous la baignons dans l'émotion religieuse de notre cœur, et elle en reçoit naturellement quelque modification intime. Il n'y a que les perroquets qui répètent toujours les mêmes mots de la même façon, et il n'y a que les esprits irréligieux et indifférents, pour redire les anciens dogmes sans y rien ajouter ou sans en rien retrancher.

Ces interprétations pratiques et journalières des formules consacrées diffèrent entre elles juste autant que les croyants qui s'en servent, diffèrent par leur degré de culture. Voici, dans un de nos temples, une grande foule réunie pour adorer. Il y a, dans cet auditoire, peut-être de pauvres vieilles femmes fort ignorantes et passablement superstitieuses, des hommes de la classe moyenne teintés de quelque littérature, des savants et des philosophes qui ont médité Kant et Hegel, voire même des professeurs de théologie pénétrés jusqu'à la moelle de l'esprit critique. Tous se prosternent en esprit et adorent; tous parlent la même langue apprise dans l'enfance; tous répètent du cœur et des lèvres : *Je crois en Dieu, le Père, tout-puissant*. Je ne sais pas s'il y a sur la terre un spectacle plus touchant, quelque chose de plus rapproché du ciel. Tous ces esprits si divers, et qui seraient peut-être incapables de se comprendre dans la seule sphère de l'intelligence, communient réellement entre eux; un même sentiment religieux les pénètre et les anime. L'unité morale dont parlait Jésus, quand il disait : « Qu'ils soient un comme nous sommes un, » est momentanément réalisée sur la terre. Mais croyez-vous que ce mot *Dieu*, prononcé par toutes les lèvres, éveille dans tous ces esprits la même image? La pauvre vieille, qui se souvient encore des enluminures de sa grande Bible, entrevoit la figure du Père éternel avec une grande barbe blanche, et des yeux brillants et brûlants comme de la braise. Son voisin sourirait de ce naïf anthropomorphisme. Il a, lui, la notion déiste, rationnellement établie dans son cours de philosophie de collège. Or, cette notion paraîtra grossière encore au disciple de Kant qui sait que toute idée positive de Dieu est contradictoire, et qui se réfugie, pour échapper à la contradiction, dans celle de l'*Inconnaissable*. Pour tous, cependant, Dieu subsiste, et c'est parce que Dieu est présent et vivant chez tous, que le mot se prête à tant d'acceptions différentes; mais ce mot n'est vivant, remarquez-le bien, que parce qu'il sert d'expression à une piété ressentie et commune. La vie du dogme est dans la piété.

Faisons maintenant un pas de plus, et analysons le dogme, pour séparer nettement les éléments qui le composent. Ces éléments sont au nombre de deux : au fond, un élément mystique et pratique, l'élément proprement religieux qui vient de l'expérience ou de la piété de l'Eglise : c'est le principe vivant et fécond du dogme; puis, un élément intellectuel ou théorique, un jugement de l'esprit, une proposition philosophique servant tout à la fois d'enveloppe et d'expression au premier.

Or, ce n'est pas un rapport arbitraire qui unit et amalgame ces deux éléments dans le dogme; c'est un rapport organique et nécessaire. Remontons un moment à l'origine du phénomène religieux et à la formation des premières et des plus simples formules doctrinales. Devant un des grands spectacles de la nature, l'homme, sentant sa faiblesse et sa dépendance à l'égard de la puissance mystérieuse qui s'y révèle, a frémi de crainte et d'espérance. Ce frisson, c'est l'émotion religieuse primitive. Mais cette émotion implique nécessairement, pour la pensée, un certain rapport entre le sujet qui la subit et l'objet qui l'a fait naître. Or, la pensée, une fois éveillée, traduira nécessairement ce rapport par un jugement intellectuel. Ainsi, voulant exprimer ce rapport, le croyant s'écriera, par exemple : « Dieu est grand ! » marquant la disproportion infinie entre son être et l'être universel qui le fait trembler (1). Il obéit à la même nécessité qui lui fait, dans l'ordre ordinaire, exprimer sa pensée par le langage. L'émotion religieuse qui est sentiment, se transpose donc, dans l'esprit, en la notion d'un rapport, c'est-à-dire en une notion intellectuelle qui en devient l'image expressive ou la représentation. Mais il faut bien noter que la notion intellectuelle et l'émotion religieuse restent essentiellement différentes de nature. Sans doute, la notion intellectuelle, en s'exprimant et grâce à l'imagination, peut servir à renouveler ou à fortifier l'émotion, et le dogme sert à réveiller la piété; mais il n'est pas permis de les confondre. La notion est comme une expression algébrique qui représente idéalement une grandeur donnée; ce n'est point cette grandeur même. Voilà ce qu'il faut bien comprendre pour éviter les confusions désastreuses. Dans la religion et dans le dogme, l'élément intellectuel n'est donc que l'expression ou l'enveloppe de l'expérience religieuse.

(1) On pourrait croire que je fais de cette expérience religieuse élémentaire, la racine première d'où tous les dogmes, y compris les dogmes chrétiens, seraient ensuite sortis par évolution. Il n'en est rien; ce n'est qu'un exemple particulier. La révélation de la nature est le principe des dogmes des religions de la nature. Le christianisme a derrière lui une autre révélation et d'autres expériences : la révélation de Dieu et d'une vie supérieure, dans *l'apparition historique de Jésus Christ.* Qu'un homme préparé moralement à entendre l'Évangile, se mette à la suite du Christ, écoute ses paroles, pénètre dans son âme, comprenne sa mort, et il s'écriera : « Dieu est amour ! » comme, tout à l'heure, le spectateur des forces de la nature disait : « Dieu est grand ! » Et cette proposition nouvelle, traduisant un rapport religieux nouveau, deviendra à son tour le principe de tous les dogmes chrétiens.

Une observation qui nous est fournie par l'histoire des dogmes, vient confirmer pleinement ce caractère relatif et subordonné de l'élément intellectuel par rapport à l'élément mystique. Il est très remarquable, en effet, que la promulgation de chaque dogme a été imposée à l'Eglise par quelque nécessité pratique. C'est toujours pour terminer quelque controverse menaçant de provoquer un schisme, pour répondre à des attaques ou à des accusations qu'il eût été dangereux de laisser s'accréditer, que l'Eglise s'est mise en mouvement et a légiféré. Elle n'est jamais venue à cette extrémité qu'à son corps défendant. Rien n'est plus faux que de se représenter les Pères dans les conciles ou les membres des synodes, comme des théoriciens ou même des théologiens de profession, réunis en conférence par le seul zèle de résoudre des énigmes métaphysiques. C'étaient des gens d'action, non de spéculation; des prêtres ou des pasteurs vaillants, qui comprenaient leur mission comme des soldats en pleine bataille, et dont le premier souci était de sauver leur église, sa vie, son unité, son honneur, prêts à mourir pour elle comme on meurt pour sa patrie. Mais, s'il en est ainsi, il est évident que les dogmes élaborés ou édictés par eux, sont étroitement déterminés par les controverses ou difficultés contemporaines; qu'ils dépendent, au moins dans leur rédaction et leur conception, des circonstances qui les ont fait naître, et que, les controverses ou les circonstances changeant, il a fallu et il faut toujours modifier les anciennes formules ou en trouver de nouvelles. Cela est si vrai que celles qui servaient, par exemple, à condamner l'hérésie d'Arius, devinrent hérétiques lorsqu'il s'agit, plus tard, de combattre l'hérésie des monophysites, et qu'à cent ou cent cinquante ans de distance, l'orthodoxie catholique a été obligée de formuler des solutions absolument contradictoires. Quoi de plus déraisonnable, que d'élever à la hauteur d'axiomes éternels, des dogmes qui portent si nettement écrits sur leur front, les caractères de la contingence historique !

L'élément intellectuel sera donc l'élément essentiellement variable dans le dogme. C'est la matière unie au germe, qui se transforme sans cesse par l'effet même du mouvement de la vie. La raison en est simple. Nous disions tout à l'heure qu'une émotion religieuse, comme toute sensation d'ailleurs, se traduit dans une notion qui fixe le rapport du sujet et de l'objet, impliqué dans cette émotion même. Mais que sera cette notion ? Avec quels matériaux, avec quels concepts l'homme religieux la construira-t-il ? Evidemment, avec ceux qui sont à sa disposition. Cela veut dire que sa formule religieuse dépendra toujours de son état de culture intellectuelle. Enfant, il pensera et parlera religieusement comme un enfant. La raison et la langue religieuses ont suivi les mêmes étapes que la raison générale. En religion, comme en tout le reste, les hommes ont commencé par la poésie et l'image, avant de raisonner ou de discuter en syllogismes. Plus tard, quand les Pères de l'Eglise auront appris la philosophie de Platon, d'Aristote ou des Stoïciens, ils construiront leurs dogmes en philosophes, je veux dire qu'ils penseront et parleront comme tels.

Je sais bien que nombre de chrétiens s'imaginent que Dieu nous a révélé des dogmes dans la Bible, et nous accuseront, en parlant comme nous le faisons, de nier la révélation. Dieu nous en garde ! Nous croyons de toute notre âme à la révélation divine et à son action particulière dans l'âme des prophètes, des apôtres et surtout du Christ. Seulement, il s'agit de savoir si la révélation de Dieu a consisté en doctrines et en formules dogmatiques.

Non. Dieu ne fait rien d'inutile, et, puisque ces doctrines et ces formules pouvaient être conçues et l'ont été par l'intelligence humaine, il lui a laissé le soin de les élaborer. Mais Dieu, entrant en commerce et en contact avec une âme d'homme, lui a fait faire une certaine expérience religieuse, d'où, ensuite, par réflexion le dogme est sorti. Ce qui constitue donc la révélation, ce qui doit être la norme de notre vie, c'est l'expérience religieuse créatrice et féconde, faite tout d'abord dans l'âme des prophètes, du Christ et des apôtres. Nous pouvons être tranquilles. Aussi longtemps que cette expérience rédemptrice et rénovatrice se continuera et se renouvellera dans les âmes chrétiennes, les dogmes chrétiens pourront bien se modifier, ils ne courent pas le danger de mourir.

Ici, l'on nous arrêtera et l'on nous demandera peut-être : « Pourquoi garder les dogmes ? Pourquoi consentir plus longtemps à cet amalgame imparfait de la vie religieuse pure, avec des notions philosophiques essentiellement caduques ? Prenons la religion toute nue. » Ainsi naguère encore, parlaient certaine école théologique et certain positivisme chrétien, réclamant une religion sans dogmes, et, par conséquent, sans culte. Savez-vous ce qui arrive quand on suit ces conseils ? En supprimant le dogme chrétien, on supprime le christianisme ; en écartant absolument toute doctrine religieuse, on tue la religion elle-même. Combien de grandes et d'éternelles choses y a-t-il dans l'univers, qui, pour nous, n'existent jamais à l'état pur et isolé ? Toutes les forces de la nature sont dans ce cas. La pensée, pour exister, a besoin de s'incarner dans le langage. Les mots ne sauraient être identifiés avec la pensée, mais ils lui sont nécessaires. Il n'était pas aussi ridicule qu'on l'a cru, ce héros de roman qui disait ne pouvoir penser qu'en parlant, car ce héros c'est tout le monde. L'âme, de même, ne se révèle à nous que par le corps à qui elle est jointe. Qui donc a vu la vie en dehors de la matière vivante? Qui a saisi, dans le gland du chêne, le germe fécond séparé de la fécule avec lequel il est amalgamé? Il en est de même de la vie religieuse, par rapport aux doctrines et aux rites dans lesquels elle se manifeste. Une vie religieuse qui ne s'exprimerait point, ne se connaîtrait point, ne se communiquerait point. C'est donc une chose parfaitement irrationnelle que de parler d'une religion sans dogme et sans culte. L'orthodoxie a cent fois raison contre le rationalisme ou le mysticisme, quand elle proclame la nécessité, pour une église, de formuler sa foi en une doctrine, sans laquelle les consciences religieuses resteraient confuses et indiscernables.

S'il faut donc que la vie s'incarne dans un organisme, la pensée dans le langage et la religion dans le dogme, il n'est pas moins inévitable, par contre, que cet organisme change, que le langage se modifie et que le dogme évolue. Ceci est une autre loi de la vie, qui ne souffre aucune exception dans la nature. L'erreur de l'orthodoxie, à son tour, ou son illusion sera donc de nier, ou de vouloir arrêter cette incessante métamorphose. La vie d'un organisme se révèle, précisément, par le mouvement et l'échange perpétuel des éléments matériels qui le constituent. Quand les langues ne se renouvellent plus, elles sont mortes. De même, si les dogmes restent immobiles, c'est que la vie s'est retirée d'eux. Ils ressemblent alors à ces vieilles armures de nos musées qui, dressées contre la muraille, dessinent encore la forme d'un guerrier d'autrefois. Heurtez-les, elles sont vides et sonnent creux.

Les dogmes ont donc la faculté d'évoluer tant qu'ils sont vivants. Il resterait à dire comment se fait cette évolution. Les analogies que nous avons déjà signalées entre la vie des dogmes et celle des langues, persistent jusqu'au bout. Or, une langue se modifie de trois manières : 1º par désuétude, c'est-à-dire par la disparition des mots dont le contenu s'est évanoui; 2º par intussusception, par la faculté qu'ont les mots, sans changer de forme, d'acquérir des significations nouvelles; 3º par renaissance de mots anciens ou création de mots nouveaux, c'est-à-dire par néologismes.

Rien n'est plus facile que de constater ces trois sortes de variations dans l'histoire des dogmes. Il est des formules religieuses qui périssent par désuétude. L'idée qu'elles exprimaient s'est évanouie pour notre conscience; on ne s'en sert plus et l'on finit par les oublier tout à fait. Faut-il en citer des exemples? L'histoire des dogmes est jonchée de ces formes vides pour nous et semblables à ces coquilles blanchies que l'animal qui les habitait a quittées. Vous savez quelle place la préoccupation des démons et l'idée des possessions démoniaques tenaient dans l'église des premiers siècles. Il y avait, dans le clergé, une classe même de prêtres chargés de chasser les démons. Il existe encore des prières et des formules d'exorcisme dont on usait fréquemment, comme on le voit dans les écrits de Tertullien. Tout cela a disparu, au moins pour notre conscience protestante. Nous voyons de même expirer de nos jours, la croyance au diable. j'entends au diable personnel, historique, agissant surnaturellement dans notre vie. Il n'apparait plus à personne, ni la nuit ni le jour. Luther, en lui lançant son encrier à la tête, lui fit une blessure dont il est mort. L'encre a eu, pour l'exorciser à jamais, plus d'effet que l'eau bénite.

Le second mode, l'intussusception, agit encore plus souverainement. Nous conservons, nous répétons les dogmes d'autrefois, mais nous y versons inconsciemment un contenu nouveau. Les termes ne changent pas, les idées et leur interprétation se renouvellent de génération en génération. C'est surtout le fait des théologiens. Nous passons notre vie, que nous le sachions ou non, et les plus conservateurs comme les autres, à verser du vin nouveau dans les vieux vaisseaux. Il n'est pas un dogme, datant de deux ou trois cents ans, que personne répète avec la signification de son origine. Nous parlons toujours de l'inspiration des prophètes et des apôtres, de l'expiation, de la trinité, de la divinité du Christ, du miracle; mais nous les entendons peu ou prou, autrement que nos pères. Le fleuve coule toujours, même quand, à la surface, les eaux paraissent stagnantes.

Cependant, l'élasticité des mots et des formules a une limite. Il arrive un moment où le vin nouveau fait éclater les vieilles outres, et où l'Eglise doit construire d'autres vaisseaux pour le recueillir. Alors apparaissent les néologismes dans les langues, et les dogmes nouveaux dans la théologie. Ainsi surgissent, au XVIᵉ siècle, ceux de la justification par la foi et du sacerdoce universel; dogmes nouveaux, disons-nous, dogmes anciens, faudrait-il dire, qui ressuscitent alors avec une énergie toute nouvelle. Les vers d'Horace, que nous paraissons avoir simplement commentés, demeurent vrais éternellement :

> Ut silvæ foliis pronos mutantur in annos,
> . . . .
> Multa renascentur quæ jam cecidere cadentque
> Quæ nunc sunt in honore, vocabula…..

III

L'ÉVOLUTION DU DOGME CHRÉTIEN DANS L'HISTOIRE

Ces principes étant établis, essayons, pour en vérifier la valeur, d'en faire l'application à l'histoire du christianisme. L'évolution du dogme est possible ; il faut voir pourquoi elle est nécessaire.

Jésus, le grand semeur, aimait à comparer sa parole à un grain de blé. Il n'y a pas d'image plus profonde ni plus juste. Ses paroles ont été des semences qui demeurent éternellement fécondes. Or, dans un grain de blé, il y a un germe vivant, une puissance mystérieuse, insaisissable, celle de la vie même qui vient de Dieu. De même, dans la parole du Christ, il y a un *nescio quid divinum*, un germe sorti de sa conscience religieuse, qui communique à ses actes et à ses discours une vertu créatrice. Mais, dans le grain de blé, avec le germe vivant que nul scalpel ne peut saisir ni isoler, il y a une certaine matière. nécessaire au développement premier du germe. Cette matière externe, nous pouvons l'analyser ; elle se résout en azote, en glucose, en chaux, etc. De la même manière, dans les paroles du Christ, le germe vivant, la puissance créatrice de l'Évangile, par le seul fait que le Christ a été un Hébreu, l'héritier de sa race et qu'il a parlé un dialecte sémitique, se trouve nécessairement amalgamé avec un peu de terre hébraïque. Et c'est pour cette raison que, malgré son originalité indéniable, l'Évangile, sous sa première forme, nous apparaît comme un phénomène palestinien. Il l'est par la langue, par les mœurs générales, par les concepts héréditaires dans lesquels il est enfermé : notion de la justice, notion générale de Dieu, messianisme, espérances apocalyptiques, etc. On ne peut guère supposer le Christ naissant ailleurs qu'en Judée et dans un autre temps que celui de la fin d'Israël. Toutes les plantes ne viennent pas indifféremment et ne sont pas fécondes dans tous les climats. Il y a liaison et coordination dans le plan de Dieu. Mais faites un effort de pensée, supposez un moment le Christ venant au sein d'une race, d'une civilisation, d'une langue différentes, apparaissant par exemple en Chine ou dans l'Inde de Manou et de Bouddha ; n'est-il pas évident que la première forme de l'Evangile eût été tout autre, et ne sentez-vous pas, par cette hypothèse même, le caractère historique et contingent de celle qu'il a revêtue en Israël ?

Ce que nous pouvons et devons constater seulement, c'est que l'élément intellectuel, dans l'Évangile primitif, est réduit au minimum. Dans les discours authentiques de Jésus, le principe créateur et révélateur se trouve joint aux idées et aux images les plus élémentaires et par conséquent les plus durables. On a souvent dit que la race hébraïque était, de toutes les races civilisées, la plus pauvre au point de vue philosophique. Elle a vécu des siècles sur deux ou trois concepts tout au plus. C'est pour cela sans doute que Dieu l'a choisie et a semé en elle le germe de la puissante création religieuse qui en est sortie, afin que le principe de l'Evangile, enveloppé le moins possible dans des formules humaines, apparût mieux en sa vertu toute nue. Il n'en demeure pas moins vrai qu'en terre hébraïque, la plante divine a pris et devait prendre d'abord une physionomie hébraïque. C'est la loi d'adaptation au milieu que nous constatons ici et qui trouvera bien d'autres applications.

Quelques années plus tard, Paul intervient à son tour.

Il jette à pleines mains la semence chrétienne sur les vastes champs de la civilisation hellénique, dont une longue jachère avait redoublé la fécondité. Vous savez de quelles couches profondes se composait cette riche terre végétale. Là s'était déposé successivement le limon de l'antique poésie grecque, de la philosophie de Socrate, de la science d'Aristote, de la morale du stoïcisme et de la sagesse alexandrine. La plante qui, pure et gracieuse, mais un peu frêle et maigre, fleurissait sur les collines rocailleuses et sèches de la Judée, prend ici tout d'un coup des proportions inattendues et des apparences si nouvelles qu'on a de la peine, au bout de trois siècles, à la reconnaître. Elle est devenue, au point de vue de l'organisation, du culte et des dogmes, un grand arbre à la puissante ramure et au feuillage opulent. Alors apparaissent la luxuriante végétation des systèmes gnostiques, la théologie, si verte et si touffue encore, des Clément et des Origène : toute cette théorie du *Logos* dérivée en droite ligne de Philon, le premier des Pères de l'Eglise, théorie d'où sortiront bientôt les dogmes de Nicée et de Chalcédoine. Quelle distance entre ce christianisme dogmatique des IVe et Ve siècles, et les paraboles messianiques prêchées sur les bords du lac de Galilée! D'une part, les rares et pures idées morales de l'hébraïsme; d'autre part, toutes les notions fondamentales de la logique et de là métaphysique des Grecs.

Comment expliquer, en effet, cette formation étonnante des grands dogmes catholiques, autrement que par l'alliage du principe de l'Evangile avec la pensée hellénique? Examinez de plus près la construction de ce christianisme doctrinale. Avec quels matériaux l'édifice a-t-il été bâti? De quelles carrières viennent les moellons employés? Quel architecte en a tracé le dessin? A quel style convient-il de le rapporter? L'Eglise affirme que tout cela vient de la Bible. C'est une grande illusion. Sans doute, les théologiens de cette époque, les Origène et les Augustin ont retrouvé tout cela dans la Bible, mais au moyen de cette même exégèse allégorique qui permettait à Philon de lire la philosophie platonicienne et stoïcienne dans les livres de Moïse. Malheureusement, cette sorte d'alchimie merveilleuse qui rendait possible et même facile la transmutation de tous les textes, a perdu pour notre pensée son autorité et son crédit. Les expédients qu'elle fournissait à la dogmatique ne peuvent plus nous servir. La substructure philosophique des dogmes est restée grecque, de même que la langue dans laquelle ils furent tout d'abord rédigés.

S'il en est ainsi, de quel droit proclamerions-nous éternel et immuable, un système dogmatique dont l'histoire nous révèle si bien l'origine et le caractère particulier? Ce système convenait admirablement au monde gréco-romain, et, sans doute, c'est à cette convenance même qu'il doit d'avoir alors triomphé. N'est-ce pas une raison de penser qu'il ne doit plus convenir aussi bien au nôtre, à moins qu'on n'admette que notre civilisation et notre philosophie, n'ont pas le droit de différer de la civilisation et de la philosophie des derniers siècles de l'empire romain? Savez-vous, en effet, ce qu'a fait l'Eglise en proclamant l'infaillibilité des dogmes du Moyen Age? Elle n'a pas seulement décrété l'immutabilité de l'Evangile; elle a décrété l'infaillibilité de la logique d'Aristote et de la philosophie de Platon. C'est avec justice qu'Aristote, au Moyen Age, fut divinisé et mis au même rang que les prophètes et les apôtres. Que le catholicisme reste fidèle à cette tradition, nous n'avons rien à y dire : mais qu'on y veuille soumettre le protestantisme, dont le principe a été précisément de briser cette tradition et de revenir des opinions humaines à la parole de Dieu, c'est ce que nous ne pouvons concevoir, autrement que comme une revanche posthume, dans le sein des églises protestantes elles-mêmes, du principe catholique, auquel elles croyaient avoir pour jamais échappé.

Nous ne voulons point dire que tout soit à condamner dans les formules anciennes. Il s'y trouve, au contraire, beaucoup de grandes et excellentes idées qui gardent encore leur vérité et leur puissance; nous disons simplement que rien n'y est absolu ni ne peut être imposé d'autorité à la pensée chrétienne. C'est toujours avec des notions empruntées à la philosophie ambiante et à la science du temps que l'Eglise édifie ses dogmes. Mais cette philosophie et cette science évoluent sans cesse, et voilà pourquoi elles entraînent le dogme dans leur évolution. Tous ceux qui ont un peu le sentiment de l'histoire, sentent aussi que tout change, jusqu'à notre manière de penser. Savez-vous pourquoi certaines choses nous semblent absurdes ou grotesques dans les imaginations du passé? La raison en est que nous avons perdu la faculté de les comprendre. Il nous est aussi impossible de penser en grec que de parler grec. Depuis le Moyen Age, il s'est accompli, pour nous, deux ou trois révolutions intellectuelles qui nous ont profondément séparés de l'antiquité, et ont changé tout à la fois, et le monde extérieur et le monde intérieur où nous vivons. Il suffira de les rappeler en quelques mots, pour achever de faire sentir la caducité du christianisme dogmatique gréco-romain, et la nécessité qui nous incombe de le renouveler, si, du moins, nous sommes encore des chrétiens assez forts pour répondre à l'appel de Dieu.

IV

LA CRISE DU DOGME

La première de ces révolutions est une révolution religieuse. C'est la Réforme du xvie siècle. Notre conscience spécifique de chrétiens protestants date de là. Or, qu'a été la Réforme évangélique, sinon la rupture de la tradition de l'Eglise, dont la dogmatique des grands conciles était comme la partie centrale et la charpente? En brisant l'autorité de l'Eglise, les Réformateurs ne brisaient-ils pas la base même sur laquelle ces vieux dogmes avaient été édifiés? Que faisaient-ils donc, en en appelant à la pure parole de Dieu contre les doctrines traditionnelles, sinon remettre en question, pour le moins, cette dogmatique des grands conciles? Après avoir protesté contre toutes les infiltrations des mœurs et des superstitions païennes, dans la morale de l'Eglise, dans son organisation et sa hiérarchie, dans son culte et ses rites, comment et pourquoi déclarer sacro-sainte la philosophie antique entrée dans la construction de ses dogmes?

D'autre part, la Réforme renouvelait le fond de la conscience chrétienne, par sa doctrine fondamentale de la justification par la foi. Jusque-là, on était sauvé par l'adhésion aux symboles de l'église catholique et par l'obéissance à ses commandements. La justification par la foi (et la foi c'est ici la confiance du cœur en l'Evangile du Christ) affranchit le chrétien et de la tutelle du sacerdoce et de l'esclavage des symboles. Soutenir qu'on ne peut être sauvé qu'en croyant telle ou telle doctrine théologique, c'est la même chose que de dire qu'on ne peut l'être qu'en faisant telle ou telle œuvre; c'est toujours ajouter à la foi ou mettre à la place de la foi quelque autre condition de salut. Le second principe de la Réforme fait donc encore mieux éclater l'ancien édifice; il substitue, en dogmatique, le principe intérieur de l'expérience chrétienne au principe extérieur de l'autorité; il fait du christianisme une vie morale et non plus une métaphysique. Aux principes nouveaux de la Réforme, n'est-il pas juste et nécessaire de donner, dans le dogme, une expression théologique nouvelle?

La révolution religieuse du XVI° siècle déplaçait le centre de la conscience chrétienne. En même temps, commençait une révolution scientifique qui allait déplacer le centre de l'univers. Nous voulons parler de celle qui se rattache aux noms de Copernic et de Keppler, et se continue par ceux de Galilée, de Newton et de Laplace. L'astronomie et la géologie modernes ont complètement changé les cadres et l'horizon de notre philosophie. Nous avons eu, avec Pascal, l'effrayante vision de l'espace et du temps infinis. Que notre monde est différent du cosmos des anciens! Celui-ci était borné de toutes parts. La terre, plane et ronde, entourée du fleuve Océan, en était le centre. Au-dessus de la terre, on se représentait le ciel comme une voûte de cristal tournant avec les astres. Puis, au-dessus encore, d'autres cieux ou d'autres sphères, jusqu'au nombre de sept. Véritable édifice à sept étages, en effet, du haut duquel le Dieu suprême, se reposant depuis les jours de la création, dominait et surveillait tout ce petit univers. Au-dessous de la terre, se trouvaient d'autres étages souterrains, les enfers, lieux bas et obscurs où étaient relégués et tourmentés les démons et les méchants. Voilà la cosmographie populaire qui régnait alors, telle que l'avaient suggérée à l'homme enfant les premières indications des sens, c'est-à-dire les apparences.

Or, il ne faut ni le dissimuler ni l'oublier : cette cosmographie primitive est entrée dans la composition et la rédaction de beaucoup de formules dogmatiques ou religieuses qui, par cela même, se trouvent aujourd'hui être caduques et surannées. Nous rencontrons à chaque pas, non seulement chez les Pères, mais dans l'Ancien et dans le Nouveau Testament, des textes que l'exégèse doit écarter, ou qu'elle interprète dans un autre sens que celui que les auteurs avaient dans l'esprit. Quand Paul, par exemple, dit dans sa lettre aux Philippiens, en parlant du Christ, qu'il faut que les ἐπουράνιοι ou habitants des sphères supérieures, les ἐπίγειοι ou habitants de la terre, et les καταχθόνιοι ou êtres souterrains, fléchissent le genou devant lui (1), il est bien évident qu'il avait, dans l'esprit, des régions cosmographiques qui, pour nous, se sont évanouies. Sans doute, la pensée religieuse que Paul exprimait, à savoir que la valeur de la personne du Christ est infinie par rapport à l'univers entier, reste encore vraie pour la conscience chrétienne ; mais la forme par laquelle il la traduisait est morte.

Ailleurs, l'apôtre Paul affirme qu'il a été enlevé jusqu'au troisième ciel (2). Où chercher aujourd'hui ce troisième ciel dans l'univers physique? Il n'y a plus ni montée ni descente dans l'espace infini. Pour les plus orthodoxes comme pour les autres, ces mots de Paul ne sont plus qu'une métaphore, exprimant un état psychologique particulier que nous nommons l'extase. S'il en est ainsi de l'ascension de Paul, que faut-il penser de

---

(1) *Philip.* II, 10.
(2) II *Cor.*, XII, 2.

celle du Christ? Faut-il se la représenter encore comme une véritable ascension matérielle dans l'espace? S'il est monté ainsi, où s'est-il arrêté? Où a-t-il bien pu rencontrer Dieu, eût-il même parcouru l'espace du ciel visible jusqu'à l'infini? Encore ici, tout en affirmant la glorification spirituelle et morale du Christ en Dieu, je ne crois pas qu'aucun chrétien éclairé puisse se faire réellement aujourd'hui, de cette ascension du Christ, exactement la même image que Luc avait dans l'esprit, en écrivant le premier chapitre des *Actes des apôtres*.

Comment se défendre d'en dire autant de la descente aux enfers? Nous ne pouvons plus la concevoir à la façon des premiers chrétiens, parce que notre monde n'est plus le leur. Quand l'Eglise répète donc avec l'antique symbole : « Il est monté au ciel, il est descendu aux enfers, » sans doute elle confesse de grandes vérités religieuses et morales, mais elle les conçoit absolument séparées de la cosmographie enfantine avec laquelle la première pensée chrétienne les avait combinées. Ce ne sont plus que des expressions survivantes, des façons de parler ou des métaphores absolument semblables à celles dont nous usons encore, sans nous laisser cependant tromper par elles, en disant : « **Le soleil se lève,** » ou « Le soleil se couche. »

Cette cosmographie d'autrefois n'est pas moins inhérente au dogme du retour du Christ, et à tout le scénario du grand drame messianique, tel qu'on le trouve tracé par exemple, dans les derniers discours de Jésus et dans l'Apocalypse. Ce sont encore là des représentations que nous ne pouvons plus conserver qu'à titre de symboles. Il ne nous est pas moins impossible de réaliser géographiquement l'enfer et le paradis, et de concevoir, comme les chrétiens des temps passés, le dogme des peines éternelles. Sur tous ces points, les changements que nous signalons se sont accomplis d'eux-mêmes; il en est d'autres où la résistance est plus grande et l'évolution dogmatique, non moins nécessaire.

Citons, comme dernier exemple, le dogme de la création. Notre connaissance de l'univers s'étant modifiée au point que nous venons de dire, il est assez vraisemblable que les anciennes formules de la création ne suffiront plus pour expliquer l'origine et le développement continu du monde. Voici ce que disait M. Leenhardt, avec une autorité particulière, parce qu'il est à la fois théologien et naturaliste : « S'il est un résultat incontestable de toutes les études géologiques poursuivies jusqu'à ce jour, c'est que la nature n'est pas sortie de la main du Créateur, comme Minerve du cerveau de Jupiter. Telle que nous l'admirons aujourd'hui, elle est le dernier terme d'un long travail de transformation... » Et il continuait en disant : « Ce résultat a une portée philosophique qu'on ne saurait exagérer. Il ne tend à rien moins, qu'à modifier profondément l'idée que les théologiens se sont faite de l'activité créatrice de Dieu (1) ».

Le dogme traditionnel de la création craque, en effet, sur deux points. En présence de la lente et constante évolution de l'univers, depuis la nébuleuse gazéiforme, jusqu'à la vie planétaire qui s'épanouit sur notre terre, il est impossible de réduire la création à un seul acte initial, après lequel Dieu se serait reposé. Il n'y a point de sabbat pour l'éternel Ouvrier. Il travaille jusqu'à maintenant, selon la parole de Jésus, et les théologiens réformés étaient dans le vrai, quand ils identifiaient la création et la providence, et faisaient de celle-ci une création conti-

---

(1) *Revue chrétienne*, 1889, p. 321 et suiv.

nue. Dieu crée incessamment dans le temps et dans l'espace : voilà ce que nous entrevoyons aujourd'hui, dans l'histoire même de la nature.

Mais ce n'est pas tout. Ce point, une fois établi, en entraîne un autre de plus de conséquence. En introduisant l'idée de succession dans la création divine, nous y introduisons nécessairement, du même coup, l'idée de relativité. C'est dire que la première création posée comme un point de départ, n'était ni ne pouvait être absolue et parfaite. La base de l'ancien dogme se trouvait dans cet axiome que Dieu, la perfection même, ne peut faire qu'un monde parfait. C'est l'idée gnostique par excellence. L'Eglise, admettant cet axiome métaphysique, et repoussant le système des émanations successives, n'avait plus, pour expliquer, dans le monde, la présence du mal, de la souffrance et de la mort, que la ressource de les dériver de la faute morale d'Adam. Et c'est ce qu'elle a fait. Mais aujourd'hui, ayant sous les yeux des fossiles antérieurs à l'apparition de l'homme sur la terre, il nous est bien difficile de soutenir que la mort n'était pas, avant cette faute, la loi du monde animal comme elle l'est de nos jours. Il est bien difficile de prétendre, que les carnassiers ne se sont distingués des herbivores qu'après la chute du premier homme, ou de méconnaître, ce que nous racontent les entrailles ouvertes de notre globe, à savoir, que la lutte pour la vie a été la loi des êtres vivants, depuis que la vie est apparue ici-bas. Toutes ces découvertes, a-t-on dit, sont la ruine de la religion et de la foi chrétienne. Non; ce qui s'en va, ce sont les débris d'une ancienne philosophie; mais elles nous obligent absolument, si nous ne voulons pas nous isoler de la pensée même de notre siècle, de modifier les formules théologiques par lesquelles l'Eglise avait cru, jusqu'ici, pouvoir rendre compte de l'origine et de l'évolution de l'univers.

Il est, enfin, une troisième révolution intellectuelle, opérée de nos jours par l'avènement de la méthode historique. Si l'astronomie et la géologie ont changé à nos yeux les perspectives du monde, la critique et l'exégèse modernes n'ont ni moins reculé ni moins bouleversé celles de l'histoire de l'humanité. Le *Discours sur l'Histoire universelle* de Bossuet reste un admirable livre ; mais combien cette prétendue histoire universelle nous paraît aujourd'hui étroite et incomplète ! Quelle autorité peuvent avoir la chronologie et les grandes époques qui lui servent de cadre ? Combien les origines de l'homme ont reculé dans la nuit des temps, par les seules découvertes qui nous ont mis sous les yeux l'humble et obscure existence de l'humanité préhistorique ! Quel rapport pouvons-nous concevoir entre Adam ou Noé avec leurs généalogies si précises et si courtes, et l'homme des cavernes ? En second lieu, quel nouveau jour jeté sur les origines de l'histoire par le déchiffrement merveilleux des mystères de la vieille Egypte, par les révélations sorties de l'Assyrie, et par la résurrection, plus étonnante encore, de la grande famille des peuples aryens ? Et si nous en venons à la Bible, comment ne pas constater la manière essentiellement nouvelle dont nous la concevons, depuis les travaux admirables de la critique moderne, tant sur la composition et la date des écrits de l'Ancien Testament, que sur l'origine de ceux du Nouveau ? Il ne s'agit point de résultats de détail, qu'il est toujours loisible de contester ; nous parlons de la vue d'ensemble, de l'idée générale que tous, sans exception, nous sommes amenés peu à peu à nous faire, soit de l'inspiration religieuse de ces livres, soit du recueil canonique où ils se trouvent compris. Comment pourrions-nous en rester à l'ancienne apologétique qui établissait l'autorité divine de ces écrits en en prouvant l'authenticité littéraire? Ne devons-nous pas profondément modifier notre dogme du canon biblique et celui de la théopneustie comme le dogme de la création?

Ce n'est pas tout. L'application habituelle de la méthode historique a des conséquences plus générales et plus profondes encore; elle pose d'une tout autre manière les questions controversées. Jadis, on opérait avec les idées, avec les idées métaphysiques surtout, comme avec des quantités fixes et immuables. Avec deux notions et quelques théorèmes abstraits, Descartes et Spinoza construisaient leur monde. Aujourd'hui, nos idées, même les plus hautes, ne nous apparaissent plus avec ce caractère absolu; elles se présentent à nous comme le produit relatif d'une évolution mentale que nous suivons dans l'histoire. L'esprit humain se modifie. Nos idées ne sont que des phénomènes psychiques, qui veulent être expliqués par les phénomènes antérieurs semblables. En d'autres termes, la méthode historique a fait triompher partout le point de vue de l'évolution, c'est-à-dire l'idée même à laquelle est consacré tout notre discours. En vain, nous révolterions-nous contre cette loi historique qui est celle de la vie; nous ne l'empêcherions pas de s'exercer souverainement. Ceux qui se cramponnent à l'immutabilité dogmatique, sont exactement dans la situation des cardinaux romains, qui chargeaient Galilée d'anathèmes et protestaient énergiquement contre le mouvement de rotation de la terre. Ni ces protestations ni ces anathèmes n'ont empêché la terre de tourner, et les cardinaux de tourner avec elle. Une résistance aussi aveugle serait, dans notre protestantisme, une grande inconséquence. La revision dogmatique est toujours ouverte, en principe et en fait, dans les églises issues de la Réforme ; en principe, parce que toutes les confessions de foi sont relatives et restent subordonnées à la parole de Dieu ; en fait, parce que l'esprit de recherche, de critique et de libre discussion, n'a jamais cessé de souffler dans la théologie protestante, et souffle aujourd'hui plus fort que jamais. Le travail donc s'accomplira ; j'en ai l'intime assurance. Nous pouvons bien manquer de foi et de courage pour l'entreprendre; mais, à notre défaut, Dieu saura se susciter d'autres collaborateurs. Le christianisme ne peut périr; il n'a jamais manqué de s'adapter à l'état d'esprit des siècles passés ; il saura trouver et créer les formes nouvelles qui conviendront aux âges futurs.

V

DEUX ISSUES

On voit pourquoi, depuis la fin du Moyen Age, le dogme chrétien est entré dans un état de crise permanent. Il avait mis les six premiers siècles de son histoire à se constituer ; il s'était formé au feu des plus violentes controverses, dans une série de décisions conciliaires, par la pénétration réciproque de la tradition évangélique et de la sagesse grecque. Puis, avec le réveil des études, sous l'impulsion de Scot Erigène et d'Anselme de Cantorbery, il s'était organisé en système logique, il avait généreusement entrepris de se prouver à la raison, et il était devenu, dans la *Somme* de Thomas d'Aquin, une grandiose philosophie, embrassant tout le champ des connaissances humaines, et enfermant la pensée dans des solutions définitives. Mais le nominalisme, triomphant avec Dun

Scot et Occam, fit éclater, plus irrémédiable, le divorce entre le dogme de l'Eglise et la raison naturelle. La tentative de la scolastique avait échoué, parce qu'elle impliquait contradiction. Si le dogme se démontrait comme vérité rationnelle, l'autorité de l'Eglise devenait inutile et se trouvait remplacée par l'autorité de la raison ; s'il apparaissait irrationnel, au contraire, la guerre, une guerre sans fin ni trêve, éclatait entre la tradition autoritaire et la pensée émancipée. On sait ce qui arriva. La raison moderne prit la direction souveraine des esprits et la crise du dogme commença.

Elle est aujourd'hui engagée de telle manière qu'on ne peut lui prévoir que deux issues : ou bien le dogme ancien sera soustrait de plus en plus, par l'autorité de l'Eglise, à l'examen de la critique, pour être conservé à l'abri de toute atteinte extérieure et de tout changement; ou bien la crise, suivant son cours en plein soleil et dans une pleine liberté d'esprit, aboutira à une transformation profonde du dogme lui-même.

La première méthode est celle du catholicisme ; la seconde est la méthode protestante. L'une et l'autre s'exercent et se développent régulièrement dans le sens de leur principe, depuis le XVIe siècle.

Le principe de l'une, c'est l'autorité. Dès que l'Eglise vit son dogme menacé par la raison, elle n'eut plus qu'un souci : le soustraire à la discussion libre, constituer une autorité centrale et permanente, un juge des controverses, un tribunal suprême, qui évoquerait devant lui toutes les causes et les trancherait sans appel. Telle est la nécessité interne qui a amené, d'abord l'exercice souverain de la juridiction du pape et ensuite la proclamation dogmatique de son infaillibilité officielle. Dans l'Eglise, la question de vérité n'est plus, depuis trois cents ans, qu'une question d'autorité. Où est l'autorité légitime, là est la vérité. Les gallicans la plaçaient dans le Concile ; les ultramontains et les Jésuites l'ont mise en l'évêque de Rome. Les premiers devaient nécessairement être vaincus. L'autorité des Conciles laissait la porte ouverte aux discussions, loin de la fermer, et, par conséquent, elle était un moyen insuffisant de sauver le dogme. Il y fallait une autorité visible et toujours présente, active et personnelle, capable de prévoir les difficultés, de répondre sans retard à toutes les questions et de prévenir les révoltes pour n'avoir pas à les réprimer.

Le triomphe de la liberté et de la raison grandissantes dans la société moderne, amenait ainsi parallèlement celui de l'autorité théocratique dans l'église catholique. La Curie romaine le comprit d'instinct, dès le XVIe siècle. Elle habitua le monde catholique à regarder vers Rome, non seulement comme vers le centre de la chrétienté, mais comme vers le siège divin de la vérité. L'adage fameux : *Roma locuta est, causa est finita*, devint, en fait, la règle suprême de toute la théologie catholique. Ainsi ont fini les querelles des Molinistes et des Dominicains, des Jansénistes et des Jésuites, de Bossuet et de Fénelon, et, plus récemment, des catholiques libéraux et des catholiques ultramontains. On ne sait pas si le pape fait toujours la lumière ; ce qui est certain, c'est qu'il impose toujours le silence. Or, pour tout gouvernement autoritaire c'est le point important.

Le dogme est ainsi sauvé, mais il faut voir à quel prix. On le divinise et on le pétrifie. En l'élevant au-dessus des discussions, on l'enlève à la vie. Il ne se modifie plus parce que personne, ni dans l'Eglise ni hors de l'Eglise, ne s'en occupe. Il est sacré ; on n'y touche que pour l'emmailloter scrupuleusement dans des manuels de séminaire, où il repose en des formules que des générations de lévites mettent dans leur mémoire, sans y rien changer, de peur de tomber en quelque hérésie. Comme les momies de l'antique Egypte, roulées dans leurs bandelettes sacrées et couchées dans leurs sarcophages, il faut les tenir à l'ombre, loin des disputes humaines; car le contact de l'air, de la pluie et du soleil les feraient tomber en poussière. Aussi bien, quelle est l'attitude de tout catholique pieux et son unique soin? Il se déclare, une fois pour toutes, soumis à l'autorité de l'Eglise, et il pratique consciencieusement les devoirs religieux et moraux qu'elle lui prescrit. Sa foi est une foi implicite en l'autorité établie, sans qu'elle l'oblige d'examiner ce que cette autorité peut ou pourra recouvrir. Tous les dogmes chrétiens viennent ainsi se résumer pour lui dans le seul dogme de l'autorité. Si on l'interroge sur le *credo*, il répondra, qu'en lui donnant en bloc son adhésion, il s'est trouvé dispensé de le juger en détail. Aussi bien, est-il absolument convaincu de son incompétence, et cette incompétence justifie à ses yeux son abdication. Il a raison : s'il discutait le fond et le détail de ce qu'on lui enseigne ou de ce qu'on lui impose, il lui arriverait fatalement ce qui arriva à Taine, le jour où, préoccupé de faire donner quelque éducation religieuse à ses enfants, il voulut s'informer de ce que le prêtre leur apprendrait. Il lut attentivement le catéchisme de l'abbé Gaume, et fut si étonné de ce qu'il y trouva, qu'il se dit à lui-même : « Jamais je ne pourrais sérieusement faire donner un tel enseignement à ceux qui dépendent de moi. » La même déception arrivera à quiconque voudra s'instruire. Le catholique est satisfait tant qu'il se borne aux pratiques de la vie dévote; mais qu'il s'abstienne de vouloir contrôler, par la critique historique ou la méthode rationnelle, la valeur objective des doctrines qu'on lui prêche ou l'origine des pratiques qu'on lui conseille ! Il peut s'édifier à chanter les litanies de la Vierge ; mais qu'il ne cherche point ce que représente ce culte de la Vierge, et à quoi il répond dans l'histoire; autrement, il ne trouvera que le néant, et, la survivance, dans le christianisme, du culte de la bonne Déesse qu'au troisième siècle de notre ère le culte de la Vierge commença de remplacer en Orient. De même, en participant à la communion eucharistique, il peut trouver une satisfaction réelle à adorer comme présent le Dieu qui est esprit et vérité, et à s'unir à lui par un acte de foi et d'amour; mais, pour conserver quelque croyance à la valeur objective du dogme de la transubstantiation et au sacrifice de l'hostie divine opéré par les mains du prêtre, qu'il n'étudie jamais l'histoire des sacrements catholiques et de la longue élaboration dont ils sont sortis. Que deviendrait-il, le jour où il pourrait mesurer la distance qui sépare le dernier repas du Christ de la messe de son église? Et de même pour cette autorité infaillible du pape, sous laquelle il est heureux de courber pieusement sa propre raison; qu'il ne l'étudie pas dans l'histoire; qu'il ne s'informe jamais de la doctrine de chaque pape en particulier, encore moins de leurs mœurs et de leur politique; qu'il mette cette autorité dans le ciel, non sur la terre; qu'il la transfigure et la glorifie dans une poésie perpétuelle, reflet de l'idéal chrétien; autrement, le choc serait si violent entre l'histoire et le dogme, que tout l'édifice pourrait crouler sur sa tête. Il le sent d'instinct; aussi estime-t-il plus sage, en ce qui concerne le dogme, de s'en remettre à son curé, qui s'en remet à son évêque, lequel s'en remet au pape, devenu ainsi seul responsable de la garde et du sens de la tradition. Un dogme conservé de cette manière n'a-t-il pas cessé de vivre dans la conscience des hommes?

Si la méthode d'autorité mène fatalement à la mort le dogme qu'elle croit sauver, la méthode de liberté n'aurait-elle pas un effet tout contraire ? En paraissant le compromettre ou même le ruiner tout d'abord, en le livrant aux libres discussions du siècle et au contrôle incessant de la vie pratique et de la science, n'aurait-elle pas le secret de le rajeunir et de lui fournir l'occasion et les moyens d'une transformation incessante ? Si la liberté fait naître les conflits, n'a-t-elle pas la vertu de les résoudre, en entraînant les combattants du jour vers de nouvelles plages ? N'apporterait-elle pas à la religion autant et plus d'éléments nouveaux qu'elle paraît lui en faire perdre d'anciens ; et dans ce mélange et cette fusion de l'élément religieux et de l'élément moral, de la science humaine et de l'Évangile, n'y aurait-il pas bénéfice égal des deux côtés, purification et fécondation réciproques ? Il semble que l'expérience de l'histoire vient ici confirmer les inductions de ce genre. Si l'église catholique a développé jusqu'à son dernier terme le principe d'autorité, le principe de liberté n'a pas cessé de grandir dans le protestantisme, et d'y dérouler ses conséquences heureuses qu'on peut étudier en Suisse, en Allemagne, en Hollande et dans tous les pays anglo-saxons. Au lieu de marcher vers l'unité des formes et du dogme, ces peuples et ces églises, sous le souffle constant de l'esprit de réforme, ont paru se diversifier de plus en plus, suivant les énergies individuelles et la vigueur des consciences autonomes ? Où se trouve, en somme, la plus grande richesse spirituelle et morale ? Où rencontre-t-on le plus de foi intime, le plus de liberté de pensée et le plus de convictions personnelles ? Où les idées religieuses sont-elles le plus vivantes, le plus mêlées à la philosophie, à la littérature, à l'art, à la politique, à toute la vie individuelle et sociale ? C'est qu'au lieu d'aboutir à l'abdication du fidèle, le principe intérieur d'une foi libre et personnelle fonde la vie tout entière — aussi bien l'exercice loyal de la pensée que l'édification intérieure du cœur — sur l'activité et la responsabilité de chacun dans la solidarité fraternelle de tous.

Ce principe de liberté, remarquons-le, est une conséquence de la doctrine essentiellement chrétienne du sacerdoce universel. Rien ne fut plus loin de l'esprit de Jésus-Christ que d'établir un clergé dans le royaume de Dieu, et de lui assurer, à l'exclusion du reste des fidèles, le monopole des inspirations du ciel et la garde ou l'interprétation de son enseignement. Le devoir ou le privilège qu'il marquait à l'un, il les donnait à tous. « Vous êtes tous frères ! N'appelez personne sur la terre du nom de Maître ! », et ses apôtres répètent après lui : « Il nous a fait rois et sacrificateurs ; il nous a tous faits fils de Dieu ! » Par une sorte de timidité ou de lâcheté naturelle, le peuple chrétien a renoncé à cette part divine de son héritage. En partie, mais en partie seulement, la Réforme l'a remis en possession de ses droits. Le **salut par la foi du cœur**, par la consécration intérieure, et non par des œuvres pies ou par une adhésion à un *credo* ou symbole quelconque, a pour effet de faire de la **vérité religieuse**, non plus un don surnaturel tombé d'en haut et garanti par une autorité visible, mais une **évidence intérieure**, une révélation immédiate, se produisant dans le cœur, et par conséquent, donnant à chaque **chrétien**, en toute simplicité et humilité, le droit et la **compétence d'en bien juger** et de juger également de **toutes les doctrines** qu'on lui apporte. Il y a, dans la piété du **fidèle**, un principe actif de critique pratique et religieuse, laquelle s'exerce, avant même toute critique rationnelle. Sans aucun doute, ce serait du fanatisme de penser que la première puisse remplacer la seconde ou s'en passer; mais c'est une vérité psychologique d'affirmer qu'elle lui donne son fondement légitime, qu'elle l'appelle, la fait naître et triompher. Voilà pourquoi les peuples protestants n'ont jamais voulu séparer leurs écoles de théologie de leurs autres institutions universitaires, ni élever leurs pasteurs autrement et d'après d'autres méthodes scientifiques, que leurs juristes, leurs médecins ou leurs professeurs. Dans ces écoles, non partout sans doute au même degré, le dogme est discuté et étudié comme toute autre matière. S'il est défendu ici, dans sa forme antique, il est critiqué là avec une liberté absolue. Par ces discussions, par ces controverses mêmes auxquelles heureusement aucun pouvoir extérieur ne vient mettre fin, le dogme est sans cesse mis à l'épreuve, refondu en quelque sorte au feu de la forge; il perd sa dureté de loi extérieure; il reste chaud, malléable; il se dépouille des superstitions mortes du passé pour répondre aux besoins du présent, se diversifier naturellement avec les esprits, s'ouvrir à la philosophie du siècle, la pénétrer à son tour, participer au progrès laborieux de la pensée moderne et rester toujours en harmonie et en communion avec elle.

Et qu'on ne dise point que tout ce travail est inutile. Il n'en est pas de plus nécessaire à la vie des églises et à leur action sanctifiante. Les dogmes commencent à vieillir du jour où ils sont promulgués. Au bout de quelque temps, ils ont besoin d'une traduction et d'un commentaire. La société religieuse poursuit sa route et se renouvelle d'une génération à l'autre; et, comme la formule dogmatique reste stationnaire, une sorte de désaccord ou même de rupture se produit nécessairement. Qui donc rétablira l'équilibre et l'harmonie? Qui fera la conciliation et la transition entre hier et aujourd'hui? Qui renouera la chaîne de la tradition à travers les siècles et réalisera la communion des âmes dans l'infinie diversité des langues et des symboles? Qui mettra la paix dans les communautés et dans les esprits, en inspirant la tolérance et en faisant la lumière, sinon cette critique dogmatique qu'il est facile de charger d'anathèmes, mais dont on ne peut se passer?

Cette critique, il est vrai, dérange beaucoup d'habitudes et trouble bien des cœurs. Nous avons été, pour la plupart, élevés religieusement de telle façon que notre vie morale nous semble indissolublement liée à telle ou telle conception dogmatique, dont la ruine semble devoir lui être fatale. N'est-ce pas là une vaine terreur? Y aurait-il pour le chrétien un devoir supérieur au devoir d'obéir à la vérité? Son premier culte ne doit-il pas être pour elle? Relisez donc l'histoire des idées religieuses; repassez même celle de votre propre vie : est-ce d'aujourd'hui que les doctrines se renouvellent et que la vie de la piété se perpétue, portant ses fruits bénis, en laissant derrière elle des formes périmées et des conceptions que des générations d'hommes estimaient lui être à jamais nécessaires? L'aventure du moine Sérapion est bonne à méditer. Elle peut nous instruire et nous rassurer en même temps.

« Un jour, le moine Sérapion, homme d'un zèle ardent et d'une piété profonde, apprit du prêtre Paphnutius et du diacre Photinus que Dieu, à l'image duquel l'homme avait été créé, était un être tout spirituel, sans corps, sans figure extérieure, sans organes sensibles. Le pieux Sérapion se déclara convaincu par l'ascendant de la tradition catholique et par les arguments qu'on avait développés devant lui, et tous les assistants se levèrent pour rendre grâce à Dieu d'avoir arraché un si saint homme à la funeste hérésie des anthropomorphites. Mais, voici qu'au milieu de la prière, le malheureux vieillard, sentant s'évanouir dans son cœur l'image de ce Dieu auquel il avait coutume d'adresser sa prière, fut saisi d'un trouble profond et, éclatant en sanglots, il se jeta à terre et s'écria avec des larmes : « Malheur à moi, infortuné ! Ils m'ont enlevé mon Dieu ! Je n'ai plus personne que je puisse saisir, invoquer et adorer ». « *Heu ! me miserum ! Tulerunt a me Deum meum, et quem nunc teneam non habeo, et quem adorem aut interpellem* » (1).

Touchante et profonde image de notre expérience et de celle de l'humanité ! Il se peut qu'aux degrés divers de l'échelle, nous soyons tous au fond semblables à ce bon et pieux Sérapion. Toujours nous nous faisons, nous aussi, quelque idole. Nous avons beau savoir que Dieu est esprit; nous l'enchaînons à quelque fétiche de fabrication humaine. Et quand la science vient nous l'arracher, nous restons malheureux et perplexes, comme si elle nous avait ravi Dieu lui-même. L'étude des dogmes et de leur évolution, si elle était plus répandue, aurait pour effet de nous débarrasser de ces illusions et de nous guérir de ces inquiétudes. Elle nous apprendrait que notre vie religieuse ne dépend que de notre foi, que le Dieu qui en est la source et la fin, est indépendant de toute théorie ou représentation, parce qu'il est infiniment au-dessus de toutes les conceptions humaines, et qu'il suffit, pour n'être pas séparé de lui, de l'adorer toujours en esprit et en vérité.

Littérature. La mobilité des dogmes et leur puissance de renouvellement ressortent de leur histoire. Toutes les histoires des

---

(1) J. Cassianus, abb. Massil. : Collatio, X, c. III. (Voy. *Revue de théol. et de philosophie*, année 1885, page 497).

dogmes devraient donc ici trouver place. Nous ne rappelons plus que celles où cette évolution est mise le plus en lumière. C. Baur : Die christl. Lehre von der Versœhnung, 1838; Die christl. Lehre von der Dreieinigkeit u. Menschwerdung Gottes, 1842; Lehrbuch der christl. Dogmengeschichte, 1847; Vorlesungen üb. die Dogmengeschichte, 1865-66 (posthume). Gieseler : Dogmengeschichte, 1855. Hagenbach : Lehrbuch der Dogmengeschichte, 1840. Harnack : Lehrbuch der Dogmengeschichte, 1888-90. Mœhler : Symbolik oder Darstellung der dogmat. Gegensætze, etc., 1832. H. Newman : Essay on the developement of the christian doctrine, 1848. A. Dorner : Entwicklungsgeschichte d. Lehre von der Person Christi, 2ᵉ Ausg., 1845. Strauss : Die christl. Glaubenslehre, 1840; Der alte u. der neue Glaube, 1872. A. Réville : Histoire du dogme de la divinité de J.-C., 2ᵉ éd., 1876. A. Coquerel, fils : Les premières transformations historiques du christianisme, 1866. A. Réville : Quelques réflexions sur l'hist. du dogme, Revue de théol. de Strasb., 1856.

Histoire des idées religieuses. Lessing : Die gœttl. Erziehung des Menschengeschlechts, 1780. Herder : Ideen zur Philosophie der Geschichte d. Menschheit, 1784-88. G. Schwarz : Zur Geschichte der neuesten Theologie, 1864. C. Baur : Kirchengeschichte des 19 ten Jahrhunderts, 1862. Kahnis : Der innere Gang des deutsch. Protestantismus, seit Mitte des vorig. Jahrhund., 1854. H. Lang : Ein Gang durch die christl. Welt, 2ᵉ Aufl., 1870. J. Steeg : La théologie moderne, dans Revue de théol. de Strasb., 1866. F. Lichtenberger : Histoire des idées religieuses en Allemagne depuis le milieu du XVIIIᵉ siècle, 1873. Pfleiderer : Die Entwicklung d. protest. Theologie in Deutschland seit Kant und in Grossbritannien seit 1825, 1891.

Sur la crise dogmatique. T. Coleridge : Confessions of an inquiring spirit, 1840. J. Sterling : Essays and tales with a Memoir of his life, by C. Hare, 1848. J. A. Froude : The Nemesis of faith, 1849. F. Newman : Phases of faith, 1859. Thomas Arnold : Principles of church Reform, 1833. Essays and Reviews, 1860. Colenso : The Pentateuch and book of Joshue critically examined, 1862-72. Anonyme : Supernatural religion, an inquiry into the reality of divine revelation, 1874-79. Matthew Arnold : La crise religieuse, 1890.

E. Verny : Le droit de la science, Revue de théol. de Strasb., 1854. E. Scherer : La critique et la foi, 1850; La crise de la foi; Conversations théologiques, IV, Montaigu, dans Revue de théol. de Strasb., 1851 à 1858; La crise du protestantisme en Angleterre, dans Mélanges d'histoire religieuse, 1864; l'Eglise et la société moderne, dans Etudes sur la littérat. contemp., V, 1878; L'avenir de la religion, ibid., IX, 1889. P. Goy : Lettres intimes, Rev. de théol. de Strasb., 1858. Th. Jouffroy : Comment les dogmes finissent? dans Nouv. Mélanges philosoph., 1842. Caro : Comment les dogmes finissent et comment ils renaissent? dans Revue des Deux Mondes, 1886. E. Renan : Souvenirs d'enfance et de jeunesse, 1883; L'avenir de la science (de 1848), 1890; Lettres d'Ernest Renan et de sa sœur Henriette, 1895. Guyau : L'irréligion de l'avenir, 1888.

CHAPITRE TROISIÈME

LA SCIENCE DES DOGMES

I

CARACTÈRE MIXTE DE LA DOGMATIQUE

Nous avons montré la nécessité d'une libre critique des dogmes. Cette critique, si elle est religieuse, sera en même temps positive; elle tendra non à détruire, mais à distinguer en chaque dogme, ce qui est vraiment religieux et permanent de ce qui est philosophique et caduc. Tel est l'objet propre de la discipline, que l'on appelle, dans l'école, *Dogmatique* ou science des dogmes (1). Il reste à préciser

(1) Le nom de cette discipline a beaucoup varié avec les temps. Elle s'appelait, dans l'antiquité, la *Gnose*, la *Source de la gnose*, les *Principes*, la *Démonstration de la vraie foi*, la *Doctrine chrétienne*, et par excellence, la *Théologie*. Au Moyen Age, les grandes œuvres où elle était développée systématiquement, avaient pour titre : *Sommes théologiques*, c'est-à-dire l'ensemble des questions discutées dans les

la tâche qui lui incombe et les ressources dont elle dispose pour la remplir. L'un et l'autre point ressortiront de son double rapport avec l'Eglise et avec la philosophie.

La science des dogmes a toujours suivi, de toute nécessité, la vie de la première et les vicissitudes de la seconde.

Dans les expériences religieuses de l'Eglise, elle trouve la matière qu'elle élabore; à la philosophie, elle emprunte la méthode suivant laquelle elle traite cette matière, et la forme dans laquelle elle l'organise.

Cette science est donc une science mixte : positive et pratique par son objet, spéculative et théorique par son procédé, elle cherche à relier l'expérience religieuse et morale au reste de l'expérience générale de l'humanité, et à faire la synthèse que réclament à la fois, pour avoir leur pleine vigueur, l'ordre scientifique de la pensée pure et l'ordre moral de la vie pratique.

Cette position intermédiaire de notre science, entre l'Eglise et la philosophie, fait son indépendance et son ori-

---

écoles. Comme ces questions étaient rangées sous des rubriques appelées lieux théologiques, beaucoup de manuels furent intitulés, jusqu'au xvii° siècle, *Loci theologici*. Calvin donna à son œuvre de théologie un nom plus pédagogique, en l'appelant *Institution chrétienne*, c'est-à-dire méthode pour conduire l'âme à la connaissance du vrai christianisme. Plusieurs de ses disciples suivirent cet excellent exemple. Au xvii° siècle, on en revint à des noms plus barbares ou plus archaïques : *Hodosophia christiana*, *Theologia positiva Examen theologicum*, *Theologia thetica*, etc. Alors apparait aussi le nom de Théologie dogmatique qui, abrégé en celui de Dogmatique tout court, est resté le nom courant de notre discipline. En Allemagne, depuis Schleiermacher et surtout dans son école, elle est le plus souvent désignée sous le nom de *Glaubenslehre*, doctrine ou théorie de la foi. Aucune de ces appellations n'est arbitraire. Chacune correspond soit à un moment, soit à une conception particulière de notre science, en sorte que, dans leur suite chronologique, elles en résument ou en représentent assez bien toute l'histoire.

ginalité. Si elle était, comme dans le catholicisme, absolument assujettie à l'autorité de l'Eglise, et se bornait à en recueillir, sans examen critique, les décisions successives et la tradition extérieure, elle se confondrait avec l'histoire des dogmes et ne serait qu'une survivance de la scolastique du Moyen âge. D'autre part, si elle n'avait pas un point de départ positif, dans les données premières fournies par l'histoire et par l'expérience de la piété individuelle et collective ; si elle n'étudiait pas la vie religieuse dans son objectivité et sa continuité historique, mais se livrait à des spéculations purement subjectives et générales, elle se confondrait fatalement avec la philosophie. Elle échappe à ce double péril, d'abord, en prenant pour objet d'étude la tradition doctrinale de l'Eglise chrétienne, en la ramenant à son principe générateur, en la suivant dans ses formes successives et son évolution nécessaire, et ensuite, en appliquant librement à cette matière objective, les principes et les règles d'une méthode vraiment rationnelle, qui puisse être avouée comme telle par les philosophes. Elle fait ainsi, à proprement parler, la philosophie de la religion en général, et celle du christianisme en particulier, s'efforçant, en toute loyauté de pensée, de rattacher la conscience de l'Eglise à la conscience générale de l'humanité, et de nouer ou d'entretenir entre elles des communications également profitables à toutes les deux.

Il suit de là que notre discipline, en tant qu'elle prend dans la tradition historique de l'Eglise l'objet de son étude, est indépendante de la philosophie. D'autre part, le fait qu'elle emprunte à la philosophie sa méthode et ses procédés de recherche et de discussion, la rend indépendante à l'égard de l'Eglise. Sa liberté naît donc ainsi de sa double sujétion. Telle une petite principauté, prise entre deux grandes puissances rivales sans le secours desquelles elle ne saurait vivre, sauve et maintient son indépendance à l'égard de l'une et de l'autre, grâce à cette rivalité même, et peut devenir un arbitre, un élément de pacification et d'entente, entre des forces qui ne sont en défiance et en hostilité que parce qu'elles s'ignorent ou se méconnaissent. Ainsi, la science des dogmes restera libre, pacifiante et féconde, à la condition de ne jamais rompre ses liens ni d'un côté ni de l'autre, de rester toujours en étroite communication avec les deux sources de sa vie, sans quoi elle se trouverait exposée inévitablement, soit à mourir d'inanition faute d'aliment, soit à mourir d'impuissance faute de liberté.

II

LA SCIENCE DES DOGMES ET L'ÉGLISE

Une société religieuse qui se forme dans un milieu civilisé, ne peut se passer ni de doctrines ni d'un enseignement doctrinal. Plus elle est d'un caractère moral, plus elle a besoin d'un symbole dogmatique qui la définisse et en explique la raison d'être. Elle aura des docteurs au même titre que des pasteurs et des missionnaires. L'apôtre Paul compare justement l'Eglise à un organisme, où chaque membre a sa fonction nécessaire, déterminée par le don spécial qu'il a reçu. « Dieu, dit-il, a établi les uns, apôtres ; les autres, prophètes ; en troisième lieu, les docteurs (1). » En passant par des bouches différentes, l'Evangile primitif prenait d'autres

---

(1) I Cor. XII, 28 ; Rom. XII, 6-8. Doctrine des apôtres, 13 et 15.

formes. Il se créait divers types d'enseignement, diverses écoles ou partis (1). Il fallait instruire les ignorants, réfuter les hérétiques, conjurer les schismes, administrer les preuves, rectifier l'interprétation des textes. Tout cela ne se pouvait faire que par la discussion, le raisonnement, l'exégèse, la spéculation. Ce n'était pas un effort de science pure, mais de science pratique, dans l'intérêt de l'Eglise elle même, en vue de son édification intérieure et de la réforme constante de son culte et de sa foi. Ainsi commença spontanément le travail dogmatique dans le sein même de l'Eglise, et depuis lors, il a continué à se faire, non du dehors, mais au dedans, par un office qui est un ministère essentiel, un organe de l'Eglise. Ajoutons qu'il ne se ferait pas bien autrement.

Mais ici naît un problème très délicat, le problème des rapports qui doivent exister entre l'Eglise et l'enseignement ou le travail dogmatique. L'exercice de ce ministère ne va pas sans difficultés. Il a besoin de liberté, et il use de critique à l'égard de la tradition. Il est donc assez inévitable que des conflits éclatent entre cette liberté critique, sans laquelle il n'y a plus de science, et les pouvoirs dirigeants de l'Eglise qui sont responsables du dépôt de sa foi. De là les procès dogmatiques, qui n'ont été rares dans aucune église et qui partent de la même cause, s'ils n'aboutissent pas toujours aux mêmes condamnations. Voyons s'il n'y a pas des limites rationnelles à poser et à faire accepter des deux parts.

Une société religieuse, par le seul fait qu'elle dure, crée une tradition doctrinale dans son sein, et cette tradition prend aussitôt un caractère divin et tend à devenir une autorité absolue. C'est l'effet d'une illusion psycholo-

(1) I Cor. I, 10-14.

gique propre à la conscience religieuse, aussi longtemps que la réflexion ne l'a pas mise en garde contre elle-même. L'objet de notre foi étant divin, nous transportons ingénument ce même caractère à la formule par laquelle il nous a été transmis, et nous tenons cette formule pour divine, tant que nous n'avons pas appris à distinguer entre l'essence de la foi et ses manifestations historiques, entre le fond religieux de la doctrine et son expression traditionnelle. Ajoutez au prestige du passé la nécessité de l'éducation religieuse des générations nouvelles. Tout chrétien commence par être un catéchumène, et, à certains égards, il l'est et doit le rester toute sa vie, car il ne peut méconnaître que la conscience de la collectivité est toujours plus riche et plus ferme que sa conscience individuelle. Mais si le but de l'éducation chrétienne, comme nous l'avons montré plus haut, est de faire un chrétien adulte, c'est-à-dire un chrétien qui, ayant reçu le Saint-Esprit, est entré en relation directe et permanente avec le Père commun, et, dans cette piété personnelle et vivante, possède, avec une règle de conduite intérieure, un principe de libre jugement, « la tutelle cessera, selon le mot de l'apôtre Paul, quand l'âge de majorité sera venu. » L'homme *spirituel* juge de tout et n'est jugé par rien. Il devient indépendant de l'autorité sous laquelle il a grandi, comme l'homme fait s'émancipe de la mère qui l'a enfanté et nourri. Sans doute, il recueillera toujours avec une religieuse reconnaissance la tradition du passé; mais il sent en lui un principe supérieur, qui lui donne le droit d'amender et la force d'accroître, en quelque mesure, l'héritage de ses pères. On n'est ni un homme ni un chrétien à moindre prix.

La solution du problème posé plus haut dérive naturellement de ces considérations. Une tradition qui veut être absolue, qui méconnaît et étouffe l'inspiration individuelle, non seulement usurpe, mais encore manque à sa mission, qui est de faire des chrétiens majeurs, c'est-à-dire intérieurement inspirés et autonomes. Elle ressemble à ces mères tyranniques qui, si elles le pouvaient, maintiendraient leurs fils dans une éternelle minorité. D'un autre côté, il ne convient pas que les fils, même devenus majeurs, méprisent leur mère, rompent avec elle et dédaignent les conseils de l'expérience et de l'âge. L'inspiration individuelle qui devient intransigeante, qui se détache de la tradition reçue et prétend se suffire, apparaît aussitôt sectaire; elle méconnaît le lien de solidarité qui unit les générations entre elles et la continuité sociale, dans laquelle seule se fait le progrès de la vie religieuse comme celui de la civilisation. Le premier défaut, la tyrannie usurpatrice de la tradition, règne dans l'église catholique; le défaut contraire, celui de l'intransigeance des convictions individuelles et de l'illuminisme, est le fléau des communautés protestantes. La vérité serait dans une voie moyenne et dans l'organisation d'une Eglise traditionnelle, assez ferme pour recueillir, sans en rien laisser perdre, l'héritage du passé, assez large et souple pour y permettre l'épanouissement légitime des consciences chrétiennes et l'acquisition de nouveaux trésors.

A cet idéal d'église et d'organisation ecclésiastique, le catholicisme ne peut se résigner sans mourir, et le protestantisme y aspire sans l'avoir atteint; et cependant, rien n'est mieux dans la logique de son principe. Aucune église protestante ne se dit infaillible. Les confessions de foi les plus solennelles n'ont ici qu'une valeur provisoire. L'esprit de réforme souffle sans trêve, et la réforme ne cesse pas, au moins en principe, d'être réclamée chaque jour. La communauté, comme l'individu, a pour tâche principale de s'amender, de marcher de connaissance en connaissance et de vertu en vertu. Il est clair qu'une église qui renierait cet esprit de réforme, cesserait d'être une église protestante pour devenir tout autre chose.

Ce devoir constant de la réforme implique donc la légitimité inamissible de la critique, l'appel à l'Evangile mieux compris, l'effort enfin de rapprocher chaque jour la réalité de l'idéal. Ce qu'il importe seulement de bien déterminer, c'est le principe ou le critère, au nom duquel se devra faire cette critique des traditions du passé.

Ce principe sera-t-il un autre dogme dit fondamental, comme le veut l'orthodoxie, soit, par exemple, l'autorité de l'Ecriture soit la divinité de Jésus-Christ, ou tout autre? Mais ce dogme, formulé dans la tradition, est par cela même de forme humaine et contingente, et il sera, comme les autres, sujet à la critique. Or, avec quoi et au nom de quoi le critiquera-t-on pour le réformer? Au lieu d'un dogme, prendrons-nous pour critère, avec le rationalisme, un axiome moral ou philosophique? Nous violons alors l'autonomie de la conscience religieuse ; nous dénaturons la religion elle-même, en l'assujettissant à une règle extérieure; et la dogmatique, asseyant sa construction sur un principe étranger, ne fera qu'une œuvre hybride, que repousseront, avec un égal dédain, les croyants et les philosophes.

Le principe de la critique des dogmes chrétiens ne saurait être que le principe même du christianisme, lequel est antérieur à tous les dogmes, et que les dogmes ont pour fin d'appliquer et de manifester. Les ramener à cette norme, c'est donc les soumettre à une juridiction à laquelle nul n'a le droit de les soustraire. Or, le principe du christianisme n'est pas une doctrine théorique, c'est une expérience religieuse, l'expérience qui s'est faite un jour dans la conscience du Christ, et, depuis lors, n'a pas cessé de se répéter dans celle de ses disciples. C'est l'Evangile du salut par la foi du cœur, la révélation d'un rapport moral, d'un rapport nouveau, du rapport filial créé et réalisé entre l'homme pécheur et perdu et le Père qui l'appelle et qui lui pardonne. Tel est le germe initial d'où tout le développement chrétien est sorti et d'après lequel, par conséquent, ce développement doit et peut être jugé.

Ce principe générateur de la vie et de tous les dogmes de l'Eglise étant posé et la distinction étant établie entre le principe idéal et ses réalisations successives, toutes nécessairement incomplètes, la critique des dogmes se fera d'elle-même, sans violence aucune et avec fruit. Il suffira de raconter la genèse et l'évolution de chacun d'eux, pour que cette histoire fasse apparaître les éléments contingents et caducs qui y sont entrés avec le temps et qui, avec le temps, doivent nécessairement en sortir. Le christianisme est un organisme dont l'âme est immortelle, mais dont le corps se renouvelle incessamment par le fait d'une matière toujours en mouvement et toujours empruntée aux milieux divers qu'il traverse. Les notions philosophiques qui lui ont servi un moment d'expression, et qui sont doublement mortes aujourd'hui, soit parce que la civilisation a marché, soit parce qu'elles étaient sans lien vivant avec l'expérience chrétienne initiale, tombent de l'arbre séculaire comme des branches ou des feuilles desséchées. Quant aux autres, en qui la sève nourricière monte toujours de la racine mère, on les verra se transformer, croître et fleurir de saison en saison, sous l'action de ce même vent salubre de la critique qui les secoue et les vivifie. C'est ainsi que notre discipline, religieusement fidèle au principe de la **piété chrétienne**, pourra bien souvent se trouver en conflit avec les pouvoirs administratifs de l'Eglise, mais jamais, au fond, avec l'Eglise elle-même.

III

LA SCIENCE DES DOGMES ET LA PHILOSOPHIE

Pour être moins brûlant, le problème des rapports de la dogmatique avec la philosophie est encore peut-être plus difficile à résoudre et n'a pas donné lieu à moins de controverses. Le danger est double. D'une part se dresse la prétention de la scolastique : on peut craindre que la théologie, se donnant comme une philosophie divine, ne veuille absorber la philosophie humaine et la mettre en vasselage. C'est encore la prétention de certaine orthodoxie protestante naïve, pour qui il n'y a pas de philosophie en dehors de la foi chrétienne. A l'autre extrémité, apparaît la tentative du rationalisme de faire rentrer la religion chrétienne dans la philosophie et la morale générales. Dans le premier cas, c'est la dogmatique qui absorbe la philosophie ; dans le second, c'est la philosophie qui absorbe la dogmatique. Mais, dans tous les deux, il est évident que le phénomène spécifiquement religieux, le caractère original de la piété chrétienne est méconnu, et que la théologie, n'ayant plus aucun domaine propre, succombe et s'évanouit. Ce fut le mérite de la réforme de Luther au XVI° siècle, et de la pensée de Schleiermacher et de Vinet au XIX°, de rendre manifeste et de marquer, entre tous les autres phénomènes psychologiques, le caractère *sui generis* de la foi et de la vie chrétiennes, et d'assigner ainsi à la théologie un objet d'étude, éminent sans doute, mais très particulier et très circonscrit. Ainsi lui a été marquée une tâche très différente de celle de la philosophie, tâche qui consiste, non pas à expliquer les choses universelles, mais à rendre compte, plus modestement et plus utilement, de l'expérience religieuse faite dans l'Eglise chrétienne. Sauvée à la fois et de la scolastique et du rationalisme, la théologie dogmatique peut donc se constituer sur son propre domaine, à côté des autres sciences, à son rang et d'après les mêmes méthodes, sans en menacer aucune, sans avoir non plus rien à craindre.

Ses rapports avec la philosophie vont s'éclaircir, grâce à une distinction des plus simples.

La philosophie comprend aujourd'hui deux parties de nature très différente : une étude du sujet pensant, autrement dit, une critique de la raison, ou une théorie de la connaissance ; en second lieu, une doctrine sur l'essence et les rapports nécessaires des êtres, une métaphysique ou une théorie de l'univers.

Il est facile de voir que toutes les sciences positives se comportent différemment avec l'une ou l'autre de ces deux parties de la philosophie. Aucune, par exemple, ne se peut dispenser de compter avec la première, je veux dire avec la critique de notre faculté de connaître et de nos moyens de raisonner, sous peine de se méprendre sur la valeur de ses propres hypothèses ou même sur la régularité de ses procédés. Il est clair qu'un physicien ne peut se dispenser de faire des syllogismes justes ou de se mettre en garde contre les illusions des sens et les autres erreurs de méthode. Mais aucun savant, d'un autre côté, ne voudra accepter le joug d'une métaphysique quelconque qui viendrait *a priori* lui dicter ses conclusions. Sur des indications de cette nature, il veut bien faire des hypothèses, instituer des expériences nouvelles ; mais il ne se prononcera jamais, en tant que savant, avant cette suprême et décisive consultation des faits.

Il en sera exactement de même pour les rapports de la dogmatique chrétienne avec la philosophie. Elle y aura recours et comptera avec elle, pour tout ce qui regarde la théorie de la connaissance en général et la théorie de la connaissance religieuse en particulier. Comme toute autre science, elle a besoin, en effet, de vérifier la portée de son instrument pour ne point s'illusionner sur la valeur de l'œuvre qu'elle accomplit. Mais, comme toute autre science également, elle a le droit et le devoir de récuser et d'écarter toute métaphysique générale qui, découlant d'un autre principe que de celui de la religion chrétienne, voudrait dicter à celle-ci des articles de foi ou des règles de morale. Il y aurait là, d'un côté, la même défaillance, et, de l'autre, une égale usurpation.

Qu'on ne dise pas que toute théorie de la connaissance engendre bien vite une métaphysique à son image. Nous connaissons de ces théories qui nient la possibilité même de la métaphysique, et c'est une question de savoir si une dogmatique vraiment chrétienne ne s'en accommode pas mieux que de toute autre. On peut soutenir, en effet, que l'acte de foi, expression de l'énergie conservatrice du moi et principe de toute religion, s'accomplit d'autant plus librement qu'aucune science proprement dite n'est là pour le gêner. Un préjugé vulgaire veut que la religion ait pour support la métaphysique. Tout au contraire, en fait, c'est sur la religion et la morale que la métaphysique repose. L'homme ne devint pas religieux lorsqu'il eut appris qu'il existait des dieux ; il n'a eu l'idée de Dieu et ne croit à son existence que parce qu'il est religieux. Le mystère fut le berceau naturel de la piété. La foi est beaucoup moins une acquisition de science qu'un moyen de salut et une source de force et de vie. Autre chose est de spéculer sur le problème universel, autre chose est de se placer par le cœur, dans un rapport vivant de confiance, de crainte ou d'amour avec l'Être mystérieux d'où tous les autres êtres dépendent. Il se peut que la religion aboutisse nécessairement à une doctrine métaphysique, mais une métaphysique n'aboutit pas nécessairement à la religion, puisqu'il en est qui l'excluent ou la rendent impossible.

Théorie de la religion, la dogmatique ne saurait avoir aucun autre point de départ que le phénomène religieux lui-même. De ce principe concret et expérimental, de cet état d'âme determiné par le sentiment immédiat d'une relation nécessaire avec Dieu, doit sortir et se développer le système tout entier. Ce qui n'est à aucun degré dans l'expérience religieuse ne saurait trouver place dans la science religieuse et doit en être banni.

Ce ne serait donc qu'à son détriment que la science des dogmes aliénerait sa liberté, en épousant, par avance, les thèses métaphysiques et les conclusions dernières d'une philosophie quelconque. Ces thèses, provenant d'une autre source que la religion, n'ont aucun droit de devenir, dans cette religion, des articles de foi. Des vérités rationnelles qui ne seraient pas nées d'un sentiment religieux, seraient, dans la dogmatique, autant de corps morts et d'éléments hétérogènes qui amèneraient la plus grande incohérence. Édifier une théologie prétendue révélée sur une théologie prétendue naturelle, c'est construire un système sans unité ni liaison profonde. Un tel dualisme de principes est aussi intolérable pour la science que pour la piété. Au lieu que la dogmatique doive se subordonner à la métaphysique générale, c'est à la métaphysique de compter avec elle, comme avec les résultats acquis de toutes les autres sciences.

Il en va tout autrement s'il s'agit de la critique de nos moyens de connaître. En tout ordre de science, c'est légèreté d'esprit que de commencer ou de conclure des recherches un peu générales sans avoir, au préalable, déterminé les conditions précises dans lesquelles il peut y avoir, pour nous, connaissance réelle. L'absence d'une critique philosophique de cette nature explique pourquoi tant de savants, si rigoureux dans leurs études spéciales, montrent une naïveté philosophique si grande dans les conclusions qu'ils en tirent, et couronnent si volontiers leurs découvertes par une pseudo-métaphysique qu'ils imposent au vulgaire avec l'autorité et le prestige même de la science. Plus que tous les autres, les théologiens se sont rendus coupables de cet abus, en voulant faire de leur science la somme des connaissances universelles. Ils seraient plus sainement religieux en se montrant plus modestes et plus réservés. Un bon et sûr moyen de nous mettre en garde contre cette illusion et ses déplorables entraînements, sera d'instituer, sans plus de retard, une critique rigoureuse de la connaissance religieuse. Nous ne pensons pas que cette tâche ait encore jamais été sérieusement tentée, du moins en France. Il n'en est pas cependant de plus indispensable à une bonne conduite de notre pensée ni de mieux faite pour nous guérir radicalement de l'orgueil dogmatique et nous inspirer, avec la tolérance, l'humilité de l'esprit. Ce sera l'objet du chapitre suivant.

Littérature. Histoire de la Dogmatique. — Ellies Dupin : Bibliothèque des auteurs ecclésiast., 1686-96. Heinrich : Versuch ein. Gesch. d. verschied. Lehrarten, etc., 1790. H. Ritter : Geschichte der christ. Philosophie, 1841. Ueberweg : Grundriss d. Gesch. d.

Philosophie, 1881. Hauréau : Hist. de la scolastique, 1872-80. Klee : Lehrb. d. Dogmengeschichte, 1837-38.

Planck : Gesch. der Entstehung. des protest. Lehr!..., ..'es, 1796. Herrmann : Gesch. der protest. Dogmatik v. Melanchthon bis Schleiermacher, 1842. Gass : Geschichte d. protest. Dogmatik, etc., 1854-57. Heppe : Dogmatik d. evang. ref. Kirche aus d. Quellen, 1861. A. Schweizer : Die protest. Central-Dogmen der ref. Kirche, 1854-56. Dorner : Gesch. der protest. Theologie, 1867. Luthardt : Compendium d. Dogmatik, pag. 37-73. Gretillat : Exposé de la théol. systématique, 1885-90.

Méthode et constitution de la Dogmatique. — Tous les ouvrages de dogmatique mentionnés déjà dans les chapitres précédents traitent, dans de longues introductions, la question de méthode et de nature de notre science. Voy. surtout ceux de Twesten, de Marheineke, de Daub, de Nitzsch, de J. Mueller, de P. Lange, de Kahnis, de Philippi, d'Ebrard, de Schweizer, de Biedermann, de Martensen, de Schenkel, de Vilmar, etc., etc. Il faut faire une place à part aux ouvrages suivants : Schleiermacher : Kurze Darstellg. des theolog. Studiums, 1810 et 1830; Der christl. Glaube, 1821 et 1831; Zwei Sendschreiben an Dr Lücke üb. meine Dogmatik, 1829. Thomasius : Christi Person und Werk, Darstellg. d. ev. luth. Dogm. vom Mittelpunct der Christologie, 1856-61. Hofmann : Schriftbeweis, 1857-1860. J. Mueller : Dogmatische Studien, 1870. Rothe : Zur Dogmatik, 1869. Frank : System der christl. Wahrheit, 1880. Kæhler : Die Wissenschaft der christl. Lehre, 1893. Scherer : Prolégomènes à la Dogmatique réformée, 1843. F. Lichtenberger : Des éléments constitutifs de la science dogmatique, 1860. A. Bouvier : Art. Dogmatique, dans Encycl. des sc. rel., 1878. Ouvrages dogmatiques enfin de Gretillat, de Bovon, de Lobstein, cités précédemment. P.-F. Jalaguier : Introduction à la Dogmatique, 1897.

Rapports de la Dogmatique avec la philosophie. — H. Weisse : Philosphische Dogmatik oder Philosophie des Christenthums, 1855. Ehrenfeuchter : Ueb. die theolog. Principienlehren in d. Jahrb. d. deutsch. Theol., 1856. Jaeger : Ueb. die Natur der theolog. Erkenntniss, ibid., 1857. Hilgenfeld : Die wissenschaftliche Theologie u. ihre gegenw. Aufgabe, in d. Zeitschrift für wissensch. Theol., 1858. A. Ritschl : Rechtfertigung u. Versœhnung, 1888; Theologie und Metaphysik, 1887. Lipsius : Die Ritschl'sche Theologie, in d. Jahrb. f. prot. Theol., tome XIV; Philosophie und Religion; Dogmatische

Beitræge, 1878; Lehrbuch d. ev. prot. Dogmatik, 3º Ausgabe, 1892. W. Herrmann : Die Religion im Verhælt. zum Welterkennen, 1879. Pfleiderer : Grundriss der ev. Glaubens-und Sittenlehre, 1886. H. Schulz : Die ev. Theologie in ihrem Verhælt. zu Wissenschaft und Frœmmigkeit, 1891. Kaftan : Das Christenthum und die Philosophie, 1895. Cremer : Ueb. die Entstehung der christl. Gewissheit, 1893. H. Bois : Le Dogme grec, 1890 ; La Philosophie idéaliste et la Théologie, 1895 ; Controverse de H. Bois et G. Frommel, dans la Revue théol de Montauban, 1888-89, et dans celle de Lausanne, 1888-90. Emery : Religion et Théologie, Revue de théol. et de phil. de Lausanne, 1890. E. Gounelle : la Révélation et la Raison, etc., 1895.

CHAPITRE QUATRIÈME

THÉORIE CRITIQUE DE LA CONNAISSANCE RELIGIEUSE

Qui dit conscience, dit science ou, tout au moins, commencement de science. La conscience implique une représentation. En d'autres termes, aucune modification du moi ne devient consciente qu'en éveillant dans l'esprit une image *représentative* de l'objet qui l'a produite et du rapport de cet objet avec le moi. Toutes nos sensations et tous nos sentiments sont accompagnés d'images. Le sentiment religieux n'arrive pas à la lumière de la conscience par une autre voie. C'est parce qu'il est un état ou un mouvement conscient de l'âme, qu'il devient, lui aussi, principe de connaissance.

La vie mentale, en aucun genre, ne débute par des idées claires et abstraites. Une idée dérive d'une image, et, pour faire éclore celle-ci, une impression externe ou interne est nécessaire. Il est vrai que l'idée ou l'image ont le mystérieux pouvoir, à leur tour, de reproduire et de renouveler la sensation ou le sentiment dont elles sont nées. C'est là-dessus qu'est fondé l'art de la pédagogie et que repose la puissance de la tradition. Mais il ne faut pas que les habitudes pédagogiques nous fassent illusion au point de nous persuader qu'à l'origine, l'idée ait précédé la sensation. Le développement de la vie mentale chez l'enfant est là pour nous démontrer le contraire. Nous ne connaissons que ce dont nous ou nos semblables avons été affectés en quelque mesure. Nos idées ne sont que la notation algébrique de nos impressions et de nos mouvements. Ce qui est absolument hors de notre vie est aussi hors de notre vue. Sans les sensations externes qui représentent l'action du monde sur le moi, nous n'aurions aucune science du monde. Sans la réaction subjective du moi contre cette action du monde, réaction qui se manifeste dans la vie morale, esthétique et religieuse de l'âme, nous n'aurions aucune idée morale ou religieuse, aucune notion du bien ou du beau. Toutes nos idées métaphysiques viennent de là.

Il est vrai qu'il reste à savoir ce que valent les idées de cet ordre. C'est le problème particulièrement complexe et délicat que nous abordons ici. Il n'est point de philosophie sérieuse qui ne débute aujourd'hui par une théorie de la connaissance. La connaissance religieuse ne saurait exciper d'aucun privilège. La critique en est d'autant plus nécessaire que l'illusion y est plus facile et se revêt d'un caractère sacré. Le théologien qui entreprend la tractation scientifique des dogmes, sans avoir, au préalable, mesuré la portée de l'instrument qu'il emploie et la valeur des matériaux qu'il met en œuvre, ne sait pas proprement ce qu'il fait.

Mais il n'existe qu'un moyen de faire la critique de nos connaissances en quelque ordre que ce puisse être. Pour savoir ce qu'elles valent, il faut demander d'où elles viennent et comment notre esprit les acquiert.

I

THÉORIES PÉRIMÉES DE LA CONNAISSANCE

Trois explications de l'origine de nos connaissances ont régné, autrefois, en philosophie: l'hypothèse d'une révélation primitive, la théorie idéaliste et la théorie sensualiste.

La première a été rajeunie, il y a trois quarts de siècle, par de Bonald et Joseph de Maistre. Elle n'a plus besoin d'être réfutée. D'après cette hypothèse, nos idées ne nous viendraient pas du dedans, de la force naturellement productive de l'esprit, mais du dehors et par voie de communication surnaturelle. Cette communication de Dieu aurait consisté, à l'origine, dans le don fait au premier homme d'une langue parfaite. Le mot exact aurait apporté l'idée juste. « L'homme, disait de Bonald, a pensé sa parole avant de parler sa pensée. » Si l'on a vu des erreurs s'introduire et régner parmi les hommes durant tant de siècles, c'est qu'ils n'ont pas su garder sans altération le dépôt sacré de cette langue et de cette philosophie primitives. Est-il nécessaire de montrer combien cette théorie est contraire à toutes les observations de la psychologie et de l'histoire? On dit que, dans quelques pays, il existe encore une certaine botanique, suivant laquelle le Grand Esprit, ayant créé les arbres de la forêt, vient chaque printemps, dans la nuit, coller à leurs rameaux des feuilles et des fleurs. La communication immédiate d'idées justes ou de vertus surnaturelles à l'homme encore enfant, implique en outre contradiction; elle nous force, en effet, d'imaginer en lui des pensées antérieures à l'action de son intelligence et des vertus antérieures à l'exercice de sa volonté. Enfin, on méconnaît la nature de l'esprit lorsqu'on en fait je ne sais quoi de passif et d'inerte. L'esprit, c'est la force pensante et voulante, c'est-à-dire une force productive de pensées et de volitions. S'il n'est pas cela, il n'est rien. Il faut sans doute affirmer que Dieu pose cette force et en dirige l'évolution, mais il est contradictoire de dire à la fois qu'il la pose et qu'elle est improductive.

Cette hypothèse, d'ailleurs, n'a d'autre but que de fonder, en la faisant remonter jusqu'aux premiers temps, l'autorité divine d'une tradition infaillible. Ces idées révélées, par cela même qu'elles sont les idées de Dieu, ont une valeur absolue et éternelle. L'homme les trouve garanties dans la caste religieuse, à qui le dépôt en a été confié et qui les conserve intactes. Ainsi surgit l'idée d'une autorité infaillible. Mais, pour qui sait remonter l'histoire d'une idée, celle de l'autorité dogmatique a sa date d'origine marquée ; elle n'apparaît qu'assez tard ; elle s'est élaborée fort lentement suivant une loi psychologique que nous avons déjà découverte. Partout, dans toutes les traditions des religions et des églises, on la voit naître après toutes les autres doctrines comme la clef qui ferme et soutient la voûte. C'est un dernier dogme dérivé logiquement des autres dogmes qu'il va ensuite garantir. Tel, le dogme de l'infaillibilité du pape promulgué au Vatican en 1870 ; tel, dans le protestantisme, celui de l'infaillibilité de la Bible, achevé par les théologiens du xvııᵉ siècle. Etayer la valeur des notions religieuses au moyen d'une autorité surnaturelle, sous prétexte de les rendre indiscutables, est un cercle vicieux ; on ne voit pas que l'autorité est le produit de ces notions elles-mêmes. Tous les systèmes d'autorité finissent par s'enfermer dans ce cercle et par y périr.

La théorie idéaliste de l'origine des idées n'est que la

forme philosophique de la précédente. C'est toujours un essai de ramener nos idées générales à l'entendement divin comme à leur source première. Les idées pures, les idées-types, suivant Platon, constituent le cosmos intelligible dont les phénomènes matériels ne sont que des ombres éphémères et sans réalité. Concevoir purement ces idées divines, c'est atteindre la réalité transcendante des choses, c'est posséder la vraie science. Du platonisme au réalisme de la scolastique, de celui-ci à la géométrie de Spinoza et à la dialectique de Hegel, la forme de la théorie a varié constamment ; le fond reste le même. Hegel disait toujours : « le rationnel, c'est le réel » et, pour lui comme pour Platon, la science absolue se résolvait dans une logique parfaite.

Depuis longtemps, la psychologie a décelé l'illusion scientifique de l'idéalisme. Nous ne voulons pas rappeler le piteux échec de toutes les tentatives faites autrefois ou de nos jours, pour déduire *a priori* les lois du monde physique. Partout dans ce domaine, la méthode d'observation a remplacé la méthode déductive. La raison en est simple. Une idée, pour haute qu'elle soit, ne peut donner que ce qu'elle contient, c'est-à-dire d'autres idées. Nous savons bien que nos idées sont dans notre esprit, mais elles y sont à l'état d'idées. Comment savoir que les objets qu'elles représentent existent hors de nous ? Par la logique seule, on ne saurait passer de l'idée d'une chose à la réalité extérieure de cette chose. Il y faut l'expérience. Sans elle, nos idées sont des formes vides. On peut jouer indéfiniment avec elles sans jamais atteindre rien d'objectif. Ce sont coquilles de noix sans amande. L'idéalisme pur, loin de donner une solide théorie de la science, aboutit donc au scepticisme, c'est-à-dire à la négation de la science même.

L'excès et l'échec des théories idéalistes de la connaissance ont toujours amené dans l'histoire la théorie opposée du nominalisme sensualiste, d'après laquelle nos idées ne sont que des sensations transformées. Malheureusement le sensualisme, en posant cet axiome, ne s'est jamais expliqué sur la nature et encore moins sur la cause de cette transformation merveilleuse. « Il n'y a, disait Locke, rien dans l'intelligence qui ne soit déjà dans les sens. » A quoi Leibniz avait le droit de répondre : « excepté l'intelligence elle-même, » c'est-à-dire la force qui, de la sensation, tire la connaissance. En supprimant ce principe idéal, on arrive fatalement à écarter de la science tout élément de nécessité, c'est-à-dire toute valeur générale. Avec Hume, la théorie sensualiste, loin de rendre compte de la science, aboutit au phénoménisme pur, c'est-à-dire encore au scepticisme. Il en est, en effet, de la sensation isolée comme de l'idée pure ; on a beau la presser, on n'en peut tirer que ce qu'elle renferme, c'est-à-dire des contingences, sans lien entre elles. Le matérialisme est encore plus embarrassé pour donner une théorie quelconque de la science, car il ne réussit pas même à expliquer la sensation. Entre un mouvement mécanique et un phénomène de conscience, il subsiste un abîme infranchissable. L'une des marques les plus évidentes de l'infériorité philosophique du positivisme français, c'est qu'il n'ait pas même abordé ce problème de la connaissance et qu'il ait pu se constituer sans autre psychologie que la vulgaire.

II

LA THÉORIE KANTIENNE DE LA SCIENCE

Les esprits qui pensent se peuvent aujourd'hui diviser en deux classes : ceux qui datent d'avant Kant et ceux qui ont reçu l'initiation et comme le baptême philosophique de sa critique. Ces deux sortes d'esprits auront toujours beaucoup de mal à s'entendre. Les premiers sont dogmatiques ou pyrrhoniens. Les seconds ne comprennent plus ni le pyrrhonisme ni le dogmatisme. Le point de vue, pour eux, s'est déplacé. Grâce à Kant, nous jugeons et nos connaissances et notre faculté de connaître elle-même; nous nous sommes rendu compte des conditions dans lesquelles elle fonctionne, des formes qui la déterminent comme des limites qu'elle ne saurait franchir. Kant a pu, sans exagération, comparer la révolution qu'il accomplissait en philosophie à celle que la découverte de Copernick a opérée dans le système du monde. En philosophie aussi, le soleil a cessé de tourner autour de la terre et l'antique illusion a été vaincue et dissipée. L'idée et la réalité ne coïncident plus entièrement; elles sont disjointes. L'intelligible est sans doute réel; mais il n'est pas sûr que tout le réel nous soit intelligible. La réalité nous est apparue non seulement débordant nos connaissances, mais aussi nos moyens de connaître. Dès lors, la notion religieuse du mystère est rentrée dans la conscience. L'homme a retrouvé l'humilité intellectuelle. Comme son corps, son esprit est un milieu entre l'infiniment grand et l'infiniment petit, entre rien et tout. La philosophie déductive de l'unité et du déploiement nécessaire et continu d'une substance éternelle, fait place à la philosophie de l'observation qui se trouvera être également celle des antinomies dont le conflit permanent engendre la marche ascensionnelle du monde et de la vie.

C'est une preuve d'inintelligence que de faire aboutir le kantisme au scepticisme. Il a permis, au contraire, de faire la théorie *scientifique* de la science. La vérité ne s'est trouvée ni dans le dogmatisme ni dans le pyrrhonisme, que Pascal, guidé par l'instinct du génie, combattait avec une égale vigueur. Il y a, dans la science moderne, une certitude invincible au pyrrhonisme le plus subtil ; mais il y a aussi un sentiment des limites de notre faculté de connaître et du caractère relatif de nos constructions les plus solides, qui empêche à jamais que l'homme s'enorgueillisse jusqu'à se croire Dieu. Etre dans ce milieu, c'est être dans la vérité. La même critique qui établit la validité de la connaissance humaine, pose les limites qu'elle ne saurait dépasser. Nous sommes arrivés à nous mieux connaître, et c'est la marque de tout véritable progrès en philosophie. Le *connais-toi toi-même* en est toujours la première règle et le dernier fruit.

La théorie kantienne de la connaissance, en satisfaisant l'esprit, fait saillir du même coup les antinomies essentielles dont le jeu normal constitue la vie même du moi et en explique les multiples manifestations.

Il y a deux éléments dans toute connaissance : un élément *a posteriori*, qui vient de l'expérience, et un élément *a priori*, qui vient du sujet pensant. Le premier est la *matière* de la connaissance; le second en est la *forme*. Séparés, ces deux éléments restent improductifs. Avec le premier seul, comme on l'a dit, nous n'avons qu'une réalité non sue; avec le second seul, nous n'avons qu'un savoir sans réalité. Leur union les rend féconds l'un par l'autre en organisant les données de l'expérience dans les formes nécessaires de la pensée. Le principe de causalité, par exemple, n'est pas dans les choses, il est dans l'esprit, et c'est l'esprit qui enchaîne spontanément tous les phénomènes. La science, au fond, ne consiste en rien d'autre que dans cet enchaînement causal des choses entre elles. Où la chaîne se rompt, s'arrête le savoir positif. Ce clair sentiment d'ignorance sur les points où nous ignorons en effet, c'est encore une partie de la science et l'une de ses principales forces, car il prouve qu'elle se connaît très bien elle-même et connaît aussi les conditions hors desquelles elle n'est plus. Mais, triomphante ou tenue en échec, la science positive ne peut ni renoncer à sa méthode et à sa tâche, ni en modifier la nature. Elle ne peut que chercher à compléter la chaîne des phénomènes ou plutôt à l'allonger. Les succès de cet effort toujours identique, toujours allant dans le même sens, sont ce que l'on appelle ses conquêtes et ses progrès. Il ressort de là que la tendance irrésistible de la science sera d'étendre sur l'ensemble des phénomènes le réseau toujours plus serré d'une nécessité invincible. Le déterminisme est son dernier mot.

D'autre part, le moi qui connaît est aussi un moi agissant. Sa pensée elle-même, à la bien prendre, et ce déploiement de science ne sont que l'une des formes de son activité intime. Il veut et il doit vouloir. Si le monde agit sur lui par la sensation, il agit incessamment sur le monde par ses actes. Et qu'on ne dise pas que la volonté ne représente qu'une réaction mécanique du moi, équivalente juste à l'action du monde extérieur sur lui, qu'elle est une simple transformation de force, car cela n'est pas vrai. Sans aborder ici le problème de la liberté, il est certain que je ne donne pas seulement en volonté ce que j'ai reçu sous forme de sensation. Je délibère sur les motifs qui me poussent à agir; je choisis entre eux; je me sens obligé; je dois vouloir le bien Il est impossible de concevoir l'action morale sans l'idée d'un but. Je la conçois donc sous une autre forme que l'action mécanique. La responsabilité et l'obligation internes ne sont pas moins les formes nécessaires de la **volonté** que la nécessité logique, celle de la pensée. Mais aussitôt s'élève dans l'homme le plus tragique des conflits. Le déterminisme scientifique rend inintelligible l'activité morale, et l'activité morale heurte le déterminisme de la science. Si le déterminisme mécanique est vrai absolument, ma volonté est nulle; je ne suis plus qu'un automate. Si ma responsabilité est sérieuse, si mon énergie personnelle n'est pas une illusion, il y a dans le monde autre chose que de la matière, et, pour l'homme, d'autres lois que les lois mécaniques. Ainsi divisé en moi-même, je ne dois pas pratiquer ce que je sais, et je ne puis faire ce que je dois. Je reste flottant entre une **science** qui n'est point morale et une morale que je sens ne **pouvoir** être scientifique. L'intelligence tue en moi la **volonté**. A mesure que l'une se développe, l'autre s'affaiblit jusqu'à s'évanouir. Plus et mieux je connais les lois du monde, moins j'ai de raison de vivre et d'agir. Ma morale, à chaque acte, dément ma science, et ma science, à chaque affirmation, réfute ma morale. Tel est le mal profond, la misère spirituelle des meilleurs d'entre **nos contemporains**. Ils sentent que, chez eux, l'énergie vitale est en raison inverse de l'étendue et de la pénétration de la pensée. Alors ils en viennent à dire que le pessimisme, un pessimisme radical, est le vrai; que l'existence, le vouloir, le désir sont le mal premier, et que le suprême effort de la science doit être de nous en guérir, en nous délivrant de toutes nos illusions; après quoi, à son tour, elle s'éteindra elle-même, comme une flamme sur son aliment consumé.

Cependant, le sujet conscient est un. On ne peut le proclamer vain, sans proclamer en même temps la vanité de ses idées comme de ses œuvres. La ruine de la morale entraîne après elle la ruine de la science. Aussi bien, le conflit dont nous parlons est-il autre chose qu'une contradiction théorique dont il soit possible d'ajourner ou d'attendre indéfiniment la solution. Le conflit est pratique; il est d'ordre vital et non intellectuel. C'est une dissolution intérieure de l'être lui-même, une lutte entre ses facultés élémentaires où l'esprit s'affaiblit, s'exténue et meurt.

La solution, s'il y en a une, ne saurait donc être que pratique, c'est-à-dire ressortissant à la volonté. Il s'agit de rendre à l'esprit confiance en lui-même. Il faut accroître l'énergie de sa vie intérieure pour lui faire trouver la force de croire et d'affirmer en face de l'univers la souveraineté de l'esprit. Cela revient à dire que la solution du conflit c'est la religion; non sans doute une religion extérieure, entre les mains de laquelle abdiqueraient la pensée et la volonté de l'homme, — cela ne rétablirait en rien leur harmonie intime et vivante, — mais une religion intérieure, une activité de l'esprit qui saisit en soi la suprématie de l'esprit universel, et, par un acte de confiance intime, élan instinctif de l'être près de périr, s'affirme à lui-même sa propre dignité, et fait jaillir de son propre fond la religion irrésistible de l'esprit.

Ainsi, le conflit de la raison théorique et de la raison pratique engendre éternellement la religion dans le cœur de l'homme. C'est la fissure dans le rocher, par laquelle s'épanche la source vive.

Montrons plus clairement encore cette genèse nécessaire de la religion.

En observant, en raisonnant, en généralisant, j'arrive à une certaine connaissance de ce qui m'entoure; cette connaissance des objets du dehors forme au dedans de moi le contenu de ce que j'appelle ma *connaissance du monde*. D'autre part, en agissant, en vivant, en exerçant ma volonté, se forme ce que j'appelle la *conscience du moi*. Conscience du moi, conscience du monde se conditionnent et se déterminent l'une l'autre et ne sauraient exister l'une sans l'autre. Mais, en même temps, elles entrent dans un conflit mortel. Le moi veut s'emparer du monde et le monde, à la fin, dévore le moi. La pensée triomphe de la nature et la méprise; la nature prend sa revanche et engloutit la pensée dans son abîme. La conscience du moi veut ramener à elle la connaissance du monde; et celle-ci absorbe et dévore la conscience du moi. La synthèse et la conciliation ne se peuvent trouver que dans la conscience de quelque chose de supérieur au moi et au monde, et d'où dépendent absolument et le monde et le moi. Cette conscience synthétique et pacificatrice, c'est la conscience de l'être universel et souverain, c'est le sentiment de la présence de Dieu. Pour échapper à sa détresse, l'homme n'a jamais eu que ce moyen de salut. Le sauvage y a recours, suivant son degré de vie intellectuelle, quand sous la terreur des phénomènes de la nature et de la mort sans cesse menaçante, il appelle à son secours la puissance obscure de ses dieux. Le philosophe, nourri de spéculation et arrivé à la conscience dualiste et partagée des disciples de Kant, obéit au même élan instinctif et à la même nécessité vitale, quand il cherche, dans la notion de Dieu, la conciliation du conflit qu'il sent entre le moi et le monde, entre la raison pure et la raison pratique. Il lui faut un être universel dont il sente et accepte la dépendance, et dont il puisse également faire dépendre tout l'univers. En s'unissant à lui, il affirme et confirme sa propre vie; il sent Dieu actif et présent, dans sa pensée sous forme de loi logique, dans sa volonté sous forme de loi morale. Il est sauvé par la foi au Dieu *intérieur*, en qui se réalise l'unité de son être.

Il est donc vrai de dire que l'esprit humain ne peut croire en soi, sans croire en Dieu ; et d'autre part, il ne peut croire en Dieu, sans le trouver en soi.

C'est un *salto mortale*, diront quelques esprits superficiels, étonnés d'une apparente déduction qui fait jaillir ainsi l'activité religieuse du moi du fond même de sa détresse et de sa désespérance. A quoi nous répondons : c'est, au contraire, un *salto vitale*, l'acte instinctif et réfléchi tout ensemble, qui pousse l'esprit à s'affirmer à lui-même la valeur absolue de l'esprit. Considérée à ce premier moment psychologique de sa naissance, la foi religieuse de l'esprit en lui-même et en sa souveraineté n'est que la forme supérieure et comme le prolongement de l'instinct de conservation qui règne dans toute la nature. L'esprit, écrasé sous le poids des choses, se relève et triomphe dans le sentiment de la dignité éternelle de l'esprit.

Religion intérieure, instinct sacré de la vie, force immortelle et divine qui parais nécessairement dès la première démarche de l'esprit, combien te méconnaissent les âmes superficielles et frivoles qui voient en toi l'asservissement de l'homme ! C'est toi seule, au contraire, qui le libères des chaînes que la nature fait peser sur lui, qui le sauves de la mort et du néant, et ouvres à son activité généreuse une carrière infinie, en l'associant à l'œuvre de

Dieu ; c'est toi qui lui rends sa spontanéité créatrice, renouvelles ses forces, et, le retrempant dans la source d'où il émane, entretiens en lui une jeunesse éternelle !

Cette issue ouverte au conflit de nos facultés est exclusivement d'ordre pratique; c'est un élan de confiance, non une démonstration; une affirmation qui suppose, non des preuves scientifiques, mais un acte d'énergie morale. Cet acte, il faut le faire, ou bien il faut mourir. Il n'y a pas d'autre contrainte ici que le désir de vivre ; mais celle-là est irrésistible, sinon pour chaque individu en particulier, du moins pour l'humanité prise dans son ensemble. L'individu se peut suicider ; l'humanité veut vivre, et sa vie est un acte de foi renouvelé chaque jour.

Cette solution pratique implique néanmoins la possibilité et l'espérance d'une solution théorique. Elle l'implique de deux manières : d'abord psychologiquement, parce que le moi de la raison pure est aussi celui de la raison pratique et se sert un seul et même sujet connaissant et agissant ; ensuite spéculativement, parce qu'en croyant à la souveraineté de l'esprit en nous et dans le monde, nous affirmons que l'homme et le monde ont dans l'esprit le principe et la fin de leur être. En Dieu présent en nous, se concilient, au moins en espérance, le moi et le monde aujourd'hui toujours en lutte et en tentation réciproque. Cette foi religieuse de l'esprit en lui-même nous permet d'anticiper la solution future, et d'affirmer qu'au sommet de leur développement complet et dans leur entière perfection, la science et la vie morale se rejoignent et se pénètrent. Les mathématiciens nous disent que deux parallèles se rencontrent à l'infini. Ainsi en Dieu se concilient la raison pure et la raison pratique, qui nous semblent ici-bas se développer parallèlement sans pouvoir se rencontrer jamais. N'oublions pas que nous sortons du néant ou, si l'on veut, de l'inconscience, et que nous émergeons lentement à la lumière de la conscience. L'homme est en train de se faire esprit. Quand on y regarde bien, on découvre que cette irréductible antinomie qui nous désespère, est la condition même de notre développement spirituel. L'esprit ne se dégage des liens de la nature, sa mère, que par une lutte incessante. Qui dit lutte dit opposition et victoire. L'expérience démontre que rien ne spiritualise, n'approfondit et ne purifie plus la moralité que les contradictions de la science, et qu'en définitive, rien ne sert mieux la science qu'une moralité haute et désintéressée. Ces deux sœurs, en apparence ennemies, sont jumelles, dis-je, et on les a toujours vues croître et triompher ensemble par l'exercice qu'elles se donnent l'une à l'autre, en se contredisant incessamment.

Dans son labeur, l'humanité bâtit une cathédrale éternelle, dont les deux colonnes maîtresses, sont la science et la vie sainte. Elles surgissent lentement du sol et s'élèvent parallèlement dans les airs. Parmi les ouvriers qui travaillent à cette œuvre divine, les uns se découragent et doutent qu'elles puissent jamais se joindre et former la voûte rêvée. D'autres, par impatience, infléchissent la rectitude sévère des lignes de la construction ; mais le travail apocryphe et menteur qu'ils font ainsi, se ruine et se démolit de lui-même, parce qu'il viole la rigueur du plan mystérieux de l'architecte éternel. L'ouvrier religieux est humble ; il se garde et de l'impatience qui nous rend infidèles et du découragement qui nous fait lâches. Il vit par la foi, non par la vue ; il élève les deux piliers de sa vie intérieure en obéissant aux règles prescrites, sachant que son devoir n'est pas de les faire converger arbitrairement et se joindre avant l'heure, mais, pierre à pierre, de les édifier toujours plus hauts, plus solides et plus droits. La science n'est positivement servie que par ceux qui appliquent en toute rigueur les lois de la recherche scientifique. De même, nous n'avançons dans la vie morale qu'en obéissant sans lâcheté à la loi idéale de la conscience. Ainsi nous reste toujours une raison suffisante de penser et d'agir. Persévérer dans ce double effort, c'est y croire et c'est trouver, dans la loi impérative de la vie, avec la force de vivre, la récompense intérieure et virile.

III

LES DEUX ORDRES DE CONNAISSANCE

Il faut revenir à la **vie psychique élémentaire** et à la formation de la conscience dans l'homme, pour y saisir le principe de division qui sépare en deux catégories, irréductibles l'une à l'autre et pourtant solidaires, les diverses connaissances humaines : **les sciences physiques et les sciences morales**.

Le moi ne peut avoir conscience que de soi et de ses modifications. Ce qui ne le touche en aucune manière lui reste inconnu. Or, les modifications du moi se réduisent à deux groupes. Les unes lui viennent du dehors, représentant l'action des choses sur lui, les sensations; les autres naissent du dedans, représentant l'action du moi sur les choses, son énergie spontanée, ses volitions et ses actes. De là viennent les deux éléments constitutifs de toute conscience, la distinction de l'objet et du sujet, du moi et du non-moi, de la pensée et de l'objet de la pensée.

Nous appellerons *objective* toute idée ou qualité qu'il sera possible de rapporter à l'objet seul, considéré indépendamment de l'action ou de la disposition propre du sujet. Au contraire, nous nommerons *subjective*, toute connaissance impliquant l'identité du sujet et de l'objet, toute discipline portant sur les règles de l'activité spontanée du moi, puisque, sans cette activité, les règles mêmes qui la doivent diriger, n'existeraient pas. Dans le premier cas, nous avons conscience d'une distinction et même d'une opposition radicale entre l'objet et le sujet de la connaissance; dans le second, nous avons conscience de leur identité foncière, en ce sens que le sujet pensant ou voulant se donne à lui-même comme objet de pensée et d'étude. Pour que les deux séries de connaissances, engendrées par cette dualité d'origine, pussent être ramenées à l'unité logique, il faudrait que le sujet rentrât dans l'objet, que le moi fût absorbé par le non-moi, en sorte que les lois du non-moi devinssent celles du moi, — et c'est le matérialisme; ou bien que l'objet rentrât dans le sujet en sorte que les lois du sujet devinssent les lois des choses — et c'est l'idéalisme. En dehors de ces deux systèmes également violents et absolus, les deux séries restent irréductibles, parce qu'en nous la conscience du moi et la conscience du monde se trouvent présentement en conflit. Ni la morale ne se ramène purement à la science ni la science à la morale. Dans leur rapprochement progressif à l'infini, un hiatus subsiste toujours.

On se tromperait grandement, si l'on réduisait cette différence des deux ordres de connaissance à l'opposition vulgaire du physique et du spirituel, des phénomènes externes et des phénomènes internes. La sensation, fondement et point de départ de l'ordre objectif, n'est pas moins interne que la volonté. L'être humain, d'autre part, rentre dans ce que nous appelons la nature; et comme tel, il est le lieu ou le théâtre d'une foule de phénomènes internes et externes qui, pour autant que cela est possible, doivent être observés, décrits, expliqués par le principe de causalité, comme tous les autres phénomènes de l'ordre physique. Par exemple, le mécanisme de la mémoire et celui de la logique, la corrélation aujourd'hui établie entre les activités mentales et les modifications physiologiques du système cérébro-spinal, les lois de l'association des idées, les formes stables de l'entendement humain, toute cette psychologie que l'on appelle « psychologie scientifique », rentre donc à bon droit dans le domaine même des sciences de la nature. C'en est un canton qui peut être exploré comme tous les autres. Les observations psychologiques qu'on y fera, n'en seront pas moins dites objectives que celles de la physiologie, par la raison que les phénomènes qu'elles constatent, tout en se passant dans le moi, s'y produisent néanmoins, sans l'intervention volontaire du moi, et même sans son consentement exprès. Aussi, n'impliquent-ils et ne provoquent-ils, de sa part, aucun jugement proprement moral.

En revanche, prenez les sciences de la nature qui s'occupent des objets les plus éloignés de l'homme, comme l'astronomie ou la géologie; n'en considérez plus les résultats extérieurs et bruts; considérez plutôt cette force spirituelle qui s'appelle la pensée, et qui a la vertu de les produire; que sont-elles alors, sinon la révélation extérieure de l'énergie créatrice et organisatrice du sujet pensant, la révélation de l'esprit à l'esprit? L'œuvre, vue de ce côté subjectif, ne sert plus qu'à manifester la valeur de l'ouvrier. Vous parlez alors de savant médiocre ou de penseur de génie, de bon ou de mauvais ouvrier de la science. La philosophie de la science devient une discipline nécessairement subjective. Ce que l'on nomme de ce mot de « science », n'est, en effet, qu'une abstraction. Dans la réalité, il n'y a que des esprits plus ou moins ignorants, conscients à chaque pas de leur force et de leur imbécillité, de leurs défaites et de leurs victoires, des esprits condamnés à un effort perpétuel pour sortir de la nuit d'où ils montent très lentement. Venez-vous à songer à tout ce côté de la vie scientifique la plus désintéressée, vous demandez-vous sur quoi repose, en définitive, cette confiance de la pensée en elle-même, fondement de tout le reste; voyez-vous clairement que cette activité de l'intelligence pure exige, comme toute autre activité humaine, de l'attention, de l'oubli de soi, un héroïsme enfin, allant jusqu'au dédain des jouissances communes, et parfois jusqu'au sacrifice de la vie, alors vous êtes encore sorti du domaine des sciences de la nature pour entrer dans celui de la science même de l'esprit, et vous agitez des problèmes qui forment l'objet propre des disciplines morales.

Telle est la complexité intime des deux ordres, qu'une réflexion persévérante les découvre partout mêlés et n'arrive qu'avec peine à les disjoindre. Toute connaissance est un ensemble de jugements; mais les jugements qui constituent la connaissance physique et ceux qui constituent la science morale ne sont pas de même nature. Les premiers, sont des jugements d'*existence*, portant seulement sur la causalité, la succession, la distribution des phénomènes, c'est-à-dire sur les rapports des objets entre eux, abstraction faite du sujet. La base sur laquelle ils reposent, c'est la sensation, et, comme la sensation a pour formes nécessaires le temps et l'espace, le temps et l'espace seront aussi les formes et les limites de ces jugements. Formant des quantités homogènes, le temps et l'espace donnent la notion de la figure et du nombre, en sorte que la science mathématique sera le fondement et restera le cadre nécessaire de toutes les sciences physiques. Elles s'élèveront au-dessus de cette science abstraite des formes de la sensibilité, par ordre de complexité plus ou moins grande, et formeront une hiérarchie, depuis la mécanique rationnelle jusqu'à la sociologie dont Auguste Comte et tant d'autres, après lui, s'efforcent en vain de faire une simple mécanique sociale. La destinée de cette science objective universelle est de progresser toujours, sans s'achever jamais; car elle est de la même nature que le nombre, c'est-à-dire essentiellement indéfinie et imparfaite. Elle trouve non-seulement un sujet d'étude inépuisable dans le monde extérieur, mais encore, elle rencontre un mystère impénétrable à ses méthodes et à ses analyses, dans le sujet même qui la crée et qui, la créant, reste hors du mécanisme qu'elle institue.

Quand le sujet pensant, en effet, se considère lui-même ou considère les choses par rapport à lui, il porte sur lui et sur les choses, une seconde série de jugements d'un caractère tout différent. Il les apprécie et s'apprécie suivant une norme qui est en lui. Il se déclare et les déclare bons ou mauvais, beaux ou laids, riches ou pauvres de vie, harmonieux ou discordants. En d'autres termes, ce n'est plus l'idée du nombre, c'est la catégorie du *bien* qui devient la forme nécessaire de ces jugements nouveaux, que, pour cette raison, on appelle des jugements d'*estimation* ou de dignité, et l'on voit très bien qu'entre ces deux sortes de jugements, il n'y a point de commune mesure. Ils ne peuvent pas plus se rencontrer que ne feraient deux boules roulant sur des plans différents.

Dira-t-on que les jugements fondés sur le concept du *bien* sont insignifiants et sans valeur, parce que ni l'homme ni le bien de l'homme ne sauraient être la mesure des choses? Si cette remarque est utile pour rabattre l'orgueil humain et en prévenir les illusions enfantines, elle n'efface pas la distinction primordiale du bien et du mal inhérente à la conscience humaine, et, sans doute, on ne voudrait pas en déduire la vanité de toute morale et l'égale valeur de toutes les manifestations de la vie. La preuve, d'ailleurs, que la règle du *bien* dépasse l'homme, c'est qu'elle le juge et le condamne impitoyablement; c'est que la conscience, indépendamment des sensations pénibles ou agréables qu'elle reçoit des choses, établit entre elles une convenance, une hiérarchie, et constitue l'unité harmonique de l'univers lui-même dans l'idée suprême du souverain bien. Si l'on conteste la légitimité de la confiance que la conscience morale a dans sa règle, on ne voit pas pour quelle raison on ne contesterait pas celle de la confiance de la pensée pure en elle-même. Alors, tout s'écroule, science et conscience, dans le même abîme.

En réalité, le bien, le beau, les rapports de convenance et d'harmonie sont autant de principes de connaissances, qui progressent, comme les connaissances physiques, par la culture de l'esprit. La forme des jugements moraux est universelle et identique en tout homme; c'est même par cette forme seulement que l'homme est un être moral; mais le contenu de cette forme varie incessamment dans l'histoire, suivant les âges et les milieux. Partout et toujours l'homme a cherché le bien, mais il ne l'a pas mis dans les mêmes choses; il s'en est formé des idées différentes et de plus en plus nobles et pures, à mesure que sa vie elle-même s'ennoblissait et se purifiait. Voilà pourquoi il y a une histoire de la morale, de la religion, de l'esthétique, comme il y a une histoire des sciences naturelles, bien que le progrès dans les unes et dans les autres soit de nature opposée et s'accomplisse d'après des lois très différentes. Quoi qu'il en soit, nous pouvons conclure que si la mathématique, par le concept du nombre, forme abstraite de la sensation, reste le cadre des sciences de la nature, la morale, par l'*impératif catégorique*, forme abstraite de l'activité de l'esprit, est le fondement des connaissances morales, lesquelles seront aussi diverses que les activités mêmes du moi, ayant chacune des règles ou des critères spéciaux, sans doute, mais tombant toujours sous la forme commune de l'obligation.

Pour être distincts et souvent même en conflit, ces deux ordres de connaissances ne sont pas moins solidaires ; ils se développent toujours par l'action de l'un sur l'autre, et tendent à une unité supérieure, dont le besoin donne naissance aux tentatives, renouvelées de siècle en siècle, de synthèse métaphysique. Si l'on prend les disciplines telles qu'on les enseigne aujourd'hui dans l'école, on constate que presque toutes sont des sciences mixtes, comme l'histoire, l'économie sociale, la politique, la philosophie, etc. Dès que le savant s'élève au-dessus de la simple description des phénomènes et veut organiser son cosmos, en formuler l'unité et l'harmonie, il emprunte nécessairement ce principe d'organisation et d'harmonie à l'expérience de sa vie subjective. Par contre, la religion, l'art, la morale ne se peuvent réaliser que dans les conditions que leur prescrit la science proprement dite, et le dernier problème qui se pose toujours à la pensée humaine, à chaque degré de son développement, c'est la conciliation de l'*idée morale*, qu'il acquiert par l'exercice de sa volonté, et de l'*idée scientifique*, que lui donne son expérience du monde.

Il ne s'agit donc point de séparer les deux ordres de connaissances, mais de rapporter chacun à sa véritable source et de prévenir une confusion qui, brouillant tout, rend tout incertain. Il est impossible, en bonne psychologie, de ramener à un centre unique les manifestations divergentes de notre vie spirituelle, et de faire rentrer la morale dans la physique ou la physique dans la morale. Notre vie spirituelle est positivement semblable à une ellipse à deux foyers de lumière : d'un côté, le foyer de la *vie réceptive*, où s'élaborent en savoir phénoménal toutes les sensations reçues ; de l'autre, le foyer de la *vie active* où viennent se concentrer toutes les révélations de l'énergie intime et propre de l'esprit. La ligne de l'ellipse décrite par le rapport et la distance de ces deux foyers, c'est la synthèse approximative, mais jamais parfaite, des deux sortes de données qui arrivent ainsi dans la conscience. Qui ne distingue pas ces deux foyers et transforme l'ellipse en une circonférence avec des rayons égaux et un centre unique, reste nécessairement dans la nuit de l'antique chaos.

De ces considérations générales se déduisent naturellement le caractère spécifique de la connaissance religieuse, sa nature intime et sa portée.

IV

SUBJECTIVITÉ DE LA CONNAISSANCE RELIGIEUSE

Le premier contraste que nous avons déjà vu apparaître, mais qu'il faut étudier de plus près, entre la connaissance de la nature et la connaissance religieuse, c'est que la première est *objective* et que la seconde ne pourra jamais sortir de la *subjectivité*. Cela ne veut point dire que la certitude de celle-ci est moindre; cela veut dire qu'elle est d'un autre ordre et se produit d'une autre façon et avec d'autres caractères.

Il est certain qu'en un sens aussi la science de la nature est subjective, car elle dépend de notre constitution mentale et des lois de notre faculté de connaître. Mais la connaissance religieuse et morale est subjective encore d'une autre manière et pour une raison plus profonde. L'objet de la connaissance scientifique est toujours hors du moi et c'est à le connaître comme objet hors du moi que consiste l'objectivité de cette connaissance. Mais l'objet de la connaissance religieuse ou morale, Dieu, le Bien, le Beau, ce ne sont pas là des phénomènes qu'on puisse saisir hors du moi et indépendamment de lui. Dieu ne se révèle que dans et par la piété ; le Bien, que dans la conscience de l'homme bon ; le Beau, que dans l'activité créatrice de l'artiste. Cela revient à dire que l'objet de ces sortes de connaissances est immanent dans le sujet même, et ne se révèle que par l'activité personnelle de ce sujet. Eliminez d'une façon absolue le sujet religieux et moral, ou bien enlevez-lui toute activité propre, et vous supprimez, pour lui, l'objet même de la morale et de la religion.

Reprenons cette antithèse frappante des deux ordres de connaissances. Quel est tout d'abord le fondement et le signe de l'objectivité des sciences naturelles ?

On peut théoriquement se demander si le monde de la science, le monde qui nous *apparaît*, est exactement le monde réel, existant hors de nous. Ainsi arrive à se poser, dans la philosophie de Kant, la fameuse question de la *chose en soi*. Mais il est également certain qu'au nom de cette philosophie, cette question doit être logiquement écartée. On s'étonne même que l'auteur de la *Critique de la raison pure* n'ait pas immédiatement fermé cette porte ouverte au scepticisme scientifique. Après sa critique, en effet, il est évident que ce substratum qu'on s'efforce d'imaginer comme un support aux phénomènes, que cette substance indéterminée et indéterminable qu'on se représente sous les formes et les qualités des choses, est tout ensemble un non-être et un non-sens. *Das Ding an sich ist ein Unding.* C'est un reste de vieille métaphysique, qu'il faut achever d'éliminer de la philosophie moderne. En le laissant s'introduire dans notre théorie de la connaissance, il la bouleverse comme ferait un élément hétérogène. Qui persiste à distinguer entre la chose en soi et la chose phénoménale, est dans l'impossibilité de rendre jamais compte de l'objectivité des sciences de la nature et du genre de certitude qui leur appartient.

Ce qui nous apparaît du dehors, n'est sans doute pas toute la réalité du monde; mais c'est un monde réel. Par ses calculs, Leverrier arrive d'abord à soupçonner l'existence d'une grande planète encore inaperçue, puis à en mesurer le volume, à en tracer l'orbite dans l'espace et, enfin, à en marquer le site à une époque donnée. Il dit aux astronomes, ses confrères : « Regardez là ! » et la planète apparaît au bout de toutes les lunettes.

— Comment expliquer, d'ailleurs, sans cette réalité de la science, le pouvoir que la science donne à l'homme sur la nature? Son pouvoir n'est-il pas toujours exactement proportionné à son savoir?

En quoi consiste donc cette objectivité de la science, si elle n'est pas fondée sur la prétendue connaissance de la chose en soi? — En rien d'autre que dans le lien nécessaire que la pensée scientifique établit entre les phénomènes. Cette nécessité ne vient pas de l'expérience, car elle est quelque chose d'idéal que notre esprit ajoute à toute expérience. Mais, comme nous ne pouvons penser que d'après ces lois nécessaires, nous les objectivons nécessairement dans toute étude scientifique. Nous affirmons ainsi par nécessité, l'unité fondamentale des lois de la pensée et des lois des phénomènes. L'expérience vient toujours confirmer cette affirmation immédiate. Or, cette nécessité, c'est l'objectivité même ; c'est le seul noumène que nous soyons autorisés à chercher derrière les phénomènes, dans la nature, et derrière les manifestations de la raison pure, dans l'esprit.

Le premier effet de cette nécessité objective, c'est d'éliminer de l'œuvre de la science, les sentiments et la volonté subjective du moi. Sans aucun doute il faut, pour faire la science, un sujet pensant et actif ; mais le propre de la science est de voir hors du sujet tout ce qu'elle étudie, même les phénomènes psychiques qu'elle observe dans le moi. Posées hors du moi, les lois qu'elle promulgue nous apparaissent donc indépendantes de lui. Cette élimination du sujet dans les conclusions de la science, devient ainsi le signe et la mesure de leur objectivité même. Où l'élimination est complète, comme dans l'astronomie et la physique, l'objectivité est entière. Au contraire, l'histoire, par exemple, où cette élimination ne peut, jamais être absolue, tendra toujours à l'objectivité scientifique sans y arriver jamais.

Il en est tout autrement de la connaissance religieuse. Avec elle nous entrons d'emblée dans l'ordre subjectif, c'est-à-dire dans un ordre de faits psychologiques, de déterminations et de dispositions intimes du sujet lui-même, dont la suite constitue sa vie personnelle. Éliminer le moi ne serait pas ici chose possible ; car ce serait éliminer du même coup la matière et tarir la source vive de la connaissance. Une vieille illusion fait croire que l'on connaît Dieu, comme l'on connaît les phénomènes de la nature, et que la vie religieuse naît ensuite de cette connaissance objective par une sorte d'application pratique. C'est le contraire qui est vrai. Dieu n'est pas un phénomène qu'on puisse observer hors de soi, ni une vérité démontrable par raisonnement logique. Qui ne le sent pas en son cœur, ne le trouvera jamais au dehors. L'objet de la connaissance religieuse ne se révèle que dans le sujet, par le phénomène religieux lui-même. Il en est de la conscience religieuse comme de la conscience morale. Dans celle-ci, nous sentons le sujet obligé, et cette obligation même constitue la révélation de l'objet moral qui nous oblige. Il n'y a pas de Bien connu hors de là. De même, dans la religion : nous ne prenons jamais conscience de notre piété, sans que, dans le même temps que nous nous sentons religieusement émus, nous ne percevions, dans cette émotion même, plus ou moins obscurément, l'objet et la cause de la religion, c'est-à-dire Dieu.

Observez le mouvement naturel et spontané de la piété : une âme se sent-elle croyante, établie dans la paix et la lumière ; est-elle forte, humble, résignée, obéissante, elle rapporte immédiatement à l'action de l'Esprit divin en elle sa force, sa foi, son humilité, son obéissance. Anne Dubourg, mourant sur le bûcher, priait ainsi : « O Dieu, ne m'abandonne pas de peur que je ne t'abandonne ! » Le prophète d'Israël disait : « Convertis-moi, ô Eternel, et je serai converti, » et le père, dans l'Evangile : « Je crois, Seigneur, aide-moi dans mon incrédulité. » Sentir ainsi, dans notre activité personnelle et empirique, l'action et la présence de l'Esprit de Dieu, intérieur à notre propre esprit, c'est le mystère... mais aussi la source de la religion.

On voit combien, par leur origine même, diffèrent la connaissance religieuse et la science de la nature. L'une sera la théorie de la vie réceptive et logique du moi; l'autre essaiera de faire la théorie de sa vie active et spontanée. Comme le sujet réceptif et actif est un, cependant, les deux ordres de connaissance ne seront point isolés ni indépendants; mais ils ne sauraient jamais se confondre. Leurs résultats resteront hétérogènes; ils ne sont pas de même ordre et ne sauraient se suppléer. Si même vous admettez, par exemple, que les philosophes peuvent réussir, comme ils l'ont cru souvent, à établir une véritable science objective de Dieu, et qu'ils arriveront à connaître ainsi Dieu en soi et hors du moi religieux, cette connaissance scientifique de Dieu ne serait pourtant pas encore, si même elle était possible, une connaissance religieuse; car connaître Dieu religieusement, c'est le connaître dans son rapport avec nous, c'est-à-dire dans notre conscience, en tant qu'il y est présent et qu'il la détermine à la piété. Voilà dans quel sens il peut être permis de soutenir que la religion est aussi distincte et aussi indépendante de la métaphysique que de la cosmologie. Il en va de même, en effet, de la connaissance du monde. Connaître le monde en astronome ou en physicien, ce n'est pas encore le connaître religieusement. Le connaître religieusement, c'est, en le prenant tel qu'il est, et sans rien contredire aux lois scientifiques qui le peuvent régir, en déterminer la valeur au point de vue de son rapport avec la vie de l'esprit; c'est l'apprécier en tant que moyen, obstacle ou menace au progrès de cette vie. De la même façon, nous connaître religieusement nous-mêmes, ce n'est pas non plus faire de la psychologie scientifique ; mais, cette psychologie une fois faite et bien faite, c'est nous saisir dans notre rapport, soit avec Dieu soit avec le monde, en nous efforçant de surmonter les contradictions dont nous souffrons, pour arriver à l'unité et à la paix de la conscience (1). Ainsi, non seulement la connaissance religieuse ne saurait jamais dépouiller son caractère subjectif ; mais elle n'est pas autre chose, en réalité, que cette subjectivité même de la piété, considérée dans son action et son développement légitimes.

La nature intime de ces deux ordres de connaissances étant définie, il devient évident que chacune

---

(1) Il en faut dire autant de ce qui concerne la personne et la vie du Christ. Ce n'est pas connaître Jésus-Christ religieusement, que de savoir historiquement qu'il a vécu en Galilée et qu'il est mort sur une croix, qu'il a fait des miracles ou qu'il est monté au ciel, au bout de quarante jours après sa mort. Ce n'est pas davantage le connaître religieusement, que de raisonner logiquement et pertinemment sur ses rapports ontologiques avec Dieu ou sur le mystère de ses deux natures ; car tout cela peut être discuté, établi, contesté, affirmé ou nié, sans que « le cœur » au sens de Pascal, intervienne et soit ému. Le connaître religieusement, c'est, dans l'ignorance même ou dans le doute au sujet de la dignité métaphysique et mystérieuse de son être, avoir senti se réaliser en soi l'efficacité morale de sa parole annonçant le pardon et la paix aux pécheurs, la liberté aux captifs, la guérison aux malades, et révélant le cœur paternel de Dieu au cœur de ses enfants égarés ou malheureux. Que l'on veuille bien y réfléchir : ce ne sont pas les dogmes des conciles qui ont précédé et produit, à l'origine, cette première expérience de la piété faite par les humbles femmes, les paysans, et les pécheurs de Galilée qui suivaient le Christ ; c'est cette expérience religieuse, cette confiance du cœur qui a précédé et produit tous les dogmes chrétiens. On se rappellera le mot de Mélanchthon : *Hoc est Christum cognoscere, beneficia ejus cognoscere : non quod isti docent, ejus naturas, modos incarnationis contueri.*

d'elles sera tenue pour valable dans son domaine, sans qu'elles puissent légitimement empiéter l'une sur l'autre. Essayer d'établir, par la foi religieuse, la réalité d'un phénomène quelconque dont la science expérimentale ou la critique intellectuelle restent seules juges ; ou bien vouloir formuler, par la voie objective de la science, un jugement moral qui ressortit à la conscience subjective : ce sont deux empiètements et deux abus équivalents. La science expérimentale a le droit d'empêcher la conscience religieuse de lui faire violence ; mais la connaissance religieuse a le droit égal de contenir la science dans ses limites véritables. Il faut prévenir la confusion, si l'on veut conjurer les conflits. Incarner Dieu dans une forme phénoménale quelconque, c'est proprement la superstition ou l'*idolâtrie* ; enfermer ou dissiper l'âme dans le phénoménisme extérieur, et nier la valeur et le sérieux de son activité morale et religieuse, c'est proprement l'*incrédulité*.

Les vérités de l'ordre religieux et moral se connaissent par un acte subjectif de ce que Pascal nommait *le cœur*. La science n'en peut rien connaitre, car ces choses ne sont pas de son ordre. De même, les phénomènes de la nature ne sont connus et mesurés que par l'observation et le calcul. Le cœur ni la foi religieuse n'en sauraient décider. Chaque ordre a sa certitude. Il ne faut pas dire que dans l'un, elle est plus grande que dans l'autre. La science n'est pas plus sûre de son objet que la foi morale ou religieuse ne l'est du sien ; mais elle l'est autrement. La certitude scientifique a pour fondement l'évidence intellectuelle. La certitude religieuse a pour fondement le sens de la vie subjective ou l'évidence morale. La première donne satisfaction à l'intelligence ; la seconde donne à l'âme tout entière le sentiment de l'ordre rétabli, de la santé reconquise, de la force et de la paix. C'est le sentiment heureux d'une délivrance, l'assurance intérieure du « salut ».

Il n'est pas étonnant, enfin, que ces deux genres de connaissance ou de certitude naissent et se propagent par des moyens différents. La science objective se transmet par une démonstration objective comme elle. La vie subjective du savant y est absolument indifférente. Pour nous convaincre de la réalité de ses découvertes, un astronome n'a pas besoin d'être un grand caractère. Au contraire, un homme foncièrement immoral sera toujours un détestable professeur de morale. La religion ne se propage que par des hommes religieux. Il convient même d'ajouter que, dans la connaissance religieuse, la démonstration intellectuelle ou l'idée n'a de valeur, qu'autant qu'elle sert d'expression et de véhicule à la vie personnelle du sujet. Là est le secret et le mystère de l'éloquence. Le *si vis me flere, dolendum*, est vrai dans toutes les disciplines morales, autant et plus qu'en esthétique. On ne gagne rien à vouloir démontrer objectivement l'existence de Dieu. Cette démonstration est inefficace auprès de celui qui n'a point de piété ; pour celui qui en a, elle est superflue. La vraie propagande religieuse se fait par contagion intime. *Ex vivo vivus nascitur*. La rectitude de la théologie importe moins en religion que la chaleur de la piété. Des arguments piteux ont produit dans tous les temps des conversions admirables. Ceux qui s'en scandalisent n'ont pas encore pénétré dans l'essence même de la foi religieuse.

Faute de faire cette séparation nette et franche entre nos deux ordres de connaissance, on voit, d'une part, des philosophes prétendre transformer en science objective la morale et la philosophie, et, de l'autre, des savants nous donner naïvement leur science objective pour une métaphysique et une solution de l'énigme de la vie. Deux illusions, à la suite desquelles tout se brouille et tout se confond. Une morale objective, c'est tout ce qu'on voudra, excepté de la morale. Autant vaut parler d'un carré qui serait rond. Quand une science objective se transforme en métaphysique, elle cesse d'être science pour devenir philosophie subjective. Cela va de soi.

Et cependant, en distinguant les deux ordres, il ne faut point les isoler, ni surtout en méconnaître l'étroite solidarité et correspondance. Le sujet est un et a la claire conscience de son unité ; voilà pourquoi il tend toujours à une synthèse. La science phénoménale ne peut s'achever, en effet, sans emprunter à la conscience subjective du moi les idées d'unité, de plan et d'harmonie. D'autre part, la connaissance morale et religieuse, pour s'exprimer, a besoin d'emprunter à la science phénoménale les données dont elle se sert, et, par conséquent, d'éviter toujours de la contredire. Donc, nous tendrons à l'harmonie synthétique d'un effort continu et d'une foi indéfectible ; mais nous renoncerons non moins résolument à la philosophie de l'unité logique. Nous refuserons obstinément d'admettre que l'ordre subjectif puisse être déduit, par voie de conséquence et d'application, de l'ordre objectif de la science : c'est l'erreur du panthéisme matérialiste ; et, vice versa, que l'ordre objectif de la science phénoménale puisse ou doive être déduit de l'ordre religieux ou moral : c'est l'erreur contraire de tous les dogmatismes. Ni le mental ne se ramène simplement au physique, ni le physique tout entier au mental. Respectons les antinomies fécondes de la vie, d'où sort le progrès nécessaire. La tendance à l'harmonie est là, non l'harmonie elle-même. Celle-ci est la récompense promise, le but proposé à l'effort. Notre philosophie doit prendre la vie spirituelle dans son devenir, c'est-à-dire dans sa croissance et dans ses conflits, sans vouloir, à l'instar de toutes les spéculations idéalistes ou matérialistes, faire du moment actuel et transitoire, la réalité métaphysique éternelle.

V

TÉLÉOLOGIE

Subjective dans son essence et par son origine, la connaissance religieuse sera *téléologique* dans son procédé, et ce second caractère dérive du précédent.

La téléologie est la forme de toute vie organique et de toute activité consciente. Or, qu'est-ce que la connaissance morale sinon la théorie de la vie consciente de l'esprit ?

Sans le principe de causalité, les phénomènes, dans la science, ne s'enchaînent pas; sans l'idée de fin, ou principe de direction, les faits biologiques et psychiques ne peuvent s'organiser, c'est-à-dire se hiérarchiser.

Mécanisme et téléologie : voilà donc les deux nouveaux termes de l'antithèse que forment la science de la nature et la connaissance religieuse. Mais c'est un préjugé de croire qu'une forme d'explication exclue l'autre ou la rende superflue. Nous en avons des exemples contraires, non seulement dans les machines fabriquées par les hommes, mais encore dans tous les organismes vivants où, suivant Claude Bernard, l'*idée directrice* de la vie se réalise dans un déterminisme absolu.

L'explication mécanique des phénomènes ou le déterminisme de la science, ne deviennent exclusifs de la téléologie qu'à partir du moment où ils se transforment en matérialisme métaphysique, c'est-à-dire affirment *a priori* et par un acte subjectif, qu'il n'y a dans l'univers que de la matière et des mouvements de la matière. Mais, à ce moment aussi, il est très clair que le matérialisme, qui se croit encore scientifique, est déjà devenu une philosophie, et, comme toutes les philosophies, tombe sous la juridiction, non plus seulement de la science objective du monde, mais aussi sous celle de la conscience du moi.

Qui voudra y regarder attentivement verra que les idées de cause et de fin sortent d'une même source. L'idée de cause s'éveille en nous, parce que le moi, dès qu'il se connaît, a le sentiment très net d'être l'auteur de ses actes; il a ce sentiment par celui de l'effort même qu'il a fait. Mais, en même temps, il sait qu'il a fait cet effort en vue d'une fin qui l'attirait. Cause et fin sont donc les deux aspects d'un seul et même acte conscient. L'une, c'est le regard de la conscience tournée en arrière; l'autre, le regard de la conscience tournée en avant. Comme nous ne connaissons le monde qu'en le réfléchissant dans le miroir de notre conscience, il suit que les deux catégories de la cause et de la fin s'imposent à notre entendement, avec une égale nécessité.

Autre conséquence de cette observation psychologique. La conscience du moi est une; ni l'idée seule de la cause ou la considération mécanique régressive, ni l'idée seule de la fin ou la considération téléologique progressive, ne suffiront donc isolément pour m'expliquer tout l'univers. Il est très facile de voir, tout d'abord, que la science objective des phénomènes ne s'achève jamais ni ne peut s'achever. La chaîne dans laquelle elle fait rentrer chaque phénomène particulier comme un nouvel anneau, s'allonge indéfiniment par le progrès scientifique, dans le temps et l'espace, mais sans pouvoir s'accrocher nulle part. Hors, de l'espace et du temps, le principe de causalité n'engendre plus que des antinomies insolubles. En outre, expliquer un phénomène par un autre phénomène, c'est l'expliquer par une cause qui a besoin, à son tour, d'une égale explication. La raison mécanique des choses n'en est donc jamais la raison suffisante. C'est une série indéfinie de raisons particulières insuffisantes. La toile de la science, aux mailles serrées et invincibles, ne couvre ni ne peut couvrir toute la réalité. Le Cosmos que la science édifie est comme le globe de la terre ; il flotte dans l'immensité.

Où va, Seigneur, où va la terre dans les cieux ?

A cette question répond seule la téléologie. Mais toute affirmation téléologique à l'égard de l'univers est une affirmation religieuse. La science, n'étudiant que les faits accomplis, ne constate jamais que des phénomènes et leurs conditions antécédentes ou concomitantes, c'est-à-dire d'autres phénomènes. Une fois le phénomène intégré dans la série causale, la tâche de la science est accomplie. Lui demander d'aller au delà, c'est l'inviter à franchir ses limites et à se dénaturer. On ne peut mettre de la téléologie dans l'univers qu'en affirmant la souveraineté de l'esprit. Dire qu'il y a de la raison, de la pensée dans les choses, qu'elles vont à une fin ou réalisent un ordre, une harmonie, un bien : tout cela revient à dire que la matière est subordonnée à l'esprit. Or, affirmer cette souveraineté de l'esprit, c'est commettre cet acte de foi religieuse initial dont nous parlions à l'origine ; c'est sentir en soi et dans le monde autre chose que de la matière, l'énergie mystérieuse de l'esprit. Cet acte de foi, légitime parce qu'il est inévitable, appartient à l'ordre subjectif de la vie religieuse, non à l'ordre objectif de la science.

On a compromis la téléologie et la théorie des causes finales, parce qu'on en a méconnu le caractère spécifique; on a voulu les assimiler et parfois les substituer aux causes mécaniques dans l'explication des phénomènes. Ainsi l'on remplaçait volontiers une explication scientifique encore absente, par un appel à une intention ou à une volonté surnaturelle de Dieu. Les savants protestaient et avaient bien raison. **Dieu, qui est la raison finale de tout, n'est l'explication scientifique de rien.** La science a pour objet la recherche des causes secondes; où celles-ci n'apparaissent pas, la science n'est pas. C'est la foi qui la remplace. Dire que Dieu a créé le monde ou que le monde tend au souverain bien, ce n'est pas faire avancer la science positive d'un pas. En revanche, expliquer les phénomènes de la pluie et du tonnerre ou la chute des corps, c'est dissiper quelques conceptions mythologiques, ce n'est pas supprimer l'affirmation religieuse de l'esprit que le mécanisme de l'univers a un but, et que les lois de la pesanteur et les forces matérielles vont et servent à quelque chose qu'elles ignorent et qui vaut mieux qu'elles.

Entre les découvertes de la science et les postulats de la vie religieuse et morale, se fait toujours nécessairement une synthèse qui se détruit à chaque pas, mais se relève plus haute et plus large. Le mécanisme lui-même, pour nous être intelligible, appelle la téléologie. Le texte du monde matériel attend l'interprétation qu'en donne l'esprit. Par ces découvertes, la science positive établit le texte. Sans cet établissement rigoureux du texte, l'exégèse de la conscience reste une fantaisie. Mais, sans l'exégèse de la conscience, le texte lui-même ne signifie rien ; il est presque comme s'il n'était pas.

Il y a une autre raison, **une raison pratique**, qui fait de la téléologie l'essence même de la connaissance religieuse.

Il ne faut jamais perdre de vue que ce que nous cherchons, dans et par la religion, c'est le mot de l'énigme de notre vie. L'énigme de l'univers ne nous tourmente au point de vue religieux, que parce que nous croyons que dans celle-ci est le secret de celle-là. Nous sommes embarqués dans le navire et nous voyons bien que notre destinée dépend de la sienne. Voilà pourquoi la foi religieuse, parfaitement indifférente au genre d'architecture et aux voies et moyens de la construction du vaisseau, regarde surtout à l'orientation des voiles et cherche à découvrir la route tenue. Y a-t-il une boussole? et quelqu'un est-il au gouvernail?

En d'autres termes, l'instinct religieux est le besoin pressant qu'a l'esprit de se garantir contre les menaces perpétuelles de la nature. La foi juge tout, dès lors, du point de vue du souverain bien, et le souverain bien, pour l'esprit, ne peut être que le triomphe final et le plein épanouissement de la vie de l'esprit. Donc, en toute notion religieuse, il n'y aura jamais au fond qu'un jugement téléologique. Ce n'est point l'essence des choses, c'est leur valeur réciproque et leur hiérarchie qui intéressent la foi. Dans la notion religieuse de Dieu, ce n'est pas la nature métaphysique, c'est la volonté de Dieu à l'égard des hommes; et, dans la notion religieuse du monde, ce n'est pas la cause mécanique des phénomènes, c'est de savoir où va le monde et s'il a une autre fin que de servir de théâtre et d'organe à l'esprit. Que veut même dire la foi, quand elle définit Dieu; l'Esprit éternel et tout-puissant, sinon que l'homme a besoin de s'affirmer que son esprit individuel ne dépend absolument de rien d'autre que d'une puissance spirituelle comme lui? Il est bien vrai que déterminer cette cause finale du monde, c'est en déterminer aussi la cause première.

C'est la même chose sous d'autres termes, et, en réalité, c'est faire de la métaphysique au sens étymologique du mot. Le point important est de savoir, que ce pas décisif hors de la chaîne des phénomènes visibles, qu'il soit fait par le philosophe ou par le théologien, est toujours un acte de vie subjective, une affirmation de l'esprit, un acte de foi, non une démonstration de science.

VI

SYMBOLISME

Le troisième caractère, enfin, de la connaissance religieuse sera d'être *symbolique*. Cela veut dire que toutes les notions qu'elle forme et qu'elle organise, depuis la première métaphore que crée le sentiment religieux, jusqu'à l'idée la plus abstraite de la spéculation théologique, seront nécessairement inadéquates à leur objet et ne pourront jamais en être données comme l'équivalent, ainsi que cela arrive dans les sciences exactes.

La raison de ce nouveau caractère est facile à découvrir. L'objet de la religion est transcendant; ce n'est pas un phénomène. Or, pour l'exprimer, notre imagination ne dispose que d'images phénoménales, et notre entendement, que de catégories logiques, lesquelles n'ont de portée que dans l'espace et dans le temps. La connaissance religieuse est donc condamnée à exprimer l'invisible par le visible, l'éternel par ce qui est temporaire, les réalités spirituelles par des images sensibles. Elle parlera nécessairement et toujours en paraboles.

La théorie de la connaissance religieuse s'achève dans une théorie du symbole et du symbolisme.

Qu'est-ce qu'un symbole ? Exprimer l'invisible et le spirituel par le sensible et le matériel, tel est le caractère principal et la fonction essentielle du symbole. C'est un organisme vivant où il faut distinguer entre l'apparence et le fond. C'est une âme dans un corps. Le corps est la manifestation de l'âme, bien qu'il ne lui ressemble pas ; il rend l'âme active et présente. Le plus parfait exemple de symbolisme nous est fourni, à cet égard, par le langage et par l'écriture : deux incarnations de la pensée. Ni les traits que trace ma plume, ni le bruit que fait l'air dans mon larynx n'ont une ressemblance positive avec ma pensée. Mais ces lettres et ces sons deviennent des signes pour ceux qui en ont la *clef*. Ils expriment la pensée insaisissable ; ils la rendent présente et vivante dans l'esprit de ceux qui les lisent ou les entendent.

A plus forte raison il en est de même des créations de l'art, qui ne sont également que des symboles. L'art pourrait être défini : l'effort pour enfermer l'idéal dans le réel, et, par une forme matérielle, exprimer l'inexprimable. C'est ce que le mot de *poésie*, qui veut dire création, donne clairement à entendre. Les œuvres des grands artistes vivent véritablement ; car elles ont une âme, une vie intense et riche que la forme matérielle cache et manifeste tout ensemble. De l'architecture à la musique, pas une forme d'art qui ne soit symbolique. La morale, la religion, toutes les disciplines relatives à la vie subjective de l'esprit n'ont que ce moyen d'expression. C'est leur façon à elles de devenir extérieures et objectives, et d'imposer leur domination aux choses du dehors que la science étudie. Bien mieux que celle-ci encore, le symbole atteste le triomphe et la royauté de l'esprit. Si la première nous révèle la nature, le second tend et réussit à faire de la nature entière, de ses transformations et de ses lois harmoniques, l'image glorifiée de la vie intérieure de l'esprit.

Né dans l'âme de l'artiste de l'activité subjective de son moi créateur, le symbole s'adresse bien moins à l'intelligence pure, qu'à la vie intérieure et à l'émotion de ceux qui le contemplent. Il éveille, il met en branle l'activité subjective du moi ; il a produit tout son effet, quand il a produit en nous les émotions, le ravissement, l'enthousiasme, la foi qu'éprouvait le poète lui-même en l'engendrant. Telle est la source et l'explication de ce qu'on appelle la magie de l'art, de l'éloquence ou de l'inspiration religieuse. Tous les créateurs de symboles vivants font passer leur âme dans notre âme, leur vie dans notre vie. Ils nous subjuguent et nous laissent ravis d'être subjugués. Par les symboles, bien mieux que par les notions scientifiques, se réalisent la communion et la fraternité des esprits, et s'opère la fusion des âmes individuelles en une conscience collective qui les enferme toutes et les harmonise : conscience d'une nation, d'une église, de l'humanité. Ce n'est pas la science qui mène le monde, ce sont les symboles. Si la science, parfois, le passionne et paraît le conduire, c'est lorsque, devenant symbole à son tour, elle se change en « une religion de la science », laquelle, alors, a les superstitions étranges et aussi les vertus mystérieuses des religions ordinaires.

Inférieures aux idées exactes de la science par la clarté logique, les formes symboliques l'emportent sur elles par la puissance et la portée réelle. La science s'arrête forcément à l'écorce des choses, à l'apparence continue de l'univers. En elle, ne se trouve ni le principe de l'énergie ultime, ni, par conséquent, le secret de la vie ou le mot de notre destinée. Vous cherchez le sens et le but de votre action ; vous demandez quelque raison suffisante de vivre ; ne sentez-vous pas qu'il est contradictoire de vous adresser à la science des phénomènes, puisqu'au point de vue strictement scientifique, les phénomènes n'ont pas en eux-mêmes leur propre raison d'être. Ce que vous cherchez est au delà du phénomène, et c'est le symbole qui seul peut, non pas vous le faire comprendre, mais vous le révéler.

Puisque la nature entière peut devenir et devient en réalité, dans l'art et dans la religion, le symbole constant de la vie intérieure de l'esprit et de son développement normal, puisqu'elle est susceptible de cette perpétuelle et glorieuse transfiguration par l'esprit, il est impossible de ne pas admettre la correspondance interne des lois de la nature et des lois de la vie consciente et de conclure à leur unité profonde. Ce sont, en effet, des analogies secrètes et puissantes qui règlent et qui inspirent les créations symboliques. L'art et la religion sont plus que des conventions ; ce sont des révélations de ce qui se cache à la fois et dans l'esprit et dans la nature, du principe de l'être même, de l'énergie absolue qui se manifeste parallèlement dans le déploiement de l'univers physique et dans celui de l'univers moral. Toutes choses couvrent quelque mystère ; les phénomènes ne sont que des voiles. Voilà pourquoi, par destination même, ils nous deviennent des symboles.

L'idée du symbole et l'idée du mystère restent corrélatives. Qui dit symbole, dit tout ensemble occultation et révélation. En devenant présente et même sensible, la vérité vivante demeure encore voilée. La même image qui la révèle au cœur, reste pour l'intelligence, une infranchissable barrière. On peut dire d'elle ce que le poète dit du sentiment de l'infini, car au fond, c'est bien de la même chose qu'il s'agit toujours. Nous sommes inquiets

De ne pas le comprendre et pourtant de le voir.

Cette inquiétude s'apaise par la connaissance claire de la cause qui l'engendre. Le symbole est le seul langage qui convienne à la religion. Nous avons besoin de connaître ce que nous adorons, car on n'adore point ce dont on n'aurait aucune perception; mais il n'est pas moins nécessaire que nous ne le comprenions pas, car on n'adorerait pas davantage ce que l'on comprendrait trop clairement, parce que comprendre, c'est dominer. Telle est la double et contradictoire condition de la piété, à laquelle précisément le symbole semble être fait pour répondre. Aussi, la piété n'a-t-elle jamais eu d'autre langage.

On pourrait trouver encore, dans des considérations de ce genre, l'explication du lien indissoluble qui, dès l'origine, unit ensemble la religion et l'art.

Mais revenons à l'étude du symbole proprement religieux, et demandons-nous ce qui en fait la vie et la puissance.

Ce serait une illusion de croire qu'un symbole religieux représente Dieu en soi, et que sa valeur, dès lors, dépend de l'exactitude objective avec laquelle il le représente. Le vrai contenu du symbole est tout subjectif : c'est le rapport dans lequel le sujet a conscience d'être avec Dieu, ou, mieux encore, la façon dont il se sent affecté par Dieu. Ainsi, lorsque le Psalmiste s'écrie : « l'Eternel est mon rocher, ou l'Eternel est un feu dévorant », quand le Christ nous apprend à dire : « Notre père », ce ne sont rien moins que des définitions scientifiques, et, dans ce cas, métaphysiques de Dieu. Ce que ces images traduisent simplement, c'est le rapport de confiance absolue, de crainte ou d'amour filial que crée, par son action mystérieuse, l'Esprit de Dieu se révélant dans l'esprit de l'homme. De ces sentiments divers ressentis, naissent spontanément les fortes et simples images qui les traduisent et qui, si l'on fait abstraction de ces expériences subjectives, n'ont plus de contenu, ni, par conséquent, de vérité.

A ce point, on peut voir en quoi consiste psychologiquement l'inspiration religieuse. Elle n'a ni pour but ni pour effet de recevoir et de communiquer aux hommes des idées exactes et objectives toutes faites, sur ce qui, par nature, est inconnaissable sous le mode scientifique; mais elle consiste dans une exaltation et un enrichissement de la vie intérieure du sujet; elle met en branle son activité religieuse intime, puisque c'est en elle que Dieu se révèle; elle fait jaillir, de nouveaux sentiments, constituant de nouveaux rapports concrets de Dieu avec l'homme, et, par le fait de cette activité créatrice, elle engendre spontanément de nouvelles images et de nouveaux symboles, dont le contenu positif et réel, c'est précisément cette révélation du Dieu-Esprit dans la vie intime de l'esprit de l'homme.

Les plus grands initiateurs dans l'ordre religieux ont été les plus grands créateurs de symboles. La prophétie, au sens biblique du terme, n'a jamais donné la révélation divine que sous forme d'images. Et d'où naissent ces images, sinon de l'exaltation même de la vie religieuse du prophète qui s'exprimait spontanément au dehors? Toute autre conception de l'inspiration est anti-psychologique et sera tenue pour une vaine fantasmagorie.

A cette question : d'où viennent la vie et la puissance du symbole? nous répondrons : de l'unité organique pri-

-mitive du sentiment de piété et de l'image qui le traduit d'abord à la conscience. C'est l'unité organique de l'âme et du corps. Cette unité est d'autant plus forte que la force créatrice qui a engendré le symbole était plus grande. Elle en constitue la vérité parce qu'elle en constitue la vie. Pour qu'un symbole soit vivant, il suffit qu'il soit sincère, que le sentiment ne soit pas séparé de l'image ni l'image du sentiment. A ce cri de confiance : « L'Eternel est mon rocher », bien qu'une pierre soit une pauvre image de Dieu, il n'y a pas d'objection à faire, si cette confiance est réellement ressentie. Il suit de là qu'il ne faut pas mesurer la valeur d'un symbole sur la nature de l'image employée, mais sur la valeur morale, dans l'échelle des sentiments, du rapport où il nous place avec Dieu. C'est la valeur morale de ce rapport qui seule fait la valeur intrinsèque d'une religion, et permet de lui assigner sa vraie place dans le développement de l'humanité.

Un moment vient toujours, cependant, où l'image se détache du sentiment qui l'a produite, et où elle se fixe comme telle dans la mémoire. En la considérant alors en elle-même, la réflexion transforme l'image en idée plus ou moins abstraite, et prend cette idée pour une représentation de l'objet même de la religion. Mais alors éclate aussitôt la discrépance originelle que nous notions, en commençant, entre l'objet de la religion qui est transcendant et la nature de l'image phénoménale par laquelle nous tentons de le représenter. De là, contradiction latente dans toute idée symbolique. Pour faire disparaître cette contradiction, l'entendement s'efforce d'éliminer de plus en plus de ces idées l'élément sensible qui leur reste encore et qui les rend inadéquates à leur objet.

Par voie de généralisation et d'abstraction progressive

le raisonnement atténue la métaphore primitive ; il l'use comme sur une meule. Mais, quand l'élément métaphorique a disparu, la notion elle-même s'évanouit en tant que notion positive. Il est des lampes mystérieuses qui ne brûlent que sous un globe d'albâtre. Vous pouvez en amincir l'enveloppe solide pour la rendre plus transparente. Prenez garde de la briser : aussitôt la flamme intérieure s'éteint et nous laisse dans la nuit.

Ainsi de nos idées générales sur l'objet même de la religion. Quand tout élément métaphorique en est éliminé, elles deviennent simplement négatives, contradictoires et perdent tout contenu réel. Telles sont nos idées pures d'infini et d'absolu. Veut-on leur rendre un caractère positif, il faut leur rendre quelque élément d'expérience positive. Et c'est ce que l'on fait quand on dit que Dieu est l'énergie ultime des choses, qu'il est la cause créatrice de tout, qu'il est la justice, qu'il est un esprit, un juge, un père (1).

Nées des symboles primitifs de la religion, toutes nos idées religieuses garderont donc nécessairement et jus-

---

(1) On a parfois essayé, dans l'école criticiste française, d'opposer l'anthropomorphisme au symbolisme, comme si les deux procédés étaient contradictoires. Il est aisé de voir, cependant, que l'anthropomorphisme n'est qu'un symbolisme d'espèce particulière. Pour se représenter Dieu, l'homme a le choix d'emprunter des images à tous les ordres de la nature : au règne minéral, au règne organique, à la figure humaine et à l'ordre moral. Et la vérité, c'est qu'il a usé de tous ces moyens. Les symboles empruntés à l'ordre moral sont supérieurs à tous les autres, cela va sans dire et les seuls que puisse tolérer la conscience religieuse à un certain degré de développement. Mais le procédé de représentation ne change pas pour cela; il reste symbolique par essence, et l'image n'est jamais une définition de l'être. Lorsqu'on dit que Dieu, c'est un « homme parfait », on revient naïvement aux illusions de la mythologie. Dieu ne peut

qu'au bout un caractère symbolique. Telle graine, telle plante. La dogmatique elle-même ne sera jamais pour l'âme religieuse qu'un symbolisme supérieur, c'est-à-dire une forme qui, sans la présence intérieure de la foi active et vivante, n'aurait aucune valeur et ressemblerait à une coquille de noix vide et desséchée. C'est dire que, si les dogmes peuvent soutenir et produire la foi, il est encore plus vrai qu'à l'origine, c'est la foi qui produit les dogmes et ensuite les fait revivre.

Plusieurs bons esprits se raidissent contre ces conclusions inéluctables d'une analyse rigoureuse de la connaissance religieuse et de sa genèse psychologique. A supposer que vous ayez raison, diront-ils, et qu'en effet la constitution mentale de notre nature spirituelle condamne ainsi la pensée religieuse aux formes symboliques, une révélation divine surnaturelle ne peut-elle pas nous faire franchir cette limite et nous apporter des idées religieuses adéquates à leur objet, et par conséquent d'une vérité pure et absolue ? — Il nous paraît que c'est une réclamation bien étrange, de vouloir qu'une révélation de Dieu s'opère en dehors des conditions de la connaissance, c'est-à-dire en dehors des formes sous lesquelles seulement elle nous

---

pas être moins que l'homme ; mais il est certainement infiniment plus. Chez nous, la conscience, la pensée, les sentiments sont liés à un organisme matériel, à un système nerveux, à un cerveau, sans lesquels nous ne pouvons pas même les concevoir. Prêtera-t-on à Dieu un corps et un cerveau ? Si on le fait, n'est-ce pas de l'idolâtrie ? Si on ne le fait pas, ne faut-il pas avouer que Dieu, dans son être et les formes métaphysiques de son être, débordant l'espace et le temps, nous est inconnaissable, en ce sens, du moins, qu'il échappe à nos moyens non pas de représentation symbolique, mais de définition scientifique.

peut nous être accessible. Ne voit-on pas qu'aussitôt l'idée même de révélation devient contradictoire ? Si Dieu a voulu nous faire un don que nous puissions recevoir, ne faut-il pas qu'il en ait approprié la forme à celle de notre esprit, qu'il se soit servi de nos idées et de notre langage pour nous expliquer la nature de ses bienfaits? Or, il est certain que nos idées, aussitôt qu'on les transporte hors de l'espace et hors du temps, se contredisent et se détruisent elles-mêmes, et que nous sommes réduits à concevoir et à exprimer par des images actuelles et terrestres, les choses invisibles et éternelles. Si Dieu se servait pour nous parler de ses mystères, d'autres moyens que de ces moyens humains, nous ne le comprendrions pas du tout, en sorte que sa révélation n'en serait plus une. Et n'est-ce pas pour cette raison que, lorsque Dieu a voulu se révéler aux hommes, il n'a jamais pris que des hommes pour organes, et que celui que nous nommons son Fils, n'a jamais parlé qu'en images et en paraboles des choses du Règne de Dieu?

Personne, en effet, n'a plus aimé ni aimé avec plus de connaissance de cause cette forme symbolique que le Christ; il n'en a jamais voulu employer d'autre. Cette préférence ne venait pas seulement, comme on le croit, de ce qu'il y trouvait un heureux moyen d'être populaire et de s'accommoder à tous les esprits. Il estimait encore que nul langage n'était plus naturel ni plus conforme aux exigences morales de la piété. Il y voyait une institution ordonnée de Dieu même. Et c'est la vérité. La parabole ne s'adresse pas seulement à l'entendement pur, mais à la faculté active du moi, « au cœur ». Elle fait appel à notre vie subjective; elle éveille le besoin religieux avant de le satisfaire. L'âme qui l'entend, la médite et fait l'expérience du contenu vivant qu'elle renferme. Au contraire, l'âme inerte et morte ne trouve rien dans le symbole et n'en reçoit rien, même théoriquement, en sorte qu'il est littéralement vrai que la forme symbolique, éclatante révélation pour les uns, reste lettre close ou vide pour les autres. C'est de ce point de vue seulement qu'il est possible d'entendre cette autre parabole de Jésus, si paradoxale au sens vulgaire, si riche et si juste aux yeux de l'expérience de la foi : « A celui qui a, il sera donné davantage; à celui qui n'a pas, on lui ôtera même ce qu'il a. » Le don de Dieu ne va jamais qu'au besoin ressenti et au désir actif de l'homme.

VII

CONCLUSION

La conclusion de tout ce qui précède est que la connaissance religieuse reste nécessairement soumise à la loi de transformation qui régit toutes les manifestations de la vie et de la pensée humaines.

Comme il y a disproportion et disparité entre l'objet divin de la religion et ses moyens d'expression, il sera toujours possible et nécessaire de distinguer, dans toutes ses créations, entre la forme et le fond, le corps et l'âme. Le symbolisme religieux restera donc non-seulement très variable en fait, mais encore sujet, en droit, à des interprétations nouvelles.

Cette variabilité n'est pourtant pas illimitée, comme on affecte parfois de le croire. Elle reste nécessairement enfermée entre des bornes qui, pour n'être pas aisées à définir théoriquement, n'en sont pas moins précises et fixes; car les grandes créations religieuses sont des organismes, et chaque organisme porte en lui-même, déterminée par sa nature propre, l'exacte capacité de ses métamorphoses.

Dans tout organisme vivant, en effet, il y a un principe de stabilité et un principe de mouvement. L'identité de l'être humain persiste à travers toutes les modifications internes ou externes que l'homme subit. La langue d'un peuple garde un fond permanent tout en changeant chaque jour, et elle subsistera autant que le peuple lui-même. Il en est de même de toute religion historique. Elle a pour principe fondamental et régulateur le rapport vivant qu'elle institue entre l'âme et Dieu. La forme ou la réalisation extérieure de ce principe dépend sans doute de la race, du milieu géographique et du moment historique. Elle variera donc avec ces circonstances. Mais on comprend aussi que, le type religieux ou le principe organique restant le même, cette religion apparaîtra la même, à travers le mouvement incessant de ses dogmes, de ses rites et de ses symboles. La vie est à ce prix. Des formes qui ne peuvent plus s'assouplir ou se modifier, des symboles dont l'interprétation vivante et neuve est épuisée, un corps raidi qui ne s'assimile et n'élimine plus aucun élément du dehors, représentent un état de mort et de stérilité que suivra une prompte dissolution.

Les hommes vraiment pieux ont raison de tenir obstinément à la stabilité du principe de leur piété, puisque, tant qu'un principe supérieur n'a pas surgi pour eux, c'est le trésor même de leur vie spirituelle qu'il s'agit de défendre; mais ils devraient tenir tout autant au renouvellement des formes et des idées dans leur religion; car c'est la seule preuve que leur trésor a gardé sa valeur et leur principe religieux, sa vertu organisatrice. La vie d'une religion se mesure à cette puissance d'adaptation et de renouvellement. Si le christianisme est la religion universelle et éternelle, c'est que sa virtualité à cet égard est infinie.

Le Christ n'est venu que lorsque « le temps fut accompli ». Qu'est-ce à dire, sinon que l'apparition d'une forme de religion supérieure est conditionnée par un état général de développement humain hors duquel elle ne pourrait se produire? La loi de la pensée religieuse est la même, en effet, que celle qui régit l'ensemble de la vie de l'esprit. Il n'en suit pas que l'harmonie règne toujours entre les facultés de l'homme ou entre les diverses parties de la civilisation. Nous l'avons déjà dit, mais il convient ici de le rappeler encore : tantôt les pressentiments de la conscience humaine en travail devancent les temps, et nous avons alors les prophètes et les précurseurs, tous ceux qui annoncent et préparent l'éclosion religieuse qui va s'accomplir. D'autres fois, au contraire, les prophètes se taisent et la religion retarde sur la civilisation. La contradiction éclate entre des conceptions traditionnelles maintenues d'autorité et les vues nouvelles acquises par l'esprit humain. De là naissent des conflits et des crises où paraît en péril le trésor religieux légué par le passé. La crainte est vaine; une nouvelle synthèse se fait toujours.

Cette transformation des idées religieuses est, le plus souvent, insensible; mais elle ne s'arrête jamais, quelles que soient les précautions que l'on prenne ou les barrières qu'on y oppose. Le fleuve coule toujours; les eaux s'accumulent et grossissent derrière les digues; le seul effet de celles-ci est de produire une chute d'eau plus violente, c'est-à-dire une révolution. On le vit au XVIe siècle. A ces éclats révolutionnaires, qui amènent dans la société religieuse de cruels déchirements, ne vaudrait-il pas mieux substituer ici, comme en politique, le procédé normal de l'évolution? Rien ne la peut empêcher. D'une façon plus ou moins consciente, l'esprit des temps nouveaux introduit une nouvelle interprétation des anciennes formules. Dans les vieux vaisseaux s'emmagasine chaque année le vin des nouvelles vendanges. Ainsi, lentement, la tradition, même obstinément conservée, se transforme et revêt une autre signification. Il suffit de parcourir l'histoire des dogmes pour y trouver à pleines mains des exemples de ce phénomène. Sous des archaïsmes de mots se cachent des néologismes d'idées. Les formes raidies et abstraites qui ne se prêtent plus à cette interprétation continue, se trouvent emportées les premières. Celles-là subsistent au contraire le plus longtemps qui se prêtent le mieux aux nouvelles acceptions et aux nouveaux usages. Les symboles primitifs, fruits de l'inspiration et non de la réflexion logique, les paroles imagées, sorties spontanément de la conscience du Christ sont éternelles parce qu'elles renferment, dans une métaphore sans prétention scientifique, un contenu purement religieux, qui se montre susceptible d'une reproduction perpétuelle dans la vie intérieure de ses disciples et d'interprétations infinies dans leur pensée.

Cette vue ou plutôt ce sentiment de l'histoire oblige tous les esprits, même les plus timides, à distinguer, dans le dogme, entre la substance et l'accident, entre le fruit et son enveloppe. Malheureusement, on se trompe la plupart du temps sur la manière dont cette distinction devrait être faite pour se légitimer scientifiquement et aboutir. Quoi de plus arbitraire, de moins justifiable et de moins applicable en réalité, par exemple, que le procédé superficiel d'une orthodoxie infidèle à son principe, qui prétend séparer les dogmes ecclésiastiques et les classer en articles fondamentaux et en articles accessoires ou même superflus ? Au nom de quelle autorité se fait cette séparation? Qui ne voit, après un peu de réflexion, que la ligne de démarcation que l'on cherche, passe, non pas entre les dogmes pour séparer les uns des autres, mais dans l'intérieur même de chaque dogme, entre le contenu religieux qu'il faut sauvegarder et l'expression symbolique qui peut varier indéfiniment? La substance des dogmes ne saurait être en effet un autre dogme, ni le fond du symbole être un autre symbole, sans quoi il serait possible, dans ce nouveau dogme ou symbole, de distinguer encore entre le fond et la forme, et l'opération critique serait à recommencer. Le fond substantiel des dogmes et des symboles, c'est la réalité religieuse elle-même, c'est le *processus vital* que crée l'Esprit infini et éternel, se révélant dans l'esprit de l'homme et dans les expériences mêmes de sa piété. La double tâche de la critique dogmatique sera de saisir et de décrire exactement, d'une part, le fait religieux intime et, d'autre part, de se rendre compte des conditions psychologiques et historiques qui président aux formes incessamment renouvelées de la pensée religieuse; elle légitimera ainsi la distinction qui vient d'être établie et qui reste le fondement même de cette théorie du symbolisme.

Essayons encore de prévenir deux malentendus. En disant qu'il faut distinguer, dans les dogmes, la substance religieuse et la forme intellectuelle, cela ne veut pas dire qu'on puisse et doive isoler l'une de l'autre ou qu'on puisse espérer jamais les avoir séparément. La piété n'est consciente pour nous et discernable pour les autres qu'incarnée dans son expression ou image intellectuelle. Une religion sans doctrine, une piété sans pensée, un sentiment sans expression, sont choses essentiellement contradictoires. Il est aussi vain de vouloir saisir la piété pure que de chercher, en philosophie, à définir la chose en soi. Quand nous parlons de fait religieux intime, d'expérience de la piété, nous ne parlons donc pas d'une expérience nue, mais d'un phénomène psychologique conscient, d'une expérience religieuse précise et par conséquent formulée.

En second lieu, il ne s'agit point, pour la science religieuse, d'une expérience isolée ou de la seule expérience d'un individu. La matière serait trop précaire et le champ d'observation trop étroit. Il s'agit, pour nous, de la vie individuelle saisie dans sa continuité et de la vie de la société religieuse, considérée dans son développement historique.

Fait social et universel, autant et plus qu'individuel, c'est dans la vie sociale de l'espèce, dans les sociétés religieuses organisées, dans les institutions, le culte en commun, la liturgie, les règles de foi et de discipline que la religion réalise objectivement son principe fondamental, manifeste son âme intérieure et développe toute sa puissance. Ce n'est que comme manifestation sociale qu'elle peut devenir objet d'étude scientifique et a besoin d'explication. Aussi bien une vie religieuse qui reste cachée dans la conscience individuelle, qui ne se communique pas, qui ne crée aucune solidarité spirituelle, aucune fraternité d'âme, est comme si elle n'était pas; c'est une simple velléité de sentiment, une fleur poétique éphémère, qui n'a pas plus de conséquence pour l'individu lui-même que pour le genre humain.

De ces considérations découle une méthode. La tractation dogmatique de la connaissance religieuse aura pour objet la tradition de la société religieuse telle qu'elle est fixée, conservée et développée dans ses monuments historiques. Elle considèrera cette tradition, du point de vue symbolique que nous venons de définir, comme la révélation objective de la vie intérieure de l'Eglise et de sa piété. Cette tradition apparaîtra dès lors non point comme quelque chose de mort et d'immuable, mais comme une puissance se continuant en nous-mêmes. Saisir cette âme dans sa continuité féconde et dans le renouvellement perpétuel de l'organisme extérieur, comprendre cette âme et cet organisme dans leur unité vivante, raconter la genèse des dogmes et leurs longues métamorphoses comme une constante et nécessaire incarnation du principe qui s'y manifeste, suivre dans l'histoire cette chaîne ininterrompue et la prolonger dans notre propre vie par une évolution sans cassure : telle est la manière à la fois critique et positive, conservatrice et progressive, ferme dans la piété et toujours déférente à la science, que le symbolisme critique permet d'appliquer à toutes les créations religieuses (1).

---

(1) Par une autre voie et de façon indépendante, mon collègue et ami, M. MÉNÉGOZ, est arrivé à une conclusion identique. Voy. ses Réflexions sur l'Ev. du salut, 1879, confirmées et développées avec une décision plus nette encore, dans sa Théologie de l'épitre aux Hébreux, 1894. « Nous sommes sauvés par la *foi* indépendamment des *croyances*. » Tous ceux qui font cette distinction avec quelque logique et quelque sincérité, arrivent au symbolisme. Voy. ED. STAPFER : Jésus-Christ pendant son ministère (la conclusion), 1897. En combinant les vues de M. MÉNÉGOZ et les miennes qui se complètent en effet réciproquement, on a pu baptiser la conception nouvelle de *symbolo-fidéisme*. Le nom est parfaitement juste, car il exprime les deux éléments de la religion, dans leur distinction essentielle et leur union organique.

L'erreur de cette forme de la connaissance religieuse qu'on nomme *orthodoxie*, c'est de méconnaitre le caractère historiquement et psychologiquement conditionné de toutes les doctrines et de vouloir élever à l'absolu ce qui est né dans le temps et doit nécessairement se modifier pour vivre dans le temps. Impuissante à arrêter le cours des idées et le mouvement des esprits, elle ne peut établir son règne que par des mesures politiques, et des règlements édictés et appliqués comme des lois civiles : décisions de papes, d'évêques ou de synodes, procès d'hérésie, tribunaux dogmatiques. L'orthodoxie a perdu le sens du caractère symbolique des confessions de foi qu'elle nomme encore, cependant, des *Symboles*. Son malheur et son défaut est d'être anti-historique.

L'erreur du *rationalisme*, le frère et l'ennemi inséparable de toute orthodoxie, est de même nature, mais se produit en sens contraire. Il ne méconnait pas, lui, le caractère imparfait et précaire des dogmes et des symboles traditionnels ; il l'exagèrerait plutôt ; mais il en méconnait le contenu spécifiquement religieux. L'orthodoxie se trompait sur la nature du corps de la religion ; le rationalisme se trompe sur la nature de son âme. Sous les vieilles idées traditionnelles, il cherche encore d'autres idées, des idées morales et rationnelles, moins mélangées d'éléments sensibles, moins contradictoires par conséquent, et qui seraient l'essence de la religion. Au fond, il remplace des dogmes par d'autres dogmes qu'il croit plus simples, et qui paraissent également, à ses yeux, vrais d'une vérité absolue. Mais, en donnant à la religion un contenu purement rationnel ou doctrinal, il la vide de son contenu réel, de l'expérience religieuse spécifique ; il tue la foi qui, n'ayant plus d'objet propre, n'a plus de raison d'être. Moins que l'orthodoxie, il a le sens du symbolisme et des créations religieuses ; il est dans une impossibilité radicale de les comprendre et par conséquent de les interpréter. Le vice premier et le malheur du rationalisme c'est d'être anti-religieux.

La théorie du *symbolisme critique* dont nous venons de tracer les grandes lignes, nous fera sortir de cette vieille et stérile antithèse. Elle nous découvre le genre de vérité et la légitimité qu'ont les idées symboliques, sans nous laisser méconnaître le déterminisme psychologique et historique qui en règle la forme et l'apparition. Il ne faut pas s'imaginer qu'à ce point de vue tout devienne inconsistant et mobile dans la religion, que rien n'en puisse être fixé ni demeurer permanent. Dans le progrès de sa vie, l'homme doit réaliser sa nature spirituelle, atteindre ce que Paul appelle la stature du Christ en qui l'idéal religieux et moral s'est trouvé réalisé. Cette stature morale est une réalité, la plus haute des réalités. Il y faut tendre sans cesse et la valeur de chaque moment de notre vie intérieure se mesure au progrès qu'il représente vers ce but suprême. Il y a, dès lors, pour cette vie intérieure, une norme qui s'impose à la conscience avec une impérative nécessité, et, par conséquent, il peut y avoir des symboles religieux normaux et normatifs par rapport aux autres. Ce sont ceux qui représentent avec simplicité et convenance parfaite, ou ce but idéal de la vie chrétienne, ou quelqu'un des moments nécessaires par lesquels l'âme passe pour y monter. Il y a des symboles en un mot, comme celui du Père céleste, du règne de Dieu, de la nouvelle naissance, de l'effusion du Saint-Esprit, si intimement liés à notre vie religieuse, à son origine, à son progrès ou à sa fin, qu'on ne conçoit pas qu'ils puissent jamais disparaître, à moins que la vie spirituelle de l'humanité elle-même ne vienne à s'éteindre. Toutes les paroles exclusivement religieuses du Christ, qui portent d'aplomb sur la conscience, sont de ce nombre. Et c'est d'elles qu'il a pu dire sans être démenti par les siècles : « Le ciel et la terre passeront ; mes paroles ne passeront pas. » L'ordre religieux et moral ne peut s'affirmer sans s'affirmer aussitôt comme plus immuable que l'ordre de l'univers.

D'un autre côté, il n'est pas moins impossible de méconnaître la distinction que nous avons faite dans le symbole entre le fond et la forme. Or, cette distinction c'est la porte ouverte à la critique. Les chrétiens les plus conservateurs confessent qu'on peut adhérer à la doctrine, sans s'être approprié le contenu religieux qu'elle enferme; qu'on peut être orthodoxe, sans être pieux. Ils font donc un devoir à chaque membre de l'Eglise de s'assimiler le contenu du symbole. Or, comment imposer le devoir d'assimilation personnelle, sans qu'il en résulte aussitôt un droit d'interprétation critique à l'égard des formes transmises? N'est-ce pas une nécessité psychologique, pour chaque croyant, de mettre d'accord sa conscience religieuse intime avec la culture générale qu'il a acquise? Qu'importe que ces synthèses et ces conciliations soient nécessairement instables et précaires par l'effet même du développement constant de la vie et de la science? L'équilibre de l'homme qui marche se rompt et se rétablit à chaque pas. C'est la condition même de la marche.

Le symbolisme qui fait ainsi la paix dans l'âme individuelle, pourrait aussi la faire dans les sociétés religieuses. Dans le catholicisme, l'unité de l'Eglise n'est maintenue que par une autorité infaillible centrale et par des moyens politiques. Cette autorité crée la paix en imposant le silence. Les dogmes ne subsistent que parce que personne ne s'en occupe plus. Les communautés protestantes maintiendront-elles ainsi leur unité? La méthode catholique les ruine inévitablement, en y faisant éclater des schismes d'autant plus fréquents que la vie et la pensée y seront plus intenses. La théorie du symbolisme leur offre une issue plus honorable. Elle permet de concilier la vénération pour les symboles traditionnels et l'indépendance de l'esprit, en laissant aux croyants, sous leur propre responsabilité, le droit de se les assimiler et de les adapter à leurs expériences. Ils s'attacheront à la tradition avec d'autant plus de sincérité et de zèle que chacun y pourra trouver ce dont sa foi religieuse a besoin. Ce sera un appui, non un joug. On l'aimera, on la défendra comme le lien des générations, un héritage de famille, et le lieu où se rencontrent et communient, malgré le temps et l'espace, les âmes de Dieu, recrutées de toute race, de toute langue et même de toute culture scientifique.

Littérature. — Le trait caractéristique de la philosophie moderne, depuis ses origines, est une tendance à une subjectivité de la pensée toujours plus profonde et plus consciente d'elle-même, un effort constant de l'esprit, pour se reprendre et se saisir comme sujet actif et principe de la connaissance, pour se rendre compte de ses limites, des formes et des conditions de son activité en même temps que des phases de son développement dans l'histoire. Ce mouvement commence avec DESCARTES (Discours de la Méthode, 1637; Méditations, 1641; Réponse aux objections de Hobbes, Gassendi, Arnaud, etc.); il se poursuit avec LOCKE (Essai sur l'entendement humain, 1690), avec LEIBNIZ (De primæ philosophiæ emendatione et de notione substantiæ, 1694; Nouveaux essais sur l'entendement humain, 1703; Monadologie, 1714), avec BERKELEY (la théorie de la vision, 1708; Principes de la connaissance humaine, 1710; Trois dialogues entre Hylas et Philonoüs, 1713), avec HUME (Essais philosophiques, 1737 à 1752), et trouve enfin son expression complète et décisive dans la philosophie de KANT (Critique de la raison pure, 1781, Critique de la raison pratique, 1787, etc.). Toutes les doctrines antérieures, d'une objectivité plus ou moins naïve, se trouvent comme abrogées en principe. Le théocratisme surnaturaliste de Joseph de Maistre (Les soirées de Saint-Pétersbourg, 1821 ; Examen de la philosophie de Bacon, 1836), la théorie analogue d'une révélation primitive du vicomte de Bonald (Théorie du pouvoir politique et religieux, 1796 ; La législation primitive, 1802), ou celle du consentement universel de Lamennais (Essai sur l'indifférence en matière de religion, 1817 à 1823), ne sont que des floraisons tardives et stériles. Il en faut dire autant du sensualisme de Condillac (Essai sur l'origine des connaissances humaines, 1746 ; Traité des sensations, 1757), et du matérialisme prétendu positif qui en est issu. Plus brillant, mais non moins éphémère a été l'idéalisme réaliste de Malebranche (La recherche de la vérité, 1674), de Spinoza (L'éthique, 1677), et de Hegel (Die Phenomenologie des Geistes, 1807, Die Logik, 1812, etc.). Le Kantisme n'a pas eu seulement le mérite négatif de couper court à l'assurance de tous ces dogmatismes ; mais, en fixant les éléments et les conditions du savoir humain, d'établir une théorie scientifique, applicable, avec des modifications nécessaires, à la connaissance religieuse comme à toutes les autres.

Le criticisme kantien a été développé en Allemagne, par F. A. Lange (Logische Studien, ein Beitrag zur Neubegründung der Erkenntnisstheorie, 1877), par Lotze (Metaphysik, 1884), par E. Pfleiderer (Lotze's Weltanschauung, 1882), et en France par Ch. Secrétan, Renouvier, et l'école néo-criticiste. Il a été introduit en théologie par A. Ritschl, ses disciples et ses alliés. A. Ritschl : Die christl. Lehre von der Rechtfertigung u. Versœhnung, vol. III, 3te Auflage, 1888 ; Théologie u. Metaphysik, 1881. Stæhlin : Kant, Lotze, Ritschl, 1888. P. Favre : Les principes philos. de la théol. de Ritschl, 1894. Lipsius : Lehrbuch der evang. prot. Dogmatik (surtout le chapitre : Das religiœse Erkennen), 1876-92 ; Philosophie u. Religion, 1885 ; Dogmatische Beitræge, 1876. W. Herrmann : Die Religion im Verhæltniss zum Welterkennen u. zur Sittlichkeit, 1879. Kaftan : Das Wesen der christl. Religion, 1888. Bender : Das Wesen der Religion, etc., 1886. A. Baur : Die Weltanschauung des Christenthums, 1881.

En France, les deux initiateurs d'un mouvement de pensée religieuse indépendante ont été Maine de Biran : Art. Leibniz, dans la Biographie universelle ; Œuvres inédites publiées par Naville, 1859, surtout, Sa vie et ses pensées, 1857, et A. Vinet : Discours sur quelques sujets religieux ; Mélanges, philosophie morale et morale religieuse ; Essai sur la manifestation des convictions religieuses ; Etudes sur Blaise Pascal, etc., 1830 à 1847. Ch. Secrétan : Recherche de la méthode, 1857 ; Philosophie de la liberté, 1849 ; Discours laïques, 1877 ; Le principe de la morale, 1884 ; La civilisation et la croyance, 1887. Vacherot : La métaphysique et la science, 1859 ; Essais de philos. critique, 1864 ; La science et la conscience, 1870. H. Taine : L'intelligence, 1869. Ravaisson : La philosophie au xixe siècle, 1868. Lachelier : Du fondement de l'induction, 1871 ; Psychologie et Métaphysique, dans la Revue philosophique, 1883. Boutroux : De la contingence des lois de la nature, 1874 ; Art. Kant, dans la Grande Encyclopédie, 1895 ; L'idée de la loi naturelle, 1895.

H. Marion : De la solidarité morale, 1880. Ollé Laprune : De la certitude morale, 1880 ; La philosophie et le temps présent, 1891 ; Le prix de la vie, 1894. Liard : La science positive et la métaphysique, 1879. Naville : La logique de l'hypothèse, 1880. L. Carrau : La philosophie en Angleterre depuis Locke, 1892. Renouvier : Essais de critique générale, 3 vol., 2e édit., 1876 ; Science de la morale, 1869 ; Esquisse d'une classification générale des doctrines philosophiques, 1885. De M. Renouvier il ne faut pas séparer F. Pillon qui a publié avec lui, la Critique philosophique, 1872-90 et, depuis lors, l'Année philosophique, où se trouve une histoire de l'évolution de l'idéalisme, 1892-94.

Bergson : Essai sur les données immédiates de la conscience, 1889. Clay : L'alternative, contribution à la psychologie, 1892. Ferrero : Les lois psychologiques du symbolisme, 1895. Izoulet : La cité moderne, 1895. Romanes : L'évolution mentale chez l'homme, 1890. A. Fouillée : La liberté et le déterminisme, 1872 ; L'avenir de la métaphysique fondée sur l'expérience, 1889 ; La psychologie des idées-forces, 1890 ; Le mouvement idéaliste, 1896 ; La morale, l'art et la religion, d'après M. Guyau, 1889. James Sully : Le pessimisme, 1889. Sully-Prudhomme : La curiosité, dans Nouvelle Revue, année 1895. Flournoy : Métaphysique et psychologie, 1891. H. Bois : De la connaissance religieuse, 1894. E. Gounelle : La révélation et la raison, 1895. Godfernau : Le sentiment et la pensée, 1895. G. Milhaud : Essai sur les conditions et les limites de la certitude logique, 1895. Boirac : Le phénomène, 1892. Maurice Pujo : L'idéalisme intégral ou le règne de la grâce, 1894. J. Lindsay : The progressiveness of modern christian Thought, 1892. L. Couturat : L'infini mathématique, 1896. J. Balfour : Les bases de la croyance, trad. fr., 1897.

TABLE DES MATIÈRES

	Pages
Préface	I-XVI

LIVRE PREMIER

LA RELIGION 1-135

Chapitre I. — **De l'origine psychologique et de la nature de la religion** 3-31
    I. Premières réflexions critiques 6
    II. Contradiction initiale de la conscience psychologique 14
    III. Que la religion c'est la prière du cœur. 24
    IV. Conclusion 27

Chap. II. — **Religion et Révélation** 32-63
    I. Le mystère de la vie religieuse 32
    II. Notion mythologique de la révélation.. 36
    III. Notion dogmatique 42
    IV. Notion psychologique 51
    V. Conclusion 59

Chap. III. — **Du miracle et de l'inspiration** 64-102
    I. La notion du miracle dans l'antiquité.. 66
    II. La notion du miracle au Moyen Age.... 74

III. La notion du miracle devant la science et devant la piété 83
IV. Des prophéties 91
V. De l'inspiration religieuse 95

Chap. IV. — **Le développement religieux de l'humanité** 103-135
I. L'élément social dans la religion 103
II. Progrès dans les cadres de la religion. 111
III. Progrès dans les représentations du divin 120
IV. Histoire de la prière 126
V. Conclusion 131

LIVRE DEUXIÈME

LE CHRISTIANISME 137-260

Chap. I. — **L'hébraïsme ou les origines de l'Evangile** 139-173
I. L'histoire sainte 140
II. La nation 147
III. Le prophétisme 154
IV. L'aurore de l'Evangile 162

Chap. II. — **De l'essence du Christianisme** 174-215
I. Le problème 174
II. Le principe chrétien 183
III. L'Evangile de Jésus 193
IV. Une distinction nécessaire 204
V. Les altérations du principe chrétien... 208

Chap. III. — **Les grandes formes historiques du christianisme** 216-260
I. L'évolution du principe chrétien 216
II. Le christianisme juif ou messianique.. 219
III. Le christianisme catholique 232
IV. Le christianisme protestant 243
V. Conclusion 254

LIVRE TROISIÈME

Pages

LE DOGME 261-412

CHAP. I. — **Qu'est-ce qu'un dogme ?** 263-296
    I. Définition 263
    II. Genèse du dogme 265
    III. Origine et histoire du mot 274
    IV. La notion catholique du dogme 277
    V. La notion protestante du dogme 284
    VI. Du rôle et de la valeur religieuse du dogme 292

CHAP. II. — **La vie des dogmes et leur évolution historique** 297-336
    I. Trois préjugés 297
    II. Les deux éléments du dogme 300
    III. L'évolution du dogme chrétien dans l'histoire 312
    IV. La crise du dogme 317
    V. Deux issues 325

CHAP. III. — **La science des dogmes** 337-352
    I. Caractère mixte de la science des dogmes 337
    II. La science des dogmes et l'Église ... 340
    III. La science des dogmes et la philosophie 346

CHAP. IV. — **Théorie critique de la connaissance religieuse** 353-412
    I. Théories périmées de la connaissance.. 355
    II. La théorie kantienne de la science 359
    III. Les deux ordres de connaissance 368
    IV. Subjectivité de la connaissance religieuse 375
    V. Téléologie 385
    VI. Symbolisme 390
    VII. Conclusion 400

A CORRIGER :

Pag. 62, au lieu de F. Strauss, lire : D.-F. Strauss.
101, au lieu de Hirzel, lire : Hirzel.
171, au lieu de Wuilleumier, lire : Vuilleumier.
213, au lieu de Hermann, lire : Herrmann.
215, au lieu de F. Baur, lire : F.-C. Baur.

LIBRAIRIE FISCHBACHER (Société anonyme), 33, rue de Seine, à PARIS

L'APOTRE PAUL
ESQUISSE D'UNE HISTOIRE DE SA PENSÉE
Par Aug. SABATIER, Professeur à l'Université de Paris, Doyen de la Faculté de Théologie protestante de Paris
3e édition revue et augmentée, avec une carte des missions de Paul.
1 volume in-8°, 1896. Prix : **7 fr. 50**

JÉSUS-CHRIST
SA PERSONNE, SON AUTORITÉ, SON ŒUVRE
Par Edmond STAPFER, Professeur à la Faculté de Théologie protestante de Paris
I. JÉSUS-CHRIST AVANT SON MINISTÈRE, 2e édition. 1 volume in-12. 1896. **3 fr.**
II. JÉSUS-CHRIST PENDANT SON MINISTÈRE. 1 volume in-12. 1897. **3 fr. 50.**

LA PALESTINE AU TEMPS DE JÉSUS-CHRIST
D'APRÈS LE NOUVEAU TESTAMENT, L'HISTORIEN FLAVIUS JOSÈPHE ET LES TALMUDS
Par le même
6e édition. 1 volume in-8°, avec une carte et des plans. 1897. Prix : **7 fr. 50**

LE NOUVEAU TESTAMENT
TRADUIT SUR LE TEXTE DES MEILLEURES ÉDITIONS CRITIQUES
Avec une Introduction générale, des Préfaces à chaque livre et des notes
Par le même
Un volume grand in-8° relié, 1898. Prix : **16 fr.**

LA THÉOLOGIE DE L'ÉPITRE AUX HÉBREUX
Par Eug. MÉNÉGOZ, Professeur à la Faculté de Théologie protestante de Paris.
1 volume in-8°, 1894. Prix : **7 fr. 50**

ESSAI D'UNE INTRODUCTION A LA DOGMATIQUE PROTESTANTE
Par P. LOBSTEIN, Professeur à la Faculté de Théologie de Strasbourg
Un volume in-8°. Prix : **4 fr.**

ÉTUDES SUR L'IDÉE DE LA RÉDEMPTION
I. — LES DONNÉES HISTORIQUES

Théologie du Nouveau Testament
Par Jules BOVON, Professeur à la Faculté de Théologie de l'Église évangélique indépendante du canton de Vaud.
Tome Ier. La Vie et l'Enseignement de Jésus. 1 volume gr. in-8°. Prix : **10 fr.**
Tome II. L'Enseignement des Apôtres. 1 volume gr. in-8°. Prix : **12 fr.**

II. — LA DONNÉE DOGMATIQUE

Dogmatique chrétienne
Par le même
2 volumes in-8°. Prix : **22 fr.**

LA BIBLE
NOUVELLEMENT TRADUITE SUR LES TEXTES ORIGINAUX
Avec une Introduction à chaque livre, des notes explicatives sur l'Ancien Testament et un Commentaire perpétuel sur le Nouveau Testament
Par Édouard REUSS, Professeur à l'Université de Strasbourg
16 vol. gr. in-8°. 1874-1881. Prix : **170 fr.**

ENCYCLOPÉDIE DES SCIENCES RELIGIEUSES
Publiée sous la direction de F. LICHTENBERGER, Doyen de la Faculté de Théologie protestante de Paris
AVEC LA COLLABORATION DES SAVANTS LES PLUS AUTORISÉS
13 vol. gr. in-8°. 1877-1882. Prix : **200 fr.**

www.ingramcontent.com/pod-product-compliance
Lightning Source LLC
Chambersburg PA
CBHW050904230426
43666CB00010B/2013